纪念东吴大学法学院百年华诞

本书为江苏高校优势学科建设工程资助项目（PAPD）

本书属苏州大学公法研究中心研究成果

东吴法学先贤文录

·商法、经济法、社会法卷·

李中原　朱　谦　沈同仙◎主　编

中国政法大学出版社

2015·北京

图书在版编目（ＣＩＰ）数据

东吴法学先贤文录.商法、经济法、社会法卷/李中原,朱谦,沈同仙主编. —北京:中国政法大学出版社,2015.8

ISBN 978-7-5620-6270-7

Ⅰ. ①东… Ⅱ. ①李… ②朱… ③沈… Ⅲ. ①法学－文集②商法－文集③经济法－文集④社会法学－文集Ⅳ. ①D90-53②D913.990.1-53③D912.290.1-53

中国版本图书馆CIP数据核字(2015)第196653号

出　版　者　　中国政法大学出版社

地　　　址　　北京市海淀区西土城路25号

邮寄地址　　北京100088信箱8034分箱　邮编100088

网　　　址　　http://www.cuplpress.com（网络实名：中国政法大学出版社）

电　　　话　　010-58908586(编辑部)　58908334(邮购部)

编辑邮箱　　zhengfadch@126.com

承　　　印　　保定市中画美凯印刷有限公司

开　　　本　　720mm×960mm　1/16

印　　　张　　32.75

字　　　数　　530千字

版　　　次　　2015年8月第1版

印　　　次　　2015年8月第1次印刷

定　　　价　　78.00元

东吴法学先贤文录总序

胡玉鸿

　　光阴荏苒，岁月流金；薪火不熄，学脉永继。自 1915 年 9 月美籍律师查尔斯·兰金创办东吴大学法科以来，时光已一世纪，然东吴之辉煌、法学之昌盛，至今仍为世人津津乐道；东吴大学法学院于中国法制改革、法学教育史上之地位，亦可谓震古烁今，高山仰止。国内现代法学大师中，王宠惠、刘世芳、董康、戴修瓒、郑天锡、郭卫、章任堪、赵琛、凌其翰、徐传保、徐砥平、张志让、俞颂华、向哲浚、曹杰、张慰慈、吴芝芳、王效文、章士钊、朱通九、梅仲协、魏文翰、张企泰、范扬、俞叔平（以上为东吴教授，以到校任职先后为序）；王士洲、吴经熊、陈霆锐、何世桢、狄侃、李中道、盛振为、金兰荪、梁鋆立、端木恺、丘汉平、桂裕、孙晓楼、陶天南、张季忻、陈文藻、黄应荣、杨兆龙、李浩培、姚启胤、倪征燠、鄂森、何任清、查良鉴、费青、郑竞毅、卢峻、王伯琦、郑保华、魏文达、裘邵恒、陈晓、丘日庆、王健、徐开墅、潘汉典、高文彬、杨铁樑、王绍堉、浦增元、庄咏文（以上为东吴学子，以毕业届次为序），或执教东吴哺育莘莘学子，或出身东吴终成法学名宿，人人握灵蛇之珠，家家抱荆山之玉。合璧中西，形成"比较法"之特色；戮力同心，铸就"南东吴"之美誉。

　　但前人之辉煌，非仅为后辈称道而已。诸先贤之呕心力作，亟待结集；比较法之教学特质，仍需寻绎。前者在集拢大师文字，归并成皇皇巨作，嘉惠后人；后者则总结教育成就，细究其方法之长，服务现世。沧海桑田，白驹过隙。东吴法学之先贤，或天不假年，已驾鹤西行；或虽尚健在，然精力不济。精研法理之书文，多将散佚不存；服务国家之良策，亦恐湮没无息。是以今日学子之任务，在搜寻先贤文字，重版印行；总结东吴之成就，使传于世。

　　苏州大学王健法学院系承继东吴大学法学院而来。前辈业绩，自然庇荫今人，但全院师生，在以先贤为荣之余，更感使命重大，无一日或敢怠息。同仁深知：既为东吴之传人，自应熟悉先辈思想，了解学院历史。为此经讨论决定，近年内学院将完成三大浩繁工程：一为出版"东吴法学先贤文丛"，汇集大师之作，使珠玑文字，重见天日；二是编辑"东吴法学先贤文录"，以学科分类，归并单篇之作，以为研究之资；三则撰写《东吴法学教育史》，探讨东吴法学教育沿革之始末，总结比较法教学如何适应于今世。前者已有王宠惠、杨兆龙、李浩培、倪征燠、潘汉典诸先生文集面世，后续之举，已列议题；今则辑录先贤文字，以学科归类，分八册出版，以纪念百年东吴，使尘封妙文，重见当世。至于教育史之编撰，待档案解密、人员齐备之后，再行商议。

　　自2012年以来，本人即开始遍访东吴法学先贤于民国时期之文章，下载、翻拍、扫描、复制，虽卷帙浩繁，搜寻不易，然淘书之乐，无时或已。所幸者科技时代，诸多志存高远之士，将民国文献辑成电子文本，使今人更为便捷得识先贤文字。但遗憾者年代久远，资料多有散佚，有时"上篇"已得，但"下篇"难觅；有"二、三"者，却缺"一、四"。至于错漏、脱讹而至无法辨识之处，更是不足为奇。即便如此，学院同仁及广大学生，仍深感使命重大，不畏艰难，共襄盛事。文字录入工作，主要由在校研究生完成，论文选择编排，则请各卷主编担纲。资料浩繁，校对费时，自知多有遗漏，所录者不及万一；完善修正之举，仍需假以时日。敬请学界同仁，多加指正；如有资料提供，不胜感激！

　　是为序。

2015 年 7 月

目录
Contents

中篇　经济法

下编　社会法

上编　商法

钱庄业应否另行制法问题[*]

汪葆楫[**]

查钱庄应否制法一问题，三四年前，曾经各方讨论。旋以银行法公布以后，迄未规定施行日期。上项问题，亦遂搁置。惟钱庄应否单独制法，确为我国金融制度上一重要问题。将来银行法决定施行日期后，势必引起此项问题之复活。汪君此文，先汇述各方意见，其结论则采取折中之说。一具有参考价值之作也。

世之论钱庄应否制法者，大别有三：（一）制订说，即钱业界大部之意旨，及一般旧式商号，以为钱庄在性质及习惯上之不同，应别于银行，而令订专法。（二）否订说，即立法院委员马寅初氏等之意见，以为钱庄业务无别于银行，不必另订专法，若一业须订一法，则不胜其烦矣。（三）折中说，将现颁布之银行法，其有抵触钱庄者，审酌其善否，及其性质习惯，重行修正，而于将来订施行法时，能顾及钱庄之情形，力求宽大，指定一银钱两业通用之法，或竟名之曰银钱法。兹再就各说理论，分述如下：

（一）制订说

持此说之理由，可以上海钱业工会两次呈交归纳为六点。

1. 信用为业

信用为何，即钱庄以本身之信用吸收资金，而以对方之信用放出资金，上海钱业公会呈请国府各机关一文（下称第一次呈文）有云，我国大小商业，自通都上邑至乡镇僻处，均借信用放款为补助营运之资，今若加以限制，如银行法所规定，则一方资金有停滞之虞，而百业失周转之机。又上海钱业

---

* 本文原刊于《银行实务》1938 年第 15 期。

** 汪葆楫，1935 年毕业于东吴大学法学院（第 18 届），获法学学士学位。

公会再呈中政会等各机关一文（下称第二次呈文）有云，而钱庄以信誉为本，不求自致，故限于相交相信者而已，存款范围既相悬殊，利害得失亦复难言，同系信用放款，银行视为例外，故视其主持者之方寸为迎拒，以客户迁就银行者也，钱庄视为主业，故视所聘专员之调查为根据，以钱庄迁就客户者也。

2. 组织合伙

银行法第二条云，"银行应为公司组织（下略）"，第四十条云："非公司而经营第一条业务者，应于本法施行后之年内变更为公司之组织"。夫公司之设立，如无限公司则应有二人以上，（全公司法第二章第十二条）股份有限公司则应有七人以上为发起人，（公司法第四章第八十七条）此二者钱庄均不能行者也，第一次呈文云，若金融业必限于公司组织，则数百年相沿之善良习惯，一旦改弦更张，定滋纷扰，第二次呈文云，察商业组织进化之迹，大都由独资而合伙而公司，依次演进，阶段秩然，求之先进国家，何尝以合伙而禁止。……英国以经济发达见称于世，而合伙组织之银行，迄今独有巍然卓立者数家，非明证欤[1]，若谓公司日加多，合伙必可日渐减少，是明白之趋向，法律应取进化主义，故限以公司，殊不知此种趋向，乃事实之推移，非法律所所可驱使也，惟趋向之不可抗，故我国钱庄之逐渐公司化，宜有其日，顾非语于今兹。

3. 资本短小

银行法第五条，关于资本之规定，无限公司组织之银行至少不得在五万元以下。前实业部会反对之，其理由以内地钱庄多恃与大埠钱庄通呼吸，其资本达第五条明定二十万元二十五万元乃至五十万元者，实不多见，若在市镇，其资本达五万元者亦不多见。然内地商贩未尝不资以周转，若将钱庄视同银行，限定资本总额，当此内地银行未能遍设之时，钱庄必有以不合法而闭歇者。第二次呈文云，今银行法以二十五万与五万为经营金融事业之最低资本额，其所谓商业简单地方云云，含义既极笼统，施行必多困难，即二十五万之标准，亦复不知何所根据。诚如所谓商业简单地方，试问拥有五万资金者，何不经营独步一隅之其他商业，而必营重重压迫取缔独严之金融事业乎，试问目前乃至三年之内，举国有若干邑镇得以二十五万之资金经营金融事业而维持于不敝乎，藉曰立法院有调查统计可根据，确信银行法实施之下，

―――――――――――

[1] "欤"，音 yú，文言助词，表示疑问、感叹、反诘等语气。下同。——校勘者注。

合格之金融机关必能如期应运而生，藉无他虞。然亦调查统计不合格之钱庄闭歇者当若干，因此失业者当若干乎，此独谓无关宏旨，然压迫小资本家之生存，而促进大资本家之产生与节制资本中山先生遗教，讵〔1〕非适得其反。

4. 普遍设立

第二次呈文云，按钱庄之存在，显然为重要，而悠久之事实，通都大邑钱业之繁荣无论矣，即腹省邑镇亦何地没有〔2〕，良以民间需要之切，斯钱业贡献之殷且伟也。

5. 征营业税

财政部对钱庄征营业税，银行则不在营业税范围之内，两者显有轩轾〔3〕。

6. 股东不愿呈报财产证明书

第一次呈文云，钱业组织均为无限责任股东，既负重大之责，又欲令其将财产证明书呈报官厅，则疑惧之心生，而出资业之途狭，势必资金枯竭，民生益蹙。

（二）否订说

马寅初氏去岁曾在立法院纪念周报告其对于钱庄法之意见，略谓一般请求另订钱庄法之理由，其比较重要者，可分为八点，兹姑将马氏八点摘录于后，作为否订说者所持之理由。

1. 钱庄做信用放款与银行做抵押放款

其实并非尽然。银行亦做信用放款，其数额每至几十万元。至于钱庄放款，亦非完全靠信用，有时亦需抵押品。如抵押透支等。北平汉口，不乏放大宗信用放款之银行。至于钱业希望另订钱庄法，不按公司的组织，仍按合伙的组织，表面上虽是负无限责任，而实际上讲起来，他们叫作分担无限责任，则所谓无限责任，简直的变成了招牌。所以我们制定公司法的时候，不主张有分担无限责任的规定，一定要负连带责任的，以便一方面可以保护资本家，一方面也可以保护存款人，及其余的债权人。（下略）

2. 按照银行法的规定资本太大

本来上海的钱庄业多是在二十万以上的，不过内地的钱庄业资金很小，

---

〔1〕 "讵"，音 ju，第四声，意为"岂，怎"。——校勘者注。

〔2〕 "没有"，原文作"蔑有"，现据今日通常用法改正。——校勘者注。

〔3〕 "轩轾"，音为（xuān zhì），出处：《后汉书·马援传》："居前不能令人轾，居后不能令人轩……臣所耻也。"意思：不分高下、轻重。比喻对待二者的态度或看法差不多。——校勘者注。

有十万八万的，也有四万、五万以下的，现在他们觉得银行法规定的无限公司组织其资本至少不得在五万元以下一层，似乎太高，有主张减少者，这一层我们并不坚持。

3. 钱业应准其独资经营

他们主张可以独资经营，我们以为不很妥当，要晓得钱庄是和各方面都有关系的，譬如钱庄发出本票，是人人要用的，故钱庄与其他生意不同，（中略）若是准其独资经营，实在是危险很多，外国已渐渐取缔，都改为公司组织，所以银钱业都须照股份有限公司组织。

4. 银行法第九条的规定钱庄不能适用

银行法第九条所规定的附属业务，于钱庄不适用，我们看不出为什么不适用，岂钱庄都不经营吗。

5. 财产证明书一层认为在中国是很困难的

鄙意以为负无限责任的股东，在投下该钱庄的资本以外，如果还有财产，都应负其责任，然而事实上若别无财产，则尽管说是无限责任也不过空口说白话，所以必须要证明其财产，否则穷光蛋都可以负无限责任了，所以财产的证明书与无限责任连带而来的。二者不能分离。

6. 对于百分之二十的保证金问题也认为办不到的

关于百分之二十的保证金亦应请公决。

7. 不愿意受财政部的检查并不必造具资产负债表损益计算书等公告

第七点的请求，最没有道理，他们不要受财政部的检查，亦不要造具各种报告，显无正当的理由[1]。

8. 营业时间不能限制

照银行法的规定，亦有一个但书，这样看来，并不是勉强，至于百分之二十的保证金，他们反对存在中央银行一节，须知银行法之有是规定，所以防备营业破产，保证社会安宁，才有这规定。

（三）折中说

钱庄为吾国旧有产物，其性质与习惯定然与新兴之银行未能一致，但据目下一般钱庄而论，其业务与管理亦竭力摹仿与银行相同。如信托为受托部，新式之支票，抵押放款之增多，诸如此类，不一而足，且钱庄之破产，使债

---

〔1〕"理由"原文作"理面"，现据今日通常用法改正。——校勘者注。

权人并无确切保障，而其倒闭之原因，多由于股东本身之破产而累及钱庄，是所谓无限责任者，实或问题，若必欲处处泥古不改，诚非与时俱进，吐古纳新之道，平心而论，钱庄与银行均视外界环境为推移，其目的亦无非调剂金融存放款项等荦荦数端，若必自别于银行，则昔日之票庄，未尝不威极一时，及后必欲坚持不愿改组银行，乃受时代之淘汰，陵夷衰微，将成绝响，顾不如求与银行一视同仁，其钱庄之当改者，则改之，使适合于现代之银行，其颁布之银行法过于不能适合于钱庄之习惯与性质者，则修之使能适合于钱庄，庶几相容而相成，亦社会国家之福欤。

1. 钱庄本身之改善

A. 设立。钱庄之设立，与普通之商号无异，其流弊则虚设钱庄，骗取存款，况钱庄为金融之枢纽，关系社会之福利殊大，故钱庄之设立，必须呈报财政部核准，俾可随时查核，管理统一，或云欲令其将财产证明书呈报官厅，则疑惧之心生而出资之途狭，殊不知钱庄股东之产业，即属于钱庄之产业，必须和盘托出，昭信于众，盖谓如许财产，可以补资本之不足，以固信用，若谓国人之有资产者，不愿人知其究竟，则此种卑劣心地，实不容于今世。或云呈报财部手续繁重，于一般不开通地方之商人，在以法令束缚之，殊不适合吾国国情。今农民银行尽力在内地开设办事处或分行，以求普遍，盖各国法例，于银行之设立，有取放任主义者，有取干涉主义者，但为保护人民起见，当然以大资本之银行开设分行于内地，较为妥善，周转既灵，通汇亦畅，现颁银行法，亦采干涉主义，良有以也。

B. 资本。钱庄之资本，在通都大邑有数十万元者，相去霄壤，然钱庄之重要既如此，而资本之差额又如彼，将来商业更属千变万化，断难应付裕如，故数千元之钱庄，情愿取缔之，而代以大资本银行之分行或办事处，其因地制宜，而由当地富商大贾设立钱庄者，则其资本至少须有一定标准，不使杂乱。

C. 组织。钱庄组织大多合伙，亦有独资者，在昔经济简单，固可措施自如，迨商业复杂，断难应付，况各国商业组织，均由合伙而公司，立法维新，以求进步，故对于现在已成立之合伙或独资组织，固未便遽于取缔，将来当然不使再有产生，马氏且谓合伙或独资之经营，实属危险，故将来钱庄之设立，必须公司组织也。

2. 颁银行法之兼顾

A. 银行法第十四条，无限责任组织之银行，应于出资总额外，照实受资本缴纳百分之二十现金为保证金，存储中央银行，钱庄既有附本之备置，即所以供保证金也。

B. 银行法规定，经营银行业务者，即属银行，则钱庄之名目，即须取消，然积习难返，殊多扞格，[1]故于订银行法施行法时，应顾及此点，以存其旧，事实上普通之钱庄用英文名者，亦往往称银行也。

C. 银行法第二条规定，必须公司组织，然事实上钱庄多合伙或独资者，况英国以商业称雄于世，银行开始甚早，亦不免有合伙组织，是已有之合伙或独资组织，其信用必然卓著，根深蒂固，故于订施行法时，亦应顾及此点，勿使滋扰。

银行法颁布以后，迄未有施行法之颁布，故迟迟未能实行，考其原因，则钱庄之为难，亦属一也，今兹天步艰难，商业零落，银行钱庄为金融之枢纽，商业之总汇，若不及早颁布施行，以保护金融界，即所以保护社会者，则其流弊殊非浅鲜，敢供愚见，倘亦为邦人士所乐闻欤。

---

〔1〕"扞格"，音（qiān gé），出自《礼记》："发然后禁，则扞格而不胜。"《东晋门阀政治》："以（桓）范为（桓）典子，年代无扞格之处。"意为有矛盾，或抵触之意。——校勘者注。

银行存款利率之减低及其今后之业务[*]

陶爱成[**]

　　近来，各银行股票之行情，并无起色。这与其红利，不无若干影响。虽各银行方面，因美汇之暴缩，获得大量利益，除将战时之损失弥补外，尚有盈余。但美国罗斯福总统货币政策不定，为促进其对外贸易币值之贬低，实为意中事，因之，银行不得不将美金之结价较市场为高以防万一。同时银行业务尚不能专藉美国之涨缩希获得固定之收益。若干银行即从事投机或做套头生意。或设立代理部，从事一切其他商业上活动，代客买卖或直接经商。或设有国外部，藉外国暴缩之机会，从事出口事业，以期获取大笔利润。但自非常时期管理银行办法实施后，银行藉以生财之道，即遭限制。因之，投资方面不得不力求其入于正轨，但观日前环境，曰非正当之投资足以影响正当投资，使国家急需之事业不能发展。但因环境之恶劣，虽将非正当之投资者予以限制，但正当事业仍不能获得所需之资金。

　　按平时银行之业务，着重于工业之投资。在上海，通常以四郊之工业为对象。同时经营农村放款、工业小放款、对出口商款项之辅助等。但自战事发生后，工业悉遭摧毁，农村紊乱，工业小放款亦因近日信用不佳，并复有恶势力之支持，以致银行不敢轻易尝试。至出口事务，战争初期虽颇顺利，但今因交通不便，并除美国外其他各国复有严密统制汇兑之举。因之只能以划账法或以货易货法代之。故出口事务会有人曰已成强弩之末矣。今银行将存款就地应用既有上述各项危险，至若将款项移往内地，从事投资，事实上亦颇感苦难。因银行所增多之存款，大部为活期之存款。且今日之活期存款，

　　* 本文原刊于《商学研究》1939 年创刊号。
　　** 陶爱成，1942 年毕业于东吴大学法学院（第 25 届），获法学学士学位。

其情形绝不能与往日相比。在往日银行颇能毫无危险将款项相当利用，而存户绝不会做大量提用。但今日因投机市场之活跃，今日存入一万元，明日颇有提空之情事发生，因之，银行不得不将存款之准备加增，亦即相对地减少银行获利之机会。

银行之收入既渐趋下降，但支出非但不减，甚致增加。如利息方面照常支付，职员薪水因近日生活费上涨，不得不辅助津贴。至利息之支付，其数额之增加，颇为可观。因各地游资会集上海。如各乡间稍有资产者，平日即将余款放给乡间取得高利息。但今则宁愿将此笔款项存入银行取得低利息。再如他国人士因鉴款项存于本国银行，将不便提取，因之，亦将所获款项，假我国人之名义存入我国银行。再如沦陷各区，经商人士，在外经商有所收获，亦绝不愿将所获款项，汇至本地，免遭麻烦。即名伶亦然，在北平所得，只能存放当地，作为平日支销之用。若在上海所得，于平日仍汇往北平，但今日仍存放上海，以便周转自如。再如从事投机机者，集合大量资本，于不利用之时机，即存入银行，将银行作为保险箱。

由于上述原因，使银行存款之增加，为空前所未有。因之，利息之支付大大增加。而银行之收入既如上述渐趋下降。为使银行本身收支平衡起见，不得不将支出力图减缩。其中最大之支出厥为利息。有若干银行为其本身前途安全见即创减低利息之举。但依不佞之见，降低利率不应统盘，应视活期与定期加以区别。活期存款不妨将利率降低，甚至等于零，因活期存款，银行犹如保管箱，不得尽量利用。但银行若在予以利息，似对银行太感不利。囊昔银行予以利息为吸收存款。且当时放款亦易，市场利息亦高。但今日远非昔比，银行存款猛烈增加，几有不能利用之虞。故今不妨将利息减少，仿欧美各大国之先例。至定期存款利息不妨维持甚致加高。因定期存款，银行于所定期限内得尽量利用。银行见上海市场之不可靠，即可将存款移往内地，作有计划之投资，而内地各种企业，在在需要投资，故银行对是项收支除难能避免之意外外，极为可靠。故对定期存款之利率不妨照旧或增高。

银行之支出方面，既力图收缩，但于收入方面，亦应力求增加。不正当之投资既受非常时期管理银行办法之限制，而今后从事于正当投资。今特供献若干投资为各银行所重视。分述如下，就正大雅。

一、辅助我国出口事业

按出口之增多，国际收支平衡才得维持。而人民福利亦得增加。按我国出口事业，除近日有若干国营及统制与人民私自经营外，仍假手外国洋行。其最大原因，端在中国行家之信用，外商以为不可靠。而外商宁与洋行往来，藉以保证。而洋行再与各厂家往来，相互钳制〔1〕。今若与外商直接往来，除原来相互间已有好感外，须先与外商银行往来。因之外商洋行在中国绝难摒除。且恃有特殊背景，势力特大。出口事务即操彼手。吾国欲求出口业务之发展当感困难。至我国银行虽亦有辅助出口业务者，通常为无信用证书之押汇，对出口商风险颇大。按出口业务，其营业范围，以世界市场为对象，除国际运输悉遭停顿外，因其销场范围之广，不易受某一区域之特殊情况所转移，颇有伸缩之余地，故其业务之基础，颇为稳固。我国银行应尽量扶助是项事业。若此事业发达，我国亦为成为金融枢纽。使银行之承兑及保证业务随出口业务而更为发展，收入即将大增，希今后银行力从此道。其次银行多多投资于保险及运输事业，使经商者，更得安全与便利。

二、辅助工商业

今日工商业最感困难者，厥为汇款问题。因各厂家为原料及动力之便利，将各工厂仍设于大都市如上海各等地。但内地汇款往上海遭受限制。故向内地汇即发生升水现象，而内地向外汇即须外加贴水。故一时不易取得货款。但工厂欲维持工作，即须购置原料。但原料之购置皆须现款。且若干为舶来品。而黑市场之外汇暴缩，因之使各工业受双重压迫。希银行对当地工商业，力加扶助。对汇款方面及资金周转方面，设法予以便利。务使工商业基础不致动摇。

三、尽量向内地投资

今内地对人力固需要，但对资金更为需要。因一切应用物品，皆须工业发展，工业发展即须大量资本，而工业中尤以重工业为紧要。因重工业基础健全，轻工业才得保障。今银行不妨设法鼓励定期存款之增加。至活期存款

---

〔1〕 "钳制"原文作"拑制"，现据今日通常用法改正。——校勘者注。

之增加皆因人民之心信所造成。彼等见目前环境之恶劣，即希随时可将存款提出，实彼等之观念已属错误，因近日所通用者皆为纸币，今我人应力使存户之观念改正，以致定期存款得增加。银行得将是笔资金尽量利用。与当局合作，启发重工业。待重工业发展后，轻工业继之，使人民日常生活用品不感缺乏之虞。

今大部银行已将总行迁往内地，对内地产业力图发展，实为一好现象。希彼等加倍努力，对内对外皆图进展。使人民福利增加，同时其本身亦能获得加倍利润，对我国金融界前途，有无限希望。

工厂押款机器生财之担保权设定问题[*]

陈贻祥[**]

第一节 对于现行办法之批评

一、现行办法

银行承做工厂押款，对于机器生财，据交通银行印行之交行通信第二卷第一号第十八载：在民法施行以前，大抵视如不动产，用为物权上之担保时，亦并不办理移转占有手续。近年债务纠，往往由此而起。上海银行公会有鉴于此，曾于二十年五月二十日[1]通告会员银行，有"关于机器抵押事件，应依民法机器有质权之规定，补充移转占有手续"等语。可知民法施行以后，动产质权之设定，固应以移转占有为要素。

同书次页载：顾如机器之移转占有，其手续究应如何办理？……兹姑依各银行现行办法略述如下[2]：

（一）保险单应与过户。

（二）机器间门上加挂某银行机栈名牌。

（三）各件机器上加订某银行名牌。

（四）将机器移转占有旨，登报公告（但此节因顾全工厂信誉起见，实行

　＊　本文原刊于《银行周报》（第18卷）1934年第6期，第28～33页。

　＊＊　陈贻祥，1931年毕业于东吴大学法学院（第14届），获法学学士学位。曾任私立光华大学法学教授。

　〔1〕　此处民国纪年标注，换算成公历即1931年5月12日。——校勘者注。

　〔2〕　"下"原文作"左"，现据今日排版方式改正，下同。——校勘者注。

者甚少）。

（五）另订机栈租赁契约（但契约内订明不取租费）。

（六）特派管栈员，管理机栈事务。

但上〔1〕列六种方法，亦视各银行之意旨及工厂之信誉而多有酌量变通者，非一定不易之法定手续也。姑并录之，以供参考而已。

二、何谓占有

占有为事实乎，抑权利乎。学者间聚讼纷纭。各国立法例亦不一致。主张占有为事实关系说者，谓占有为一种单纯的事实关系。其意盖以人类欲全其生存，则必需衣食住三要素。需此要三要素，则必须有管理外物之力，此种管领外物之力，即所谓事实的占有是也。但仅有事实关系，而无法律为之保障，则结果必起纷争。而此项事实关系，亦失其存在之价值矣，故此说殊不足采。主张占有为权利关系说者，谓占有为一种权利之关系，此与我民法立法原意冲突，亦不可通。我国民法物权编，对于各种物权，如所有权、地上权、永佃权、地役权、抵押权、质权、典权及留置权均概名之曰权。但对于占有则仅名之曰占有，而不曰占有权。又民法第九百四十条规定："对于物有事实上管领之力者，为占有人"，并无权利字样。立法用意所在，既至为明显。夫如何可以复谓占有为权利关系乎。

占有既非单纯事实关系，又非权利关系。究为何种关系乎，曰，占有乃法律所保护之一种事实关系，盖占有能生法律之上效果。占有人对于所占有之物，可享受法律上之保护。

民法第九百四十三条：占有人于占有物上行使之权利，推定其适法有此权利。

民法第九百六十条：占有人对于侵夺或妨害其占有之行为，得以己力防御之。占有被侵夺者，如系不动产，占有人得于侵夺后，即时排除加害人而取回〔2〕之、如系动产，占有人得就地或追踪向加害人取回之。

民法第九百六十二条：占有人，其占有被侵夺者，得请求返还其占有物，占有被妨害者，得请求除去其妨害，占有有被妨害之虞者，得请求防止其

---

〔1〕 "上"原文作"右"，现据今日排版方式改正。——校勘者注。

〔2〕 "取回"原文作"取囘"，现据今日通常用法改正，下同。——校勘者注。

妨害。

占有人此种权利，虽直接行于物之上，但与所有权及他物权之实体权不同。设占有与实体上之权利不能并立时，则实体上之权利，每处于优胜之地位。例如甲为某物之所有人，乙为无权利而占有其物之人，苟甲未得乙之承诺，固不能取回其物，而乙对于甲之请求，实有返还其物之义务。倘乙不肯返还，则甲依法定程序，有使乙权交付其物之利也。

占有为法律保护之一种事实关系。其义业经释明，吾人可进考特派管栈员管理机栈事务之办法，是否在法律上可以通行过去。就目下一般之情形观之，其答案似为消极。盖现在银钱业对于管栈员，类多只派一二人，或契约上规定派人，而实际并不派人。其用意只在于契约上为一种官面文章之规定，以为即此已足。至于事实如何，则在所不问。不知工厂有大小之分，机器生财有多少之别。一二管栈员，对于规模宏大之工厂，其中机器生财多至千百件不等，在事实方面，何能有管领能力。又不知占有仅系法律保护之一种事实关系，并非权利关系，其得失应视事实上有无管领能力为断。并非于契约之内规定"由债权人占有"，或"债务人承认将质物交由债权人占有"等文句即可取得法律之保障。

民法第八百八十五条第一项：质权之设定，因移转占有而生效力。

大理院四年上字第一九四九号判例：凡以动产为担保债权之标的物，须质权人继续占有其质物，始有对抗第三人之效力。

至若规定管栈员除膳宿薪金，并受债务人供给外，并应接受债务人之命令，视与债务人其他之雇员相同。则直不知债权人对于管栈员之管理权既失。管栈员所为管栈之行为，即有被视为非属代理债权人之危险，而离占有之旨益远矣。

三、质物不得交由出质人占有

按另订机栈租赁契约云者，据鄙见所及，其意似为机器之租赁，而并非仅指堆置机器栈房之租赁。普通银钱业承做机器押款，如不派管栈员（按管栈员之职务，在管领机器，而非管领堆置机器之厂屋）多由债务人对债权人承认。债权人对于机器，取得占有，但因营业关系，债务人特商由债权人允诺，由债权人将机器租赁（亦有用借贷或其他办法者）于债务人。另订租赁契约，或即于押款契约内规定。而由债权人保留占有，或由债务人承诺债权人保留占有。关于租金，有为官面文章之规定者，有不为规定者（自法律之立场观之，此即非租赁。盖租赁以租金为要件也）。关于债权人之保障，有许债权人于债务人违反契约或有损害质权之行为时，可以即时解除租赁契约，将机器收回。自行占有者，有概从省略。不为规定者，此种办法，从法律之立场观之，在利用法律上间接占有之制度，使债权人为间接占有人，债务人为直接占有人，以期免除由债权人实行占有之事实困难。如在法律上可以通行过去，实不失为一种优美制度。但不幸法律规定，正恰与之相反。

民法第八百八十五条第二项：质权人不得使出质人代自己占有质物。

民法第八百九十七条：动产质权，因质权人返还质物于出质人而消灭。返还质物时，为质权继续存在之保留者，其保留无效。

四、质权之设定应移转占有

民法第八百八十四条：称动产质权者，谓因担保债权，占有由债务人或第三人移交之动产，得就其变得价金受清偿之权。

民法第八百八十五条第一项：质权之设定，因移转占有[1]而生效力。

法律之规定，即若是之明显确定。银钱业如做工厂押款，不遵照上述法条规定，将机器生财，移转占有，而欲仅凭——（一）保险单应与过户。（二）机器间门上加挂某银行机栈名牌。（三）各件机器上加钉某银行名牌。及（四）将机器移转占有之旨登报公告等各项办法，以为即可取得法律保见保障，设定质权，以鄙人之愚，窃觉漫无把握。不过此项办法，初非绝无好处，例如保险单一经过户（严格言之，保险单只应以银行为受益人，而不当过户与银行）。则质物苟有毁损灭失等情，而因此可以领得赔偿金者，银钱业即可直按向保险公司领受。关于此点，法律并有明文规定。

民法第八百九十九条：动产质权，因质物灭失而消灭。如因灭失得受赔偿金者，质权人得就赔偿金取偿。

又如"机器间门上加挂某银行机栈招牌"，"各件机器上加钉某银行名牌"或"将机器移转占有之旨，登报公告"等办法，一经实行，则工厂在事实方面，即殊难将机器生财，再做第二次之押款。惟如工厂之债权人，并不从设定质权入手，而于工厂财产不足清偿其债务时，直接声请法院，宣告工

---

[1] "移转占有"原文作"转移有"，此处根据上下文改正。——校勘者注。

厂破产，就其财产，为平均之分配。而以银行虽名义上设定质权，实际上并未移转占有，于法并未取得优先受偿之权利为言，则即无恶意善意之问题，银行不免大受损失矣。总而言之，取得领受赔偿金之权利，或阻止出质人不得以机器作第二次之押款为一事，曾否设定质权，有无优先受偿权利，又为一事，不得混为一谈。如误混为一谈，窃恐于法无据，难得享有保障也。

第二节　建议之解决办法

一、解决办法

银钱业现行设定质权办法之不安全，业详上节。作者虽法律学识，诉讼经验，俱感缺乏，但既承乏银行法律工作，对于此事，即不敢自揣浅薄，而不谋所以解决之方。惟此事纠纷已久，迄无办法，末学浅识，固不敢自谓必能行通也，谨述愚见仁待明教。

窃按抵押权之效力，法律业有明文规定，及于抵押物之从物。

民法第八百六十二条第一项：抵押权之效力，及于抵押物之从物与从权利。

故苟能使机器生财为工厂之从物，则银钱业承做工厂押款时，只须就厂基房屋，设定一个抵押权，而不必另将机器生财认为独立之动产，单独设定质权，移转占有，便有保障。欲知机器是否为工厂之从物，当先考主物从物之意义。

民法第六十八条第一项：非生物之成分，常助主物之效用，而同属于一人者，为从物但交易上有特别习惯者，依其习惯。

依此法条，可得从物之观念二三事。

第一，从物须非主物之成分，即须依社会观念，系与主物独立为物。故如车房、马号、通常系房屋之一部，不能谓为从物。反是，如坟地之小屋，农庄之住房，则系与坟地或庄田独立之物，得为从物。

第二，从物须常助主物之效用，即其附属于主物，系为主物之经济上功用，且非因一时之目的。此项关系，应依客观（一般观念）决之，不应依主观（主观所有人意思）决之。故如表之链，箱之锁，乃为从物。反是，如附于表链之图章，挂于客厅之字画，则非从物。

第三，从物与主物须同属于一人，故主物及从物，非同属一人所有，亦不生此关系。

以此三事，衡之机器生财，觉机器生财，为工厂之从物，直无可疑。

第一，机器生财与工厂系各自独立之物，机器生财与门窗不同，当然不是工厂厂屋之成分。

第二，工厂无机器生财即不复成为工厂，机器生财，当然系常助工厂之经济效用。

第三，机器生财与工厂殊少分属二人所有。

至就习惯而言，不独无否认机器生财为从物之事，而且以机器生财为工厂之从物，合并设定抵押权，尤属先例频繁，不胜举述。兹以限于篇幅，例证从略。

二、外国立法例

民事法无明文，适用法理。外国立法例，对于此事如何规定，似有考虑之价值，德国民法，以明文承认机器生财为工厂之从物。

德国民法第九十七条：动产中不为主物之成分，而有供为主物之经济上目的之性质，且其对于主物，又有与此性质相当之表见关系者，则为从物，又在取引上不视为从物者，则非从物。

因他物经济上之目的，虽一时使用其物，其物不生从物之性质，又从物虽一时由主物分离，亦不失从物之性质。

民法第九十八条：在列之物，有供主物经济上目的之性质。

第一，其在因营业永久建设之建筑物，有如制粉所、锻炼所、酿造所、制造所等。则因营业所定之机械，及其他之器具。

第二，其在农产地，则因农业所定之器具及家畜，而未能遇见收获同种或类似之产物之时期以前，则因经营农业所必须之农产物，及农业地中所现存之肥料。

日本工场抵当法，不独认机器生财为工厂之从物，且直接规定工厂抵押时，其效力及于机器生财。例如该法第二条载：

工场所有人，在工场土地上所设定之抵当权，除建筑外，凡附着于土地而成为一体之物，及地上所装置之机器器具，并其他工场用之物，其效力均及之。

德国民法所以明文规定机器生财为工厂之从物者，盖以德国民法关于质权之设定，亦与我民法相同，规定质物须由出质人占有，而且不得使出质人代为占有也。德人深知此种规定，对于工厂押款，发生困难，如不另设变通办法，必使金融业对于工业经济援助，畏缩不前，工业前途，发展为难。其用心之周到，实堪钦佩。

德国民法第一千二百零五条第一项：凡设定质权，所有者须交付其物于债权者，于质权当属于债权者之事，并须彼此合意。若债权者已占有其物时，则质权之成立，仅以合意为足。

同法第一千二百五十三条：质权者，以质物交还质权设定者或所有者之时，消灭质权，质权存续之留保为无效。

质权设定者或所有者占有质物时，质权者，受还付于本人者推定，质权成立后，有第三者，由质权设定者或所者有者手而取得占有。致占有质物时，亦受同一之推定。

日本民法对于质权之设定，其规定亦与我民法相同，日人以在总则中，未有机器生财可为工厂从物之规定。故特另定[1]工厂抵当法，以为补救。

日本民法第三百四十四条：质权之设定，因引渡其目的物于债权者而生效力。

同法第三百五十二条：动产质权者，非继续而占而其质物，不得以其质权对抗第三者。

同法第三百四十五条：质权者，不得使质权设定者，代自已而占有其质物。

三、结论

我国工业情形，方之德日二国，不知相差若干倍，揆厥原因，自属甚多。而资金薄弱，实为最重大之致命伤，试一检阅各厂营业情形，则知不独厂地抵押矣，屋厂抵押矣，机器出质矣，生财出质矣，甚至已成之制造品，备用之原料，亦未当不有负担。其关系与银钱业既如此之密切，法律对于此种关系，自不能不谋所以巩固之方。机器生财，应为工厂之从物，即舍弃法律根据不论，亦自有其存在之价值也，乃一二法律学者，竟谓中国而非工业国家，

---

[1] "定"原文作"订"，现据今日通常用法改正。——校勘者注。

德日工业国立法例，不足采取，不独昧于机器生财与从物定义相合之义，亦且不知事实需要也。盖惟工业不发达，而后银钱业之经济援助，方益急迫。债权人与债务人间之关系，更应订立明白也。作者即曾本此意，代上海银行订立合同，并据以声请法院登记，业经照准。惟如能再由司法院明白解释，则更爲稳妥矣。

银行存款增加给付与情事变更之法则 *

陈贻祥

　　近来各地法院，对于胜利前之银行存款诉讼，均为增加给付之判决。其唯一之根据，即三十四年十二月十八日〔1〕公布施行之"复员后办理民事诉讼补充条例"第十二条。该条规定为："法律行为成立后，因不可归责于当事人之事由，致情事变更，非当时所得预料，而依其原有效果显失公平者，法院应公平裁量，为增减给付，或变更其他原有效果之判决。"又同条例第十三条规定为："前条规定，于非因法律行为发生之法律关系，准用之。"此两条规定在学理上称为情事变更之法则。盖信义衡平，为交易上一大原则，故如法律行为成立后之环境情事，发生剧烈变动，依照原来债务意旨履行，显失公平，法律为维持信义衡平起见，自不得不将原有效果予以变更也。且因此种不公之现象，非仅可发生于法律行为，甚至非因法律行为发生之法律关系，如不当得利之受领人应返还其所受利益之时，亦常有此现象。故情事变更之法则，亦适用于非因法律行为发生之法律关系。

　　我国民法对于情事变更之通则，虽无规定，但在各种特别法律关系，则已分别有情事变更之规定，例如民法第四百四十二条规定不动产之租金，当事人得因不动产价值之升降，声请法院增减之，又如同法第一千一百二十一条规定扶养程度及方法，当事人得因情事之变更，请求变更之，均为情事变更法则之采用。迨抗战军与社会经济状况变动剧烈，政府遂于三十年七月一日〔2〕公布非常时期民事诉讼补充条例，而于其第二十条第二项采用情事变

---

　　*　本文原刊于《银行周报》（第31卷）1947年第31期，第2～3页。

　　〔1〕　此处民国纪年标注，换算成公历即1945年12月18日。——校勘者注。

　　〔2〕　此处民国纪年标注，换算成公历即1941年7月1日。——校勘者注。

更之法则，以济民法之穷。惟适用范围仅限于买卖、租赁、借贷、雇佣、承揽、出版、地上权、抵押权、典权九种法律关系，非如复员后办理民事诉讼补充条例第十二条及第十三条规定范围之广泛。是项法则，在理论上，固属无可非议，然实用之际，如何始谓情事变更，如何始谓显失公平，如何始谓公平裁量，均无具体标准，可资依据。于是法官对于存款增加给付事件，每因各人主观之不同，所为之判决亦随之而各异，有低至三百倍者，有高至一万倍者，有不许假执行者，有银行声明愿提供担保请求免除假执行而仍许假执行者，有对活期存款不许增加给付者，有对活期存款亦许增加给付者，琐屑支离，极不一致。且均过分偏重于存款人之利益，而忽视银行方面之立场，殊有违信义衡平之原则。

按银行除对于普通存款，须提五分之一为准备；对于储蓄存款，须提出四分之一购买公债为保证，缴存中央银行外，并须留备库存及交换。其所可运用者，不过存款总额百分之三四十。而此百分之三十四存款，银行于营运时，复须受《管理银行抵押放款办法》、《管理银行信用放款办法》及《非常时期管理银行暂行办法》等约束。储蓄银行另须受《储蓄银行法》之管制。收复区各银行，并须受为财政部种种伪法令之限制。在以上各种法律法令严格管理限制下，银行实无从将存款人存入之资金，按照生活指数而增加其货币数额。且据中国银行编二十六年全国银行年鉴所载，二十五年全国银行存款总额为国币四·五五一·二六八·九六二元[1]。又据同年鉴所估计，存款总额中定期存款占三分之一，合国币一·五一七·〇八九·六五四元。[2]今假定其中五分之四，已于过去九年中陆续满期提讫，所余五分之一，尚待存款人到期领取，则所未还之战前定期存款尚有国币三〇三·四一七·九三一元[3]。此项数额，假定以一千倍增加给付，须合国币三〇三·四一七·九三一·〇〇〇元[4]。试问如此庞大之数额，是否为银行所能负担。在此种情形之下，自应由政府参酌社会经济状况，以及各银行之资力，在不妨碍经济建设之原则下，通盘筹处，订定一统一存款偿付办法，以资遵行。盖利益与损失，原系互相对立，此方之利益，即彼方之损失。自宜双方兼顾，不偏不倚。

---

〔1〕 此处按照英文中计数方式所写，即 4 551 268 962 元。——校勘者注。

〔2〕 此处按照英文中计数方式所写，即 1 517 089 654 元。——校勘者注。

〔3〕 此处按照英文中计数方式所写，即 303 417 931 元。——校勘者注。

〔4〕 此处按照英文中计数方式所写，即 303 417 931 000 元。——校勘者注。

对于存款人之利益，固须顾及；对于银行之资力及立场，亦不应置之不问也。

关于胜利前存款偿付办法，政府前此亦曾屡拟订定。惟均以增加倍数问题，各方颇多争执，致欲订而未果。兹闻全国经济委员会于本年七月十七日已通过一《战前银行存款偿还办法》将送由行政院政务会议讨论，并经立法院完成立法程序。该项办法之详细内容，虽尚未披露，然据报载，其最高倍数为九二五·一六四倍[1]，最低为二十倍，系自二十六年七月七日至三十四年九月三日[2]，按照年限依期递减，大约此项倍数系根据二十六年七月七日至三十四年九月三日[3]之市拆，依照复利计算而得。按银行收受之存款，大部均用之于货放，今政府根据历年市拆为标准，按为复利计算方法，以定银行对于存款应行偿还之倍数，就第三者立场言，尚不失为公平裁量，而对于情事变更之法则，亦尚属相符，惟此项办法中，尚有下列两点，应以明文规定，以免纷争：其一，即偿还之倍数，除依据其存入款项之迟早外，尚应以其存款年限长短为断，其二，即活期存款不应适用此项办法。盖活期存款，存款人既随时可以提出，而银行亦随时备款以待存款人之支取；存款人如不于物价变动时提出，则币值低落之结果，自应由存款人自任其咎，殊无令银行负担增加给付之责。事理至为明显，无待辞费。

总之，复员后办理民事诉讼补充条例第十二条及第十三条之规定，就其本身言，原不失为一富于革命性之良好立法。惟关于银行存款偿还事件，牵涉社会经济及银行营运资金等各项问题，非于经济及银行方而研究有素之人士，殊难望其有公平之裁量。法官对于各项法令之解释见解，固极明了，但对于经济及银行方面之专门学识经验，或非所素习。且平日又恐不免惑于舆论，以为存款人均属经济弱者，而银行则均属富有，致所为之判决，多偏重于存款人之利益，而忽视银行方面之不利。兹全国经济委员会集合国内经济学家，根据社会经济情形，兼顾存款人及银行双方之利益，拟订《战前银行存款偿还办法》，实无异一"经济法庭"适用情事变更之法则，对于存款人及银行所为之公平裁量。笔者深愿该办法能早日完成立法程序，付诸实施，庶聚讼经年之战前银行存款问题，可获得一合理之解决也。

---

[1] 即 925.164 倍。——校勘者注。

[2] 此处民国纪年标注，换算成公历即 1937 年 7 月 7 日至 1945 年 9 月 3 日。——校勘者注。

[3] 同上。

对于存单转让问题之意见[*]

陈贻祥

　　关于存单转让问题，敝会银行实务研究会前曾转恳上海银行顾问律师陈贻祥先生代为研究。顷接陈先生研究成果，对于该问题，论列颇详。除将陈先生意见提交银行实务研究讨论会外，特为披露，以供读者诸君之参考编者[1]。

　　交通银行冯振玉君，最近于银行学会，提出《存单转让问题之研究》[2]论文一篇，揭载银行周报第十八卷第五期，主张存单于法可以转让。邹君斐君因于银行实务研究会提出《存单可以转让之实务研究》议案，响应冯君。此事颇有研究之价值，兹特略贡鄙见，尚希大雅教正为幸。

一、存单原则上可以转让

　　古代立法例，如古代罗马法，不认债权有移转牲，故债权恒不许让与，此盖因其认债权债务为严格之特定人间之关系，权利人与义务人如有更迭，即反乎债的本质也。其实债权与物权同为财产权，法律即许所有人得自由处分其物权，自无单独禁止债权人让与其债权之理？现代经济发达，财产流通，债权尤有可以自由移转之必要。各国立法例，为事实需要计，均明文承认债权可以转让。（参阅德国民法第三九八条以下，日本民法第四六六条以下，瑞士债务法第一六四条以下，奥地利[3]民法第一三二九条以下，法国民法第

　　[*]　本文原刊于《银行周报》（第18卷）1934年第9期，第28~31页。

　　[1]　本文是当时银行学会主编，关于银行实务研究之一文，此处编者，为当时银行学会编者。——校勘者注。

　　[2]　参见《银行周报》（第18卷）1934年第5期，第18~19页。

　　[3]　"奥地利"原文作"奥国"，现据今日通常用法改正。——校勘者注。

一六八九条以下，意大利[1]民法第一五三八条以下）我国民法亦然。（民法第二百九十四条第一项前段：债权人得将债权让与于第三人。）

存款人存款银行，取得存单或存折为凭，于法成立债权债务关系。此项存单或存折根据上述法条，自得转让。冯邹二君之意见，于此与鄙见相同，惟邹君谓存单存折，应以定期为限，活期存折，既可随时提取，应不能转让云云。自事实言，邹君所论，确有特殊见地；但自法律言，则鄙见以为存单存折，不论定期活期，应均可以转让。盖法律对于债权之转让，系采概括规定，并无活期定期之分，吾人不便代为漫作区别也。

二、注明"不可转让"字样之存单不可转让

债权原则上虽可转让，但如有特殊情形，例如依当事人之特约，不得让与者不在此例。盖债权与物权不同，故当事人以特约禁止让与者，亦应认其有效。

民法第二百九十四条："债权人得将债权让与于第三人，但下列[2]债权，不在此限"：

1. 依债权之性质不得让与者；
2. 依当事人之特约不得让与者；
3. 债权禁止扣押者。

前项第二款不得让与之特约，不得以之对抗善意第三人。

上述法条第一项第二款之特约，即特别意思表示之谓。在由单独行为成立之债权，在该单独行为内定明此旨，即属有效；但通常固为契约。存款人存款银行，银行授以存单，上印不得转让字样，存款人"照收无误"，在此场合，银行与存款人，实已成立一种契约，存款人接受银行要求，对于存款，允许不再转让他人，否则，存款人应即拒绝收受，要求银行另给未印"不得转让"字样之存单。默而不言，存款人当然丧失以后主张之权矣。

民法第一百五十三条第一项："当事人互相表示意思一致者，无论其为明示或默示，契约即以成立。"

冯邹二君，对于此点，未曾讨论，似不免使人误信二君主张存单存折，

---

[1] "意大利"原文作"意国"，现据今日通常用法改正。——校勘者注。

[2] "下列"原文作"左列"，现据今日通常排版方式改正。——校勘者注。

不论曾否注明"不得转让"字样，均得转让，于法发生问题矣。

三、上海市银行业业规第九条之效力问题

关于存单转让问题，上海市银行业业规曾有禁止之规定：

上海市银行业业规第九条："存单存折及各种收据，不得转让。"冯振玉君谓："深望银行业同业公会于修订业规时，对于原订存单存折不得转让一节，酌予修改，勿必限制过严，转失效用。"鄙意亦以民法第二九四条既有明文承认，原则上债权[1]可以转让，银行业业规乃普遍的禁止转让，似不免有以业规变更法律之嫌。对于存款人，对于第三者，均当然不能发生效力。盖银行业业规虽为各会员银行所合订，但只系各会员银行营业上共同遵守之规则，而不能伸张其势力至存款人及第三者。银行苟于存单上不加印"不得转让"字样，则存款人固得将存单转让，银行不能以业规为对抗也。试观民法第二百九十四条，特约应由当事人为之，可知不能任由第三者搀入，第三者之搀入为无效。惟如存单上虽未印有"不得转让"字样，却印有按照业规办理文句，而又曾使存款人阅读业规，并能证明其曾经阅读者，则业规即于此时变为银行对于存款人恶约之一部，对于存款人，即有拘束之效力矣。总而言之，银行业业规仅有拘束[2]会员银行之效力，不能直接对存款人，对第三者发生效力，如欲使其对存款人，对第三者发生效力，应使其成为要约之一部方可。

四、存单可否出押

债权之让与，与债权之出押，系属二事。债权一经让与，让与人即丧失其原有的债权，而由受让人继受其全部权利。

民法第二百九十五条："让与债权时，该债之担保及其他从属之权利，随同移转于受让人，但与让与人有不可分离之关系者不在此限。未支付之利息，推定其随同原本，移转于受让人。"

债权出押，出押人并未丧失其原有债权，惟出押人如不能如期清偿其对于受押人之债务时，则受押人得就原有之债权取偿耳。

---

〔1〕 原文作"债权上"，此处结合文义删去"上"。——校勘者注。
〔2〕 "拘束"原文作"句束"，现据今日通常用法改正。——校勘者注。

民法第八百八十四条："称动产质权者，谓因担保债权，占有由债务人成第三人移交之动产，得就其买得价金，受清偿之权。"（根据《民法》第九百零一条，此条于债权出押时准用之。）

民法第九百零五条："为质权标的物之债权，其清偿期先于其所担保债权之清偿期者，质权人得请求债务人，提存其为清偿之给付物。"

民法第九百零六条："为质权标的物之债权，其清偿期后于其担保债权之清偿期者，质权人于其清偿期届满时，得直接向债务人请求给付，如系金钱债权，仅得就自已对于出质人之债权额为给付之请求。"

让与既与出押不同，可以或不可以转让之存单，是否亦同时可以或不可以出押，不无问题。但幸此事仅理论上之困难，在事实上，在法律上，尚无周折。可以让与之存单，可以出押，不可让与之存单，亦不可出押。民法第九百条："可让与之债权及其他权利，均得为质权之标的物。"

五、银行拒绝存单转让或出押之责任问题

存款人将存单转让或出押于人，向银行"注册"，银行拒绝不允，有无责任，为银行实务研究会所提出之问题。据鄙见所及，存单如未印有"不得转让"字样，则存款人依据法律，当然有权可以转让或出押，银行苟违法拒绝，自应负相当责任，惟如存单印有"不得转让"字样，此项存单，即不能转让。银行对于存款人要求转让或出押，自然有权拒绝，因拒绝而生之结果，亦自然不负任何责任也。

于此有一问题，银行如接受印有"不得转让"字样存单之转让或过户，于法生何结果乎？鄙人之愚，以为银行并不负担任何责任。存款人持印有"不得转让"字样之存单，前来银行，要求转让或出押，此种行动乃表示存款人对于以前应允不为转让之承诺，要求变更，银行应允注册，则表示银行同意变更。不得转让，系根据银行与当事人间之特约，可以转让亦系银行与当事人间之谅解。契约由当事人订之，当然可由当事人变更之，合法顺情，窃不知有何问题之言。

六、结论

根据上述论列，存单原则上应可转让，惟可以由银行变为不可转让。可否转让，即均为法律所许，故应否转让，当让诸事实决定，而不复为法律问题也。

存单存折及印鉴挂失问题之研讨[*]

陆同增[**]

凡存户之存单存折遗失，向银行挂失作废，申请补给新单据之手续，经法院公示催告及除权判决之程序后，银行方允补给新单据，此为最周密之办法。惟查民事诉讼法第五百三十五条及第五百五十二条规定：公示催告程序仅以有价证券为限，存单存折是否为有价证券之一种，法律并无明文规定，能否适用公示催告程序，亦一疑问，且办理手序，甚为繁琐，故银行为便利存户起见，变通办法，由存户正式具函向银行挂失止付，登银行同意之著名报纸两份声明作废，一面邀同殷实保证人填具保证书，经过相当期间后，如无纠葛，再行补给单据。上项办法，平时行之，流弊尚少，惟自战事起后，存户避难，辗转迁徙，徒存单存折及印鉴遗失等事，日见增多，社会人事，愈见复杂，若挂失作废等手序，无周密办法，在在足以引起纠葛，而银行所负之责任甚大，故不得不谋法律上及手续上妥善之办法也。

上海银行前曾有存单存折及印鉴遗失公证办法之建议，但其办法，法律上并无规定，亦无法条可以援引，倘欲实行，须呈请司法行政部，特别指令法院，始可通行。究其内容，实与公示催告程序之性质相似，故不如设法援用公示催告程，较为妥善。惟查各地法院，对于存单存折遗失申请公示催告，有认为与民事诉讼法第五百五十三条及第五百五十四条第二项相符，并依同法第五百三十六条裁定照准者，有认为存单存折，仅系通常权利证书，与权利存在于券上之证券不同，无可为公示催告之规定，因而驳回者，在法院或准或驳，使存户奉判不一，银行亦无所适从。我行前曾函请中中交农四行联

---

　*　本文原刊于《交通银行月刊·业务讨论》1939 年第 1 期。

　**　陆同增，1934 年毕业于东吴大学法学院（第 17 届），获法学学士学位。

合办事总处函财政部咨请司法院解释，后经该院二十七年十一月十七日院字第一八一五号解释，存车存折遗失，不能援用公示催告程序，只能依照银行惯例以求救济，但查各银行惯例之办法，颇不一致，且登报问题及保证人之办法，似更有研究之价值也，兹分论于次：

（一）登报之法律问题——存单存折及印鉴遗失登报声明作废，于法是否确属失效，似一疑问。查法律虽无直接明文规定，惟民法第一条规定民事法律所未有规定者，得依习惯。又据司法法院之解释，得照银行惯例以求救济，则登报声明之办法，于法当然有效，即按诸银行惯例所定之办法，与大理院二年上字第三号习惯法成立要件之判例并无违背，由此以论，则登报声明作废之手续，于法自应有效，更无疑虑也。

（二）登报之方式问题——以前银行惯例，系由存户单独登报声明，为手续上完密计，嗣后银行在存户所登广告旁，务亦须具名，声明该存户来行挂失，申请补给新单据或更换新印鉴之原由，凡与有权利纠葛者，自登报日起，二个月内到行声明权利，否则银行不负责任。广告双方具名登载，手续似较完善，银行之广告费，亦应由存户负担，报纸登载两种，其地位须在明显之处，如存户为隐名或堂记者，须将真实姓名同时登载，声明广告之字句，可由银行拟定一定方式，嘱存户登载，于以免存户取巧，现值非常时期，存户倘在沦陷区内遗失者，须登当地及银行迁移所在地之报纸各一份，俾无隔阂之弊。但如为机关存款而欲在沦陷区登报，在事又有困难，为补救起见，须有该上级机关公函证明，并负保证之责，方能允办补给新单据或更换新印鉴之手序。盖机关之在沦陷区者，因局势之变迁、迁移者有之，解散者有之，人事上多更调者有之，机关存款之内容，究难绝对秘密，设竟被人借挂失手序，冒名盗取，纠葛滋多，故其手序，不得不加以慎重也。

（三）登报之时期问题——存户登报声明之时期，规定每份报纸登载三天，其办法可隔日各报轮流登载，例如一月一日一月三日一月五日登载甲种报，一月二日一月四日一月六日登载乙种报，如是则存户虽登报每份三天，而有六天之效力也，自登报后补给新单据或更换新印鉴之申报权利犹豫期间，可参酌公示催告程序之法理，定为自最后登报之日起，经过二个月为限。

（四）保证人担保问题——保证人对于挂失存户确为权利所有人，负一切保证之责，关系至重，故选择尤须注意，保人之资格，可不拘个人或商店，总以殷实可靠为主。惟自战事起后，钜富忽变为穷困[1]，甚或不幸而死亡者，颇不乏人。为稳妥计，凡存额在千元以上者，或对该存户挂失有可疑之处者，须觅保人二人，并连带负责；数额在百元以下者，可酌予通融，保人在担保之半年内，银行须时加注意。盖串同舞弊等情，在此半年内，颇有发现之可能，故在此期间，保人倘有资历之变动，或人事之死亡，须嘱另寻妥保，较为稳当也。

上述各点，似堪研究，倘能由银行公会规定划一法办，通知各银行遵照，一律办理，各银行既无参差之弊，亦可免无所准绳之苦，其关系非线鲜也。

（附）参考法条

民法第一条民事法律所未规定者，依习惯，无习惯者，依法理。

大理院二年上字第三号判判例习惯法成立之要件有四：（一）人人确信以为法之心，（二）于一定期间，就同一事项，反复为同一之行为，（三）法令所未规定之事项，（四）无背于公共挟序及利益

司法院二十七年十一月十七日院字第一八一五号解解释银行发给存户之各种存单存折，系属权利证书之一种，与证券不可与权利分离者有别，不适用民事诉讼法关于宣告证券无效公之公示催过程序，设遇遗失，除得依照银行惯例以求救济外，别无他法。

民事诉讼法第一三十五条申报权利之公示催告，以法律有规定者为限，公示催告对于不申报权利人生失权之效果。

民事诉讼法第五百三十六条法院应就公示催告之申请[2]为裁定，法院准许申请者，应为公示催告。

民事诉讼法第五百五十二条宣告证券无效之公示催告程序，适用第五百五十三条至第五百六十三条之规定。

民事诉讼法第五百五十三条公示催告由证券所履行地之法院管辖，故如未载履行地者，由证券发行人为被告时依第一条或第二条规定有管辖权之法院管辖，如无此法院者，由发行人于发行之日为被告时依各该规定有管辖权

---

[1] "穷困"原文作"困穷"，现据今日通常用法改正。——校勘者注。
[2] "申请"原文作"声请"，现据今日通常用法改正，下同。——校勘者注。

之法院管辖。

民事诉讼法第五百五十四条无记名证券或空白背书之指示证券，得由最后之持有人为公示催告之申请。前项以外之证券，得由能据证券主张权利之人为公示催告之申请。

银行抵押放款之押品在战区损失后责任问题之检讨*

陆同增

抵押放款，为银行放款之一种，此种放款，因有押品担保，稳妥可靠，故占各银行放款业务上最大之数额，惟自"八一三"战事爆发，银行之押品在战区焚毁或被劫者，为数颇巨，此其损失之故，迥异寻常，且非人力所能抵抗，就常情论，债权人与债务人双方，似均无重大过失，故[1]其损失责任之谁属，则颇有待于商讨者，兹就法律点研究，将押品之损失责任问题，分不动产及动产述之如次：

（一）不动产

借款人提供不动产作押，向银行借款，该项提供之不动产，依法应办抵押权登记，而不必由银行移转占有，此类押品以工厂之房屋地基及机器为多，地方沦为战区，工厂被毁者有之，被敌人占据者亦有之，工厂之被毁者，其抵押物除地基外，房屋机器等既已灭失，依民法第八百八十一条之规定，其抵押权自随而消灭，但抵押权仅系就物清债之权利，其固有之债权，则与抵押权可合可分，依前大理院四年上字第二四二二号判例"抵押物毁损，不能影响于债权"之规定，银行之债权，固依然存在，仍可向借款人及保证人追偿，又据前大理院四年上字第二八一号判例"担保物灭失之损失，由债务人负担"，则抵押品之毁损，银行更无责任可言也，至工厂之未毁而被敌人占据者，债务人往往藉辞抵押之工厂，未曾毁损，银行尽可处分押品，以偿债务，其言虽辩，但查最高法院二十二年抗字第七二四号判例"担保物权之设，定乃为确保债务之履行，债权人行使债权时，并不以就担保物变价抵偿为限，

---

* 本文原刊于《银行实务·实务讨论》1939 年第 34 期。

[1] "故"原文作"顾"，现据今日通常用法改正。——校勘者注。

债务人亦无强以担保物供清偿之权",又最高法院二十二年上字第二五〇号判例"(一)民法规定抵押权人于债权已届清偿期而未受清偿者,得申请[1]法院拍卖抵押物,就其卖得金而受清偿,只谓抵押权人于届期未受清偿时,有就抵押物申请法院拍卖之权利,并非认债务人有要求拍卖之权利,故抵押权人既不愿行使此项权利,即无由债务人强其行使之理。(二)抵押权人就抵押物行使权利,抑或迳向债务人请求清偿,仍有选择之自由"。以上判例,均规定债务人不得强以担保物抵偿债务,故银行尽可抛弃处分押品之权,而迳向债务人追偿欠款也。

(二)动产

借款人提供动产作押,向银行借款,其押品依法应移转归银行占有,此类押品,以棉麦米茶丝纱等货物,及公债股票等证券为多。今地方沦为战区,致银行占有之押品焚毁或被劫者,为数亦巨,债务人往往以银行负有保管责任,此项损失,银行应负其责,当银行诉追债款时,债务人往往乘机要求取赎押品,甚且反诉银行对于占有之押品,未尽善良管理人之注意,要求赔偿,查民法第八百八十八条固有"质权人应以善良管理人之注意保管质物"之规定,但如银行之于押品,已尽善良管理人之注意,则其损失自可不负责任。矧[2]所谓善良管理人之注意,乃法律之抽象名词,绎其意义,即银行须用善良之方法,保管押品,至于是否已尽责任,须凭举证之方法以为决断,今战事卒发,情势演变,难以预卜,或因交通线已被阻断,或运输工具无从觅雇,或限于其他特种情劳之下,银行虽欲迁运押品妥为保管,事实上有所不能,其被焚毁劫掠者,更无论矣。银行在事前既已尽智竭虑,以图保全押品,既尽其善良管理人之注意,而押品在不可抗力之情势下,仍不免损失,银行自当不负责任,况按之借约条款"抵押品物质变坏或天灾地变或其他不可抗力之事故致生损失时,银行概不负责,仍应由借款人另换相当押品或清还本息",亦有明文规定,契约为双方同意所订立,依法亦应互相遵守,至民法第八百九十九条规定"动产质权,因质物灭失[3]而消灭"系仅指附着于质物之权利而言,依最高法院二十三年上字第二〇一八号判例"质权仅为债权之

---

[1]"申请"原文作"声请",现据今日通常用法改正,下同。——校勘者注。

[2]"矧",读 shen(第三声),有另外、况且、何况、也的意思。——校勘者注。

[3]"灭失"原文作"失灭",现据今日通常用法改正,下同。——校勘者注。

从权利，质权虽属无效，其债权仍可独立存在，并不因之而无效，故银行亦尽可依据债权向债务人追偿欠款也"。

综上所述，战区内焚毁及被劫押品之损失，应由债务人自行负责，实无疑义。申言之，即银行对于抵押物，依法为抵押权及质权之性质，上项权利虽因押品之，灭失而消灭，但债权仍依然存在，故若查明押品确系毁灭或损失时，银行即有权要求债务人另行提供担保品，或即要求清偿债务，倘借款人行踪不明，可直接向保人追讨，因契约载明保人愿抛弃先诉及检索抗辩之权，尽先负责偿还，不容推诿。总之在战区所毁损押品之责任，当由债务人自行负担，银行倘无过失，依法绝无责任可言也。

各行处撤退后行屋仓库等租赁契约问题之检讨[*]

陆同增

自抗战发生后，沦陷区域内之银行，因环境关系，撤退后方，营业用之房屋仓库，实际已不需要，自可退租，藉节开支，其未经订有契约者，尚易办理，但有长期租约者，业主往往借口租期未经届满，坚不允退，在业主凭租约原则为根据，自有相当理由。在银行转因契约之束缚，应付倍感困难，我撤退各行中，有类此情形者，恐亦不少，兹就租赁契约之法律观点，分论于次，以资参考。

（一）租货契约之性质

租货契约者，当事人约定一方，以物租与他方使用收益，他方支付租金之契约也。至于租货契约之性质，系诺成契约，双方合意，即可成立生效，系双务契约，即出租人负以物租与承租人使用收益之义务，同时承租人负支付租金之义务，且双方债务，系为对待给付，故为有偿契约。又缔结此种契约之表示，不必履行一定方式，为不要式契约，惟不动产之租赁契约，其期限逾一年者，应以字据定订立之，未以字据订立者，视为不定期之租货。查租赁契约，出租人负使承租人得就租赁物使用收益之义务，承租人即有请求就租货物使用收益之权利，此曰租赁权。其性质究系物权，抑为债权，学说不一，惟应以债权说为当，盖[1]承租人就标的物直接使用牧益，其权利直接行使于物之上，虽与物权关系为近，然出租人对于承租人，非如物权关系，仅负一种不作为（消极的不妨害）之债务，乃并负有使承租人得使用收益之积极的给付，承租人所以得使用收益，实不外出租人履行其积极的债务之结

---

* 本文原刊于《交通银行月刊·业务讨论》1939 年第 9 期。
〔1〕"盖"原文作"蓋"，现据今日通常用法改正。——校勘者注

果，故就租货直接所生之权利关系论之，乃债权关系，而非物权关系也。

（二）银行撤退后前所订立之租赁契约存废问题

租货契约订有期限者，银行撤退后，其契约虽未到期，然承租人得因行屋被占或损毁提出证据，向承租人要求终止契约，兹分述于后：

（1）房屋被人占用者　地方沦陷后，银行之行屋及仓库，往往被人占用，出租人因胁于权势，不敢与争，反依据双方订有定期租约，在未经届满以前，仍应依约付租，且房屋未曾毁损，承租人尽可使用，其言虽辩，惟查租货契约为双务契约之性质。既如上述，于契约成立后，双方须负有义务、今承租人不能享受使用房屋之权利，当然可不负支付租金之义务，且查民法第四百二十三条："出租人应以合于所约定使用收益之租赁物，交付承租人，并应于租货关系存续中，保持其合于约定使用收益之状态"之规定，今房屋被敌人占用，出租人亦不能代为排除他人之侵占，即租货物在租赁关系存续中，不能保持其合于约定使用收益之状态，承租人当然可拒绝支付租金，而要求终止契约。

（2）房屋全部毁灭者　地方沦陷，在战争状态中，行屋或仓库全部炸毁者有之、全部被焚者亦有之，租赁物既经毁灭，承租人如无由享受使用收益之权利，其租约虽未到期，承租人得依据最高法院十九年上字一○六○号判例"租赁标的物因天灾或意外事变失灭者，其租赁关系既无存续之可能，无论原契约有无存续期间，均可为解约之原因"。之定案，则自该房屋毁灭之日起，即可向出租人要求终止契约，不负契约上支付租金之义务。

（3）房屋毁灭一部者　在战争状况中，行屋或仓库毁损一部者，虽租货契约尚未到期，承租人得依据民法第四百三十五条"租赁契约存续中，因不可归责于承租人之事由，致租赁物之一部灭失者，承租人得按失灭之部分，请求减少租金，前项情形，承租人就其存余部分，不能达租赁之目的者，得终止契约"之规定承租人得认为该房屋既毁损一部，其余存部分，不能达订约时使用收益之目的为理由，向出租人要求终止契约，而拒付租金。

（三）租赁契约解除时之收回押租问题

订立租赁契约时，承租人缴有押租，言明退租时交还者，租货契约解除时，出租人依约当然交还。惟内地现有一般习惯，因房屋毁灭，由于不可抗避〔1〕之事由所致，双方均无过失，于解约时，前缴押租，概不交还，藉补出租人之损失。此种习惯，完全基于人情所订，惟依法实有不合，查民法第四百三十四条"租赁物因承租人之重大过失致失火而毁灭者，承租人对于出租人，负损害赔偿责任"之规定。反言之，若租赁物毁灭，承租人并无重大过失者，即无责任可言，且前大理院六年上字四三八号判例"租赁因租户失火、若系出于故意或重大过失者，失火之租户，对于被害人应负赔偿之责，而由于通常过失者则否"之定案，则房星由于承租人之故意或重大过失毁灭者，方负赔偿责任，而由于通常过失，尚可免除。今房屋毁于人力不可抗避情况之下，承租人无赔偿责任、其理甚明、衡之法理、实不能强以承租人之押租作为赔偿出租人之损失。

---

〔1〕 "不可抗力"原文作"不可抗避"，现据今日通常用法改正。——校勘者注。

读战前存款偿还办法论存款加倍给付之原则[*]

卢绳祖[**]

自司法院二八八五号及三〇一八号解释复员后，办理民事诉讼补充条例第十二条关于增减给付之规定对于银行存款亦得适用后，存户与银行间因存款加倍给付涉讼之案，层出不穷，而各地法院推事审理此类案，以无一定之准绳可资依据。其裁判增加给付之倍数，既漫无标准，对于存户假执行之声请及银行提供担保免为假执行之声请，抑或准或驳。此在司法独立原则下，各承审者固得凭其一己自由心证而为判断，但在为当事人之银行则莫不感受重大之威胁。

查复员后办理民事诉讼补充条例第十二条之规定，法律行为成立后，因不可归责于当事人之事由，致情事变更，非当时所得预料，而依其原有效果显失公平时法院始得根据公平裁量为增减给付或变更其他原有效果之判决。例如某甲于战前以国币二千元向某乙购得房屋一所，双方约定于订立买卖契约时，先付价款半数，余款于签约若干日后，届期因战事关系，致尚余价款，未能照付。迨至全面胜利后，甲乙双方旧事重提，此时该屋时值已较原价增至万倍以上，如仍照原约履行，卖方吃亏未免太大。为卖方之某乙自可根据上开条文，对于未付款，请求加倍给付，至银行存款之性质则与前述情形迥异，盖银行以流通通货授受信用为业务，一方吸收存款，一方贷出放款。上述买卖，契约卖方对于买方要求加倍给付其未付价款，可根据买卖标的物战前及战后之市值为计算之标准，至于银行业务系以法币为对象，物价之涨跌，生活指数之升降，与银行业务根本不相牵涉。换言之，即银行之收益既不因

　　[*]　本文原刊载于《银行周报》（第 31 卷）1947 年第 31 期。
　　[**]　卢绳祖，1934 年毕业于东吴大学法学院（第 17 届），获法学学士学位。

物价之上涨而增加，亦不因物价之下跌而减小，从而适用上开法例之先决条件，已不存在。

复查此类案件以储蓄存款存户居多，依据储蓄银行法，储蓄银行不但至少应有储蓄总额四分之一相当之政府公债库券及其他担保确实之资产，交存中央银行特设之保管库为偿还存款之担保，其资金运用之范围，复严格限于购买政府公债抵押及质押放款，无逾越回旋之余地，且在抗战期内政府管制金融，益为严格，银行对于资金运用既无自由，何来过份之收益，论者或谓银行现行放款利率已较战前提高，遂据此为存款应予加倍给付之理由，殊不知各银行现行放款利率虽经调整，但较战前所增有限，绝不能因此而将银行所经营业务之内容及战期内所受之损失，一概予以抹杀。

闻最近某法院判例主张对于民诉补充条例第十二条增减给付之规定，采取扩张解释，即不问法律行为成立之在战前抑于战后，行为效果之完成究否定有期间，均无轩轾。换言之，存款之期间不问系在战前、战期或战后，存款之性质不问系属定期抑属活期，均可适用，甚至认为币值变化，物价高涨，初受战事影响，继被内乱波及，而内乱蔓延，和谈决裂，实出中外人士意料之外云云。言外之意，银行对于战后存款，亦须负币值低落之责任。诚恐此项判例一开，政府倘不速从立法上予以救济，在此币值尚未稳定时期，如各银行惩前毖后，均不敢再事吸收存款，以招致日后无穷之纠纷，影响所及，直接阻碍银行业务之推展，间接即削弱举国经济力量之动员。

报载全国经济委员会鉴于银行战前存款加倍给付问题，亟待获一合理之解决，为兼顾事实起见，业经拟具偿还办法，原则通过，并已陈送行政院转送立法院完成立法手续，依据该项原则，加倍给付仅适用于战前存款。所谓战前存款系指我国正式对外宣战以前之存款而言，盖自七七事变发生后，我国与日本虽已处于战争状态，但尚未宣战，故该会规定战前存款系指三十年十二月九日我国对日宣战前之存款而非限于二十六年七七事变前之存款，解释上自亦有其法律之依据，次对存款加倍给付之标准，该会系参照银行过去月息复利计算，按存期之先后，酌定其偿还之标准，最高倍数为战前存款每一元偿还九百二十五元一角四分。查战前存款加倍给付原为一极难解决之错综问题，此次该会所通过之办法，未窥得全豹，果其原则如报章所队传，尚不失为一件就事实之公允办法，惟银行对于活期存款，是否亦须照上述原则办理，未见述及，管见以为活期存款系属寄库性质，银行对于该项资金，除须拨提巨额支付准备金外，事实上无法为长期之运用，且活期存款存反既得随时支付存款，自无再要求加倍给付之余地，该办法对此似应加以明确之规定，并盼望早任完成立法程序，俾银行与存户间因存款加倍给付所发生之纠纷，得早日解决，而不致长期陷于不定状态也。

日美商约及其背景[*]

王震生^{**}

  去年〔1〕十月二十六日美国政府通告废弃日美通商航海条约后，不但引起二国朝野极度的纷扰，与二国外交上商务上有关系各国，如苏联，如英国，如德义，尤其是我国，亦莫不关怀甚切。因为日美商约的是否可以继续，与远东问题有密切的联系，美国废约的主因，亦为中国问题，而其动机乃在英国对日准备妥协之时，故此次废约之重要性，实为列强今后处理远东问题之一个信号，无怪各国对此莫不极度注意的了。

  日本竹内谦二郎对于此事，曾在十二月份之日本评论上著文检讨，有如下的一段：

  "中国问题或广泛的大陆问题，是日美问题之背景，因为开发广大的国内市场之故，美国向亚洲进展，在欧洲各国之后。当美国实施保护贸易完成本国产业而开始向亚洲进展开拓市场时，各国已制定势力范围，而从事于分割榨取中国了。美国遭遇此种情形，不得不高呼门户开放，机会均等之口号，这是史的研究所指示我们的。如此，一九〇三年美国对于各国开放满洲二重要都市（奉天与安东）对于俄国独占满洲，采取积极的开放政策……而且美国以地理关系，特别与日本提携，以对抗俄国，在日俄战争中，亦不惜支持

---

 * 本文原刊于《社会科学月刊》（第2卷）1940年第1期，第25～27页。

 ** 王震生（1903～?），1933年毕业于东吴大学法学院（第16届），获法学学士学位。安徽寿县人，又名金申，字静如。早年毕业于美国纽约大学。回国后历任上海复旦大学、中国公学、持志学院法律系教授。抗日战争时期，附汪投敌。1940年1月，任汪伪上海各大学职员联合会执行委员兼交际组长，同年任汪伪立法院立法委员兼法官，汪伪国民党安徽省党部主任委员。1943年任汪伪湘鄂赣财经特派员。

 〔1〕 "去年"指1939年。——校勘者注。

日本。但欧战以后，日本在满洲占到优势，其后相继而起的日美诸问题，以现在的问题为顶点，为过去八十五年间日美国交历史上最重大的问题。"

观此，足以明白日本对于此次废约之重视，以及美国所以废约，乃以日本在远东力量，超越他国，故美国不惜出此断然手段。

废约实施时期为今年一月二十六日，到期时直截废弃乎，旧约延长乎，另定新约乎，抑订定临时协定作为过渡乎，这是各国人士急于探析的。现在华盛顿与东京二国使节，大事活动，在二国政府虽未明白表示，但其趋势已可预测者。日本固不欲以此开罪于美国，而美国亦未尝真愿与日本绝交，一月二十六日后，必有临时协定之类以维持日美商务之常态，旧约以时势转移，已无延长之价值，新约又因情势之复杂，一时谈何容易，万一临时协定不能如期签订，则无约国对美国贸易，应课百分之十的附加税的航海法条例，曾于一八七二年美故总统格兰特[1]颁令规定，不适用于日本，并声称此种法令，至今有效，去岁十二月下旬，美海关已正式宣告，故日美间商务关系，决不以废约而失其常态，可以断言。

然则美国何以突在国际关系错综之时，出此有损国交之政策？日本对此又何以全国上下，警惶异常呢？这因为废约背后，尚有远东问题，亦即中国问题。日本对于中国问题，急于结束，美国之废约，即示日本处理中国问题之不予同情。日本惟恐以中国问题而引起国际干涉，美国既有废约之决心，即有干涉之启示，中国问题亦便不能顺利解决，所以日本对于废约之顾虑，并非商约之本身，乃在解决中国问题之不能顺利。

或者以为美国果以中国问题而出此，则可联合列强，共同干涉。或以有效的方法，对日制止，何以必要以废约表示乎？这是因为欧战爆发以后，英法已无余力顾及远东，至于苏联，美更不欲引狼入室，故国际干涉，只有美国独任其责。惟美在远东，至今未有行动的据点可以凭借，故对日制裁，除在经济上警告日本外，已无其他有效办法。因此美之对日废约，借此作为中国问题之讨价工具而已，决不至对日邦交因而破裂，关乎美国驻日大使格鲁前后两次在东京之言论，便可洞悉美国对日之外交态度。

---

〔1〕 "格兰"原文作"格兰脱"，1869 年 3 月 4 日，46 岁的格兰特出任美国第十八任总统。现据今日通常用法改正。——校勘者注。

或者以为美国对日废约，其骨子不过如此，日本何以如此重视呢？这是因为日本对外贸易，不可与美有刺激，即其国内重工业之依赖，以及大陆反面产业之开发，亦多有赖于美国之资本，而于解决中国问题，更不可尽摒英美于门外，故欧战爆发以后，英法对日虽让步，日宁放弃德义之集团，亦不欲与苏联签盟，而对美频送秋波，当格鲁〔1〕第一次对东京新闻记者声色俱厉之谈话发表后，日本对于美国在华利益所受损失，可以给予某种程度的赔偿，对于封锁已久的长江，亦有先以下游开放之宣言，这都是日本对美邦交急于调整的事实，亦即证明日本解决中国问题，不欲开罪英美的表示。

所以简单地说来，日美商约问题，其实就是中国问题，美国对于中国问题，不肯放弃，但亦没有干涉的实力，因为她在远东，缺乏行动的据点，美国不能主动的干涉中国问题，倒是坐在那里等日本去找她出来干涉，日本本来不愿意上当，因为需要美国资本帮忙，不得不出而交涉。美国只能有坚决的原则，不能有断然的政策，而日本为的是不得已去找她说话，故须自己划出一个让步的限度，表面上大家忙着讨论商约的存废问题，实际上端在中国问题解决的方式。

别国为了中国问题，闹得十分紧张，我们中国人应当怎样自处呢？依赖国际解决的人们，专门盯视着华盛顿，一听到对日废约，便猛跳起来，好像废约后便可对日作战了。听到旧约到期尚有补救办法，便怅然若失了。看见格鲁的强硬谈话，又复认为美将制裁日本了，及至格鲁野村二次谈话，便又怅然若失了，本国问题有劳他国越俎代庖，已经恐怕主权不能完整，倘使专等他国来解决，如何去求最后胜利。

中国问题当然应由中国人解决，我们自己不去努力，专待美国去对付日本，不但问题不会彻底解决，或者因此而纠纷愈甚，利权的损失亦愈可观。日美商约的本身，让日美二国去解决，商约背后的有关中国问题，应当我们自己出来缜密处理，则中国战后的国际关系，以及国内的复兴大业，均有莫大的影响。

---

〔1〕"格鲁"，1939 年美国驻日大使。——校勘者注。

中国之商业政策[*]

傅文楷[**]

读者骤观命题，必愕然曰："中国有何商业政策可言，而子乃以中国商业政策之命题乎。"答曰，"中国虽无确定而有系统之商业政策，然其必有商业政策，则毫无疑义也。"溯自鸦片战后，中英间缔结条约。议定进口货物，税率均照从价百分之五抽纳，是为吾国丧失关税主权之根本，亦即为外人经济侵略之先锋队。相沿至于民国，虽期间屡有修改，然总不出值百抽五之范围，不独税率为协定，受种种束缚与限制，即海关重要员司，亦莫不为外人所占有。如总税务司以及海关高等职员，均非雇用外人不可，吾国尚未至于灭亡，何外人竟实施其对待亡国之手段，是苟以忍，则何事不可忍耶。

夫关税原为国家财政之主要部分，且为一国主权所属，不容他国之干预与税率之高低，与政策之改变，均属一国最高主权。外国当无过问之必要，今因条约关系，而致其统治之权，则一国商业之不能发展，可从而知矣。

查各国征收进口税，不外根据两种目的，一为基于经济的政策（Proteetivo Import Duties）一为基于财政的政策（Revcnue Import Duties）。前者为保护国内生产，奖励国内制造业而实行。故今世各国，十居八九均基于此原则而定征收税率。后者为增加一国财政上之收入而探用者也，今吾国关税政策。固绝无经济政策上之作用，即财政政策亦未见其有也，何则财政关税，必须遵守消费税之原则。一曰，课税以大宗收入为限。二曰，重征奢侈品，轻税日用品。三曰，视政费需要之多寡，而伸缩其税率。今对于第一者果已达其

　＊　本文原刊于《钱业月报》（第 5 卷）1925 年第 11 期。

　＊＊　傅文楷，1927 年毕业于东吴大学法学院（第 10 届），获法学学士学位。自民国四年秋至民国三十年冬，于东吴法学院法律学系担任教授。

目的乎，此世人皆知非我国所可能，因值百抽五之不平条约，早已为其致命伤。对于第二者果已达起目的乎，其答案殆于前者相同，因片面协定，对于奢侈品与日用品不问其性质如何，均一律征以值百抽五之税率，无可变易。对于第三者果能如意乎，讵其失意亦正与前二者相同，因条约订定，所有进口税则一概征以值百抽五。姑无论国家政费之增加减少，对于税则毫无伸张之余地。此吾故约吾国进口税不仅不基于经济政策以施行，且对于财政政策亦不能达其愿望可胜叹哉。

出口税初本出于禁止之目的，以为本国生产物输出他国，行将减少本国之货物，以致物价由之上升，民受其苦乃征税以防遏之。其后经济思想发达，乃恍然此种概念之谬，于是专对于粗制品及原料品加以出口税，以防阻碍本国制造业之发达。故英法德日荷意等国，莫不相继废止出口关税，我国则不惟不随潮流走向，决然废弃出口税，反从而加赠商人之负担。譬如复进口关税之征收，厘今之负担是也。此种政策与其谓为增加国库收入，毋谓为作茧自缚而为自杀政策，或较确当也。

总之中国之关税策政，一方受条约之束缚，不得自由增加入口税。一方复狃于大宗财政收入，不愿遽然废止输出税于厘金，以致内外商务不克发达，此诚吾国民所痛心疾首也。

今者关税会议已正式召集，国人咸望束缚之解放，早日恢复自主。吾望政府执事诸人，努力于此项交涉，以民意为依归。一方复望吾国人群起为关税自主运动，作政府之后援，庶几举国一致，目的得早日达到。同时亦甚愿友邦加以充分的考虑，速废弃不平等之关税束缚，使公道得重彰于世界，所谓中国之商业政策，此即其嚆矢也。

中国企业组织之法规[*]

金兰荪[**]

（一）绪言

（二）中国企业组织之种类

（三）个人企业

（四）合伙企业

1. 普通合伙

（甲）普通合伙之性质

（乙）普通合伙之成立

（丙）普通合伙之内部关系

（子）出资

（丑）执行业务

（寅）执行业务合伙员之任免

（卯）执行业务合伙员之义务与福利

（辰）无执行业务权合伙员之监督

（己）利益损失之分派

（午）股份之转让

（未）合伙契约及事业种类之变更

（丁）普通合伙之外部关系

（子）合伙之代表

（丑）合伙员之责任

---

[*] 本文原刊于《商学期刊（上海）》1930 年第 4 期。

[**] 金兰荪，1925 年毕业于东吴大学法学院（第 8 届），获法学学士学位。

（寅）合伙之财产

（卯）合伙人之债权人

（戊）合伙人之退伙

（子）退伙之事由

（丑）退伙之效果

（已）普通合伙之解散

（子）解散之事由

（丑）清算

2. 隐名合伙

（甲）隐名合伙之定义

（乙）隐名合伙与普通合伙之分别

（丙）隐名合伙之效力

（子）隐名合伙人与出名营业人

（丑）出名营业人与第三人

（寅）隐名合伙人与第三人

（丁）隐名合伙之终止

（子）退伙之事由

（丑）解散之事由

（寅）终止之效果

（一）绪言

吾国法律为世界五大法系之一[1]。法律渊源思想甚古。然素来重公法，而轻私法；尚道德，而薄权利；以钱债为细故，以贸易为琐屑，故关于企业组织，向无专律[2]。凡二人合资营业，概依其固有之习惯而负责任。及清末海禁开放，欧风东渐，各种新制度随舶来品以俱来，于是始知企业法规之必要。光绪二十九年春，清廷命转振，袁世凯任廷芳起草公司律[3]，同年十二月经钦定裁可公布，此为吾国商法之始。惟其条文策略，体裁不准，颇难

---

[1] 世界五大法系为：中国法系，罗马法系，英美法系，穆罕默德法系及印度法系是也。

[2] 参观浅井虎夫所著中国法典编纂沿革史，与郁嶷所著中国法制史。

[3] 公司律共一百三十一条，冠以商人通例九条。

适用。未几，更命修订法律大臣沈家本、任廷芳从事于各种法律之编撰[1]。追至宣统三年九月所谓大清民律草案前三编告成，合伙即规定于是律第二编债权中。清室鼎革，民国肇与，三年一月大总统教令公布公司条例[2]，暂资援用。其内容较前完备，因其未经国会通过，故不曰公司法而曰公司条例，以示法律与命令之区别。五年，法律编查会有公司法草案之编订[3]，但未公布。十六年国民政府成立，对于法典之编撰，不遗余力。新律令之勃与，有如雨后春笋。民法总则编、债编、物权编[4]，于十八年先后竣工。合伙仍列入债编，惟今探民商合一主义，二者自然不分矣[5]。同年底公司法[6]经立法院通过公布，其内容与公司条例相似，惟施行现尚无期也[7]。

（二）中国企业组织之种类

吾国企业组织之种类，大别之有三：曰个人企业；曰合伙企业；曰公司企业。合伙企业更可分为二：曰普通合伙；曰隐名合伙。公司企业更可分为四：曰无限公司；曰两合公司；曰股份有限公司；曰股份两合公司。兹将吾国企业组织之种类列表如下：

---

[1] 参观《法学季刊》第二卷第二期董康所著"前清法制大要"。
[2] 公司条例共二百五十一条，公司条例施行细则（三年七月十九日公布）共三十七条。
[3] 公司法草案共二百五十九条，参观法律草案编卷下。
[4] 总则编十八年五月二十三日公布同年十月十日施行；债编，十八年十一月二十二日公布十九年五月五日施行；物权编十八年十一月四日公布十九年五月五日施行。
[5] 参观《法律评论》第七卷第十六号，胡长清所著"新民法债编"，编别上之特色一。
[6] 公司法共二百二十三条。
[7] 工商部复上海商整会电。

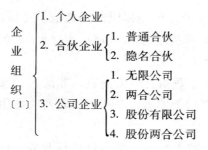

上述各种企业组织，当依此论之。至于欧美所谓之产业同盟卡推尔，托拉斯第，现在吾国商业尚未发达，事实上既甚罕见，而法律上又未有明文规定，故不列入本题也。

（三）个人企业

个人企业者，乃一自然人所经营之商业而其损失由一己负担也。试分述之如下：

第一，所经营者，商业也。事业有营业与非营业之分，而营业又有商业与非商业之别。事业者，以某动机继续从事于某行为之谓。其动机在营利者为营业，否则为非营业。凡营业之行为为系商行为者为商业，否则为非商业，例如慈善机关乃以救助贫民为动机，故为事业而非营业。矿山之开掘，虽以营利为动机，而其行为则非商行为，故可谓之营业，而不可谓之商业。至于何者为商行为，吾国商法探取列举主义，有下列十七种[2]：（1）买卖业，（2）赁贷业，（3）制造业或加工业，（4）供给电气煤气业，或自来水业，（5）出版业，（6）印刷业，（7）银行业兑换金钱业或贷金业，（8）担任信托

---

[1]　兹将英美法之企业组织种类记载于下以资比较。兹将英美法之企业组织种类记载于下以资比较。

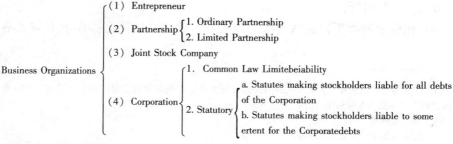

[2]　商人通例第一条。

业，（9）作业或劳务之承揽业，（10）设场屋以集客之业，（11）堆栈业，（12）保险业，（13）运送业，（14）承揽运送业，（15）牙行业，（16）居间业，（17）代理业。个人企业必须为上述十七种之一[1]。

第二，其主体自然人也。个人企业指自然人而言，非法人。凡有权利能力之自然人皆得为商人。其是否有行为能力，非所问。因商人无用亲自执行其业务也。

第三，担负损失者，一人也。商人非独不必亲自执行业务，且自执行业务者，欲以一人之力，经理各种行为，亦属难能之事。于是商人有经理，伙友，劳务者等以佐其营业，然此各种人乃为商业之辅助人[2]，非商业之主体，营业之权利义务，悉不属之。其负责者，只有商人一人而已矣。

个人企业，已如上述。其组织简单，规模狭窄，最适合小企业也。

（四）合伙企业

在昔之世，人类孤独，相互接触甚少，个人企业盛行。但近来交通日便，团体观念渐生，企业徐由单独而转于共同。吾国共同企业之最著者，莫如合伙，合伙有二种；曰，普通合伙，曰，隐名合伙，今当一一详论之。

1. 普通合伙

（甲）普通合伙之性质。普通合伙者，乃二人以上，互约出资，以经营共同事务之契约也[3]。照此定义，有下列各点可言：

第一，契约关系：

（a）合伙乃契约关系，并无独立人格，故异于公司[4]。

（b）各合伙员皆为权利义务主体，与第三人直接发生关系。关于合伙债务，无论何时得向合伙人请求清偿。

（c）合伙系由各合伙员彼此信任而成立，故置重于合伙员。

第二，互约出资：

（a）出资之种类不以金钱为限，以货物，劳力，信用等拆作股本均无不

---

[1] 除此当然的商人外，尚有形式的商人，凡有商业之规模布置者，自经呈报该管官，应注册后一律为商人，参照商人通例第二条。

[2] 商人通例第二章。

[3] 民法债编第六六七条第一项。

[4] 大理院四年上字五六〇号。

可[1]。

（b）出资之数目无须一律，多寡不等并无妨碍。

（c）出资之时期不必相同，有一次出资，有分期出资，有定期出资均可。

（d）合伙既以互约出资为要件，故不负出资义务者，不能认为合伙员。

第三，共同事业：

（a）事业一语，意甚广泛。其种类如何，可以不问。即关于文化，慈善，教育等非营利事业组织合伙亦无妨碍。此所以历来合伙均规定于民法中[2]。

（b）所谓共同者，乃事业之成败，于合伙员全体有利害关系，故合伙员中一人受确定报酬而于事业之成败并无影响者，非合伙员。

（c）分配损益无用相等，有多者，有寡者；有属于实际者，有属于理想者，甚至有仅分利益而不负损失者，均不失为合伙契约。

（乙）普通合伙之成立。普通合伙即为契约之一种，于契约订定之时即为成立。订立合伙契约并非要式行为[3]，当事人间之合伙关系，苟有可信与证明其确实存在，即可认为有效。至于字据之有否，当事人曾否签名盖章，均不可问也。

（丙）普通合伙之内部关系。普通合伙成立后之法律关系可分为二：即内部关系与外部关系是也。内部关系系指合伙员相互关系而言。试分别论之。

（子）出资：

第一，履行出资之义务。合伙员于应出资时，负履行出资义务。应出资时，有约定者，从其约定。无约定者，以受他人合伙员请求，为其履行之时。

第二，不为出资之裁制，合伙员至期不为出资，其应受裁制有二：其一，合伙员以金钱为出资，而怠于支付者，须自应出资时起支付利息。若有损害，并负赔偿责任[4]。其二，由全体合伙员之间同意，得将不为出资之合伙员除名[5]。

第三，出资之增加补充。约定之出资，合伙员无增加义务。因营业损失

---

[1] 民法债编第六六七条第二项。大理院七年上字六一九号，三年上字八六号。

[2] 第一次民律草案（前清宣统三年）第七九六至八四六条。第二次民律草案（民国十四年）第六五五至六九九条。

[3] 大理院三年上字七六六号，四年上字二四四号，五年上字三八七号。

[4] 第一次民律草案债权编第七九八条。

[5] 大理院四年上字一八〇二号。

致出资减少者，合伙员亦无补充义务，但有特约，又当别论[1]。

（丑）执行业务：

第一，执行业务之意义。执行业务乃处理合伙对内之事务也，其范围至广。无论法律行为选任解任雇用人员！抑或事实行为如发货收货皆属之。

第二，执行业务之合伙员。合伙业务由孰执行。有如合伙契约中订明者，有于契约中未订明者，如合伙契约指定合伙员中一人或数人执行合伙业务当从其指定，其他合伙员不得擅自参与，如合伙契约未指定，各合伙员不论其出资之大小，皆得执行合伙义务[2]。此乃本其合伙员之地位，当然享有之权利亦当然负担之义务也。

第三，执行业务之方法。执行业务之合伙员为一人时，固无疑问。若合伙员全体或其中数人执行时，其执行之方法当如何？吾国立法例分合伙业务为非通常事务与通常事务二种。非通常事务，当有合伙执行权之合伙员共同执行之。通常事务，得由有执行权之各合伙员单独行之。但其他有执行权之合伙员中任何一人，对于该合伙员之行为有异议时，应停止该事务之进行而俟共同解决[3]。

第四，过半数表决权。合伙业务，由合伙员全部或一部分共同执行，是为原则。然于实际上，颇多不便。如一人反对，即全体不能进行，故通常多订定过半数决定。如有此种特约，则有表决权之合伙员，不计其出资之大小法律推定每人仅有一表决权[4]，以免大资本压迫小资本也。

（寅）执行业务合伙员之任免：

第一，执行业务合伙员之任免。执行业务合伙员，由其他合伙员委任之。至于委任之方法，则以合伙契约或另他契约，皆无不可也[5]。

第二，执行业务合伙员之任免，合伙员中一人或数人被委任执行合伙业务者，无故不得离任，其他合伙员无故亦不得将其解任[6]，盖以专责任而免妨碍合伙事务之进行也。若遇正当事由，使之退职，非经他合伙员全体之

---

[1] 民法债编第六六九条。

[2] 民法债编第六七一条第一项。

[3] 民法债编第六七一条第二第三项。

[4] 民法债编第六七三条。

[5] 参照吴炳从所著《债权各论》第一〇六页。

[6] 民法债编第六七四条第一项

同意，不得为之〔1〕。

（卯）执行业务合伙员之义务与权利：

第一，义务。执行业务合伙员，对于合伙，有左列义务：

（a）注意之义务。合伙员执行业务，应与处理自己事务，有同一之注意〔2〕。

（b）报告之义务。在执行业务进行中，执行业务合伙员应报告业务进行之状况。在解任时，执行业务合伙员当报告其处理事务之本末〔3〕。

（c）交付之义务。执行业务合伙员因处理合伙事务，所收取之金钱，物品及孳息，均应于相当时间内交付。即使执行业务合伙员以自己之名义，为合伙处理业务所收取之权利，亦当移转〔4〕。如执行业务合伙员为自己之利益，使用应交付之金钱，物品及孳息。或挪用业务上之款项，当自使用或挪移之日起，支付利息。若合伙因此损害，并应负赔偿责任〔5〕。

（d）处理自义务。执行业务合伙员当自己处理合伙业务〔6〕。如使第三人代为处理，则就该第三人之行为与自己之行为负同一责任〔7〕。但若经其他合伙员之同意，或另有习惯，或有不得已之事由，则执行业务合伙员得使第三人代为处理。而仅就该第三人之选任，及其对于第三人所为之指示，负其责任〔8〕。执行业务合伙员使第三人代为处理时，其他合伙员对于该第三人关于合伙事务之执行，有直接请求权〔9〕。

第二，权利。执行业务合伙员，对于合伙，有下权利：

（a）约定报酬请求权。合伙员执行业务，本为其应尽之义务，与普通之雇佣不同，故以无报酬为原则〔10〕。但以特约规定者，则亦无不可。

（b）费用偿还请求权。执行业务合伙员，因处理合伙业务支出之必要费用，合伙应偿还之，并付自支出时起之利息〔11〕。执行业务合伙员，亦得请

〔1〕 民法债编第六七四条第二项。
〔2〕 民法债编第六七二条。
〔3〕 民法债编第五四〇条。
〔4〕 民法债编第五四一条。
〔5〕 民法债编第五四二条。
〔6〕 民法债编第五三七条。
〔7〕 民法债编第五三八条第一项。
〔8〕 民法债编第五三八条第二项。
〔9〕 民法债编第五三九条。
〔10〕 民法债编第六七八八第二项。
〔11〕 民法债编第五四六条第二项。第六七八条第一项。

求合伙员为支付处理业务必要之费用[1]。

（c）债务负担请求权。执行业务合伙员，应处理业务而负担必要债务，得请求合伙代为清偿[2]。如未至清偿期者，得请求合伙提出相当担保，因恐到期以后债款无着而受损失也。

（d）损害赔偿请求权。执行业务合伙员处理合伙业务，因非可归责于自己之事由，而致受损害者，得向合伙请求赔偿[3]。

（辰）无执行业务权合伙人之监督。合伙契约既定有执行业务之合伙员，其他合伙员自不得干预其事。然合伙员均负无限责任，业务之执行与全体合伙员之利害关系，巨故虽无执行业务权之合伙员，亦得随时检查合伙之账簿及财物状况，并质问合伙业务之情形[4]。此种权利，学者称为监视权不得以契约免除之。

（巳）利益损失之分派：

第一，分派之时期。合伙之利益与损失分派时期，合伙契约有规定时，当从其规定。合伙契约未有规定时，当于每届事务年度未为之[5]。

第二，分派之成数。合伙契约如定有分配利益及损失之成数，应以其规定为标准。如未定则有左列三点可言：

（a）分派利益与损失之成数，以合伙出资额之比例定之[6]。

（b）仅就利益或仅就损失所定分之分派成数，视为利益与损失共同之分派成数[7]。

（c）以劳务为出资之合伙员除契约另有订定外不受损失之分派[8]。

（午）股份之转让。合伙由各合伙员相互信任而组织，故合伙员不得随意将其股份转让。试分述之。

（a）对于第三人之转让，合伙契约既以彼此信任而成立，是以非得其他

---

[1]　民法债编第五四五条。
[2]　民法债编第五四六条第二项。
[3]　民法债编第五四六条第三项。
[4]　民法债编第六七五条。大理院七年上字四七八号。
[5]　民法债编第六七六条。
[6]　民法债编第六七六条第一项。
[7]　民法债编第六七七条第二项。大理院七年上字六三九号。五年上字四八二号。
[8]　民法债编第六七七条第三项。大理院四年上字二三一七号。

合伙员全体之同意不得转让股份于第三人〔1〕。否则，使素不熟悉之第三人加入其团体矣。

（b）对于他合伙员之转让。如转让股份与合伙内之他合伙员，则与禁止转让之旨趣不相冲突，故无须他合伙员全体之间意也〔2〕。

（未）合伙契约及事务种类之变更：

第一，合伙契约之变更。合伙契约，乃合伙之根本规则。一切重要事务，均订定于此。是以变更合伙契约，不得不探取慎重办法。依照吾国民法，变更合伙契约，除契约另有规定外，须得全体合股员之同意〔3〕。

第二，事业种类之变更。合股事业为合股员之公同目的，非得随意变更，故亦如合伙契约，变更事业种类须得全体合伙员之同意〔4〕。

（丁）普通合伙外部关系：

（子）合伙之代表：

第一，合伙之代表。除契约另有订定者外，执行业务合伙员，于依委任本旨，执行合伙业务范围内，对于第三人有为他合伙员代表之权〔5〕，以适合于实际之需要也。

第二，代表之行为。有代权之合伙员，在其代理权范围内，对于第三人之行为直接与合伙员发生权利义务关系，因合伙在合伙员外无独立人格。

（丑）合伙之责任：

第一，责任之种类，关于合伙员之责任，判例与民法之规定不同。

（a）判例。大理院与最高法院判例采取按股分担主义〔6〕。倘合伙财产不足清偿合伙之债务时，应由各合伙员按股份任清偿之责。如合伙员中实有无资力不能清偿，或债权人有难于向其索债之情形，则当合伙员分任其所应清偿之部分，故债权人非证明他合伙无偿还资力，或难于向其索债，不得向一合伙员或数合伙员请求全部之履行。

---

〔1〕 民法债编第六七八条。大理院五年上字八四九号。

〔2〕 民法债编第六八三条。大理院六年上字七八八号。

〔3〕 民法债编第六七〇条。

〔4〕 同上。

〔5〕 民法债编第六七九条。大理院四年上字一九一一号。

〔6〕 大理院三年上字五三六号，三年上字八九五号，九年上字六〇六号，四年上字二二三二号，三年上字二二二号，四年上字二〇四号，最高法院十七年上字四四八号。

（b）民律。国民政府公布之新民律债篇采取连带责任主义[1]。各合伙员对于合伙债务，各负全部给付责任。如合伙财产不足清偿合伙之债务，债权人得对于合伙员中一人或各人或全体同时或先后请求全部之履行。此乃为保全合伙债权人之利益，增进合伙之信用，及杜防合伙之流弊二设也。

第二，新人合伙员。上述之责任并非特固有合伙员负担之即，新人合伙员亦然[2]。合伙甚重于合伙员间关系，故合伙成立后，并非经合伙员全体之同意，不得允许他人加入[3]。但既加入后，对于加入前合伙所负之债务，亦须与他人合伙员负同一责任，以贯彻合伙之本旨也。

（寅）合伙之财产：

第一，财产与资本之分别。合伙财产与合伙资本之不同之点有三：

（a）合伙财产指一切合伙之所有物。合伙资本指合伙员出资之总金额。

（b）合伙财产乃实际上具体的金额。合伙资本乃理想上抽象的金额。

（c）合伙财产每随交易而增减。合伙资本常规定于合伙契约中，以不变更为原则。

第二，合伙财产之成分。合伙财产之构成部分大概如下[4]：

（a）各合伙员所履行之财产出资。

（b）因执行合伙业务，为合伙所取得之财产。

（c）就合伙财产所属权利，而取得之物；或因合伙财产所属物之毁灭，损失及侵害，以赔偿名义，所取得之物。

第三，合伙财产之处分。合伙财产为合伙员公同所有[5]。易词言之即，一个权利，系一体属于数人之谓。故合伙员不得就合伙财产处分其应有部分，亦不得在清算前请求分析[6]。

（卯）合伙员之债权人：

第一，对合伙之请求权。合伙员之债权人，对于合伙得行使之权有二：

---

[1] 民法债编第六八一条。
[2] 民法债编第六九一条第二项。
[3] 民法债编第六九一条第一项。
[4] 第一次民法草案债权编第八一二条。
[5] 民法债编第六六八条。大理院元年上字二五号。
[6] 民法债编第六八二条第一项。

（a）合伙员之债权人，就合伙员所有分配之利益，有请求权[1]。

（b）合伙员之债权人，就合伙员之股份，得申请扣押。但应于二月前通知合伙[2]。

第二，请求权之限制。合伙员之债权人，对于合伙不得行使下列权利：

（a）除分配之利益外，合伙员之债权人，于合伙存续期间内，不得就合伙员对于所有之其他权利代为行使[3]。

（b）合伙员之债权人不得以其对于合伙员之债权与其对于合伙所负之债务抵消[4]。

第三，请求权之竞力。合伙财产为合伙债权人之特别担保。故如合伙之债权人与合伙员之债权人，同时对于合伙有请求权时，合伙之债权人得先于合伙员之债权人，就合伙财产受清偿[5]。

（戊）合伙员之退伙。普通合伙关系，有因退伙而消灭者，有因解散而消灭。所谓退伙者，乃合伙员中一人或数人脱离合伙关系，而其他合伙员仍继续营业也。今试论退伙之事由与退伙之效果。

（子）退伙之事由。退伙之事由，有由于合伙员之意思者，有由于法律之规定者。分述之如下：

第一，有意之退伙之事由，其情形有五：

（a）合伙未定有存续期间，或经订明以合伙员中一人之终身为其存续期间者，各合伙员的申明退伙。但应于两月前通知其他合伙员，且不得于退伙有不利于合伙事务之时期为之[6]。

（b）合伙员有非可归于已之重大责任事由，虽定有合伙存续期间，仍得申明退伙[7]。

（c）合伙契约所预定之事由发生[8]。

---

[1] 民法债编第六六〇条。大理院五年上字四一四号。

[2] 民法债编第六八五条。

[3] 民法债编第六六四条。大理院五年上字四一四号。

[4] 民法债编第六六二条第二项。大理院四年上字二二九五号。

[5] 大理院七年上字一二三七号。

[6] 民法债编第六八六条第一第二项。

[7] 民法债编第六八六条第三项。

[8] 大理院七年上字二四二号。

（d）全体合伙员同意[1]。

（e）股份转让[2]。

第二，法定退伙。其情形有四：

（a）合伙员死亡。但契约订明其承继人得承继者，不在此限[3]。

（b）破产或禁治产之宣告[4]。

（c）合伙员之债权人通知，就合伙员之股份，申请扣押[5]。

（d）开除。但有条件三：（1）以正当理由为限，（2）须得全体合伙员之同意，（3）应通知被开除之合伙员[6]。

（丑）退伙之效果。退伙之效果有二：

第一，对于第三者。合伙员退伙后，对于其退伙前合伙所负之债务，仍应负责。但对于其退伙后，合伙所负之债务，不负责任[7]。

第二，对于他合伙员。对于他合伙员因退伙发生关系下列各种关系：

（a）计算损益，以退伙时合伙财产状况为准[8]。

（b）退伙员之股份，不问其出资种类，得以金钱抵还者[9]。

（c）退伙时如有合伙有赢利，自可收回其出资及其应得之红利[10]。

（d）退伙时如合伙财产不足清偿合伙之债务，退伙员须依分担损失成数，对他合伙员补其不足之额[11]。

（e）合伙事务，于退伙时尚未了结者，于了结后计算，并分配其利益损失[12]。

（己）普通合伙之解散。普通合伙解散，乃普通合伙关系全部消减之谓也。今试论合伙解散之事由与合伙之清算。

---

[1]　大理院四年上字二二四七号。

[2]　大理院三年上字五四号。

[3]　民法债编第六八七条。

[4]　同上。

[5]　民法债编第六八五条第二项。

[6]　民法债编第六八七条第六八八条。大理院三年上字一三○号。

[7]　民法债编第六九○条。

[8]　民法债编第六八九条第一项。大理院四年上字四六一号。

[9]　民法债编第六八九条第二项。

[10]　大理院六年上字六五七号二年上字二三五号。

[11]　同上。

[12]　民法债编第六八九条第三项。

（子）解散之事由。因合伙下列事由之一而解散[1]：

（a）合伙员全体同意解散。

（b）合伙之目的事业已完成或不能完成。

（c）合伙存续期限届满，如合伙员仍继续其营业，视为以不定期限继续合伙契约。

（丑）清算。清算者乃处理合伙解散后之残务也。关于合伙之清算，有下列各点可言：

（a）约定清算人。以合伙契约，选任合伙员中一人或数人为清算者，该清算人非有正当理由不得离任，亦不得解任。如有正当理由将其解任，须得合伙员全体之同意[2]。

（b）选任清算人。合伙解散后，如无约定清算人得以合伙员全体过半数之决议，选任清算人[3]。该清算人之资格，并无何等限制。选任某合伙员或第三人充之，均无不可。合伙员选任之清算人，无论何时，得由合伙员过半数之决议解任。

（e）法定清算人。除上述情形外，清算应由全体合伙员为之[4]。此乃合伙员之地位，当然所有之权利亦当然所负之义务也。故学者称之为法定清算人。

第一，清算之方法。倘清算人只有一人时，无论矣。倘清算人是数人时，关于清算之决议，应以过半数行之[5]。

第二，清算之职务。清算人之职务如下：

（a）现在事务之了结。既经着手尚未了结之事务，应完结之[6]。

（b）债权之索取。合伙之债权未受偿还者，当为之催讨[7]。

（c）债务之清偿。合伙财产，应先偿还合伙之债务。其债务未至清偿期或在诉讼中者，应将清偿所必需之数额，由合伙财产中刨出保留之[8]。

---

[1] 民法债编第六九二第六九三条。

[2] 民法债编第六九六条。

[3] 民法债编第六九四条第二项。

[4] 民法债编第六九四条第一项。

[5] 民法债编第六九五条。

[6] 大理院七年上字一一五一号。

[7] 同上。

[8] 民法债编第六九七条第一项。

（d）出资之返还。经清偿债务或划出必需之数额后，其剩余财产应返还各合伙员之出资者。如合伙财产不足返还各合伙员之出资时，当按照各合伙员出资额之比例返还之[1]。为清偿合伙之债务与返还各合伙员之出资，应于必要限度内，将合伙财产变为金钱[2]。

（e）赢余之分配，合伙财产，于清偿合伙债务及返还合伙员出资后，尚有剩余者，按各合伙员应受分配利益之成数分配之[3]。

2. 隐名合伙

（甲）隐名合伙之定义。隐名合伙者，乃当事人约定，一方对于他方所经营之事业出资，而分受其事业所生之利益，及分担出资限度内，其事业所生之损失也[4]。

（乙）隐名合伙与普通合伙之区别。隐名合伙与普通合伙不同之点如下[5]：

（a）隐名合伙员，本为出名营业人而出资，故其资产以后应视为仅属于出名营业人，而普通合伙之财产，则认为合伙员全体共同所有。

（b）隐名合伙之营业，为出名营业人所独占，隐名合伙员并不协同执行，而普通合伙之营业，属于全体合伙员之共同受理。

（c）对于第三人之权利义务，在隐名合伙则属于出名营业人，与隐名合伙员无涉。在普通合伙，则属于全体合伙员。

（d）隐名合伙员，仅得以金钱或其他为出资。但普通合伙员，除金钱或其他财产外，得以劳力或信用为出资。

（丙）隐名合伙之效力。

（子）隐名合伙员与出名营业人。

第一，出名营业人之权利。出名营业人之权利有二：

（a）隐名合伙员之出资，应移转与出名营业人[6]。

---

〔1〕 民法债编第六九七条第二项，第六九八条。
〔2〕 民法债编第六九七条第三项。
〔3〕 民法债编第六九九条。
〔4〕 民法债编第七〇〇条。大理院四年上字一一八号。
〔5〕 大理院三年上字四〇号。
〔6〕 民法债编第七〇二条。

（b）隐名合伙之事务，专由出名营业人执行之[1]。

第二，隐名合伙员之权利。隐名合伙员之权利有二：

（a）隐名合伙员，虽无执行业务之权，然得于每届事务年度终，查阅合伙之账簿，并检查其财产及业务之状况。如有重大事由，法院因隐名合伙之申请，得许其随时为上述之查阅及检查隐名合伙员之此种权利，不得以契约限制之[2]。

（b）除契约另有订定外，出名营业人当于每届事务年度终计算营业之损益，其应归隐名合伙员之利益，当即支付之。应归隐名合伙之利益而未支取者，不得认为出资之增加[3]。

（丑）出名营业人与第三人。对于第三人隐名合伙，完全视为出名营业人所有。惟出名营业人对于第三人享有权利并担负义务也。

（寅）隐名合伙员与第三人。隐名合伙员与第三人不发生何等关系，祇在其出资限度内负担损失。但如隐名合伙员参与合伙事务之执行：或为参与执行之表示，或知他人表示其参与执行而不否认者，从有反对之约定，对于第三人仍应负出名营业人之责任[4]。

（丁）隐名合伙之终止。隐名合伙关系之终止，有涉及当事人中一人或数人，退伙是己，有涉及全部解散是己。

（子）退伙之事由。隐名合伙之退伙事由有二[5]：

（a）隐名合伙未定有存续期间，或订明以某当事人终身为其存续期间者，各当事人得申明退伙。但应于二月前通知他当事人，且不得与退伙有不利于隐名合伙事务之时期为之。

（b）隐名合伙虽有存续期间，如各当事人有非可归责于自己之重大事由，仍得申明退伙。

（丑）解散之事由。隐名合伙之解散事由有六[6]：

（a）存续期间届满。

---

[1]　民法债编第七〇四条第一项。
[2]　民法债编第七〇六条。
[3]　民法债编第七〇七条。
[4]　民法债编第七〇四条第二项，第七〇五条。大理院二年上字八二号。
[5]　民法债编第七〇八条。
[6]　同上。

（b）当事人同意。

（c）目的事业已完成或不能完成。

（d）出名营业人死亡或受禁治产之宣告。

（e）出名营业人或隐名合伙员受破产之宣告。

（f）营业之废止或转让。

（寅）终止之效果。隐名合伙，无论因退伙而终止，或解散而终止，出名营业人当返还隐名合伙员之出资及给与其应得之利益。但出资因损失而减少者，仅返还其剩余之额〔1〕。

_____

〔1〕 民法债编第七〇九条。

公司债绪言[*]

金兰荪

股份有限公司临时需款，而欲增加现金者，其办法有三：曰增加每股金额；曰发行新股；曰募集公司债。然欲增加每股金额，非得全体股东一致之同意不可，实际上行之颇难。若发行新股，疑非经常所需，过一定时期即归无用，永久增加资本亦非所宜，故三者相较，以募集公司债为最善之策也。今试就公司法关于公司债之规定，分述如下[1]：

（一）公司债之意义

公司债者，乃有限公司依募集程序所举之债，而以证券表彰之，照此定义，有下侧数点可言：

（1）发行公司债者，必限于股份有限公司。无限公司，两合公司，及股份两合公司均无此制度；

（2）公司债须以募集方法举之，其成立有一定之程序；

（3）公司债必备法定之形式，以证券表彰之。

（二）公司债之性质

关于公司债之性质，学者各异其说：有以为买卖说；有以为纯粹消费贷借说；有以为颇似消费贷借之无名契约说。主张买卖说者，谓应募集公司债之目的，非为贷借，乃欲得公司发行之债券，是为实为债权之买卖。然公司债之成立，缘于募集，未应募之前公司债并不存在，何得为公司债之买卖。主张纯粹消费贷借说，谓公司既有人格，能负担债务，而债权人对于公司又得请求付还本息，故彼此之间权利与义务概与消费贷借相同。但消费贷借不

---

* 本文原刊于《商学期刊（上海）》1931 年第 5 期，第 1~5 页。

[1]　"下"原文作"左"，现据今日排版需要改正。——校勘者注。

以发行债券为必要，而公司债则须发行债券，此差异之一。消费贷借不必履行何种手续，而公司债则须以募集方法举之，此差异之二。消费贷借，纵发行债券，其债券亦未必具流通性，而公司债则具有流通性，此差异之三。消费贷借返还时须与借时相等，而公司债则无此限制，此差异之四。消费贷借于金钱外得以他物为其标的，而公司债则仅限于金钱，此差异之五。是以二者表面相似，细察其内容，实有不同。三说之中，以类以消费贷借之无名契约说较为常也。

（三）公司债与股份之异点

公司债致股份类似之处颇多，因此误以为公司债即股份，而股份及公司债，数见不鲜。然二者究非无区别，今将其相异之点，列举于下：

（1）股份之应募者为股东，而公司债之应募者为公司债权人。

（2）股东有选举权，被选举权，决议权等，而公司债权人则否。

（3）股东因公司营业之盛衰，而增减其所得之利益，而公司债权人不问公司营业之盛衰，均受一定之利益。

（4）公司解散时，股东有分派残余财产权，而公司债权人则无此权利。

（5）股份发行之定价，不得少于票面金额，而公司债即以券面以下之价额发行，亦所不禁。

（6）股份银数须一律平均，而公司债则无此限制。

（7）股款可分期缴纳，而公司债款须一次付清。

（8）股份银数之缴纳，不得以债权作抵，而公司债则无此限制。

（四）公司债发行之限制

对于公司债之发行，法律有三点限制：

（1）公司债之最高总额之限制公司债之总额，不得逾已缴股款之总额。如公司现存财产少于已缴股款之总额，不得逾现存财产之额。例如股份总额一千万元，已收第一次股款五百万元，则募集公司债不得逾五百万元。若公司之财产已经亏损，照最近之资产负债表，公司之现存财产仅值一百万元，则募集公司债不得逾一百万元。所以设此限制者，盖恐公司以少数资本，滥行借债，有害于债权人之利益也。

（2）公司债每分银数之限制公司债每分之银数，不得少于二十元。其银数须一次缴足。并无一律平均之限制。

（3）公司债逾额偿还之限制公司因求应募之踊跃，预定偿还金额超过券面之金额时，其同次发行之各种债券，应有同一之超过率，不得参差不齐。例如每分债额为一百元，而预定偿还一百零五元，则对于此次募集之各债，应一律偿还一百零五元。

（五）公司债之发行

公司债发行之程序如下：

（1）募集之决议公司债之风属性，关系颇大，故须由股东总数过半数，代表股份总数过半数到场，以其决议权之三分之二决定之。若出席之股东不足定额，则对已到场股东表决权之过半数，为假决议，并将决议通知各股东，如曾发行无记名股票时，亦应将假决议公告，于一个月内，再行召集第二次股东会，其决议以出席股东表决权过半数行之。

（2）募集之公告公司债之发行，多向一般民众募集之，鲜有对于特定少数人而募集者。因此关于募集之事项，须使欲为应募者预为知悉。盖非此不足以杜蒙混隔阂之虞，而绝隐匿诈欺之弊。故募公债时，董事应将下列事项告示之：

（a）公司之名称：

（b）公司债总额及债券每张之金额；

（c）公司债之利率；

（d）公司债偿还方法及期限；

（e）前已募集公司债者，其未偿还之数额；

（f）公司债发行之价额或其最低价额；

（g）公司股本总额及已缴股款之总额；

（h）公司现存之总额；

（i）公司债募足之预定期限，并逾期得由应募人撤销其应募之声明。

（3）公司债之应募公司募集公司债时，应备联单式之应募书，使应募人自行填写应募数额及其住所，签名盖章。一联留在公司，一联留与应募人。

（4）债款之缴纳公司债实因公司债临时之需要而募集，故公司债募足时，董事当向各应募人照其应募之数额请求付足，非如顾客之可以分期缴纳。倘应募人延滞不付，董事可定相当期间向之催告。再不履行，则公司自得解除契约，而另行招募。如有损害，仍得令其赔偿。

（5）公司债之登记董事自收足公司债款后，应于十五日内，将下列各款向主管官署登记：

（a）公司债之总额债券每张之金额；

（b）公司债之利率；

（c）公司债偿还方法及期限；

（d）公司债发行之年月日。

（六）公司债之债券

公司债券者，乃股份有限公司，因募集债款，给与应募人之价权证券，而载有一定之金额也，今当分别论之：

（1）债券之形式公司债券必备一定之形式，应编号，由董事签名盖章，并载明下列事项：

（a）公司之名称；

（b）公司债之总额及债券每张之金额；

（c）公司债之利率；

（d）公司债偿还方法及期限；

（e）公司债发行之年月日。

（2）债券之种类公司债券，如股票，有有记名与无记名之别。记载债权人之姓名者，曰有记名债券。不记载债权人之姓名者，曰无记名债券。

（3）债券之更改有记名债券改为无记名债券，固非法律所许。但无记名债券，则随时得请求改为有记名债券。

（七）公司债之存根簿

公司发行债券后，须由董事作成公债存根簿，以备股东及债权者阅览。公司债存根簿，应将所有债券依次编号，并载明下列事项：

（a）公司债权人之姓名住址；

（b）公司债之总额及债券每张之金额；

（c）公司债之利率；

（d）公司债偿还方法及期限；

（e）公司债发行之年月日；

（f）各债券取得之年月日。

（八）公司债之转让

公司债券有流通性质。凡无记名债券之转让，仅将债券交付与受让人，即生完全效力，不须履行任何种手续。至于有记名债券之转让，则非将受让人之姓名住址载于公司债存根簿，并将其姓名记载于债券，不得以其转让对抗公司及第三者。盖当记名债券不依法定程序而转让，公司与第三者无从得知，故其转让之效力，只能及于当事人之间也。

有限公司与股份公司之异同[*]

李文杰[**]

抗战胜利以后，政府首为便利收复区各种公司补办变更及设立登记，特于民国三十五年一月十六日公布收复区各种公司登记处理办法二十一条，人民称颂备至。复于同年四月十二日公布施行新公司法，为便利外人在华投资经营商业及合伙组织改组公司，特设外国公司及有限公司两章，允称特点。与外国公司之认许登记有关之规定，容另为文加以阐述。兹就无限公司两合公司股份有限公司股份两合公司四种公司外，新设规定之有限公司与历史悠久数量最多之股份有限公司二省间异同之点，此较说明于后：

一、同点

（一）属于"设立"者

（1）有限公司股东与股份有限公司股东之责任，均为有限，两者均对公司负责，而非对公司债权人负责。惟对于公司之责任，一则以其出资额为限（第一○六条），一则以其缴清股份之全额为限（第一五三条第一项）而已。

（2）有限公司与股份有限公司之股东，既仅负有限出资责任，股东之被选任为董事监察人或执行业务者，应予登记；并须在公司章程内载明"公司为公告之方法"。（第一○八条第一项第七款第九款，第一○九条第一项第一款，及第三七条第五款，第一五一条第一项第四款，及第三三四条第三四三条）。

---

　　* 本文原刊于《东吴法声》1946 年第 4 期。

　　** 李文杰，1915 年至 1941 年于东吴大学法学院担任教授，1942 年至 1945 年于东吴大学比较法学院担任司库。

（二）属于"股份"者

有限公司所发之股单，与股份有限公司之股票，名称虽异，实质则同。至于股份有限公司虽于章程中不载明股东姓名及其所认股份（第一二七条及第一二八条），但除发给股票外，于呈请设立登记时，须附具股东名簿（第三三七条，）与有限公司除章程载明各股东之姓名及其出资额外（第一〇八条第一项第三四两条），得发给股单（第一一二条一一三条），其用意则一也。

（三）属于"股东会""董事"与"监察人"者

有限公司与股份有限公司，均可设置董事监察人，政府或法人均可为有限公司或股份有限公司之股东，其代表人均可被指定为董事监察人（第一一八条及第一八五条第二〇三条）。有限公司得依股份有限公司之规定，组织股东会（第二一〇条），再选任董事监察人（第一一六条），执行公司业务，此点亦与股份有限公司之组织第六章第三四五节相同。董事所负之责任綦重，两种公司亦相同（第一九四条至一九六条一一六条）。

二、异点

（一）属于"设立"者

（1）有限公司之组织，在便利政府或法人或富有资力之少数个人及已成立之合伙组织而设，故其股东人数，限定于二人以上十人以下（第一〇五条）。其他规模比较宏大须集合多数人之财力与能力方能经营之营利事业，则以组织股份有限公司为宜，故其股东人数至少五人。（第一二六条）五人以上，不加限制。

（2）因二者组织原则不同，故有限公司资本总额各股东不得分期缴纳，且于章程上不得订立分期缴款或向外招募，此为法律上之强制规定。（第一〇七条）股份有限公司为少数人发起，集合多数人组织而成，故股款得分期缴纳，（第一二九条及第一二三八条）且得于发起人认定股本总额十分之一以上（第一三三条第二项）时，其余向外招募之。（第一三二条）

（3）因二者性质不同，故主管官署对于有限公司资本制检查，为强制之规定，而对股份有限公司股本之检查，则不采强制规定。（第一〇九条第二项，第一三〇条第二项，第一四四条第二项）。

（二）属于"股份"者

（1）有限公司股份，无论其执行业务与否之股东，非经其他股东同意，不得自由转让（第一二一条第一二项）股份有限公司则不然，无论股东发起人及董事监察人，均得于登记后之规定条件下，自由转让其股份，（第一六〇条，第一八六条，及第二〇三条，第二五七条第二项），无须经任何人之同意。

（2）有限公司关于股东之姓名，住所，资本总额，及各股东之出资额，均须载明于公司章程。（第一〇八条第一项第三四款）故其股东亦须记名，且无发行记名股东之规定。股份有限公司在其股数不超过股份总数二分之一条件下，得发行无记名股票。（第一六二条）

（3）有限公司股东之出资，无普通与优先之别。股份有限公司之股份，得分普通与优先两种。（第一五五条第二项）且可同时发行数种优先股，（第二五三条第二项）给予不同之权利。

（三）属于"股东会"者

有限公司股东之表决权，得以人为单位，其股东会虽得依股份有限公司之组织，但得以章程订定，不问出资多寡，每一股东有一表决权，或按出资多寡比例分配表决权。（第一一〇条）股份有限公司股东表决权，不能以人为单位，而以每以股份有一表决权为原则，但一股东而有十一股以上之股份时，得以章程限制之。（第一七四条）

（四）属于"公司债"者

有限公司对外负债，不得超过其资本总额二倍，（第一二三条）且不能发行公司债，是其限制颇为严格。股份有限公司公司债之总额不能逾公司现有资产减去全部负债后之净额外，（第二三七条）别无限制。

（五）属于"变更章程"者

有限公司可增加资本而不能减少资本，（第一一四条）股份有限公司固可由股东会以特别决议（第二四六条）增加资本，（第二四七条）亦可减少资本。（第二六二条）

有限公司与股份有限公司之异同，就其荦荦大者，已如上述。论者以有限公司由少数人组成，公司盈余则分润利益，如遇亏损则以有限责任应付债权，流弊滋多，惟如以此为虑，则股份有限公司，亦何尝不可以五人发起组织而为获取不当利益之工具。现行公司法对于有限公司及股份有限公司之管制，规定均极严密，盖亦有见及此，监督加周，基础斯固，信用乃益卓著，业务愈见扩充，谓此种公司，为近代工商业之标准组织，亦无不可也。

法国公司法最近之修正*

黄地锡**

（一）未修正前之情形

法国公司法之亟须修正，几为法国朝野一致之要求，其曾为此项修正之提议者不仅国会员为限，即政府本身亦曾作此主张。其修改之目的即在如何使资金得到缜密之保障。

于此吾人有不能不注意者，则为法国以往因有限公司之发达及其国民习性之俭约，故有限公司之股份仅百分之一属于该公司之董事，其他一大部分则分散于多数之小股东。举例以言之，如法兰西银行共有股东四万人，而其中二万五千股东仅有一股或两股，此种情形在法国有限公司中非常普遍。惟最难使人满意者，厥为资本之大部分既出自多数之股东，而董事则握有绝大之权力，彼各股东所恃以管理业务者，惟有下列数方法，而此等方法事实上又不能具有何种效果者也。

（甲）股东会议 股东通常出席股东会议者甚少，而董事又可运用种种方法使其操纵到会者之多数也。

（乙）审计员 审计员名义上由股东会议产生，惟董事既可操纵股东会议，则审计员之产生，亦无异由董事指定也。

兹者，命令法（decree – law of August 8，1935）之用意即在保护资金，此外则着重制止一般无耻之徒，假借组织公司，希避免营业失败时负担损失，盖往者甲公司营业失败，甲公司虽因之解散，而乙公司已继之而兴，债权人处此情形即无所取偿也。抑尤有进者，命令法尚具有其他目的，即加重违法

＊　本文原刊于《法学杂志（上海1931）》（第10卷）1937年第1期。

＊＊　黄地锡，1938年毕业于东吴大学法学院（第21届），获法学学士学位。

者之刑罚，并严厉取缔立法当时所不能预见之狡黠行为是也。

（二）法国公司法主要之修正

公司股东之亟需保护已如前述，其保护之方法则有下列数种：

增加董事之责任。

监察人之选任加以规定。

增加股东之权利。

公司每年必须以一定之格式制成贷借对照表。

公司文件之公布须符合规定。

兹将上列各种方法分述如次：

1. 增加董事之责任

吾人于未讨论增加董事责任之前，对于董事此前所负之责任似有检讨之必要。以往董事在民事及刑事方面均负责任，其民事责任规定于一八六七年法典第四十四条之中。董事之责任系各别的，换言之即各董事各别的或比例的对自己之过失负责，然若过失可归责于各董事而不能定各别之责任时，一八六七年之法典规定其不得为一定之行为，例如公布虚伪之事实，滥发股票，使非股东而参与股东会议，诈欺取财等。

最近命令法所修正者，可分为下列三目：

（甲）加重刑罚 一九三五年之命令法对犯诈欺取财之董事，处十年以下有期徒刑及五万元法郎以下之罚金。此外董事若为自己之利益而将公司之资本擅加处分，法院得于公司解散时使该董事破产。

（乙）增加刑名 命令法现已使公司之董事，经理，清算人负与商人在破产时之同一罪刑，盖商人破产之造成如系由于商人之浪费或使用资金于投机事业等，法院得科以一月以上两年以下之监禁。公司之董事既非商人，似不能使之受与商人同等之待遇，然此种不公平之区别，已于一九三五年八月之命令法中予以取消，其规定为公司解散时，恶意之董事经理及清算人受损害之情事，处一月以上两年以下之监禁。尚有某种行为，以前不以为罪者，现亦使负诈欺之罪责，例如：（1）证明股票上之签名而为虚伪之誓言。（2）对于股东公布虚伪之贷借对照表，以混淆公司之实际情形。（3）董事为一己之私图，使用公司之财产致本公司受损而他公司得益。（4）董事恶意的行使职权，致公司受损而董事本人他公司受益。

（丙）规定公司董事受褫夺权能处分之情形，命令法规定，凡曾经确定判决犯窝盗、诈欺、背信及其未遂罪，或受破产之宣告者，不得任有限公司之经理。其经外国法院宣告犯上述之罪者亦同。

2. 规定监察人之选任

一八六七年法典规定每一有限公司设监察人数人，其职责为根据董事提出之账目及贷借对照表制成报告，提出于股东大会。吾人前已述及监察人虽由股东大会产生而常由董事操纵，现时指命令法已规定数种救济之方策，例如监察人得随时查核簿册文件，必要时并得召集股东大会。而下列诸人不得受任为监察人：（1）董事之父母；（2）收受董事或公司之报酬者；（3）不得担任经理之人。倘监察人违背职务时，得处一年以上五年以下有期徒刑，或科以一千法郎至两万法郎至罚金。

3. 增加股东之权利

股东得于股东会议之前夜阅览公司之贷借对照表，账目，以及其他提交股东大会之文件。股东并可取得前三届股东会议所提交文件之副本。任何一股东受之确定判决，若与其他股东有关时，其他股东得请求法院宣告该判决对其他股东亦有效力。

4. 公司每年必须以一定之格式制成贷借对照表

表格之所以必须出于一定之格式，乃为股东检阅便利起见，若格式有更改之必要须经股东会议之通过，若有违犯此规定者，科以一千法郎以上一万法郎以下之罚金。

5. 文件之公布须符合规定

关于文件之公布，可得而述者约有三点：（a）公司之章程须呈交商事法院；（b）章程之主要部分须依法定用纸公布；（c）公司须向商事登记员请求登记。

综上观之，法国在公司法修正以后，对于保护人民之利益可谓极尽周详。我国现时虽无商事法院之设置，司法制度未尽相同，而其公司法修正之精神及旨趣，亦足我国立法者之参考也。

公司倒闭后选任之清理员继续经理职务[*]

高君湘[**]

上海租界临时法院民事判决（十八年总字第七四五号）

判 决

原告：世界饭店清理员王梓康住北京路三十一号；
左诉讼代理人：陆绍宗律师何惠章律师；
被告：源记经租账房邱竹筠；
诉讼代理人：秦联奎律师；
当事人：因损害赔偿涉诉讼一案经本院持续审理特为判决如下：

主 文

被告源记经租账房邱竹筠应偿还原告洋五千一百零二元七角六分诉讼费用由原告负担

事 由

缘世界饭店截至民国十六年二月债欠，被告源记经租账房房租银五千二

---

　　* 本文原刊于《法学季刊（上海）》（第 4 卷）1929 年第 2 期。

　　** 高君湘，1924 年毕业于东吴大学法学院（第 7 届），获法学学士学位，密歇根大学博士，东吴法学院法律学系教授。

百两经被告于同年四月初向本院诉追获胜，在案迨及同年四月九日被告未得。即世界饭店清理员之允许尽将世界饭店所存全副生财装修等出卖计得价银一千四百零二两，作为抵偿原告所欠之房租。由被告请求本院将该房租案撤销。惟原告以身为世界饭店清理员对于世界饭店之生财处分，应先得其同意且所售之数实与生财原价相差太远。致原告无法清理他项债务，遂起诉被告邱竹筠于本院，将邱竹筠署名源记经租账房经理，要求判令该被告赔偿原告，洋六千四百六十一元二角其计算损害方法。则以世界饭店乙丑年，所置生财装修值价洋二万七千一百六十八元九角七分之数，折去五成再除去抵还所欠被告房租银五千二百两，申洋七千一百二十三元二角被告则由朱佐英出面辩诉，谓伊系源记经租账房经理原告指名邱竹筠实系错误请求，更正其辩诉理由，则称被告之出售世界饭店所有生财装修。乃根据世界饭店股东兼经理创业，跟来信内称，已经各股东商议妥洽一时无法清偿债，准将店内生财装修抵偿房租云云。是被告之嗣后，拍卖手续上不得谓为不合。因此请求驳斥原告之诉，本院于十六年十一月八日，传集两造开庭集讯，经本院郑文楷推事试行和解，由两造代理人何惠章律师代表，原告陈瑛高文麒律师代表被告当庭签字，允许由被告给付原洋一千二百元作为息讼迨后，被告忽具状申明伊之代理律师，事前未征得本人同意无权代理和解否认上项。和解条件请求再审经本院于十七年四月三十日判决，驳斥再审之诉被告仍表示不服提起上诉，经租界上诉院诉本院于同年九月二十日判决主文，载原判决撤销和解发乘应由本院继续审判等语是为经过事实。

理　由

本案被告系由朱佐英出面辩诉，据原告申称，朱佐英实系源记经租账房所雇之书记，出而应诉殊属非是。惟被告方面之代理人则称朱佐英为源记经租账房经理，而邱竹筠乃源记之主人双方各执一。是本院按邱竹筠，既为源记主人是权利义务主体，当然属于邱竹筠，而非属于朱佐英原告。既起诉被告邱竹筠，是注重在邱竹筠个人身上，被告方面决不可因原告诉状上于源记经租账房下面添加经理二字样，遂由他人出而。故本案被告主体当属于邱竹筠，至被告邱竹筠，是否对于原告应负赔偿责任，常视原告清理员职权之如何，以及被告收卖生财，所依据之信，是否有效两点为断查，原告之任世界饭店清理员，系经该饭店股东会议书面委托全权代理者，股东会，既经将权代理者股东会既经将全权委任清理员。是清理员之在法律上，即属继任之经理。关于一切清理债务时所有财产之应如何处置固须经股东会之议决，但亦须等候清理员之命令执行，以期事归统一决不容股东个人私自表示意思，更不许前经理之行使任何职权。缘商店经理自商店倒闭，经理股东会选任清理员以后，原经理之职务，即原告再无代理之权。藉所以防妨害清理员之事务，此乃商业上关于商店倒闭后之惯例也。本案被告对于世界饭店委任王梓康为清理员一节本属知情，乃忽根据世界饭店前经理暨股东创业根一人之私信，擅自将该饭店所有生财装修一并出卖，绝未求原告清理员之同意实属故意侵害。原告所有物之权，因此原告所受之损害，当然仍由被告负责至原告要求损害赔偿方法。据原状所称以所有生财依购进价额折半，计算但查，商品既入于清理状态所有店内生财等难保不无失落，或破坏情事。本院爰将该生财及装修等价值，依原告所计算之数外再予核减，一成得洋一万二千二百二十五元九角六分内除。抵还原告所欠被告房租洋七千一百二十三元二角外被告，尚因偿还原告洋五千一百零二元七角六分，受依民事诉讼条例第九十七条令，被告负担诉费，特为判决如主文。

上海租界临时法院民事庭

推事：高君湘印

书记官：唐世材印

民国十八 1929 年八月十五日

论我国破产法上之免责规定[*]

王仲桓^{**}

　　经破产程序受清偿后之破产债权，在立法主义上对于其效力有免责主义与不免责主义之分。所谓免责主义者，乃对于破产债权经破产程序受清偿后，如适合法定之条件，其未受清偿之部分，破产法即予免除，英美法系指破产法，即采此主义者也。所谓不免责主义者，乃对于破产债权虽经破产程序受清偿后，其未受清偿之部分，仍继续存在，嗣后债务人经济能力回复时，对于此项未清偿之债务，仍付完全清偿之责。[1] 此主义为大陆法系所采用者也。债务人不能清偿债务，而濒于破产时，以其所有财产供各债权人公平分配，使其损失亦为各债权人公平分担，固为社会政策之立法，而债务人之不得已而破产，亦属事之不幸。是以债务人破产之后，对于未经清偿债务之部分，予以免责，无非使致债务人有复兴之机会，而免去其将来发展之羁绊，如债务人破产之后对于未经清偿债务部分，仍负有清偿之责任，则将终日惴惴，不克自拔，浸假或致自暴自弃，不愿振作，自非立法原意所希冀。此立法例上之免责主义，自不失为善制也。我国破产法亦采免责主义，允称至当，然免责主义对于债权人方面所蒙受损失，究嫌过锯，对于真诚信实之债务人因不得已而破产者，予以免责，固可曲谅，然好究之徒，难免不利用免责之法例，以图赖债。是以免责之制，固为应采之制，然亦须加以相当之限制，以防奸究，所谓事严勿滥，方不失其平也。惜乎我国破产法对于债权之免责，仅有破产人因犯诈欺破产罪受刑之宣告者不能免责之规定，此外依调协或破

　　* 本文原刊于《法学杂志（上海1931）》（第11卷）1939年第1期。

　　** 王仲桓，1930年毕业于东吴大学法学院（第13届），获法学学士学位。

　　〔1〕 债权人对于此项未清偿之债权可追及求偿，学说上称此权利为破产债权人之追及权。（参照齐藤常三郎《破产法及和议法研究》第一卷一九七页）。

产程序已受清偿后，对于债权未能受清偿之部分均一律视为请求权消灭（破产法一百四十九条）；当然免责，无须如英美法例向法院申请[1]免责命令（order of discharge），较诸英美法例其宽严之差，显甚巨大。[2]我国破产法上免责之条件，实嫌过为宽大，难怪自破产法施行以来，债权人对于债务人之破产，类皆痛心疾首，相率拒绝申报，或虽经申报后，拒不参加破产程序，以为对抗，只破产程序窒碍丛生，不能顺利进行。爰就英美法例破产法之免责规定，加以探讨，以资借镜，再就我国破产法有关免责主义各问题，予以论述，至是否能为将来破产法修正时之臂助，在所未知也。

一、英美法例之免责命令

英美法例，对于破产债权，非为当然免责，破产人之求免责，尚须申请法院，颁发免责之命令，苟破产人之破产合乎法定之条件，法院方可依债务人之申请颁给免责命令。依英国破产法第二十六条第一项之规定，破产宣告后，对于破产人之免责命令之申请，法院须明悉破产人之以往经过及其境况后，并须破产人经公开审理（Public Examination）[3]终结之后，方得为之。依美国破产法第十四条第二项之规定，对于破产之免责之申请，亦须待破产管理人（Trustee）及各利害关系人得参加时方可开始审理。此项规定，不过使法院得有充分审判之资料，自裁断免责命令应否准许也。

英国破产法，关于免责命令赋法院以宽大之裁量范围，且英国破产法经一九二六年修正之后，法院已无绝对须驳斥免责命令申请之规定[4]。法院除得颁发绝对之免责命令外，并得颁发附有限制之免责命令，如对于破产人以后之收入及所得之财产附以条件，或对于免责命令，不论其有上述之限制与否，均得指定其发生效力之日期，使之经过相当期日后，再行发生效力。可知英国破产法之免责命令，其内容殊有伸缩性。依英国破产法第二十六条第二项之规定，如破产人犯有破产程序之罪，而受罪刑之宣告者，或有下列之情事之一者，法院不得颁发绝对及立即生效之免责命令：

---

[1] "申请"原文作"申请"，现据今日通常用法改正，下同。——校勘者注。

[2] 参照拙著破产法要论三二七页。

[3] 公开审判，不论破产程序以和解终结或以分配终结，债务人均须经过此受询程序，破产管理人及债权人均可发问，借以发现债务人管理其业务之真相者也。

[4] 参照 *Ringwood's Principles of Bankruptcy*, 5th Edition, pp. 228~229.

（一）破产人资产之价值抵偿其所负无担保之债务时，每镑债权受偿不足十先令者，但如能向法院证明此项情形之发生，非可归责于破产人之事由者，不在此限。

（二）破产人在破产前三四年内，未曾备置其营业上通常应有之账册，足以表示其营业之交易及经济之状况者。

（三）破产人已知其不能清偿债务时，仍继续其营业者。

（四）破产人缔结有破产债权性质之债务时（debt provable in bankruptcy），未能预期力能清偿者（预期能清偿之举证责任由破产人负之）。

（五）破产人对于其任何资产之损失或资产不足抵偿其负债之原因，不能予以满意之解答者。

（六）破产人因其轻率冒险之投机，或因生活之不正奢侈，或赌博，或因其对于营业之怠于注意，而破产者。

（七）破产人对于其债权人所提起之正当诉讼为无谓纠缠之抗辩，致债权人支出非必要之费用者。

（八）破产人因提起无谓纠缠之诉讼，致支出不正当之费用，而促成破产者。

（九）破产人对于到期之债务不能清偿，而在管财命令（receiving order）前三个月内曾对于其债权人中给予优异之利益者。

（十）破产人在管财命令前三个月内，以使其资产每十先令适足抵偿其无担保之债务一英镑为目的而负担债务者。

（十一）破产人前曾宣告破产或经和解者。

（十二）破产人前曾犯有诈欺或背信之罪名者。

在有上述情事之一时，法院得为下列任何之处分。

（一）驳回其免责命令之申请。

（二）依法院之裁量，定一相当期间，停止免责命令发生其效力。

（三）责令破产人对于监督人（official receiver）或破产管理人在颁发免责命令时，对于尚未受偿之破产债权部分所提起之诉讼，予以认诺，以为免责之条件。此项破产债权之未清偿部分，当在破产人将来之收入及新得之财产内依法院所指定之方法或条件清偿之，但此项判决，非经法院准许不得执行，此项准许须证明破产人经免责后所得之新收入及财产足以清偿债务时方得为之。

依美国之立法例，免责命令之颁布，法院并无裁量之权，苟破产人确有诚信合乎法定之条件，其免责乃为法律所赋予之权利[1]，法院即应颁给，在免责命令之中亦不能加以限制。是以美国之破产法对于破产人较诸英国破产法，略见宽容。依一九三〇年修正之美国破产法第十四条第二项之规定，法院对于破产人之申请免责及破产管理人与利害关系人所提出之反对应加审理，如无法定应驳回申请之情事者，法院应颁发免责之命令。法定应驳回申请之情事如下：

（一）破产人犯有依破产法应受监禁之罪名者。

（二）破产人毁损伪造隐匿或不置备足供确定其经济状况及业务交易之账簿或记载者，但法院依案件之情形认为并非不正当者不在此限。

（三）破产人凭借书面公布重要之虚伪陈述，以取得金钱或欠项或取得欠项之延续者。

（四）破产人在免责申请前十二个月内将其财产移转变动毁损或隐匿或容忍有此项之行为，以诈害债权人或妨碍债权人权利之行使者。

（五）破产人在六年内曾有免责之命令者。

（六）破产人在破产程序中拒绝服从法院之合法命令或拒绝答复法院核准之重要询问者。

（七）破产人对于其资产之损失及不足清偿负债之原因未能满意答复者。

英美之破产法对于破产人免责命令，其宽严之程度虽有不同，然皆须经法院之审理，俾债权人方面有反对之机会，无诚信之债务人如须利用破产程序，以图赖债，殊非易易。且免责命令颁给后，法院尚可撤销[2]。法律上对于债权人及债务人之利益可谓兼筹并蓄矣。

二、破产程序因分配而终结对于破产债权之效力

我国破产法之免责主义，因无严密之限制，致债权人每视破产人申请破产为赖债之章本，纠集各债权人，不予申报，或虽申报拒不参加破产程序，使债权人会议一再流会，以为抵抗。然债权人之未依限申报其效果究为若何，实一值得研究之问题也。依破产法第六十二条第一项第五款之规定，债权人

---

[1] 参照 *Black's Handbook of the Law and Practioe in Bankruptcy*, 2nd Edition, p. 647.

[2] 参照 *Ringwood's Bankruptcy Law*, 5th Edition, p. 235. 美国一九三〇奶奶破产法第十五条。

不依限申报者，不得就破产财团就清偿。是以破产债权人既不依限期申报其债权，自不能就破产财团受清偿，破产管理人亦尽可就已申报之债权额将财团变价分配于各已申报之债权人，以使破产程序终结，但未申报之债权人，所执为申报之债权，是否亦可同受免责之拘束，或仍可以其全额向债务人求偿，则成一有兴趣之问题。依英美之立法例，免责命令对于破产债权人除法律规定之特种债权人，均有效力〔1〕。虽破产债权人未参加破产程序证明其债权，亦不能避免免责命令之效果〔2〕。我国破产法未有此项明文之规定，破产债权人依调协或破产程序已受清偿者，其未受清偿部分之请求权视为消减，可知破产债权请求权之消减，只限于曾依调协或破产程序而有部分之清偿者〔3〕。至未参加破产程序之破产债权人，其债权之请求权，当然未曾消减，一俟破产程序移结，破产财团业已消减之后，不依限申报即不得就破产财团受偿之限制矣。

再以破产法第一百五十条之规定而论破产人依清偿或其他方法解免其全部债务时方得向法院为复权之申请。破产程序之免责对于未申报之债权更见其效力不能及之。是以破产债权人之不参加破产程序，难因时效之关系及债务人将来资历状况之种种关系，不无有不利之处，然对于无诚信之债务人，在现行破产法对于债务人缺乏保障之下，似尚属有效之对抗工具。债权人之甘愿受破产财团清偿之除斥，拒不参加破产程序，亦属事理之必然者也。

三、司法院院字第一六七三号解释

破产法施行以来，债权人拒绝申报者，数见不鲜，破产程序之进行时生困难，甚至破产债权人纠集全数组织团体拒不申报，以致破产程序更难进行，于是有司法院院字第一六七号之解释，该解释第二项谓"有破产法第一四六条或第一四八条所定情形，始得为破产移结或终止之裁定，若法院为破产宣告，债权人与公告后虽均不依限申报，而法院对于其所已知之债权人及其债

---

〔1〕 英国破产法第二十八条第二项，美国破产法第十七条。

〔2〕 参照 *Black's Handbook of the Law and Practice in Bankruptcy*, 2nd Edition, p. 707.

〔3〕 债权因受调协而受清偿，其破产债权未受清偿之部分，应生如何效果，固可待调协计划之条件决定之，其请求权之消减，自无庸另为规定。破产法第一百四十条连同调协并行规定在内，似系赘犹。

权数额仍得依破产程序进行"[1]等语。此项解释，其目的虽在补救破产程序之困难，然仍无补于事，盖我国破产法第六十五条第一项第五款明言破产债权人须依限申报，如不依限申报即不得就破产财团而受清偿，显见其申报之期间有除斥之效力，与德日破产法规定逾限申报之债权须负担特别为之调查债权期日之费用者有别（德国破产法第一四二条一项日本破产法第二三四条二三六条）。即与英美法例亦有不同，查英美法例对于破产债权人未在分配时，证明其债权者亦不除斥（英国破产法第六十五条美国破产法第六十五条第三项）。按我国破产法既定申报债权之期间有除斥之效力，该解释中所谓仍得就已知之债权人及其债权额仍以破产程序进行，似难适用，盖呈请解释之原文本中，载明有债权人全体拒绝申报之字样，其解释例中所谓已知之债权人，自系包括未经申报之债权人而言。若是则所谓仍依破产程序进行一语，是否即可将破产财团变卖分配，其分配之时，如包括未申报之债权人在内，则显与上述之原则条文之规定未能融洽。且债权人之拒绝申报，其动机所在，无非猜疑债务人之破产缺乏诚信，此种债务人一方面申请宣告破产，一方面虚设巨额之债权，以减少真正债权人可得之分配额，此种情事，不能谓其必无。观诸我国破产法对于破产债权确定之规定，本甚简略，在一般情形之下虚设之破产债权，已恐难于发现，若破产程序对于各破产债权人不论申报与否均当同受分配，则真正之债权人既自甘不参加破产程序，而对于虚设之债权已无提出异议之机会，至彼虚设之债权，同时亦可不经申报，由债务人在申请破产时在其债权人及债务人清册中开入债权使之成为已知之债权人，同受分配，既免覆败之虞，复湮诈害之迹，在此重情形之下，如强使真正之破产债权人同受分配，迫其受免责之拘束，实觉失之公允，第我国破产法申报债权之期间有除斥之效力已如上述。上开解释例自决不能作如是之适用。其所谓"对于其所已知之债权人及其债权数额仍得依破产程序进行"实不能认为对于此项债权人得强其依分配受偿者也。

四、结论

我国破产法采免责主义，固未可厚非，然免责主义于债权人之损失较为钜大。对于免责条件自不得不有严密之规定，我国破产法对于免责之制，并

---

[1] 见《司法公报》第一百八十八号第二十九页至第三十页。

无严密之限制，依其条文之规定，又无统一之效力，对于债权人既鲜保障，宜乎破产债权人多以拒不申报或经申报后拒不参加破产程序以为对抗。破产债权人见债务人规避其债务之清偿若是之易，其拒绝参加破产程序，殊不能全谓其存心刁难。观诸英美破产法对于免责须经法院调查，加以裁判后方可免责，其宽严诚不可同日而语。且英国之破产法，于免责命令中，尚可附以条件，尤见周密。我国破产法施行以来，因破产债权人拒绝参加破产程序，而难于进行者数见不鲜，症结所在，免责主义之规定，未有限制实有以致之。将来修正之时，对于免责之制，允宜采取英美法例，须经法院之裁判。其准许免责之条件，亦应加以较为严密之规定，准许免责时，各利害关系人均使参加辩论，使法院对于破产人之应否免责，可得充分裁判之资料。若现行之破产法，对于免责之限制，仅规定犯诈欺破产罪而受刑之宣告者，不能免责，罚则章中对于破产人违反诚信之各罪名，并无规定，而独对犯诈欺破产罪之破产人，加以忌视，似为完备。再免责之准许，对于清偿之成数，不妨仿英国法例加以规定。如破产财团变价清偿未满规定之成数者，法院之免责命令中可附条件，即以英国破产法而论，对于成数之规定，亦颇有伸缩之余地。若是则对于破产人既未见过于苛刻，而对于债权人之利益则可臻兼顾矣。此外对于免责之效力，务宜规定其为统一发生，申报债权之期间使其非为除斥之期间。免责如有限制规定，复能周密，则债权人自可安心就范，无须再以拒不申报以为对抗，所有今日破产法上因免责之规定而发生之事例上之困难，自可祛除，对于债权人债务人之双方利益，亦无过有偏重矣！

对于修正公司法原则外国公司部分*之意见**

卢 峻****

各国法科例，对于外国公司，以其非依内国法而产生，在内国非当然有法人资格，不与内国公司等视，故于公司法中多列有专章。我国往时，外国公司，托庇领事裁判权，不受我法权支配，今则领事裁判权虽已取消，然外商独以我国现行法律，对于外国公司之地位，迄无明确规定，心存观望，延不登记。惟是我国战后经济建设，有赖于吸收外资者弥殷，确定外国公司之地位，以解除外国公司之怀疑，殊为急不容缓之举。我政府有鉴于斯，曾经国防最高会议通过修正公司法原则，发交立法院，以为修改公司法之依据。其中关于外国公司部分，规定尤详，爰于当局征求各方意见之际，就该原则之要点，略供意见。

（一）原则之缺陷

甲、关于区别内外国公司之准则者则该原则关于区别内外国公司之规定。作者认为下列数点，尚待考虑。

我公司法明定公司为法人（第三条），而法人依民法规定而非依法律之规定，不得成立（第二五条）。是依中国法具备法律所要求之条件之公司为中国公司，依外国法之规定所成立之公司为外国公司。盖我国决定法人之国籍，

---

　*　"部分"原文作"部份"，现据今日通常用法改正。——校勘者注。

　**　本文原刊载于《新中华》1945 年第 10 期。

　***　卢峻（1909～2000 年），浙江宁波人。复旦大学文学士、文学硕士。1930 年东吴大学法律学院法学士；美国哈佛大学 1933 年法学博士。曾任新中国学院法律系主任、国立暨南大学法学教授、私立光华大学法学教授、东吴大学法律学院法学教授、西北法商学院院长、中央大学法学院院长。1949 年后历任复旦大学、东吴大学、华东政法学院、上海社会科学院法学元研究所教授。著有《国际私法之理论与实际》等。

系采准据法主义也。然关于法人之成立，我采登记要件主义，即法人非经向其主事务所所在地之主管者登记，不得成立（民法第三〇条）。从而中国公司之主事务所，自非在中国不可。至外国公司之主事务所应否设在其本国境内以及在中国有无分事务所，均非所问，从外国公司依其所依据而成立之法律得在中国设主事务所，或在中国未设分事务所者，仍不失其为外国公司，而有法人资格；盖以此种问题，依一般国际私法之原则，应依外国公司之本国而为决定。我国固然无权越俎代庖也。该原则一五条规定："外国公司系指本店设在中国领土以外……设支店于中华民国境内者"，第十七条规定国外公司在其本国未设本店者不予认许，是对于区别内外国公司系采属地主义，此不得与上述民法所采之原则不符，抑且有背于一般国际私法原则。此其一。

由该原则推论之，外国人在中国境内设公司应为中国公司。反之，中国人在外国有本店而设支店于中国者，仍为外国公司。如此，则外国人依中国法不得经营之业务得组织中国公司经营之；反之，则专为外国人所有之权利，则依该原则第十七条规定："外国公司利用第三国法律取得法人地位向中国请求认许，企图享受第三国人们福利者，不予认许。"中国人组织之外国公司，倘非专以获利为目的者亦得享有之矣。此其二。

外国公司为避免中国行政之干扰或撙节开支起见，在中国不设支店而委托在华之代办商经营业务者，往往有之，我国若对其在中国所发生之法律行为，以其在中国无支店之故，而否认为法人之行为，则影响于中外贸易必非浅鲜，此其三。

公司法除应设区别内外国公司之准则外，并应明订认定外国公司之标准，庶于发生涉外问题时，有所依据，就该原则规定各观点之，吾人似无从决定外国公司之国籍，此其四。

现行公司法别于民法，不用"主事务所"而用"本店"字样，该原则一仍其旧。但所谓本店者究应作何解释？指营业中心耶？抑指行政中心地耶？举例言之，由中国人组织而向美国 Delaware 州登记成立之外国公司，设总管理处于该州而在中国经营业务者，则其本店在美国抑中国耶？该原则关于此点未予规定，此其五。

乙、关于外国公司之认许者"认许"二字，始见于民法施行法第十一条规定："外国法人除依法律规定外，不认许其成立。"外国公司之认许者云，内内承认外国人格之谓也。换言之，即对于在外国已取得人格之公司，内国亦认其为有人格，得与自然人同为权利主体是已。观欧美一般法例，外国公司人格之认许与外国公司在内国营业或设支店之许可，截然两事，不可混为一谈。外国公司一经内国法律或条约认许，无须履行其他条件，即有法人资格。故纵在内国并无支店，仍无碍其为法人也。但外国公司如欲在内国营业或设事务所者，（包括支店）则为保护内国交易安全起见，往往规定尚须经过一定手续，始予许可。例如依美国各州法律，外国公司在本州营业者，应在境内指定收受法院文件之代理人，并附呈公司成立证明文件声请地方主管官署登录，英国法规定"凡非在联合王国成立之公司而在联合王国境内有营业所者，应于设立营业所时起一月内向公司登记处声请登记。"兹查该原则内容，一方规定在中国有支店为认许外国公司之要件（见第十五及十七条）；他法复规定："以任许为准设支店之先决条件（见第十六条），前后矛盾，殊非得计。其将许可设立支店之手续，列为认许法人资格之手续，则尤对认许之意义，有所误解。"

（二）一个建议

对于修正公司法原则外国公司部分之意见：

甲、关于公司国籍之区别作者认为我民法关于决定法人国籍之准则，既采准据法主义——即依中国法为宜为者为中国法人，非依中国法而成立者为外国法人，而依公司法第五条"公司成立非先向本店所在地主管官署登记不可"。中国公司之本店，当然在中国境内，反言之，在中国无本店者，必为外国公司。但外国公司之为外国法人，并不以在中国境内有支店为必要，已如上述。认为符合我国民法及国际私法之原则而获立法一贯起见，该原则第十五条似不妨改为"……外国公司，系指依外国法成立，而以营利为目的之各种公司"从而依中外国法登记成立者为中国公司，依乙外国法登记成立者为乙国公司，如此，不但可据以区别内外国公司，即外国公司之国籍，亦足以明确认定矣。

乙、关于外国公司之认许考各国立法趋势，关于外国公司之认许，除苏联因基于特别经济制度采个别认许主义外，如德瑞奥比意日英美诸国，以及一八九年万国国际私法会议汉堡会议决议，系采一般认许主义。该原则独持异义，规定以外国公司在中国境内有支店者为限，始于认许，此与认许之理论，闻有未合，即就实际着想，亦有碍于国际交往。故作者以为外国公司，一律我公司法原则上概括予以认许，纵在中国为无支店，仍有人格。惟查欧美法例，除概括认许外国公司之法人资格外，即复有规定于内国设有事务所者，尚需向内国官署登记者（如日商），亦有规定欲在内国营业，不论在内国有无营业处所，盖须登记者（如美国各州法案），此办法，对于我公司法之修正，不无可借境之处。但上述美国法例，在实用上往往为解释营业之意义，发生疑题，例如甲国公司以通信方法在乙国销售货物或缔约一次，则此销售或缔约行为是否营业，殊难解释，故非可取。然作者认为外国公司在中国设有事务所者，不论其为本店或支店，务必的向中国主管官署登记。盖其与中国之行政及人民不无密切关系，令其登记，正所以使外国公司之重要内容事项公示与众，以保交易之安全也。

外国公司应登记而不登记者，其效果如何？依英国公司法案（Companies act），外国公司设营业所于联合王国境内而不为登记者，该公司及其代理人应处以五十镑以下之罚金，如继续不理，每逾一日，加处罚金五镑。美国各州法案对于未经登记而开始营业之外国公司，有规定其无向法院起诉之权者，有规矩其所缔结之契约为无诉权者，有规定此种契约绝对无效者，有规定应处罚金或封闭驱逐出境者。法国一九一九年三月十八日之商业登记条例，虽亦规定外国法人之登记，但非以登记为认许成立之要件，第对于未登记者得处以罚金，经处罚而未经登记者，得撤销其事务所而已。作者认为外国公司之登记仅为行政手续，与公司成立之登记而得产生法人资格者不同，故对于不登记者，亦仅得加以行政上制裁也。

外国公司对于应行登记事项如有虑伪情事及其目的或行为有违反中华民国法律公共秩序或善良风俗者，主管官者自得撤销其登记，无待赘言。

该原则对于外国公司本身之权利义务，虽经规定："外国公司经算计钱，依法律与同种类之中国公司，有同一之权利义务。"但关于其股东对于第三人责任一节，尚付阙如。例如依我公司法，公司董事须就股东中选任之，民法规定公司之债务不足清偿债务时，董事如不即向法院声请破产，致法人之债权人受损害时，其有过失之董事，应负赔偿之责任。然外国法律有无同样规定者，则外国公司之股东董事，应否依我国法负责任，诚为一问题。依国际私法一般原则，股东责任，系为公司组织之内部关系，应从其所由产生之本国法决定之；然各国法例之中，如比利时等国亦有规定外国公司之股东与内国同种类公司之股东同负同一责任者，则问题生矣。作者以奖励外商投资，我公司法关于外国公司股东之责任，殊有明文规定从其本国法之必要。

对于中国无同种类之外国公司，应否予以认许？对此问题，有二说焉：主否定说者，谓公司法既限制一定种类之公司始有法人资格，则外国公司，自亦不能例外，外国公司种类不一，如英美有保证股份有限公司，大陆有有限责任公司，我国对于此种公司无从比较其权利义务。主肯定说着谓各国法例对于公司之分类，不尽相同，有同种类而异性质者，亦有异种类而同性质者，内国之概括认许外国公司，一若内国承认外国自然人已取得身份资格，不得以种类不同而不认其人格也。以上二说自以后说为当，盖无同种之外国法人之权利义务可比较类似之中国公司之权利义务也。

汇票债务之消灭[*]

刘朗泉[**]

付款有消灭票据债务之效力，人所尽知。然票据上之债务人不止一人，各债务人对于执票人皆连带负责，各债务人彼此间又互有权利义务，果皆因付款而消灭乎？

我票据法对于汇票债务之消灭，不为另设一节，分别情形而为规定，致适用之时，多所不便，不能谓非立法之失策。兹姑依有关系之各条暨民法之他定，并参考英美立法例，试为说明如次。

通常所谓票据债务之消灭，盖指票据上一切债务全归消灭而言。此时对于执票人，各债务人固不负责；即各债务人彼此间亦全无债务存在，然票据债务亦有仅对某债务人消灭，而对其他债务人仍然存者。例如背书人受执票人之追索而为清偿，虽得消灭其背书人之责任，然其前手之其他背书人，发票人，承兑人之责任，固不因其清偿而消灭也。盖此时其前手背书人等，对于受清偿之执票人虽得免责，[1] 而对于代位该执票人主张票据权利之人，则仍须负责。吾人名前者为票据债务之绝对消灭，后者为票据债务之相对消灭。

吾人但知付款有消灭票据债务之效力，实则除付款而外，非别无其他方法可以消灭票据之效力者。兹就绝对消灭及相对消灭二项分别列举如下：

---

[*] 本文原刊于《新法学》（第 1 卷）1948 年第 3 期。

[**] 刘朗泉，1932 年毕业于东吴大学法学院（第 15 届），获法学学士学位。

[1] 票据上各债务人对于执票人皆负带责任，（票据法九三条）依民法二七四条"因连带债务人中之一人为清偿，代物清偿，提存，抵销，或混同，而债务消灭者，他债务人亦同免其责任"自得因其中一人为清偿，于执票人皆免其责任。

一、票据债务之绝对消灭

能使票据债务绝对消灭者，有次述之五种事由：

（一）由主债务人为付款汇票之主债务人为承兑人，故由承兑人于汇票到期向执票人为付款者，票据上一切债务均归消灭。英美法上所谓 Payment in due course 即系此义。[1]分析言之：

（1）付款人需为主债务人苟付款非为主债务人之承兑人，而为发票人或背书人或参加付款人，则汇票上之债务并不绝对的消灭，仅对于付款之人相对的消灭，而此为付款之人遂取得执票人之权利，得向其前手或承兑人要求付款之偿还。（票据法第九五条八一条参看）但汇票不经承兑者，如见票即付之汇票，则即无承兑人，自应解释为经付款人于汇票到期向执票人为付款后，票据债务即绝对消灭。

（2）须于汇票到期付款到期日前之付款不但执票人得拒绝之，即付款人亦切忌为之。必欲为之，亦必须将汇票收回销毁之，否则苟有纠纷，付款人不能以已付款为对抗也。例如付款人于到期前已付款而未将汇票收回，或虽已收回而忽遭窃盗者，因汇票于到期日前虽重返于发票人，承兑人，付款人，或其他票据债务人之手，仍得更以背书转让之，故此时为善意执票人所得，将使付款人负第二次付款之责也。（票证法三一条六九条参看）

（3）须汇票上之背书俱相连续付款者虽为汇票之主债务人，且虽于汇票到期付款，然其汇票上之背书不相连续，则其付款仍难有消灭票据债务之效力。（票据法六八条一项参看）但背书之连续非谓前后手之姓名必相衔接，不能稍有空白涂销之处。故如背书中有空白背书时，其次之背书人得视为前空白背书之被背书人；涂销之背书，关于背书之连续得视为无记载。（票据法三四条参看）

（4）须付款人无诈欺或重大之过失汇票之主债务人为付款时，对于背书签名之真伪及执书人是否本人，虽不负认定之责，但有诈欺或重大过失时，仍难卸责。此时其付款自不能有消灭票据债务之致力。（票据法六八条二项参看）

---

[1] "Payment in due course" 依英票据法九五条一项之定义，Means payment made at or after the maturity of bill to the holder thereof in good faith and without notice that his title to the bill is defective.

（二）由执票人故意涂销承兑人之签名及记载票据上之签名或记载被涂销时，如由票据权利人故意为之者，有免除签名人责任之效力。执票人为汇票唯一的权利人，承兑人为汇票主债务人，故由执票人故意将承兑人之签名及记载涂销者，自有消灭汇票上一切债务之效力。（票据法一四条参看）

（三）由执票人于汇票到期向承兑人表示免除其债务之意思执票人为汇票之权利人，苟欲抛弃其权利，自无不可之理。但必须向承兑人表示者，则因承兑人为汇票主债务人；如果免责，则其他一切债务人皆可免责。至其免除之表示必须于汇票到期为之者，则因汇票如未到期，尚得以背书流通市场，执票人纵对承兑人为免除之表示，苟再以背书转让其汇票，承兑人应不能以已被免除对抗善意执票人也。惟严格言之，到期日后之背书非不能有背书之效力，必待作成拒绝付款证书期限经过后，汇票始失其流通能力，故执票人欲免除承兑人之债务者，如于此时为之，则汇票债务之消灭可确定无疑。（民法三四三条汇据法三八条参看）至于免除之方法，外国立法例有定为须以书面为之，如不以书面则须以汇票交付于承兑人者。（如英票据法六二条二项，美伊利诺州票据法一二一条）我民法关于免除之规定，见于债编通则，因系为一般的债之关系而定，故其方法原则上系由债权人以意思表示为之。票据关系与一般之债既有不同，关于其债务之免除所用之方法，自应斟酌，不能一概准用也。

（四）由承兑人于汇票到期取得票据汇票得依背书让与发票人，承兑人，或其他票据债务人之手，前已言之，此时汇票苟未到期，前项受让人仍将得以背书转让之。但如汇票为承兑人取得时，已届到期日者，则一方面因票之流通力已经丧失，承兑人成为最后之执票人；一方面又因权利与债务同归一人，票据之关系遂因混同而消灭。（民法三四四条票据法三一条参看）

（五）由执票人因时效消灭其对于承兑人之权利执票人对于承兑人所有汇票上之权利，自到期日起三年间不行使者，因时效而消灭。则承兑人自其权利消灭之日起，即免除票据上之责任。至其他票据债务人之责任，则因主债务人既已免除，遂亦同被免除，惟承兑人之债务虽因时效而消灭，苟当初为承兑之时，曾自发票人或他人受有利益者，如经执票人之请求，仍应依其所受利益之限度而为偿还。但此项偿还之义务，则完全根据不当得利之理由而生，绝非票据上之债务也。（票据法一九条民法一七九条参看）

二、票据债务之相对消灭

能使汇票债务人中特定之一人或数人之债务归于消灭，而使其他债务人仍然负责者，亦有次述之五种事由：

（一）由非汇票之主债务人为付款汇票到期执票人虽应向承兑人提示付款，然苟有不获付款之情形；或虽未到期而有不获承兑，无从为承兑之提示，或付款人或承兑人受破产宣告之情形；则执票人得对于背书人，发票人，及汇票上其他债务人行使追索权。受追索者即有应其追索而为付款之义务。盖汇票上之债务人，除承兑人负无条件付款之责任外，皆有担保之责，故一有不获付款之情形，即须应执票人之追索而为付款也。惟此种债务人之付款，并无使票据债务绝对消灭之效力。仅付款者本人及其后手得因付款而消灭其所负之债务。若其前手及承兑人则仍须负其应负之责任。因此时付款者均得代位行使执票人之权利，向其前手及承兑人请求偿还也。（票据法八二条九三条四项参看）

（二）由执票人故意涂销非主债务人之签名或记载执票人故意涂销背书者，其被涂销之背书人，及在被涂销背书人名次之后而于未涂销以前为背书者，均免其责任。此为我票据法三五条所明定。但执票人所得涂销者本不以背书为限，即发票人之签名，保证人之签名，亦皆得涂销之。惟被涂销者为背书人之签名时，则其前手人之债务仍然存在。被涂销者为发票人之签名时，则承兑人及其保证人之债务仍然存在，被涂销者为保发人之签名时则被保证人及其他债务人之债务仍然存在耳。

（三）由执票人向非主债务人表示免除其债务之意思执票人随时皆得对非主债务人中任何债务人表示免除其债务之意思。被免除之债务人之后手，因亦同被免除。惟此时执票人之表示仅有拘束其自己之效力，嗣后其票据又苟为他人所得，则此新执票人苟为善意执票人，仍得对该债务人及其后手行使权利也。免除之方法与前述向主债务人之免除方法不必相同。吾人以为向主债务人免除债务者，不妨采英美立法例，向主债务人以书面为之，或以票据交付之；但向非主债务人免除债务者，则因执票人对于未被免除之其他债务人尚可行使权利，应不能以票据交付之，故不妨概以书面表示之。

（四）由有付款之责者提存票据金额执票人于汇兑到期不为付款之提示时，凡有应其提示而为付款之责者，不问此时为承兑人，付款人，抑为参加承兑人，预备付款人，皆得将汇票金额提存于付款地之法院，商会，银行公会或其他得受提存之公共会所。惟提存虽有免除提存人债务之放力，而执票人对于票据之权利则不因提存而消灭，故此时尚难谓票据上一切债务已因提存而消灭也。（票据法七三条参看）

（五）由执票人因时效消灭于发票人或背书人或其他汇票债务人之权利，或由于前项已为清偿之债务人因时效而消灭其对于前手之权利。汇票执票人对前手之追索权，自作成拒绝证书日起算，（其免除作成拒绝证书者，自到期日起算）一年间不行使因时效而消灭，则除承兑人及前手中已受追索者外，概因执票人权利之消灭而免除其对于执票人之责任。但已受追索之前手苟对执票人为清偿者仍得对其前手行使追索权。其追索权之时效，自其为清偿之日或被诉之日起算，以六个月为限。故六个月内苟不行使其追索权者，则其前手之责任归于消灭。（票据法一九条参见）

对于票据法施行法第七条之研究[*]

金兰荪

票据法施行法第七条之规定："凡无兑价或以不相当之兑价取得票据者，不能有优于前手之权利。"此条意义深长，影响重大，然因其属于施行法，易被忽视，论者常不注意及之，兹不揣固鄙，分述之于次。

（一）引言

票据为不要因证券，乃商业之流通工具，其债权于一般的债权异，有较大之强力，因债务人不得以自己于发票人或持票人前手间所存抗辩之事由，对抗持票人。〔1〕例如甲向乙购货，发行本票，乙未交货而以背书将本票让与丙，丙请求甲交款，甲不得以未交货为理由，拒绝付款，因此仅为甲于乙为直接当事人间之关系，只能对抗乙，不得对抗第三人丙也。惟持票人之能享有此权利，以善意者为限，若其取得票据，系出于欺诈，恶意或重大过失，则法律不保护之。〔2〕比如于上述之例，丙知乙未交货而受领其本票，甲得以未交货为理由，拒绝付款。

（二）本条之解释

既明了〔3〕票据抗辩之一般的原则，进而解释本条之规定。所谓"凡无兑价或以下相当之兑价取得票据者"，即执款人无兑取得票据，或虽有价，其价值不相当。所谓"不能有优于前手之权利"者，即无兑价或以不相当之兑价取得票据者，法律视为无于欺诈，恶意或重大过失取得票据者同，债务人得以自己于发票人或执票人前手间所存抗辩之事由，对抗之，故其地位实等

---

* 本文原刊于《法轨》1934 年第 2 期。

〔1〕 票据法第十条。学者称之无票据实质上强力。

〔2〕 票据法第十条，第十一条。

〔3〕 "明了"原文作"明瞭"，现据今日通常用法改正。——校勘者注。

于普通债权人，无票据强力之可言。例如甲因博负，出本票于乙，乙急需现款，以低价将本票售予丙，丙不知甲与乙间之关系而受领之，丙请求甲付款，甲得以不法原因为理由，拒绝付款，因丙取得本票，不以相当之兑价也。

（三）本条之问题

本条之意义，已如上述，但于此发生下[1]列问题：

（1）票据辗转流通，执票人之前手，当不止一人，如前手之中，有人之权利具瑕疵，则所谓不能有优于前手之权利者，究指前手之中何人？譬如甲约定代乙造一屋，乙发行本票，甲不履行合同而将本票售于丙，丙以之赠于丁，丁为无兑价取得票据者，丁不能优于甲之权利，抑或不能有优于丙之权利？此二重解释，其结果大异。若认丁不能有优于甲之权利，甲既为乙之直接对手，乙得以不履行合同为理由，拒绝付款。若认丁不能有优于丙之权利，丙既为以相当之兑价善意取得票据者，乙不得以不履行合同为理由，拒绝付款。[2]

（2）取得票据之兑价，是否相当，究依何种权准而足？如采主观的权准，则必致妨害票据授受者之自由意旨，无益法院待定票据之兑价，岂不有碍票据之流通乎？

（3）票据法施行法第六条规定："票据债务人认执票人有诈欺，恶意或重大过失时，应负兑价之债。"由此观之，法律推定执票人为善意取得票据者，于行使票据上权利时，无须登明其善意；如债务人认其为非善意执票人，债务人应负登明之责。但该条未及取得票据之兑价，于是其登明之责任，究在何造？若认得通用该条，则法律推定执票人为以相当之兑价取得票据。[3]若认不得适用该条，则执票人于行使票据上行使权利时，须登明其以相当之兑价取得票据。

（四）本票之评论

究则本条之立法意旨，并非在保护债务人而已，让抗辩之限制，仅对于以相当之兑价善意取得票据者而言，让执票人之取得票据无兑价，或以不相当之兑价，则其权利自无须益以票据之强力也。本条之理由若斯，然有弊

---

〔1〕 "下"原文作"左"，现据今日排版需要改正。——校勘者注。

〔2〕 英美法探此解释，参观美国纽约流通证券第六十五条。

〔3〕 英美法探其解释。参观美国纽约流通证券法第三十一条。

如下：

（1）票据之能流通无阻，因债务人之抗辩受有限制。今若以相当之兑价为限制抗辩之前提，则票据流通不能自由。

（2）取得票据兑价之是否相当，不累计算，不易计算，其结果必致引起当事人之纠纷，而增法院之困难。

（3）执票人虽不兑价或不以相当之对兑价取得票据，然既系出于善意，其利益亦不应忽视，若云保护债务人，则票据法第十条与第十一条间于诈欺、恶意及重大过失经过之规定已足。

（五）结论

吾国以前历次票据法草案，无本条之规定，而考之判例及惯例，亦少根据。故本条之规定，殆探自他国，而他国之中有此种规定者，厥惟英美。[1]但英美认票据行为为契约，而吾国解释票据行为为单独行为。英美以约因（consideration）为契约之成立要件，而吾国则否，英美不问取得票据兑价之多少，而吾国让取得票据之兑价必须相当。是以英美之有此种规定，乃令乎其一般的法律精神，今吾国之情形既不同，采之已觉可疑，岂宜复斤斤于取得票据兑价之相当耶？

---

[1]　即 holder for value.

禁止支票当日抵用是否违反票据法 *

刘朗泉

一、问题在违不违法

自六月一日起支票当日抵用的习惯，已遭主管机关禁止。工商界站在实际需要的立场上纷纷反对，自有其理由。而学者论述，意见亦极为分歧〔1〕。现在要求取销禁止之声既未告终，我们且在票据法方面来研究此项禁令究竟是否违法。如果不违法，则此禁令应不应取消，要看实施的效果究竟如何始能决定。换言之，要看命令的效果有无价值而定。如果违法，则按诸命令不得与〔2〕法律违背的道理，应立刻宣告命令无效，用不着进一步研究其实施之效果。

二、焦点是一个事实

甲商在 X 银行立有往来账户，乙商在 Y 银行立有往来账户。乙商向甲商购入一批货物，付上以 Y 银行为付款人之支票一纸。甲商在通常情形之下，总是把这张支票存入 X 银行，同时更以 X 银行为付款人开出支票提用该款以购补原料或偿还借款款。以前的习惯是，甲商如于当日午前将 Y 银行之支票解入 X 银行，则该支票票款当日就可以用支票将它提用。如于当日午后解入，则须等到次日始能提用。现在的禁令不管是否当日午前或午后解入，一概不许当日提用，这就是所谓禁止支票当日抵用。

---

* 原文刊载于《经济评论》（第 3 卷）1948 年第 11 期。

〔1〕 "分歧"原文作"纷歧"，现据今日通常用法改正。——校勘者注。

〔2〕 "与"原文作"上"，现据今日通常用法改正。——校勘者注。

银行对其往来账所开发的本行支票必须有该户足敷支票金额的充分存款或信用契约，始负付款之责。而客户方面也必须在银行有充分存款或与银行订有信用契约始能开发支票。否则，明知已无存款，又未经银行允许垫借而对之擅发支票，或故意将支票金额超过存款或信用契约约定之数额，都须受刑事制裁。这是一般商人都了解的常识，也是票据法第一三六条第一三七条所明白规定的。

X 银行自甲商收入 Y 银行的支票，在有票据交换所的地方，总是拿到票据交换所和 Y 银行交换。经过交换，便是支票票款已自 Y 银行付给 X 银行，而 X 银行就可以马上归入甲商的账户之内，也就等于甲商在其账上有了这笔支票票款，因此就可以用支票将它提用。

如果乙商在 Y 银行有充分的存款或有足敷支票金额的信用契约，则乙商所开的这张 Y 银行的支票总不至于退票。X 银行于经过交换登账的手续后，如果当日时间许可，由甲商当日提用，在法律上应无问题。如果乙商的支票被 Y 银行拒绝交换而退票，则虽至次日，甲商还是不能提用。

所以，若暂时把此次禁令撇开不提，支票能否当日抵用，完全是一个事实问题。即事实上当天能否办完这一切手续。从甲商的解票，票据交换所的交换，X 银行的登账，以至甲商的提用，能否在一天之内办理完竣。假使尚未交换而甲商已开发支票提用该款，等于支票票款尚未由 X 银行收来而已由甲商支用。也就等于甲商开空头支票，当然于事理及法律两方面都讲不通。万一乙商的支票被 Y 银行退票，则甲商提用该款的支票更属违法。所以，如果事实上当日可以办完上述一切手续，支票当日抵用本无不可。如果事实上办不完上述一切手续，而 X 银行仍让甲商当日开发支票抵用，则 X 银行有两种嫌疑，一是便利甲商不待支票之款收回即预先使用该款。无异事后补订信用契约，有违银行法令。二则如遇 Y 银行退票，而其情形为甲商所明知者，无异帮助甲商开发空头支票，也无异帮助甲商犯票据法第一百三十六条之罪。

三、从用意到手段

禁令的用意假使在减少退票，应当严格执行票据法第一百三十六条，处罚滥开空头支票的人。这在上述的例子，应当严办乙商。在所有退票案件中必须逐一认真调查退票之原因，发票人有无明知故意的情形，而予以绝不宽容的处罚。

禁令的用意假使在取缔滥用信用，应当禁止银行在未收回票款以前任由客户开发支票提用。银行与客户若本订有垫借契约，在代收支票未曾收回票款以前，固可任由客户于垫借契约所许可之金额内，先以支票提用，若未订有垫借契约，则绝对不许事后补订契约，以追认已支用之票款。

无论滥用开空头支票或滥用信用，都是以诈欺的方法使用并不是自己现在的钱去作买卖。很容易为人利用去做投机，也连带加深通货或信用的膨胀，刺激物价，贬低币值。所以滥开空头支票或滥用信用都应当取缔。

不过取缔的手段刚才已经说过，若是滥开空头支票，应按票据法第一百三十六条严办发票人。若是滥用信用，应当严格管制银行的业务，或将发票人依刑法起诉。好像都和支票当日能否抵用并无关系。因为我们前面已经说过，支票当日能否抵用，须视当日时间是否许可。是一个"来不来得及"的问题，不是"可不可以"的问题。这完完全全是一个银行办理业务的事实，现在禁止当日抵用，发命令的当局，颇有一种嫌疑，即强认银行办理此种业务当日必定来不及。万一银行公会方面为适应新情势而增加票据交换次数或变更原有交换时间，竟使客户"当日抵用"按照法定手续，居然"来得及"，则此项禁令岂非限制有充分存款的人，必须迟一天始能取款，这不但剥夺人民的经济权益，并且绝对违法。所以我们的看法，支票当日能否抵用，既是个事实问题，法令大可不必强认事实，以贻指鹿为马之讥。法令应从支票发票人的发票行为以及付款银行之付款行为有无违法去加以研究，同样可以达到管制的目的。

票据上之权利与责任有何特点 *

刘朗泉

一

票据有广狭二义。广义之票据，包括一切票据而言，举凡银行之钞票，证明债权之借票，无不在内。狭义之票据则专指票据法上所规定之三种票据而言。即汇票，本票，支票是也。通常所称票据，仅为狭义之票据。

狭义之票据，其法律关系，与其他之票据迥不相同。持有票据之人，不仅得享受特殊之权利，若签名于其上，且负有特殊之责任。其所以然之故，盖由于法律之特别规定也。故吾人从事工商业者，即不能一日无票据之关系，应于其特点有相当之注意焉。

二

票据为有价值证券。有价值之证券之特性即在其权利之利用与证券之利用在法律上均为不可分离之一点。故吾人欲行使票据上之权利，必以票据之占有为要件。且票据为无因证券，除票据本身有瑕疵外，取得票据之人，不问其取得之际有无原因，亦不问其原因是否正当，皆为合法之持有人。脱吾人受人愚弄，被人骗去票据，若其情节尚不至如票据法第十一条所称之恶意，欺诈，或重大过失，此时既无票据之占有，可以主张权利，又因票据之转移，无需原因，即不得以挂失止付之方法以为救济。上海银

---

    * 原文刊载于《国货研究月刊》（第 1 卷）1932 年第 6 期。

行营业规程第十条乙项规定有："不记名本票关系信用甚巨，无论何人，凡执有此项本票者，均作为现款之用倘若客户向银行出立本票，交付他人，或向他人贴现出货，抑自受愚骗，另有别种关系，无论何时，不得向银行挂失止付……"又上海钱业营业规则第三十七条亦规定有："挂失之票，查系自受愚骗，票入人手，或已付庄，或以买货，查明确实，有账可稽，有货可指者，俱不能止付。"观此可知票据由前主人入与后主，除系出于取得票据之人之恶意，欺诈，或重大过失，或系由于遗失盗窃外，实无他法可以否认其合法效力者也。

三

票据之转让，诚如前节所言，无须原因，其因转让所生之效力，亦与通常债权之转让不同。通常债权之转让，让受人之权利不能优于让与人，仅能就让与人所受权利之范围内，承受其权利。例如甲因乙欠其一万元，将乙所出一万元之借票，转让于丙，由丙向乙收取。此时乙可主张此一万元之债务中，有五千元已经与甲互相抵消，故实在欠甲之债务仅有五千元，丙仅能向乙收取五千元。若乙之主张成立，丙不能再主张一万元之数。何则？丙为让受人，甲为让与人，让受人所承受之权利不能优于让与人，今甲对乙实在之债务既仅有五千元，转让于丙之后，亦只能有五千元也。

但此时所转让者，若非通常之债权，而为票据，其结果可以大不相同。即以前例言之，乙当初交付甲者，如非通常之债务借票，而系一万元之本票，则不问甲以后是否受乙之清偿，若以此本票背书转让于丙，丙于到期日即可请乙付款，乙决不能以其自己与甲之间已无债务关系为抗辩也。

四

票据权利之特异，尚有一端甚可注意者，即为追索权之行使。所谓追索权者，执票人于付款人拒绝承兑，或拒绝付款时，对于发票人或前手可得行使之权利也。法律规定有拒绝承兑或拒绝付款之情事时，均须作成拒绝证书。拒绝承兑证书，应于提示承兑期内作成之，拒绝付款证书应于付款日或其后二日内作成之，但执票人允许延期付款时，应于延期之末日或其后二日内作成之（见票据法第八十四条）。拒绝证书作成后四日内，执票人应将拒绝事由通知发票人及前手，行使其追索权（见票据法第八十五条）。盖此时执票人既不能向承兑人或付款人收偿其权利，自必向发票人及前手之背书人追索其权利，以免损失。惟如为通常债权，债权人仅能向其前手债权人主张权利，而不能向前手债务人之前手，主张其权利。票据之执票人则不同，无论发票人，承兑人，背书人，及其他票据债务人，均需对之连带责任。故执票人得不依负担债务之先后，对于此等人中一人或数人或全体，任意行使其追索权，要求其给付汇票金额，利息，及其他费用（见票据法第九十三条及九十四条）。此亦足见票据权利保障之优厚也。

五

万一行使追索权之结果，仍毫无所得，此时法律对于票据执票人之权利，将何以保障之乎？在通常债权，仅能依普通民事诉讼程序，向其债权人提起诉讼，而在票据债权，则有证书诉讼之特别程序。证书诉讼之异点有三：一为迅速，二为证据仅限于书证，三为反诉之不许。证书诉讼程序简单，可于较短之期限内结束，非如普通民事诉讼之易于拖延。因其利在速结，故证书诉讼中所得提出之说据，仅限于书证，只须提出之票据，其本身毫无瑕疵，即为成立。他如取得票据之原因等等，均非所问。又因反诉不许提起，案情不致复杂，可以速了，债权人之权利亦可以早日确定也。

六

以上所述，皆自票据之权利人方面着眼，比较其与普通债权之权利人，在权利上有何特殊之异点。兹再就票据之义务人方面观之，其责任亦与通常之债务人不同乎？票据义务人在票据上所为种种之票据行为，如发票，背书，承兑，保证，参加承兑等，对于执票人，皆负个人独立之责任。不问他票据义务人所为之票据行为是否有效，亦不问票据本身有无瑕疵，凡在票据上签名者，便须依票上所载之文义[1]负责。（见票据法第二条）此为票据上责任

---

[1] "文义"原文作"反义"，现据今日通常用法改正——校勘者注。

之一大特点，亦即与通常债务所不同者。例如甲出伪票一张与乙，乙持往请丙承兑，丙不知其伪，签名其上，以后丙发觉其为伪票，然既已签名其上，即须照票上文义负责付款。盖票据之伪造，或票上签名之伪造，不影响于真实签名之效力也。（见票据法第十二条）

票据法之适用问题[*]

刘朗泉

此篇讲话之目的，在于说明现行票据法对于市上票据之适用票据法上之规定者，有如何之限制。吾人皆知市上票据之种类与形式，为数至多。其发行与流通，皆凭习惯，初无法律之根据。及票据法颁行之后，观与其法律上效力赋与之优厚，争欲适用之。然因未知票据法上之所谓票据，须具何种之款式与要件，致不发生效力，因比比皆是。为应此须常识之需要起见，就票据法之颁行，票据法上之票据，票据法适用之限制，三类票据适用之法定要件，各加叙述如后。

一、票据法之颁行

我国现行之票据法为商事特别法之一种，公布于我国民国十八年十月三十日，同日起施行。前此我国向无所谓票据法。前清光绪末年虽有票据法草案之编订，然其内容与现行之票据法殊异。盖当时草案系仿德国法编制，所谓票据，仅汇票本票两种，并无支票之一种。民国以来虽叠加修正，大题仍如原案，且始终未曾公布。民国十四年八月间第五次之修案，改从英日两国法编制，加入支票一种，合汇票本票为三种。然此次修正案仍付搁置，终未成法律。国民政府成立以后，立法院即为第六次之起草，于十八年九月二十八日通过，即现行之票据法是也。

二、票据法上之票据

现行票据法上，规定票据种类有三：即汇票，本票，及支票。此为本法

---

　　*　原文刊载于《国货研究月刊》（第 1 卷）1932 年第 5 期。

明文所规定，观于第一条可知。票据法第一条曰："本法所称票据，为汇票，本票，及支票。"此外他种票据，虽或为商业上所惯用，然未为本法所明定，应解为非系票据法上之票据。

兹先言汇票之性质。据票据法草案说明书之解说，所谓汇票者，为通依债权者对于债务者委托其于一定时日，及地点，以一定之金额，为无条件支付之信用证券。换言之，即甲某委托乙某支付一定之金额于受款者丙某，或其指定人之证券也。故汇票之当事者有三：即（一）出票人，（二）付款人，（三）受款人。

本票则不同，其当事者有二：即（一）出票人，（二）受款人，无第三者之付款人，盖本票即以出票人自已为付款人也。故本票者，出票人于一定之时日，及地点，以一定之金额，无条件支付于一定之人或其指定人，或一般持票人之信用证券也。凡银行之本票，钱庄之庄票，各公司之本单，无论远期即期，均属所谓本票。

本票之名称，原非我国商业上所惯用，故前清第一次票据法草案不称本票而曰期票。实则期票二字，颇有语病，盖期票仅能指有期限之本票而言，若无期限之本票则不能概括在内。况习惯上所称存票，期票，庄票，凭票等，按其法律上之性质，实皆为本票。故十四年八月第五次之修正案，修订法律馆曾为改正。

支票与本票大不同，而与汇票则颇相似。其当事者亦有三：亦系（一）出票人，（二）付款人，（三）受款人。惟汇票为信用证券，而支票则仅为支付款项之说明文件，此二者相异之处也。支票之通例，为银钱商号之存主，命令银钱商号以一定之金额支付于支票票面所记载之人，或其指定人，或持票人。凡银行之支票，钱庄之划票，各公司之上单，均属所谓支票。

三、票据法适用之限制

票据法即将票据之种类，用明文之规定，则非汇票，本票，支票，三种票据性质之票据，自不得为票据法上之票据。且即系此三种票据性质之票据，若其发行之时，并不具备本法所规定之要件，亦难生票据法上之效力。本法施行法（十九年七月一日公布施行）第一条第二项曰："票据之发行，在本法施行后者，非依票据法之规定，不生票据之效力。"又票据法第八条之前段亦规定"欠缺本法所规定票据上应记之事项之一者，其票据无效。"观此，足见票据法之适用，实有二种限制：

（一）必须为汇票，本票，支票，三种票据，始能适用票据法上之规定。

（二）必须依照票据法之规定，不欠缺其所规定票据上应记事项之一者，始为有效之票据。

至如何始可得为有效之票据，则必须先知汇票，本票，支票，此三种票据之法定要件为何，此则待下节中述之。

四、三种票据之法定要件

（1）汇票之法定要件 若欲汇票为有效之发行，则必须发票人在汇票上签名，并记载应记载之事项，此为本法第二十条所明定。所谓应记载之事项者，即：

（一）表明其为汇票之文字汇票票面上应有"汇票"等字样，使人一见而知其为汇票。

（二）一定之金额票面上委托支付之金额，必须为一定。

（三）付款人之姓名或商号如未将付款人载明，即以发票人为付款人。

（四）受款人之姓名或商号如未将受款人载明，即以执票人为受款人。

（五）无条件支付之委托若发票人委托他人支付票据之金额而附有条件，与票据之流通之有妨碍，故法律特以明文规定之。

（六）发票地及发票年月日若未载明发票地者，以发票人之营业所，住所，或居所，所在地为发票地。

（七）付款地若未载明付款地者，以付款人之营业所，住所，或居所，所在地为付款地。

（八）到期日若未载明到期日者，视为见票即付。

（2）本票之法定要件本票之法定要件，见于本法第一百十七条，亦须发票人在票面上签名，并记载应记载之事项。其应记载之事项如下：

（一）表明其为本票之文字。

（二）一定之金额。

（三）受款人之姓名或商号若未载明受款人者，以执票人为受款人。

（四）无条件担任支忖本票之付款人，虽为发票人自己，若其担任支付票据金额之责，系有条件的，殊有背信用证券之性质，法律不能认为有效。

（五）发票地及发票年月日若未载明发票地者，以发票人之营业所，住所，或居所，所在地为发票地。

（六）付款地若未载明付款地者，以发票地为付款地，此因本票之发票人与付款人为同一人之故。

（七）到期日 若未载明到期日者，视为见票即付。

（3）支票之法定要件 支票之法定要件，与汇票大致相同。据本法第一百二十一条所规定，亦须由发票人在票面上签名，并记载下列之事项：

（一）表明其为支票之文字。

（二）一定之金额。

（三）付款人之商号此因支票之付款人，通常均为银行或钱庄，故不曰付款人之姓名，仅曰付款人之商号。

（四）受款人之姓名或商号若未载明收款人者，以执票人为付款人。

（五）无条件支付之委托。

（六）发票地及发票年月日。

支票之发票人除得以自己为付款人外，并得以自己或付款人为受款人，此亦为本条所规定。

以上所列明三种票据之法定要件，除法律明白规定可以不记载者外，必须逐一记载无缺，票据始为有效。例如此三种票据皆须于票面上表明其为某种票据之文字，为法定要件之一，应不可缺。若发行票据之时，仅依习惯，未曾与票面上表明其为某种票据者，则该票据在票据法上理论应为无效。上海某钱庄全年因票据涉讼，曾发生其所出支票有无票据法上之效力一个问题。某律师即根据未曾表明其为支票字样一点，主张该钱庄所出支票，应视为一种普通之凭票，不能认为票据法上所称票据之一种，故不能依照票据法处断。可见法定要件与票据在票据法上之效力，有重大之关系，为从事工商业者尤不可忽视者也。

承兑汇票之功用及其实施办法之商榷*

卢绳祖

　　银行为一国金融之枢纽，负调剂[1]社会金融，扶助国内工商业之使命。一方收受信用，向社会吸收大批资金，一方授予[2]信用，仍将前述资金用诸社会。其信用授予之得当与否，尤为一国实业盛衰之关键。近数年，我国以外受世界不景气潮流之影响，内遭天灾人祸之侵凌，以致农村崩溃，百业凋零，现金集中都市，新兴银行，如雨后春笋，风起云涌，争以高利吸收存款，酿成不自然之信用膨胀。各银行为自身之成本关系，乃不得不群以公债投资及不动产投资为授予信用之尾闾。借博什一之不利，其应予扶助或提倡之工商业，因信用紧缩，资金周转不灵，而出于倒闭之一途者，时有所闻。绸业银行有鉴于此，特由该行应绸缎业同业公会之请，提倡承兑汇票之制，以改革旧有放账之积习。将来如能推行，殆未始非不景气弥漫声中，国内工商业之一大曙光也。查承兑汇票一制，远创于民国十九年，其时交通银行为增加筹码，压平利息，造成贴现市场，以扶助国内工商业起见，曾由该行副理金侣琴氏设计创立承兑汇票，并将其化为商业承兑与银行承兑两种。前者适用于普通商号或厂家承兑之情形，系由买货商人承兑之汇票，与目前绸业银行所创导者相似，而后者则为买货商人提供担保品或保证人商请银行为承兑人之汇票。然承兑汇票无论其为商业承兑或银行承兑，在付款日未到期以前，其售货之厂商，皆可持此已经正式承兑之汇票，商请银行收买或予以贴现。俟到期后，便可迳由执票之银行或钱庄持向承兑人请求付款。在售货之

---

　　* 本文原刊载于《银行周报》（第 19 卷）1935 年第 12 期。

　　[1] "调剂"原文作"调济"，现据今日通常用法改正。——校勘者注。

　　[2] "授予"原文作"授与"，现据今日通常用法改正。——校勘者注。

厂商方面，对于所放货物，即有短时收清之确期，较之旧有浮宕薄弱之放账制度，敏活良多，其利一；售货厂商于资金周转不灵时，可持向银行或钱庄请求贴现，俾资融通，其利二。在银行方面，对于此种已经正式承兑之汇票予以贴现，可酌收贴现息，其利一；贴现期为时甚暂，贴现之银行于需用资金孔亟时，仍可持向中央银行再贴现，资金绝无固定之虞，其利二。按商业承兑或银行承兑之汇票，多系因买卖关系由售货之厂家出票于批发商，或由批发商出票于零售商者，与通常之融通汇票迥异（Accommodation Bill）且票据法第九十三条一项规定，发票人、承兑人、背书人及其他票据债务人，对于执票人连带负责，执票人得不依负担债务之先后，对于前项债务人之一人或数人或全体行使追索权。同条第二项规定，执票人对于债务人之一人或数人已为追索者，对于其他票据债务人仍得行使追索权，其安全可靠，远在一般信用放款之上，其利三。即就买货人言，承兑汇票订期付款，实为屡行债务最诚实及信用之方法，于买货人亦殆无丝毫损失之可言也。

承兑汇票之功用，即如上述，惟于实际推行时，常发生下列之困难。

一、本国工商业者，习用旧有放账制度，厂家或批发商售出货物时，一方将货款放于买货人，一方向银行钱庄借款，俾资挹注，积习相沿，由来已久，转以承兑汇票为可羞，此不易推行之故一。

二、承兑汇票手续较繁，非于票据法有相当之研究表者，不可猝晓，本国工商业者对于承兑汇票之内容，多不明瞭，至其利用时之程序若何，尤非素谙，此不易推行之故二。

三、承兑汇票为欧美金融制度下之产物，一旦移植我国，事属金融界之一大变动，一二银行单独推行，每有心余力绌，收效不宏，感此不易推行之故三。

四、中央银行未正式列再贴现为其所经营业务之一，且无举国一致之再贴现率，银行钱庄如将巨额承兑汇票予贴现后，将来资金一时周转发生困难时，是否可悉数再贴现于中央银行，势无保障，此其不易推行之故四。

推行承兑汇票虽有前述困难，然我人绝不能因噎废食，徒法不足以自行，古有明训，爰据愚见，试拟实施承兑汇票之方案如后。

（一）银行公会应成立承兑汇票研究委员会从事研究，俟获得具体办法后，各会员银行如愿参加推行承兑汇票业务者，可各按资力之大小，酌提资金，组织推行承兑汇票合作银团，其结果为损为益，均按各该行出资之多寡分配之。俟办有成效后，再逐渐推广，或迳由各行自营。此不特与危险分担之原则相吻合，且群策群力，众击易声，尤可收协助之效。

（二）努力宣传工作，使工商业者渐次明了承兑汇票之功用，及其办理之手续，庶于无形中扫除其厌恶承兑汇票之偏见，养成乐用承兑汇票之心理。

（三）请求政府正式颁布再贴现为中央银行日常业务之一，俾贴现此种承兑汇票之银行或钱庄，于资金缺乏时得再贴现于中央银行，以资周转。

上述方法，苟能彻底施行，各银行钱庄果能通力合作，播为声气，积时即久，工商业者耳濡目染，自可群起利用，向之无人过问者，至此乃可不胫而走，十数年后，行见国内筹码增多，资金周转敏活，贴现市场成立，百废俱兴，实业茂盛，举国将悉蒙其庥，岂徒银行业务自身将日趋繁荣，不胜馨香以祝之。

从仓单押款说到善良管理人之责任*

卢绳祖

　　八·一三事变发生后，银行只质权人之地位占有债权人所提供之质物，及以仓库营业人之地位代寄托人堆藏之物品。因战事猝发，交通阻断，无法迁移他处妥为保管，致告灭失者，几为此非常时期中之普遍现象。即就沪埠一隅而言，质权人与出质人以及仓库营业人与寄托人间因互诿损失责任，涉讼法院者，层出不穷。就中尤以顾客以仓单向银行押款，因保管处所沦陷，致灭失保管物品之情形，关系最为综错，而责任最难判断。谨就管见所及，论列如后，肤浅之处，幸读者有以教正焉。

　　仓单押款在法律上究属动产质权抑为权利质，论者意见分歧，莫衷一是。约言之，不外甲乙两说。持甲说者，以作质之仓单既过入质权人户名，质权人随时可凭仓单提取货物，与质物已经移转占有之情形无异，此时质权人不啻另以寄托人资格委托仓库营业人代为保管，性质上应属动产质权，依民法八百八十八条之规定，应由质权人负善良保管之责任。持乙说者，谓仓库系寄托关系之一种，仓单即为债权证书。依民法二百九十四条及六百十八条之规定，其权利不仅可以转让，且得依背书方法而让与，出质人不将实物交付质权人，而以货物存于仓库，将债权证书之仓单注册或过入质权人户名，凭以押借款项，性质上应构成权利质，法民八百八十八条之规定，祇适用于质权人直接占有质物，可实施保管者为限。至于上述情形其应负保管质物之责任者，当为仓库营业人，而质权人仅限保育仓单之责任，如怠于保管致寄托物之返还请求权蒙受损害时，始负赔偿之责任。以上两说，乍视之，似以乙说较为允当，但愚意仓单押款究应视为动产质权，抑为权利质，要视当时押

　　* 本文原刊载于《信托季刊》（第5卷）1940年第1、2期。

款之方式为断，所可注意者，吾人无论解为动产质权，抑为权利质，见依民法二百零一条准用八百八十八条之结果，质权人对于质物似均须负善良管理人之责任，不过在后者押品于寄托关系存续中，依法应由仓库营业人尽善良保管之注意，从而质权人之注意范围较狭，而其责任亦不免较轻耳。兹就下列三种质款方式，以说明质权人对于质物应负之责任：

（一）债务人将动产移转银行占有而向银行质借款项者；

（二）债务人迳将仓单过入银行户名而以该仓单向银行质借款项者；

（三）债务人于仓单设定质权背书经仓库营业人签名后，以该仓单向银行质借款项者。

上述第一种情形银行既已占有质物，当然构成动产质权，质物因战事或他种原因致灭失，如受押该动产之银行能证明已尽善良管理人之注意，而仍不免损失，则事属不可抗力，原则上可不负赔偿责任，银行虽因质物灭失而丧失其优先受偿权，仍得请求债务人就其他财产清偿债务，其地位与一般普通债权人无异。反之，如银行对于质物未能尽善良管理人之注意，此时该银行除丧失以质物担保之债权外，倘质物之价值超过质款之金额，更须赔偿出质人因此所受之损失。

上述第二种情形，银行虽未直接占有质物，但出质人既将仓单过入银行户名，按民法六百十八条之规定，仓单由货物所有人于仓单背书，并经仓库营业人签名后，即可生所有权移转之效力，是交付仓单实与交付寄托物有同一之效力，为期立法精神一贯起见此时银行不管已取得质物，而复使仓库营业人代为占有。查质权之构成，虽以移转占有为要件，质权人固不得使出质人代自己占有质物，并不限于直接占有，使第三者代为占有，要为法之所许。且仓单自过入银行户名后，一切须凭银行处分，出质人虽欲尽保管之责认，亦不可能，从而银行对于过入自身户名之仓单所载之物品，即不得不尽善良管理人之注意，如未达此种注意程度，致质物灭失，对于出质人即难诿责。至于质物灭失之原因，如为仓库营业人于寄托关系存续中未尽善良管理人之注意所致，银行自可转向该仓库营业人，要求赔偿。

上述第三种情形，出质人于仓单设定质权背书向银行作质，亦即以仓单所载寄托物之返还请求权为标的物之质权，应认为权利质。按民法九百零一条准用八百八十八条之规定，质权人如怠于善良管理人之注意致寄托物之返还请求权受有损害，故对于出质人应负赔偿责认。惟质权人是否怠于善良管理人之注意，及与仓库营业人因怠于善良管理人之注意，所负之责任，是否有消长之关系，均应视事实定之。若竟同时并存，是基于各别之原因，就同一损害，均负赔偿责任，则权利人即出质人得就其中之一人或二人同时或先后请求全部或一部之赔偿。如赔偿义务人之一人已为全部之赔偿，其他赔偿义务人亦同时免责，因之实行赔偿者得就其他赔偿义务人应负担赔偿之部分，对之请求偿还。此种质权人所负之善良管理人责任及仓库营业所负之保管责任，事实上虽容有并存情形，但理论上，则界限甚明。例如某甲以乙仓库之仓单于设定质权背书后，质与丙银行，设该物品因仓库营业人于保管关系存续时，未尽善良管理人之注意致灭失，如堆藏于库内之物品因水浸而损坏，自应由仓库营业人负损害赔偿之责，且按民法九百零一条准用八百九十九条之结果，某甲因物品灭失如受有乙仓库之赔偿金，质权人丙银行并得就该赔偿金优先受偿，设乙仓库所在地不甚安全，已催寄托人提取寄托物，则持有仓单之丙银行应尽善良管理人之责任，从速设法请求返还寄托物，另觅其他处所妥为保管，乃丙银行怠于此种返还请求权之行使，致日后乙仓库沦为战区，寄托物归于灭失，则某甲对于丙银行即可主张其应负返还请求权损害赔偿之责任。至乙仓库对于寄托物之灭失，如能证明事先已通知质权人提取。则善良管理人之注意已尽，自可免责。倘乙仓库事先并未催寄托人期前提取，又不另为适当之处置，而寄托处所行将沦陷之危险，又为质权人所明知，质权人事先可将质物提取至安全地带而竟不提取，则乙仓库及丙银行均未能尽善良管理人之注意，对于出质人甲，即不得不均负损害赔偿之责也。

仓单押款之性质已如上述，所谓善良管理人之注意一语，究作如何解释，关系质权人及仓库营业人之责任至巨。查民法规定债务人所应尽之注意，因各种债之性质而异其程度，凡事件之性质予债务人及利益者，例如受有报酬之受任人及仓库营业人，法律均使之负善良管理人之责任，善良管理人者，即指诚实勤勉且有经验之人而言，因想象其人以为标准，而定注意之程度。至于债务人是否尽此注意，应由法院就各该事件之性质、内容、环境等各种情形予以审酌。既债务人倘能证明事先已尽善良管理人之注意，而仍不免损害，则事属不可抗力，如亦责令债务人负责，未免失之过苛。故民法规定债务人对于不可抗力之事变，原则上可不负责。如前例丙银行于质物寄托处所行将沦陷以前，曾竭力设法将质物迁出，终以交通阻断或其他原因，无法实行，此后该项质物纵因寄托处所沦陷致告灭失，但丙银行善良管理人之注意已尽，自可免责。例外情形如不可抗力之事件发生于债务人应负给付迟延责任后或法律明定债务人对于不可抗力之事件亦应负责者，不在此限。例如某甲以物品寄存于乙仓库，于约定保管期间届满后持仓单前往提取，而乙仓库并无正当理由拒绝交付。此后该寄托处所因战事沦陷，致寄托物品灭失，虽事属不可抗力，其灭失结果究系因仓库营业人迟延交付所致。为保护债权人之权益起见，其甲仍可向该仓库营业人请求损害赔偿。又按民法八百九十一条之规定，质权人对于因转质所受不可抗力之损使亦应负责。例如某甲于受押某乙之物品后，复将该物转质于丙，忽发生不可抗力之事变，致质物灭失，则某甲仍应负责。良以转质第三人原为质权人之利益而设，为期公允起见，亦应由质权人负其全责焉。

提单及仓单是否证券之商榷[*]

卢绳祖

运送人因托运人之请求所填发之提单，以及仓库营业人因寄托人之请求所填发之仓单，究为证券，抑为权利证书，遇有遗失，能否适用公示催告程序，言人人殊，迄无定论，按提单及仓单除单上载明禁止背书转让，性质上羁于记名式，应认为通常之权利证书外，似以解为证券较为允当，兹分析提单及仓单之性质如后：

（一）提单及仓单为要式证券——提单及仓单均应记载法定之事项，并应由运送人及仓库营业人签名，方可发生效力，此与票据法规定各种票据应记载一定事项者，同为要式证券。（参照民法六一六条六二五条票据法二十一条一一七条一二条）

（二）提单及仓单为文义证券——运送人填发提单后，与提单持有人间，关于运送事项，应依该提单之记载，例如提单所载运送费之数额，少于原约时，不许运送人提出原约，以反证提单所载之不实或错误，仓库营业人填发仓单后，与仓单持有人间，关于寄托事项，亦专以仓单定之，双方均不得另举其他立证方法，以否认仓单之记载，此与于票据上签名者，应依票上所载文义负责之规定，同其旨趣。（参照民法六二七条票据法第二条）

（三）提单及仓单为流通证券——提单原则上为指示证券，得依背书而为转让，故民法规定，提单纵为记名式，仍得以背书移转于他人，但提单上有禁止背书之记载外，不在此限，此与票据除发票人有禁止转让之记载外，得以背书而为转让之规定相同，至仓单所载之货物，除由货物所有人于仓单背书外，并须经仓库营业人之签名，否则不生所有权移转之效力，此项规定，

---

　　* 本文原刊载于《银行周报》（第23卷）1939年第41期。

乍视之，似与流通证券之性质不合，考各国立法例，类皆认仓单为流通证券，仅依背书而生转让之效力，我民法于背书外，复以经仓库营业人之签名为必要，较之普通请求权之让与，只须让与人或受让人通知债务人，即可生效者，尤为严格，论者对此多加诟病，其立法之得失，姑不待论，要不足据此以推翻仓单为证券之性质也。（参照民法二九七条六一八条六二八条票据法二十七条）

（四）提单及仓单为返还证券——指示式提单之最后被背书人及无记名式提单之持有人，均非交还提单，不得请求运送人交付运送物，如运送人不收回所填发之提单而交运送物，则对于善意取得该提单之执票人，应负再度交付之义务，至仓单持有人非将仓单交还，不但不得请求返还寄托物，且不得请求分割寄托物，故二者均为返还证券，至于普通债权，则债务人于履行债务时，即使债权人不于同时交还债权证书，而另给以债务消灭公认证书或受领证书，债务人仍得证明其债务之履行。（参照民法三〇八条三二四条六一七条六三〇条）

（五）提单及仓单为有价证券——按民法物权篇之规定动产物权之让与，非将动产交付不生效力，又动产质权之设定因移转占有而生效力，惟物品在托运中，如货物所有人拟予出售或出质时，只须交付提单，毋须交付运送物之本体，换言之，交付提单（在指示式之提单，当然更须履行背书之手续）与交付物品有同一之效力，至于仓单内载明之货物，除经货物所有人于仓单背书外，尚须仓库营业人签名，但苟经签名后，被背书人，对于寄托之货物，即可直接发生物权之效力也。（参照民法第七六一条八八五条六一八条六二九条）

基上所述，提单及仓单在法律上应解为证券，殆无疑义，如有遗失，自可适用民诉法公示催告程序，从而运送人及仓库营业人因除权判决而为清偿，于除权判决撤销后，仍得以其清偿对抗物品所有人，绝不负任何责任焉。（参照民诉法五五四条五六一条）

汇划票据偿付债务之法律观[*]

卢绳祖

本栏文字，以关于业务上之讨论为主，其关于行务实务之研究者，亦一并列入，此外各件与银行事务有关者，随时酌定之。

汇划票据，偿付债务，在法律上有无给付之效力，言人人殊，迄无定论，或以为目前汇划票据制度，其目的纯为非常时期内安定上海金融而设，只准在银钱同业汇划，不付法币及转购外汇。其性质，乃一种永不兑现之筹码，并非全国通用之货币。与以前隔日兑现之汇划，迥不相同，故以汇划票据偿还债务，除双方以契约订定者外，非经债权人之同意，不生给付之效力（参阅红苏上海第二特区法院二十七年易字第四六一号判决）。亦有谓按八一三沪市安定金融补充办法之规定，商业部份之存款，因商业上之需要，所有余额，得以同业汇划给付。又本年六月财部马电规定，支取存款超过五百元者，以汇划支付。银行对千存户，既得以汇划支付存款，则押款人对于银行，亦自得以汇划票据偿付债务。救国以债与所得税款，国家银行均照收汇划，自上海以汇划款项汇寄内地，仍得悉数照支法币。凡此种种，实为汇划有给付效力明证。以上两说，各具理由，上海高等法院第二分院似近来办理民事案件，常因汇划票据偿付债务发生争执，为明定标准，以利进行起见，前曾呈请司法行政部予以核示，该部以事关金融，特告咨财政部，复由财政部助沪市金融界领袖研究，据所拟复意见二项如下：

（一）战后发生之债务，若约定为法币，或约定为汇划有书面证明者，应从其约定。

（二）战前旧债务，当然以国币为标的，但曾经债务人以汇划支付一部分

＊ 本文原刊载于《银行周报》（第 23 卷）1939 年第 35 期。

或曾以汇划偿付利息，经债权人默认照收者，应参照双方之合意及清偿之经过，准以汇划支付。上述二项办法，其第一项，为当然之解释，不待赘论。惟第二项所谓"默认"、"参照"、"合意"，及"经过"等语，以欠明晰，是以论者意见分歧，莫衷一是，规纳之，约可分甲乙二说：

持甲说者，谓战前之旧债，如经债务人以汇划偿还一部分或曾以汇划偿付利息，债权人既愿接受，并未就其余部份保留必须支付法币，此时应推定债权人及债务人双方对于汇划偿付全部债务已有默示之合意，嗣后所有尚未清偿部分，自得以汇划支付。何况沪市汇划贴水，本属黑市，汇划贴现，实为违法行为，纵债权人实际上不兑受有贴水之损失，亦不能推翻汇划给付之效力。

持乙说者，谓汇划仅为上海一埠之特殊金融制度，就上述第二项办法之情神观之，战前旧债务以法币偿付为原则，以汇划偿付为例外。换言之，债务人如欲以汇划偿付战前旧债务，必须获得债权人之同意。按目前沪市实际情形，以汇划支付债务，较之以法币偿付债务，对于债务人方面，实属有利。债务人如欲主张债权人同意以汇划偿债时，依据民事诉讼法第二百七十七条之规定，对于此种合意之事实，有举证之责任。复按二十三年上字一一四七号解释当事人主张有利于己之事实，就其事实，应负举证之责。苟其所主张之事实，并无合法佐证，足资证明，即难认其主张为真实，应为其不利益之裁判。据此以观，债务人如欲以汇划票据偿付全部债务，必须有确切之证据，证明债权人对于偿付全部债务业经同意，并须使法院生强力之心证，始可为给付之标的。倘债务人因过去曾得债权人之同意，以汇划偿付债务一部分或以汇划偿付利息，遂据尔推定债权人对于汇划偿付全部债务已予默认，似与民诉法举证之原则，大相抵触，此其一；进一步言之，按照民法二百十九条之规定，行使债权，履行债务，应依诚实及信用方法。所谓诚实及信用者，即斟酌各该事件之特别情形，较量双方当事人之彼此利益，务使在交易上公平妥当。今假设债务人某乙于战前向债权人某甲借款国币万元，定期一年，年息一分，该款到期时，已值入一三沪战之后，某乙以无力偿还为辞，商请某甲之同意，先以汇划偿付利息，所有原本缓期归还。某甲亦以利息为数轻微，依照当时汇划贴水黑市，每千元约合三四十元之谱，为息事宁人不为已甚起见，慨予同意。某乙偿付利息后，对于偿还原本一事，一再延宕，迨至汇划贴现黑市达每千元须升水二百元以上之高峰时，忽借口过去某甲曾经允许以汇划偿付利息。此时倘得以汇划向某甲偿还全部债务，则流弊所及，甚至债务人持有法币者，亦将徘徊观望，待机而动，设法调换汇划，以为给付，是债务人迟延之结果，反可得不法之利益，即令债务人因此负迟延利息之责任。然两者相较，仍有利可图，宁得谓事理之平，此其二。故汇划票据除黑市贴水已绝迹于市场外，债务人如欲以之清偿债务，必须首先获得债权人之同意，否则即非依照债务本旨履行，当不生给付之效力。

上述两说，就纯粹法理而论，似以乙说为当，至于因此对于整个金融机构有无不良之影响，以及如何消灭汇划贴现风气等问题，则属于经济范围，是有待于金融及经济专家之研究焉。

汇丰银行拍卖申新第七厂之法律观*

卢绳祖

　　申新纺织公司为我国纺织业及面粉业巨子荣宗敬氏所手创。七年前因现金周转不灵，曾以其杨树浦路四六八号第七厂总值约计五百万元之厂基，厂屋机器等，向英商汇丰银行抵押二百万元，年息八厘，七年间息金累计已达一百十二万元之巨，年来以外受世界不景气潮流之激荡及日货倾销之压迫，内遭天灾人祸之侵凌，国内纸织业虽力为撑持，但仍频衰落崩溃之境，致前述借款无力清偿，申新方面乃一再向汇丰银行恳商请先偿还一部分债款及全部利息，讵汇丰置若罔闻，仍断然委托鲁意斯摩洋行公告于二月二十六日午后三时在北京路四川路口该行拍卖，特区第一法院当局以该项产权已由该法院，据申新第七厂第二债权人中国上海两银行之声请执行假扣押在案，鲁意斯摩洋行依法自无权拍，特于拍卖之前，派员前往制止，但汇丰银行悍然不顾，仍于该日午后三时举行拍卖事宜，结果由日人村上及冈本二律师以二百二十五万元拍去，闻买主系丰田纺织厂株式会社，一说仅由丰田株式会社出面代日商大连汽船会社购得，藉为翻建码头之见用，事出之后，国人义愤填膺，奔走呼号，群谋挽救之策，各团体致电政府请求制止者，风起云涌。将来结果如何，尚难逆料，此次汇丰银行拍卖，申新第七厂之举动其经济上之影响若何，姑不置论，即就其法律之立场观之，殊违背各国共守之国际私法基本原则。援据愚见，述之如后：

　　查近年以来世界各国莫不目土地为构成国家主权之要素，一国之主权不能以适用外国法律而受其侵害，故不动产之产权必须适用其所在地法律，以维护其所属国家之主权，且不动产与一国之经济利益，土地制度，公共信用

　　＊　本文原刊载于《交行通信》（第 6 卷）1935 年第 3 期。

咸有极密切之关系，为保持国土地制度之划一与维护其经济利益及公共信用，非依不动产所在地法，末由实现，设不动产之取得移转等以属人法为准，（Statute Personnel）非特前述目的不克达到，国内之不动产将因取得权利者之国籍而异其法律，其结果往往游移不定，且易启僭窃法律之弊，（Fraud a la loi）职是之故，列国法例咸规定不动产有关之一切权利，均应由该不动产所在地之法律管辖之，即英美判例及法学巨子如惠斯脱拉克、司多理、葛得列希辈亦皆持论如斯，兹择述如下：

法国民法第三条第二项规定曰："不动产虽为外国人所占有，由法国法律管辖之。"

意大利民法第七条第二项规定曰："不动产权由其所在地法律管理之。"

Mc Goonv. Scales 一案对于不动产所在地法之适用，发挥至为明晰其言曰："我人应于不动产所在地法中探求关于不动产之让与承继及其效力之准则，此乃今日所共认而无可置辩者也。"（Goodrich on Conflict of Laws P384 fontnote2：— "It is a Principle too firmly established to admit of dispute thir day that to the law of the state in which the land is Situated must we look for the rules which govern its dessent, alienation' and transfer, and for the effect and constructino of conveyences"．)

司多理曰："所有英美法学权威殆未有不彻底承认不动产之产权应绝对的受所在地法律之管辖。"（Story on Conflict ofLaws ss 428；— "All the authorities in England and America recognizethe principle, in its fullest import, that real estate or immovable property is exclusively Subject to the laws of The government within whose territory it ss situated."）

惠斯脱拉克曰："关于不动产之一切问题均于其所在地法为准"。（Westlake on the Bivate International Law ss 159：—）

葛得列希曰："凡取得或移转不动产产权行为之效力应归不动产所在地法律管辖，乃国际私法之通则。"（Goodrich onConflict of Laws p. 333："The general rule is that the validity and effect of a transaction which an interest In land is created or transfer red is governed by the law of the land."）

我国法律适用条例第二十二条规定曰："关于物权依物之所在地法，（Lox Reisitac）关于船舶之物权，依其船籍国之法律，物权之得失除关于船舶外，依其原因事实完成时物之所在地法。"

除上述各立法例、判例、学说外，其他若西班牙民法第十条，日本适用法律条例第十一条，亦莫不有相似之规定，即退一步言，我国法律适用条例纵无第二十二条之规定，然依国际私法之反致原则（Fheoric de Renvoi）此次申新第七厂之拍卖应属我国法律管辖，殆毫无疑义，关于不动产所在地法律适用之范围，列国法例虽不无广狭互异，然不动产产权之取得让与等问题之应归其适用范围以内，实为各国所共认者也。

基上所述，此次汇丰银行拍卖申新第七厂之举，应绝对遵守中国法律为之，查我国民法第八百七十三条规定曰："抵押权人于债权已届清偿期而未受清偿者，得声请法院拍卖抵押物就其卖得价金，而受清偿，约定于债权已届清偿期而未为清偿时，抵押物之所有权移属于抵押权人者，其约定为无效。"是抵押物之拍卖须由法院用强制拍卖程序为之。乃为行使抵押权之要件，良以不动产价值较巨，与社会之经济利益有密切之关系，其拍卖之程序自不得不出之以审慎，法律所以为如此之规定者，无非使法院于实施拍卖之中，仍寓监督之意，法德意美，他国法例亦不乏有此种规定者，今汇丰银行如因申新方面到期不清偿欠款，自可依照法定程序向管辖法院诉请偿还，经确定判决而被告仍不清偿者，再可援民事诉讼执行规则，缮具声请查封之书状。呈送管辖法院，请求查封，若债务人仍未于规定期间内提出现款，声请撤销查封时，汇丰方面更可行使其最后之程序，缮具声请拍卖之书状，请求法院依法拍卖，光明磊落，理直气壮，且于汇丰一已亦无丝毫之损失可言，乃不此之图，而贸然行使自力救济，庸知我民法总则第一百五十一条虽有容许自力救济之规定，然仍以不及受官署援助并非于其时为之则请求权不得实行或其实行显困难者为限，所谓自力救助之行为必须具备前述两要件，否则即为权利之滥用。汇丰得辞其咎乎。

总之，此次汇丰银行竟于该行年会主席马其氏表示愿与中国经济合作声中，不恤以我硕果仅存关系我国纺织业命脉及数千工女生活所倚之申新第七厂，用最低之价值，拍卖于日商似有毁弃我实业蔑视我法律之嫌，其能制止与否，实为我国纺织业生死之关键，倘不幸而失败，则我国垂毙之实业，将永蹶不振。我同胞为法律所保护之利益，将一任外人践踏，非特政府月少十八万元之税收及所有以不动产抵押于外人者将人人自危者也。

汇票本票支票之时效问题 [*]

陆同增

时效者，因一定之期间，永续行使其权利，或不行使其权利，而生权利得失之法律事实之谓也。时效又有取得时效与消灭时效之分，我票据法上之时效，则属于消灭时效，其规定期间，较民法为短，若债权人疏[1]于行使其请求权，则转瞬之间，消灭时效完成，以致权利丧失，事恒有之，事关权利得失，故时效之期间，实不能忽之。再倘票据上权利，因时效成而消灭，有无补救办法，挽回既失权利，亦为当事人所应行探讨者。兹就汇票本票支票之时效，暨票据上权利因时效消灭，请求利得偿还等问题，分述于次：

（甲）汇票本票支票之时效期间

汇票上权利之消灭时效，因主债务人与偿还义务人主体有别，故法律规定其期间，亦有长短之分，兹述如下：

（一）汇票受款人对汇票承兑人请求权之时效——汇票之受款人，自到期日起算，若三年间，不向汇票承兑人请求付款者，则票据上之权利，因时效完成而消灭。（见票即付或见票后定期付款之汇票，受款人应自发票日起，六个月内为承兑之提示，故若延不提示，则逾三年另六个月，其票据上之权利，亦因时效完成而消灭。）

（二）汇票执票人追索权之时效——汇票之执票人，若遇汇票不能兑现时，如一年间，不向前手追偿，则其追索权，因时效完成而消灭。时效期间之起算，凡应作成拒绝证书者，自作成拒绝证书日起算，凡可免除作成拒绝证书者，自汇票到期日为始。

＊　本文原刊于《交通银行月刊·业务讨论》1939 年第 6 期。

〔1〕　"疏"原文作"忽"，现据今日通常用法改正。——校勘者注。

（三）汇票背书人追索权之时效——汇票如有瑕疵，背书人因而代负偿还义务，或被票据权利人提起讼诉时，背书人若于六个月内，不向前手追偿，则其追索权，因时效完成而消灭，时效期间之起算，自为清偿之日，或被诉之日为始。

本票上权利之消灭时效，因债务人主体不同，故时效期间之长短，亦因而有别，兹述如下：

（一）本票受款人对本票发票人请求权之时效——本票执票人，自到期日起算，若三年间，不向本票发票人请求付款，则该票据上之权利，因时效完成而消灭。（见票即付或见票后定期付款之本票，亦自发票日起，经过三年另六个月，因时效而消灭，与汇票同。）

（二）本票执票人追索权之时效——本票之执票人，如遇发票人拒绝付款时，若一年间不向前手追偿，则其追索权因时效完成而消灭。时效期间之起算，凡应作成拒绝证书者，自拒绝证书作成之日起，凡可免除作拒绝证书者，自本票到期日为始。

（三）本票背书人追索权之时效——本票之背书人，如遇本票有瑕疵，因背书关系而代为清偿，或被执票人提起诉讼时，背书人若于六个月内，不向前手追偿，则其追索权，因时效完成而消灭，时效期间之起算，自背书人代为清偿之日，或被诉之日为始。

支票上权利之消灭时效，亦因主体之不同，而期间有长短之别，兹述于下：

（一）支票执票人对支票发票人请求权之时效——支票之执票人，若一年间不向发票人请求付款，则该支票上之权利，因时效完成而归消灭。

（二）支票执票人追索权之时效——支票如遇退票，若执票人于四个月内，不向前手追偿，则其追索权因时效完成而消灭，时效期间之起算，凡应作成拒绝证书者，自拒绝证书之作成日起，凡可免除作成拒绝证书者，自提示日为始。

（三）支票背书人追索权之时效——支票之背书人如遇支票有瑕疵，因背书关系而代为清偿，或被提起诉讼者，背书人若于二个月内，不向前手追偿，则其追索权，因时效完成而消灭，时效期间之起算，自为清偿之日，或被诉之日为始。

（乙）票据上权利因时效消灭后之利得偿还请求权

票据上权利之行使，法律对之既有严格之手续，且时效期间，又复较短，如因怠于行使，或保全票据上之权利，则因手续之欠缺，时效之消灭，而丧失其权利时，如法律不准义务人有利得偿还之权利，则发票人于发票时所得之代价，承兑人由发票人所给之资金，实皆有不当利得之嫌，法律为救济此不公平之结果，故票据法第十九条第四项，特别规定，许执票人有利得偿还之请求权。

查利得偿还请求权之行使，自票据因时效完成而丧失其权利时起，十五年间均得为之，盖利得偿还之请求权，乃由民法上之法律关系而生，故其时效期间，当然适用民法第一百二十五条十五年之时效规定也。

执票人行使利得偿还请求权时，其主体亦有一定之范围，只能向汇票发票人，汇票承兑人，本票发票人，支票发票人为之，而不能向背书人请求。盖票据之发票人及承兑人，在票据发出或承兑之时，必由对方受得相当之资金为代价。今因消灭时效完成，而票据上权利归于消灭，其前所受对方之代价，实为不当利得之性质，故执票人得向发票人及承兑人请求利得偿还焉。至于背书人取得票据之时，其自身偿付与他人相当货物或款项为代价，从今其更以背书转让于他人而取得对方货物或款项时，亦筹于收回其前付代价而已，故执票人不能向背书人行使利得偿还请求权也。

执票人行使利得偿还请求权时，其请求偿还之金额，只能限于发票人或承兑人所受实益范围为限度，例如汇票之发票人因受代价而为票据之发行，其代价为一万元，今发票人以八千元供给与承兑人为票据上之资金，若该汇票上权利，因时效完成而消灭，则发票人之利得为二千元，承兑人之利得为八千元，执票人请求利得价还时，只能向发票人请求二千元，承兑人请求八千元，不能以一万元之数额，向发票人或承兑人请求单独偿还也。

滥发支票问题[*]

汪葆楫[**]

票据之流通，原以代替金钱之移转，予吾人以授受之便利也。支票为票据之一种，其出立仅凭个人之信用，由银行见票即付，亦取以代替金钱之流通也。乃宵小之徒，往往利用支票为搪塞之途，以致目下空头支票之多，盈筐累牍。而社会上蒙受其害者，实繁有徒，抑且行庄因顾客空头支票之滥发，间接受其信用上影响者，亦比比可举；若不急速设法防止，是引人于不德之道，而减低票据之流通效率，其贻害将不堪设想矣！兹先就支票之形式与性质，分述如下：

（一）支票之意义：支票者，签票人约定以第三人支付一定金额之票据也，票据法第一百二十三条规定，支票之付款人，以银钱业者为限。则所谓第三人，依吾国注意而言，归属银行或钱庄。故更明白言之曰，支票者，由存款人命令其有往来之行庄，照票面上所载一定之金额，立时兑付与收款人或代理人或来人之票据也。

（二）支票之种类：

1. 以支票上有无记载受款人之姓名为别[1]者，曰记名式，曰代理人式，曰来人式。

2. 以支票上之形式为别者，曰普通支票，曰横线支票，曰保付支票，（行庄保付）；而横线支票，又可分为普通（任何行庄可以代收）与特别（指定行庄可以代收）两种。

---

　　[*] 本文原刊于《银行实务月报》（第1卷）1937年第3期。

　[**] 王葆楫，1935年毕业于东吴大学法学院（第18届），获法学学士学位。

　[1]"别"，意为"区别"。下同。——校勘者注。

3. 以兑款之期间为别者，曰即期支票，曰远期支票；惟票据法第一百二十四条规定，限于见票即付，则支票自以即期为原则矣。

4. 以性质为别者，曰对己支票，即发票人以自己为付款人（但为吾国票据法所不许）。曰指己票据，即发票人以自己为受款人。

（三）支票之法定条件：票据法第一百二十一条规定如下：

1. 表明其为支票之文字：曩时各行庄，均忽略此点，今已渐次改正矣。

2. 一定之金额：吾国票据法，不许有物品支票。

3. 付款人之商号：依票据法第一百二十三条规定，以银钱业者为限，故不曰姓名，而曰商号。

4. 受款人之姓名或商号：惟亦得以发票人为受款人，指己支票是已。

5. 无条件支付之委托：即发票人仅以单纯委托为必要，不得于支付附任何条件，或限定支付之资金与方〔1〕。

6. 发票地及发票年月日：票据法第一百二十六条规定，支票之执票人，应于下列〔2〕期限内为付款之提示：（1）在发票地付款者，发票日后十日内；（2）不在发票地付款者，发票日后一个月内；（3）发票地在国外，付款地在国内者，发票日后三个月内。故发票地与发票年月日于付款之提示，有密切关系。支票未载发票地者，以发票人之营业所、住所及居所所在地为发票地。支票上之年月日，不仅与见票付款承兑提示之期限有关，即与发票人之有无行为能力，亦有极大关系也。

7. 付款地：未载付款地者，亦得以付款人之营业所、住所及居所所在地为付款地。

8. 发票人之签名。

支票之性质与形式，既如上述。则其于滥发支票之防止，银钱业实与有责也。盖支票之付款人，必限于银钱业，而支票之授予〔3〕人，又皆为银钱业，则其于支票之关系为何如？责任为何如？不言可喻矣。而少数行庄，以为保全发票人之颜面，及拉拢其生意起见，于退票理由单上，不即表明其为存款不足，而必曰与出票人接洽，或请再来收等含糊字样。使执票人徒劳跋

---

〔1〕 原文如此，疑有阙漏。

〔2〕 "下列"，原文作"左列"，民国时期行文习惯自左向右，现据今日通常用法改正。——校勘者注。

〔3〕 "授予"原文作"授与"，现据今日通常用法改正。——校勘者注。

涉，而予滥发支票者多一重保障。既非金融界服务社会之道，而又减少支票流通之效。更有甚者，将开立支票户头之金额，故意减低。试问发票人以极少数之款项，开立户头，领用支票，借此以搪塞应付之款项，不啻数十百倍于此，求其欲不出空头支票难矣。夫发票人之出立空头支票，其用意固属不当；而银钱业之故予优容，亦不能辞其咎。虽领用支票之章程，详订细核，而于通融之处，亦殊多也。则然防止之法何如？一曰开立支票户头，其金额最低限度必高也，最低限度高，则一般存心出立空头支票以求搪塞应付款项者，决不能以大宗之款项，开立户头。反之，若有大宗款项，尽可应付裕如〔1〕，亦绝不愿出立空头支票自贻伊戚〔2〕。二曰银钱业对于出立空头支票之户头，当严格防止，或立一定次数。其退票超过此一定次数者，当立即除去户头，收回支票。按诸英美法例，银钱业于滥发支票者，直接向法院提起诉讼。三曰存款已结清，尚有剩余支票不即缴还，应向之索还。其借剩余支票再出空头者，银钱业亦应诉之于法，而司法者应予以更严重之惩处。四曰开立支票户时，应具相当保人，如因滥发支票所生之损失，向保人理直。如此根本既清，支流自洁，狱讼息，而交易固矣。

---

　　〔1〕 "应付裕如"，应付：对付，处置。裕如：按自己的心愿做事。谓处理事情从容不迫，很有办法。——校勘者注。
　　〔2〕 "自贻伊戚"，音（zì yí yī qī），出自《诗经·小雅·小明》："心之忧矣，自诒伊戚。"贻：遗留；伊：此；戚：忧愁，悲哀。比喻自寻烦恼，自招忧患。主谓式；作谓语、定语；含贬义。——校勘者注。

评述英国海运界人士对吾国海商法之意见[*]

沈　琪[**]

吾国立法，本民商合一原则。关于买卖、互易、租赁、借贷、承揽、出版、委任、居间、行纪、运送、营业、证券、合伙、保证等商业行为，俱列入民法债编之内，推公司法、票据法、保险法、海商法，各别编纂，列与特别法之中，依特别法优于普通法之原则，故先于普通民法而适用，因此水路运输与路上运输，其权益不同，影响国际贸易甚巨，其为外国有关人士所注意，良非偶然。

吾国海商法之编制，虽采大陆法系主义，但仍多偏重英美法例及国际规约，如一九二二年，国际海法会议规定，及一九二四年之约克安特卫普规则[1]等，及其示例，良以海事法规具有国际性，英美等先进国家等航海事业，发达较久，且对外素主航海自由，对内奖助航商，注重商业习惯及外国法例，关于商法，尤其海商法，国际会议，采取统一规定，已非一次，其议决案，在英美等无不力予奉行，故吾人于评述之初，应注意下列各点：

（一）吾国自内河航行权收回以后，国籍船只应设法增加，政府自应扶持航商，改轻损害赔偿责任，使人民乐于投资，以为培养国力，扩展海权之助。

（二）如何设法利用外资，奖励民营，关于限制外人董事，及资本额数字，应否减低，于提议修正时，亦须顾及，免遭籍口。

（三）国际商业习惯及法例，与吾国国情，有何不合之处，须详加研究。

（四）吾国航业，及航政措施，应与应革之处，亦不容忽视，俾免因噎废

　＊　本文原刊于《中华法学杂志》1945 年第 4 期。

　＊＊　沈琪，1936 年毕业于东吴大学法学院（第 19 届），获法学学士学位。

　〔1〕　"约克安特卫普规则"原文作"约克安底华蒲规则"，现据今日通常用法改正，下同。——校勘者注。

食，或贻削足适履之讥。

以上数点，谅在当局热虑之中。无待赘陈，兹就英人意见，及其他关于海商法，于修改时，应予注意各点，列举如次：

甲、海商法

第二条 关于公务船

本条第二项，关于专用于公务之船舶，不以是否营利为限，揆诸现在中国国营事业之发展，转滋困难，自应依照英日法德国法例明文规定，以是否营利为区别标准。

附注：上项意见系附带提出，不在英人意见之内。

第二十三条至二十六条，关于所有人之责任问题：船舶所有人，对于航海所生之责任，各国法例，俱采有限责任主义，而有限责任，又有（一）海产主义，使船舶所有人之责任，以海产为限，为德国日本及吾国所采用；（二）委付主义，即船舶所有人之责任，虽以负担无限责任为原则，然若对于特种债权人委付，其海产，亦得免除其责任，此为法国所采用；（三）金额主义，即依登记顺位之比例而定，船舶所有人之责任，例如英国一八九四年，海商第五〇三节规定，关于生命之丧失，或身体伤害，及船货之损失，船舶所有人负担，每吨英币十五镑以内之责任，对于货物或船舶之损害赔偿，每吨负担英币八镑以内之责任，上项物质损害，于一九〇〇年，英海商法规定，适用于岸上码头，港口及运河，因航行过失所生之一切赔偿责任；（四）并合主义，即原则上虽以船舶之价值为限，但船舶所有人，亦得委付其船舶，而免除其责任，此法为美国所采用；（五）选择主义，为一九〇七年国际海法会议所采用，即船舶所有人于上述四主义之一，以免责任。

英国采用金额主义，自较其他各国为优，盖所以保护旅客货物较负责任，但在吾国目前情形，因金额难以确定，于实行亦有困难，至于有碍企业家投资航业之志趣，尤其余事[1]，可勿仿效。

本节讨论要点，有二项值得注意：

（甲）第二十三条第一项所谓附属费，是否指保险赔款在内，关于该点，

---

[1] "余事"原文作"馀事"，现据今日通常用法改正。——校勘者注。

有消极说及积极说，二派之主张，一般立法及判例，均以消极说，主张船舶之保险金额，不包括于附属费以内为是，惟无明文规定，易滋争执，在吾国尚无判例，足资依据，愚意积极说，虽足保护旅客，或货物所有人之利益，但在航业幼稚之吾国尚难顾及，此时自以鼓励航业为主旨，以消极说为常，况纵有明文规定，附属费包括保险赔偿金，恐船舶所有人，对于船舶保险，认无切身利害关系，必不予要保，其结果于船舶出险后，反无保险金，足抵购置新船之用，此于航业之本身，转受损失，故应明文规定。又附属费，是否包括因救助所生报酬，亦无明文规定，论者以包括上项报酬为是，俾〔1〕与第二十八条第五项相呼应。

（乙）第二十四条第二项"本于船舶所有人之行为，或过失所生之债务"，似本于英文 Without Actual Fault or Privity〔2〕之根据，但半句稍有出入，致发生解释上之困难，盖因船舶所有人之行为而生之损害，除非与有过失，或故意行为，或阴谋，有不负赔偿责任者，所谓过失，应注意，能注意，而不注意，所谓故意，系指能预见一定结果之发生，而其发生，并不违背其本意者为限，故本项译文，参照米乐君改为"本于船舶所有人之故意，或过失所生之债务"（参照米乐君评语）。过失与阴谋有别较不空泛一段，再英美法例，关于船舶所有人，责任之限制极严，设有种种禁止规定，吾国自愿参照英国《1924 海上货物运输法》（the barrtage of Goods by Sea act 1924）及美国《一八九八年之哈特法案》〔3〕（The Harter act 1898），细则研究，于不妨害航业发展加以补充。

又依英国一九二四年，《海上货物运输法》附则第四条，对于船舶所有人免责之规定，列举各项，甚为清晰，较吾国之笼统原则为优，似可效法，第九十七条。

第二十五条第一款第二款 关于船舶估价时间，米乐君指出，于一九二四年，约克安特卫普规则，冲突之点，极有价值，虽普通载货证券，关于海损，大都包括依照该规则办理之规定，但为划一计算方法，便利国际保险业

---

〔1〕 "俾"形声，意为"使"，下同。——校勘者注。

〔2〕 "Without Actual Fault or Privity"意为"没有实际过失或私谋"。——校勘者注。

〔3〕 "《一八九八年之哈特法案》"原文作"《一八九八年之赫德法案》"，现据今日通常用法改正。——校勘者注。

之估计损害起见，自应依照如第 136 及条〔1〕之规定。

第三十三条第三款第四款　关于时效失权规定，因交通进步关系，已超于缩短之势，本条各款，虽于各国不尽一致，但其六个月失效，失权之结果，不过成为普通债权，于实际困难，尚不能认为增加，可暂不修改。

第七十条至一百一十二条　关于运送契约，吾国海商法，仿大陆法系国家，规定海运契约法则，列举条款，系依成文法国家之惯例办理，无可非议，此与英国法制不同，英国于一九二四年，特别颁布海上货运法，明文规定载货证券，（印提单）之禁止事项，及船舶所有人之负责程度，及免责条款，吾国在现在国际情形之下，似应采用国际海法会议，通过之国际提单规则，俾步骤一致，适应国际交易之需要，兹将各条分别评述如下。

关于无效记载条款，依英国一九二四年海上货运法，附则第三条第八款，有下列规定：任何运送契约，如记载条款有减轻，或免除与本法律船舶所有于法律规定外，因过失或疏忽所生之损害赔偿责任者，一律无效。

吾国本契约自由之原则，尚无强制规定，应予补充，第四章之规定，运送契约，及载货证券二种，前者系指英之 Charter Fanty〔2〕租船合同，搭载契约合并而言，应加以区别，后者即提单，关于提单，各国有限制自由免责之规定，但租船合同（Charter Fanty）本于契约自由原则，不加限制，故本章所规定，限于契约无订定时，始能适用，又第八十五条以下各条，关于载货证券，查与装单 Shipping Order 相混，且不需船长签名，不合吾国商业习惯，应于修正时，改称提单。

第九十条　关于担保船舶于发航时，有安全航海能力一点，在英国法例，船舶所有人，欲免除上项责任，仍须尽相当注意，非绝对保证之谓，（参照米乐君同样意见）换言之，对船舶所有人，运送人，或代理人之责任，在中国未免过重，应予修改。

第七十五条及第七十六条　以船舶所有人，因所运送契约所受之损害，为计算标准，似较合理。

第七十九条　英国法律已付运费，纵船舶失吉，不能抵达货物目的地时，例不退还，惟多就各案发生情形，及契约内容而定，并不强制规定，故以删

---

〔1〕　"及条"原文如此，疑有阙漏。——校勘者注。

〔2〕　"Charter Fanty"，意为"租船契约，（船只的）租赁"。——校勘者注。

除为宜，装卸期间之计算，英国普通以合理时间定之，无约定时，装卸于接货通知之翌日午时起算，惟此事大概依当地习惯办理，暂不改动。

第八十七条 关于适用民法提单一点，查该条并无准用民法第六百三十三及六百三十四条之规定，米乐君之意见，似无依据。

第九十三条 主张不改。

第九十五条 同上。

第九十七条 依英国一九一四年，海上货运法附则第四条，对于船舶所有人免责之规定，吾国似应效法，否则船舶所有人之利益，毫无保障，其不利于航业之发展，甚为明显，关于此点请参照前第二十四条详述意见。

第一百零四条 赞成删除，因事实上各输船公司，关于退票，并不一致，亦鲜照此办理。

第一百零六条 主张不改。

第一百零八条及第一百零九条 应予删除，盖[1]船舶于航行时，不得已为必要之修缮，及因不可抗力而不能继续航行时，如法律上加重责任，使船长没法将旅客送至目的地，及无偿供给居住及给养，非但事实上有困难，不易办到，且在法律上，有赔偿损害责任，实为不当，在各国亦鲜其例。

第一二二条 限于中国领海一点，不主增入本条。

第六章 关于救助补及捞救

第一百二十六条 依英国法例，对于救助人命者，有请求报酬之权利，并不限于会否救助船货之成功为前提，似应效法。

第七章 共同海损

第一百二十九条 以船长所为之处分，认为共同海损之条件，为曩昔[2]英美法例，关于此点，据现在判例，对于担负共同海损之条件，并不限于船长之命令，而以行为之是否合理，必要及谨慎为判断标准，故主张修改。

第一百三十条 对于船舶所有人，或因固有瑕疵或过失所致之牺牲，依

---

〔1〕"盖"在此作连词用，意为承上文申说理由或原因。——校勘者注。

〔2〕"曩昔"音为 nǎng xī，意为：往日，从前。——校勘者注。

理该项牺牲，不应享受共同分担，但依一般惯例，该项牺牲，如为共同海损性质者，仍依一般程序办理，惟其他利害关系人，对于固有瑕疵，或过失之负责人，得请求赔偿，否则必至因责任不明，而确定困难，稽延时日，妨害一般商业交易之安全，故可不修改。

第一百三十五条　既成惯例，即可不改。

第一百三十六条　英国船舶公会，秘书处误评共同海损之分担额，不包括减失或损害部分，实因忘却前条（第一三五条）后半段"与共同海损之损害"一段，故可不改。

第一百三十八条　可依约克安特卫普规则第十九条修改。

第一百五拾条　可加"除契约规则外"字句，以符一般保险业习惯。

第一百五十二条　赞成改为"全数"。

第一百五十三条　应改为"因要保人或被保险人，或其代理人之故意或重大过失所生之危险，保险人不负责"。（本段不在英人意见之内）

第一百五十四条　赞成末句修改。

第一百五十七条　无修改必要，因该条规定船舶价额，非积货价值。

第一百五十九条　"公认"与"相当"无甚出入，可以不改。

第一百六十条　主删为是。

第一百六十八条　关于委付之承认一点，吾国前海船法草案，仿日德法例，采通知方式，即属有效，实为单独行为，与现行及英美之经承诺方式者不同，事实上之委付，须有一定之原因，且须具备一定之条件，若委付欠缺一定之原因及条件时，即使认为单独行为有效，保险人亦得提出异议，而不承认委付，故英国兰克郡〔1〕保险公司，提出之意见，无关宏旨，至代为请求权，虽未规定，但得依海商法第七条规定，适用民法代位权之规定，应无问题。（参照民法第三百十二条）

---

〔1〕"兰克郡"原文作"伦兰克郡"，现据今日通常用法改正。——校勘者注。

乙 船舶法

第一章

第六条及第七条　关于载重线标志，吾国于二十年十二月五日公布船舶载重线法，已有规定，故毋庸更改。

又关于船舶之丈量检查，美国系由航政官署办理，为船舶载重线之勘划，则准由船级协会办理，承认其证书，吾国此后关于船舶之检查丈量，似应由航政局办理，不宜授权船舶检验会，因此项人才民间过少；且交由民间办理，易滋流弊，仍依船舶法办理为宜，建议之处，不宜采用。

第九条　关于主管航政官署，系指航政局而言，并非指船舶检查会。

第十条　航行期间输船，限以三个月以上一年以内者，系为维护航行安全起见，航政局于检查输船时，每视船之状况核定，其航行期间，川江水道，滩险流急，航政局对于船只较大之输船，常核定航行期间为三个月，六个月，八个月不等。

第十二条　主不改。

第十三条　此条主管航政官署，系指航政局，并非交通部部长。

第十四条　主不改动，所谓主管官署，并不包括船舶检查会。

第十六条，第十七条，第十八条　过去外籍轮船，向中国航政局声明检查者，其例甚多，虽旅客船较少，而托输则颇多，抗战以后外籍输船进出我国海口，率多申请[1]当地航政局检查，以便请领同行证书。

第二十二条　此项情形，以往甚鲜其例。

此后外籍船舶之吨位证书，检查证书，凡经政府彼此承认者，在有效期间以内，我可准免再施检查丈量。

---

[1]　"申请"原文作"声请"，现据今日通常用法改正。——校勘者注。

中编　经济法

信用概论[*]

李文杰

绪言

经济之发达，就交易之形式上言之，可分为三期即：

（一）物物交换时代

（二）货币时代

（三）信用时代

物物交换为"非交通经济时代"之现象，已成历史上之陈迹，无讨论之必要。至于以货币作易中之用，实为"交通经济时代"之产物，国民经济之发达，各所以有今日者，皆货币之所赐也。惟以货币之授受为交易之手段，既此种关系，在现时，欲移其结果留待他日计算，则势有不能，此货币之所短，"信用交易制度"遂代生焉。夫节约货币以省授受之烦劳，延长期限以扩借贷[1]之范围，事孰有便利如此者，故信用之发达，与日俱进，其范围非仅限于交换买卖借贷也，近且见于各种"银行制度""保险制度""交通制度""企业组织"等其发达之速，为经济社会开一新纪元，虽货币尚未绝迹于经济社会，然原夫物物交换之为货币所代替，吾人固可断言信用制度终有完全代替货币易中之一日也。

信用与近世经济社会之关系，即若是重观其有研究之价值，固不待言，

---

* 本文原刊于《绸缪月刊》（第 1 卷）1934 年第 2 期，第 14～19 页；续刊于 1935 年第 5 期，第 11～17 页。

[1] "借贷"原文作"贷借"，现据今日通常用法改正，下同。——校勘者注。

而对于固有之制度加以改良及推广，俾能祛其弊端而引申其利，自为学者之天职。反观吾国社会之经济事业，备极幼稚，益以农村破产，产业枯敝，即原有现状尚不易维持，恍论改良及推广，加之群众之经济观念，亦极薄弱，宁愿藏金于地窖，不愿信托于人，以生利子，此而倡言信用制于又焉能成？虽然，不进则退，事之恒理，因些微之障碍而停止进行，则障碍加增，反见退化，此岂民族复兴声中所应取之态度？处境愈劣，进取的精神应愈发越，故居今日之中国而言经济，当一面以进取的手段，发展现有之实业，以期有造于今日，一面应介绍新世纪最新式之经济制度，灌输于群众，以期发达于将来，如此，新的经济社会，终必实现于老大之中华民族。作者爱本斯旨，特搜集关于信用方面之材料，参加中国之现象与个人之意见，而成是篇，主旨在唤起一部分[1]国民对于经济之注意，尤以最新的信用制度为要焉。

就本篇之段落言之，约可分三大节，先揭之如下[2]：

第一信用之意义及其类别

第二信用机关

第三信用之利弊

不明信用之意义，不能了解其性质。不知其类别，不能识别信用之界限，此本篇首论"信用之意义及其类别"凡事之行，必有行之之工具，事乃有济，信用机关者，信用之枢纽也，无之。则信用不克盛行，此本篇于次即论"信用机关"也。凡事之有利者，亦必有弊，在经济学研究利弊，尤为切要。盖期其引利去弊，而收实际之利益。此本篇论"信用之利弊"于其末也。

一、信用之意义及其类别

经济上所谓"交易"以交易当事者双方为一定之"经济行为"为必要，在法律上言之：所谓"双方行为"而非"片面行为"也。故当交易当事者之一方（卖主）提供财或劳力，则他方（买主）对之不可不提供他财——以货币为主——或劳力以为反对之给付，然此种给付有同时行之者，有经若干时日后而行之者，前者谓之"现金交易"，后者为"信用交易"，俗所谓"赊

---

〔1〕 "部分"原文作"部份"，现据今日通常用法改正，下同。——校勘者注。

〔2〕 "下"原文作"左"，现据今日排版需要改正，下同。——校勘者注。

账"或"挂金"也。信用交易之发生,基于当事者之"信用",自不待言。然信用者何?即对于他人信认其能守约束而有践约之能力之谓,此种信任,在经济上则专属于财,而于现在货币经济发达之时代,则以专属于货币及有货币价值之物为常,故信用者,乃交易当事者之一方交付"经济货物"—货币或有货币价值之物——于他方之当事者,确信其将来有偿还代价之能力,而许其延期为给付之谓也。分而言之,吾人知信用之成立,必具有数要件焉即:

(一)出于当事者之自由意思;

(二)当事者之一方,确认他方有履行债务之能力;

(三)二者之交付,必有一定之期间;

(四)受信用者——债务人或买主——失约时,法律应强制其履行之。

是也,盖(一)订定契约之原则,首重自由意思表示,若经胁迫,恐吓而授受信用,则非真正之意思结合,不能成为法定行为,故应出于当事者之自由意思;(二)授信用于对手人,期得代价于将来也,倘他日不能取回,则何必授之于今日,故对于受信人之境遇,不有确切调查则信认无据,他日必蒙损害,故当事者之一方须确认他方有履行债务之能力;(三)信用之所以便民利商者,为可作延期之支付也,然延期苟无制限,则何日偿还,不能确定,故为便利双方计,二者之交付,必有一定之期间;(四)信用之交易,本为一极危险之事,倘授信失当,所信非人,授信者之权利,往往易于动摇,难期确于法律为保授信人利益起见,应有强制失约受信者屡行债务之规定也。

一国信用发达,则交易敏捷,产业兴盛,分配平均,诚社会经济发达之表象也。原其发达之因,皆互相牵连而造成分述于下:

(一)道德进步——此为信用发达之根本原因,盖道德进步,则风俗淳朴,人心忠厚,奸诈欺骗之行为,人不屑为,如此,则信用之授受根本上无所顾虑矣。

(二)法制完备——法制完备,则关于保护人民权利之规定,私自较周详,宵小之徒,难逃法网,因之有志授信之人,可得安心投资,而信用之范围遂见推广。

(三)产业之发达——信用之用途,除少数供消费外,大多供产业之发达,然又必有发达之产业,而后信用之效能乃见,盖产业果见发达,其有待于信用者甚多,容纳之量亦大,苟投资有人,产业可因之而愈发达焉。

（四）交易之自由——凡事障碍少则发达速，信用之事务何莫不然，此交易之自由所为必要也自由之范围愈广，则信用之发达愈甚，盖法制上政治上及技术上果能极端自由，则订如调查等事，易达融通活动之域也。

（五）资本充实——信用之生，由于授信，授信之人，先交出经济货物，此种经济货物，乃资本也。资本之量少，则信用之范围狭，故欲信用之发达，为其基础之资本非充实不可也。

（六）信用机关之完备——信用机关者，授受信用之枢纽也，信用全体之关系，操于其手，倘中枢一有变动，势必牵及信用社会之全体，故欲图信用安全达于发达之境，信用机关若不完备，则不得期其稳敏，此银行征信所票据交接所之设立，所以不可缓也。总之，上述六事，皆为发达信用之要件，惟彼此皆有相互关系，必待平均发展，而信用始得发达焉。信用之受人，其效用等于资本，吾人甚易见之。然谓信用即资本，则又不然，学者中颇多持此种误解者，不知授信诸所得之债权，固为资本，而自受信者之方面观之：虽因信用而得资本，然同时仍负将来必须履行之债务，是信用关系之发生，初无资本之取得。故谓信用为借入资本之力则可，若谓信用即为资本则不可也。虽然，在商业上信用之发上，与资本额之增如，殆有同一之效力，故可视为无形之资本，在今日信用经济时代，商业之运用基于信用而其发达益著，盖无信用则交易必需现金，商业之范围自隘矣，且在个人，若现有之资本不足，则虽具经营事业之才能，势不得经营大规模之事业，苟借信用以吸收资本，则其人得利用其效力而达创业之目的也。

信用之意义已加叙述如上，其次所当知者，信用之类别是已。自国民经济之发达，日新月见信用之种类形式，亦渐增多，范围日广，手续日新：兹分述之于下：

第一，信用主体上之区别：甲，公的信用；乙，私的信用。

第二，信用性质上之区别：甲，对物信用；乙，对人信用。

第三，信用用途上之区别：甲，消费信用；乙，生产信用。

第四，信用期间上之区别：甲长期信用；乙，短期信用。

以下顺次说明之：

第一，自其主体上区别信用时，则分"公的信用"与"私的信用"公的信用者，谓受信者之为公法人者也，如国债，地方债一般称为"公债"者属之。私的信用者，谓受信者之为私法人或一般人者也，如公司债，个人借款以及票据之贴现等凡称为"私债"者皆属之。不问其为公债抑为私债，要之其信用皆直接受之于银行，而间接得之于公众也。

第二，自其性质上区别信用时，则分"对物信用"与"对人信用"：前者谓对于担保品而发生之信用，后者谓对于债务者之人格而发生之信用。如抵押物品之借款贴现与所谓保证金者，属于对物用，通常商业上票据之贴现，属于对人信用。对人信用又由保证人之有无，而可分为"有保证人对人信用"与"无保证人对人信用"二者对物信用中亦有"动产信用"与"不动产信用"之别焉。

第三，自其用途上区别信用时，则分"消费信用"与"生产信用"：消费信用谓所受之信用全以充一己生计上及享乐上之用者也。生产信用谓所受信用用之于生产或营利等事业之上者也。生产信用更由其用途之如何，分为"设备信用"与"营业信用"之二。如因地基，厂屋，机械之购入而借入资本者，设备信用也。他若借入营业上逐日流转之资本者，营业信用也。

第四，自其期间上区别时，则分"长期信用"与"短期信用"：长期信用者，信用期间长。短期信用者，信用期间短。期之长短，即利息高低之所由判，期长者利率高，期短者利率低，前者每用之于农工业等之资金不易收之事业上，"农业银行"之信用，多属此种，而后者多用之于普通商业，"商业银行"之信用多属此种也。

二、信用机关

信用机关者，使信用发生及助信用发达之机关也，依其性质之如何可分三种：

一，信用给付机关；

二，信用媒介机关；

三，信用辅助机关。

信用给付机关者，融通自己之资本以应当面信用之需要者也，也如典业、放债业是。信用媒介机关者，举其自社会一方所受入之信用，更授之于他方，以图金融之便者也，如银行、信用辅助机关者，具备特别功用，予信用交易以种种便利，如征信所票据交换所等是，然典业及放债也，非资本之分量有限度、即营业之范围有制限，在今日则不足应时代之要求，征信所等事业，其性质有待于专论，故重要之金融机关与信用机关，非银行莫属。今兹专论银行，而分为二款：先概说银行之性质意义与类别，而后乃分述银行之业务焉。

（一）银行概说

银行者，立于货币之需要者与供给者之间，依自己之计算，而与两者为信用交易之金融机关也。浅释之：即用存款汇兑等方法以吸收资金，而以放款贴现诸名义放出之，而取其利息之差额，以为利得者也，故银行为授受信用之机关。然则银行不需资本，但为居间可乎？是又不然：银行之授信所需资金，虽可取给于受入之信用；然受入信用，必有使授信者信认之凭借，而巨额之资金乃得吸入取信之道为何[1]？巨额之资本金与有财力之当局是已。信用愈著，则吸收资金愈易，而业务乃愈发达。巨额之资本，必非一人之力所易举，且个人经营事业，则其人之成败生死，必影响其业务，固定之状态，不能期其永久，此银行之经营必待"公司组织"也，公司组织之股东众多，一人之死亡固不能影响全体，且人多则酿资易而巨，业务之当局系众意所推选，其人具备能力声望与道德，必能担负重任，此银行之应为公司组织，不论在理论上与事实上，皆应认为必要也。

银行即当授受信用之行，其关系之及于国民经济之发展至重且要，自不待一言：故观商务之盛衰，但考金融机关发达之程度而已足，非过论也。原夫银行之发达，盖以渐而来者：其始仅为兑换而已，其后乃为贵金属之保管，乃为受入资金之货放，乃为异地之汇兑，乃为票据之贴现，及后了解纸币发行之术，更发行纸币以流通市面，近日范围日广，且进为生金银及有价值证券之买卖焉。

银行之发行纸币，全恃信用。按照纸币之性质，银行有随时应持票人之请求而付以现金之义务，故银行为尊重信用计，应准备几成现金，以供不时之需，国家为保护持票人之权利起见，关于纸币准备金，法律亦应有明白确当之规定。然纸币之发行，苟无限制，则滥发之事，必不能免，一旦银行不

---

〔1〕"为何"原文作"维何"，现据今日通常用法改正。——校勘者注。

能照付现金，则流弊所及，必将关于国民经济之全体。故近世各乱为便于监督计，大都禁止普通银行发行纸币，而以纸币发行之权，委之于中央银行，视为该行之特别权利，发行额有相当之限制，准备金有一定之比率。如英国之英伦银行则十足准备，美国之联合准备银行则交出相当之有价证券，归联合准备局保管，法国之法兰西银行则定纸币之最高发行额，其所以巩固纸币信用之方法，诚无所不至。

就银行之种类言之，自广义上解释为社会金融通之金融机关可别为二：一，一般金融机关；二，特殊金融机关。

"一般金融机关"者，商业银行之谓，即通常所谓银行者是，次节所谓银行之业务，亦即此种银行之业务也。自大体上，此种银行又可别为二种：甲，中央银行；乙，普通银行。

"中央银行"者，有发行纸币之权，其地位于"普通银行"之上，有左右金融界之势力，学者或谓之为银行之银行。"普通银行"者，经营普通业务之银行也，其次所谓"特殊金融机关"者，有特殊目的之银行及银行类似业之谓，举其主要者，则有：

一，不动产银行；二，动产银行；三，储蓄银行；四，信托银行；五，信用合作社。

以下试略说之：

第一，"不动产银行"一名"农业银行"即以土地家屋等不动产为抵当，依长期及年赋偿还之方法，图农业上金融之便，所设立之银行也。此种放款之回收迟，其资金多流于固定，故国家予以特别权利，即资本招足之后，可许其发行债券以增加资本也。

第二，"动产银行"一名"工业银行"者依债券之发行，经营以财产为抵当之放款，且引受股票债票而为之发行，以图工业上金融便利之银行也。盖工业固定其资本，虽不若农业之甚，然终不如商业之易于周转，设工业银行，于其资本金之外，更以公众存款及发行债券所得之资金，司工业上之放款，此可与农业银行与工业银行鼎立而三也，但此种银行之业于往往被并于他种银行，而日见式微焉。

第三，"储蓄银行"者，奖励细民贮蓄，集零碎资金之银行也。有公设（如邮政储金局）有私设（如一般储蓄银行）有营利业有非营利业，其组织与性质虽甚不一，要皆以诱发中等以下之社会不知银行性质者之储蓄心为旨，其应有严重之取缔，以图保管之安全，固为必要，而业务之处理，亦应以便利细民为宜，如零存整付，整存零付，零存零付及整存整付等方法，至其计利，则多依"复利"法也。

第四，"信托公司"者，受他人委托代为处分或管理其财产权或其他权利之机关也。言其业务如遗产及财产之管理及利殖，投资之代理，代募各公司股份及债票等是。此种公司之业务，复难异常，人民图放资之安全，公司冀处理之便易，多乐于信托之，此其所以日渐发达。也此种公司，在美国最为发达。其业务与银行多类似之点，但其范围较广耳，有谓信托公司为扩张之银行者，诚的论也。

第五，"信用合作者"产业组合之一种，本社员之共同计算，以共同金融，共同储蓄为目的之组织也。盖聚多数之小产阶级于一组织之下，合小资本为大资本合小信用为大信用，以低利对于社员为小宗之放款与借款，自为一金融机关，一可避免高利之束缚，而得扩张事业，他力亦可于不知不识之间，养成储蓄诚实勤俭之美德，协力自立之精神，无怪其日臻发达也。

（二）银行业务

今兹所谓银行业务，乃普通商业银行之业务也，由其大体上分之则"授信的业务"与"受信的业务"是也。细分之银行之业务可概括为九种：（一）兑换；（二）保管；（三）存款；（四）纸币发行；（五）放款；（六）贴现；（七）汇兑；（八）买卖生金银及有价证券；（九）代收款项是也。惟"兑换"之事，已有专业经营，无待银行为之，得利又微，故一般银行皆视之为无足重轻，"保管"之经营，银行预备保管机关，所管者多为贵重物品，从而征收经手费，故此可谓银行之附随业务，而非授受信用之主要业务也。纸币发行之权，归诸中央银行与普通银行，自无关系。至若买卖生金银及有价证券之事，往往在金融停滞，资金无所运用之时为之，盖爲特殊情形所趋，非常态也"代收款项"则由他人之委托而为之，顾主委托及本地代收，往往有不取"经手费"者。故银行业务之九者之中，惟以"存款"、"放款"、"贴现"、"汇兑"四种为主要业务，以下分别论之：

第一，存款。银行营业之基金，多由吸收公众之资金而来，存款额之多寡，直接关系于银行之盛衰，因银行实借此种存款为放款，贴现之运用也。而吸收存款，须视银行当局者之人格与资本金之额如何而定，不外在社会上博得最厚之信用也。

近今信用制度发达之国家，除少数定期存款以现金存入而外，估大部分之活期存款，大都由"转账"而来。何谓转账？即由放款与票据贴现金之转账，或代取票据金及支票转入为多。支票为活期存款授受之具，信用发达之社会，往往以支票授受为常，故现金可以省却，银行应付之支票，亦往往在银行集合之"票据交换所"与他行应付之支票相交换，但以差额交付，此又不必交纳现金，但由存在中央银行——票据交换所之主宰——内之"存出金"划拨，银行即就应付之支票额，分别转入各户之往来存款内矣。

第二，放款。放款云者，以一定之期限及利率放出一定之金额至于满期，将利息与原本合算，一并偿还，即与贴现同为银行运用其所吸收资金之重要业务者也。放款依其性质及期限，可分为五种：一，担保放款；二，保证放款；三，信用放款；四，活期存款透；支，五活期放款。

（一）担保放款者以动产——提单、公债票等——为质，而放出之放款，所谓对物信用也，此种放款，多为定期，以三个月乃至六个月为常，逾期债务者不履行债务时，以其担保品担保其所生之损失也。（二）保证放款者，有保证人为担保之放款也，有一时放出者，有约定一定之金额，而后随时支取者，若银行要求偿还而不能清结时，保证人应负偿还之责。（三）信用放款者，银行对人信用之放款也：由借主观之，固可不需抵押品，不因保证人，而得资金融通之便，然于银行方面，则殊危险，银行为审慎计，对于债务之人格，非经切实调查与信认不可也。（四）"活期存款透支"者，即存户对于银行提出相当担保品，得于存款额以上，发行若干金额之支票，银行应于其约定范围内，对其支票负支付之责也，此种放款，颇能便立存户，其利息多按日计算。（五）活期放款者即借款人无论何时，预应银行之请求而血偿还者也，此种放款盛行于欧美，借款人多为票据经纪人及交易所经纪人，其担保品则以商业票据或公债票，股票为之。要之，今日银行之放款方法虽有五种，然除保证放款及信用放款而外其他皆附有抵押品，银行之稳健者，亦多不愿为保证及信用放款，而以有抵押品可保障因银行债权也，至抵押品之性质，自以（一）易于卖却，（二）价格少变动及（三）易于保存为最合宜。

第三，贴现。贴现者即以定期支付之票据，于其到期之前，银行应持票人之请求，自票面金额中，扣去自本日至到期日之利息，而付其余额于持票人，该票到期，由银行向出票人取款之谓也。换言之，即银行以较票面金额为廉之价值购入期票或汇票也。其性质略同放款，惟（一）放款之利息，至满期日始收取，而贴现利息，则即时扣除也（二）在放款负偿还义务者为借主在贴现负偿还之义者，则为出票人。此其异点也。且票据具有流通性，倘银行他日需要金额时，更得以之转买于同业者，此谓之"再贴现"。故贴现之放款，颇便利于银行在"票据法"明订之国家，此种业务为银行放出资金之最善方法，而他方又可使商家资金易于融通，间接可资实业之发达也。贴现因支付票据款项地域之不同，有本埠票据贴现与外埠票据贴视之别，外埠票据贴现，银行多托外埠之分行成约定行代收款项，间有因手续之烦难，由银行于贴现费之外酌征经手费者，又因担保品之有无而分"担保贴现票据"与"无担保贴现票据"之二，前者由"贴现请求人"以有价物为异日票据款项不能收回之担保也。

第四，汇兑云者，异日银行，以转账行为，商人谋付款取款之便利方法也。譬如甲地丙商，购乙地丁商之货，价五千元。此时丙商应付五千元于丁商，惟地隔辽远，以现金转输，则烦难莫甚，有汇兑之方法，私则丙商但缴金五千元于甲地银行，该银行乃出汇票交丙商，丙商即以此票寄与丁商嘱向乙地银行取款，该行如数付之。如此丙丁二商之债权债务，即甲地银行与乙地银行之债权债务，即甲地银行欠乙地银行五千元也。他日乙地戊商欠甲地己商之款五千元之，亦以此法于该地同一银行行之，则甲乙二地银行，各有五千元之债务与债权，彼此相消，便利孰甚，即有时二者之间微有差额，则为数亦甚小，此汇兑方法之便利也。汇兑依其大体有内国汇兑与外国汇兑之别，依其性质有送款汇兑与货价押兑之分，依其形式又有电报汇兑与普通汇兑之别，各种之中，皆可从名词上了解其意义，惟外国汇兑与货价押汇须待解释。兹专论外国汇兑与货价押汇之二："外国汇兑"者，国际间之汇兑也。各国货币不同，"本位币"异而价值亦异，以本国之货币换算为他国之货币，其复杂自可臆知。"汇兑平价"各国本位币间，因此国本位币之纯金量与彼国本位币之纯金量或纯银量，以比较及计算而得之法定平价也，此平价为国际间输送现金计算之标准，至"汇兑市价"亦以此为基础以各种情形之不同，汇兑市价或高或下，而汇票之需要与供给或多或少。而货物输出额与输入额或增或减，故国外汇兑之情形如何，足以左右"国际质易"之盛衰；关系固大，学理亦深，非片言所可说明，此其一斑耳。"货价押汇"者，以请求人运出货物价金为担保，为贴现式之放款，而计外埠银行代收该货之价金也，譬若甲地商人，发卖货物于乙地商人，于发货之时，即欲领取其价金，乃作汇票一张，以 收货人为付款人，以银行为收款人，以货价为抵押，向银行请求放款，银行扣去贴现费，以余额付给之。于是乃将该汇票及附属书类 ——提单保险单等——寄交外埠银行，托其如期向收货人收款，此款即作为甲地银行存入该行之存款此种汇兑，系先付款而后收款非若普通之送款汇兑先收款而后付款，故较为危险，往往以收相当之担保品为常例也。

夫银行为社会之重要金融及信用机关，其范围之广学理之深，自不待言，关于银行之科学，其门类亦颇多，其不能为简略而明晰之说明也明甚。本节只概论银行之主要业务，即此已简无可简，其他挂一漏万之处尤多，所以如此者，因此篇为信用论本节所论之信用机关，其一部分，而非专论银行学也。幸读者加之意焉。

三、信用之利弊

关于信用之各种理论，即已明白其大概矣，利在何处？弊在何处？吾人不可不知，知之则可导其利而矫其弊亦，以下先分述信用之五利：

第一，信用有增加资本分量之力——世有拥巨资而因衰老，幼弱，疾病不能运用者，此种死藏之资本，不能利殖，失其固有之效能，岂不可惜，信用机关发达，则此种资本可因信认而授之有为企业家之手，效用自大。又如中产阶级以下之人，其金钱为额小，易于耗散，倘信用机关完备，可以之存储，可以之信托，由小额资本化合为巨额，此类巨额之财富即可融通市面。不但此也，信用发达，则资本之运用可增加回数，是又不增加其分量也。

第二，信用有增加资本效力之力——世有财力有余而才力不足者，亦有才力有余而财力不足者，信用制度发达，则公司合作社发达，财力有余者为"资本主"，才力有余者为"企业家"，二者协力，固大可增加资本之效力也，即不然而银行信托公司，信用合作社等金融机关，皆得吸收现金，则资本常归有为者之手，自能大增效力。要之，资产者未必即为事业家，欲得两者之调和，以增资本之效力非借信用机关不可也。

第三，信用有使交易敏捷之力——信用盛行以务则得由票据，支票，登账转账销账[1]以及票据交换等极简便之手段，以为巨额之授受而凡检察个数，鉴别真伪及往来搬运之烦难及费用，可得消除交易之事，自敏捷而易

---

[1] "销账"原文作"消账"，现据今日通常用法改正。——校勘者注。

行矣。

第四，信用有节约货币之力——信用发达而后，社会上用为授受之具，要为流通最便之券据，此种券据之信用，固立于货币之基础上，无货币则信用无独存之理，是以信用无论如何发达，终不能全弃货币而不用，惟随信用之发达，而现货之用以减，此必然之势也。货币之节约，不仅仅授受之便已也，凡货币铸造上所需之费，输送上所需之费，俱可节省，且可以所省之金投诸他途，以博利益。

第五，信用有改良社会风化之力——资本之分最与效力即以信用而增加，社会事业亦随信用而发达，则信用之有无大小，即其业盛衰兴亡所由决，于是社会益觉信用之必要，而重视信用之风化以启：小之足以陶镕个人之品性，大之足以改进全国之风化也。愿有利不能无弊，事理往往如斯，信用之利益如彼，而其弊亦有可列举者五端，以下试说明之：

第一，信用有唤起恐慌之弊——信用制度即生，则现金交易减而挂金交易增，授受上之支付，胥俟决算之期，始图履行，一国之中大小商业，彼此相互牵连，迎成以成此信用组织，不幸此组织内之点，偶生破绽，则全体动摇，支付停止，而恐慌以起：破产倒闭者将迭出而不穷，其极也，商业为之替衰，工业失其销路，而服役于是等商工业之劳动者，势必全部失业，融通资金于商工业之银行，悉受亏损，不特一国之经济界失损害，且将波及全世界之金融焉。

第二，信用有使生产过剩之弊——信用为物，可与无资产者以资本，可使有资产者之资本，为之增大，故凡企业之人，能乘其信用而加倍经营超度实力之事业。当市况繁盛之时，任意扩张事业，一旦市况萧条，即有意外之过多产物，于是物价暴落，而失其贩卖之途，事业日衰，难期恢复不特徒费一国之资本劳力于无用之地，且足以陷经济社会于恐慌之境遇焉。

第三，信用有诱发过度之投机心之弊——投机之心不至启发过度，其为害尚浅，然贪得之念，人所恒有，即以信用而易为资金之融通，则投机之事自趋于极端，遂搅乱经济社会之秩序，而至于不可收拾。

第四，信用有使人类浪费之弊——信用之生，虽足奖励有金者之储蓄，亦足启无资者之浪费，盖无现金而有信用，即可因赊账而购物，故虽月终或岁终无偿还之源，然诱于目前欲望，甚至购买不切要供奢侈之物，以作浪费。日计有余，月计不足，月计有余，岁计不足，见中下等社会之所由日困者，因信用而生之赊账制度，未始非一因也。

第五，信用有使贫富悬隔之弊——信用发达，固能使无资产者易而有资本然无资者之信用，终不若有资者之厚，有资者所享信用上之利益，究非无资者所可比拟，征诸现时各国情形，凡由银行融通低利之贷款与贴现，以及发行票据等利益，享之者概为大资本家，中产阶级以下之人无与焉。是富者得便宜而愈富，贫者陷远于不利而益贫，社会贫富之悬隔，将随信用制度之发达而相差日远，而尤以资本主义横行之今日为特甚焉。

综而观之，信用之为物，应时势之需要而发达，其弊虽有，其利实渐吾人不能因噎废食，而认为无利之制度，惟救济其弊端之职责[1]，自在于操纵经济社会者及立法者之手。作者不揣简陋，仅举补救办法数端于下，以供参考。

（一）授信者对于受信者之信用，应有切实之调查——对于对手人之人格及境遇，应行调查确实，以为授信之标准，如此则他日信用之收回较有把握，征信所及各银行各大商店、信用调查课之设立，即本此意也。

（二）利用"信用保险之制度"——此制度不维可填补失信之损失，且他方可因其有保证损失之效力，增加无资产诸之信用程度信用之利，大资本家遂不能独专，而贫富阶级悬隔，可资调和矣。

（三）法律应有禁制过度投机之规定——法律有强制性，投机之心虽切，然惧罹于法，此心亦可稍敛，而滥用信用搅乱经济社会之弊，可无由生矣。

（四）提倡社会道德与增高经济知识——此为信用之弊端之根本救济策，盖群众之道德高尚，则贪得之欲，可得自敛也，失信之事，可得自绝人也，且人人开诚布公以相见，则经济社会之隐恶无弱点，去即有之，亦昭然若揭，易于补救，至若从事经济事业之人，其知识增高则坚忍心，持久信，识别力，理事力，判断力，自然增高，处事裕如，洞烛于机先，伸缩其计划，苟无意外之变，恐慌之事必能消灭于无形而不至有莫大之影响于全体经济社会也。

---

〔1〕 "职责"原文作"责职"，现据今日通常用法改正。——校勘者注。

中国银行法之研究[*]

李文杰

一、绪言

吾国银行制度，袭自外国，因历史浅短，法制乃亦不备。民国二十年二月，政府公布银行法，其内容多与德国银行法，美国国民银行条例相近，当时银行界及学术界中人，颇有主张其规定与现实情况凿枘，应加修改，始可实行者。批评银行法之文字，发表甚多，营业范围，资本额，及股东双倍责任之三者，尤为批评之焦点。政府对于该法，迄今尚未定期施行。二十三年七月，政府又公布储蓄银行法，即日施行，其规定失之太刚，一时银行界及学术界，亦多持异议，现时该法事实上尚未整个实施。夫银行法为公法，即为国家取缔银行业业者，务使适合法定标准之工具。其内究应超越现有之事实，实现政府建立之政纲，就立法精神上立法技术上言之，固属当然，惟法律去事实太远，实行时不惟易逢窒碍，抑且不免疵累，故该法之实质，自不免有待于研究之点。

吾国古无银行，惟银钱业者之存在，则由来甚久。唐代有"飞券"、"钞引"之名，商股凭券引以取钱，是银行汇兑业务也。宋真宗时，蜀人以铁钱重私为券，谓之"交子"，以便贸易，此银行之兑换券也。清末山西票号及各地之银号钱庄，为商贾流通资金之渊薮，世俗谓"钱业居百业之首"，亦可想见其地位之重要，不过当时有银行之业，无银行之名耳。迨海禁大开，洋商来华设立金融机关，始以银行名之。孜我国重农轻商，自古已然，太史公不云乎？高祖令贾人不得衣丝乘车，重租税以困辱之，孝惠高后时，因天下

---

* 本文原刊于《经济研究》（第 1 卷）1940 年第 7 期，第 4~30 页。

初定，复弛商贾之律，然市井之子孙，亦不得仕宦为吏。痛抑末利，久成风气，文人学士，鄙夷商贾，于是物质文明不能发展，国家形势日益贫弱。降至有清末叶，外患频仍，内忧迭起，有岌岌不可终日之势，物极必反理有固然志之士，舍文章礼乐而谈实业，商务渐形繁盛，银行业仍见重当时。夫票号银号钱庄，因富于历史色彩之银行也，徒以不能参入新知识，并以科学的方法处理业务，故未能立于不败之地，各省官银钱号，省立之地方银行也，亦以借款太多，有时不免陨越之虞，求其营业适当，类于外国之商业银行者，盖寥寥若晨星。故言我国银行史，当自最近四十年始也。

上海为我国经济中心，言中国之银行史，首应研究上海金融市场嬗变演进之经过。自山西票号衰落之后，上海金融机关之组织，成为三角线其一为钱庄，其二为外国银行，其三为内国银行。若信托公司、储蓄会、官钱号、银公司，均得归纳于银行或钱庄之内。溯中国之有新式银行，始于前清光绪二十二年（西历一八九六年）十月上海中国通商银行之设立，迄今已有四十年之历史。当时尚无关于银行之法规成例，故内部组织及营业规程，多仿照洋商银行办理。

光绪三十年（一九〇四年）正月，户部奏准试办银行，以为推行币制之枢纽。其试办银行章程三十二条，隐然为我国中央银行之发端。至三十四年（一九〇八年），户部已改为度支部，奏定似户部银行改设大清银行，颁布大清银行则例二十四条，实具我国中央银行之雏形。该行共有分行二十二处，分号三十五处，势力甚大，辛亥革命，大清银行之名义不能存在，民国纪元，即改为中国银行，根据民国二年四月十五日公布之中国银行则例三十条，采股份有限公司制度，继承大清银行之后，在官商合办之形式下，以树立国家银行之基础。此外如光绪三十三年十一月邮传部奏请设立之交通银行，与浙江兴业银行浙江地方实业银行四明银行等，均为银行中资格最老者。自民国三四年以降，银行之家数日渐增多，势力亦日渐膨胀。民国十三年，孙中山先生创中央银行于广州，十七年国民政府定都南京，于同年十月五日，公布中央银行条例二十条，同月二十五日经国府核准中央银行章程四十五条，我国之中央银行，乃于同年十一月一日成立于上海，二十二年明令改广州中央银行为广东省银行，中国国家银行之基础，始定于一。同年十一月，国府又公布中国银行交通银行二条例，明令以前者为政府特许之国际汇兑银行，以后者为政府特许之发展全国实业银行。此后银行法兑换券发行税法银行收益税法储蓄银行法先后由立法院通过，经国民政府颁布，我国银行制度，至是始由雏形而人于发育时代矣。最近数年，国内银行业之新的动向，有值得列举者，如：（甲）中国、中央、四行、浙江兴业、交通、中国实业、中国通商、四明、中国垦业、中国农业等十家发钞银行，公开发行准备；（乙）上海银钱雨业，各别设立联合准备库；（丙）设立票据交换所；（丁）创办中国征信所；（戊）组织联合银团，救济农村；（己）广设本埠分行办事处，扩大服务范围；（庚）与学术机关联合，举行农业调查与研究等；均为针对国民经济病态之扼要工作也。本年十一月四日，政府改革货币，宣布以中中交三行钞票为法币，统制金融，已届形成，以后之银行业将迈进一新阶段矣。

　　从统计之数字观察之，自前清光绪二十二年（一八九六年）起，至民国二十四年六月（一九三五年止）之四十年期间内，全国先后成立之银行，计三百六十五家，（内有在东三省成立及其他设立年份未详之银行四十九家，）其停业者一百八十二家，未详者二十四家，现存者一百五十九家，民国纪元前之十六年中，开办之银行仅十七家。民国成立后，政治日渐更新，工商业生机渐着，元年中新银行之成立者，即有十四家。民国十年、十一年、十二年之三年内，适承欧战告终之后，国内工商业兴盛，为我国之黄金时代，政府公债亦于是时整理就绪，信用渐固，故新成立之银行，达七十九家，为银行之蓬勃时期。十五十六年，全国境内有庞大之军事行动，工商业入于停顿状态，十六年仅有二家银行成立。十七年以后，国民政府奠定全国，政治趋入常轨，工商业渐有向荣之象，而公债发行竟达十万万元以上，银行为工商业之惟一辅助者，及政府发行公债最有力之代理人，因其利润优厚，所诱致而成立之银行，迄民国廿四年六月止，达一百十四家。诚以新银行之出现，与工商业之投资，及政治之投机，在在有不可分离之关系。试以最近事例为证：全国存银，集中上海一埠，为畸形的经济繁荣，故自二十三年七月以来，小银行之组设，如雨后春笋，但盛极必衰，理有固然，故自二十三年夏季至廿四年冬，银行停业之风潮忽起，推厥原因，连年入超，白银外流，农村枯敝，市面恐慌，尚为远因，而银行之内容不甚充实，运营不甚得法，以致破绽丛生，一发而不可收拾，乃为致命伤。自政府管理通货稳定外汇之后，更着手整顿金融市场，形势一变而入于康定状态，此堪鼓舞者也。

　　民国二十一年八月五日财政部公布"全国注册银行一览"惜未将未注册者及不在中国政府注册者列入，自非全豹。据中国银行经济研究室之调查，至二十四年六月止，全国现存银行一百五十九家，共有实收资本一一万七千万元以上，分支行一千三百四十七处。再就其类别言之：计国立银行一家，特许银行二家，省立银行十六家，市立银行五家，商业银行七十八家，储蓄银行五家，实业银行八家，农业银行廿二家，专业银行十二家，华侨银行十家。至就其地域分言之；计总行设立于上海市者六十家，天津市八家，北平市一家，青岛市三家，杭州市七家，南京市一家，重庆市九家，汉口市四家，广州市五家，江苏省十三家，浙江省十七家，江西省三家，福建省三家，四川省四家，陕西省二家，湖南省二家山西省山东省河南省云南省广西省绥远省宁夏省各一家，国外香港十家。

我国银行业历四十年之艰苦建设，已具长足之进步，欲发扬而光大之，如何使其于自由发展之进程中，不出合理的轨范，俾达祛除流弊，收获实益之境，则有待于法律之匡正与维持，甚显著也。

吾国银行立法，自以前清光绪三十年正月户部奏蒙诏可之试办银行章程三十二条，为其滥觞；该章程第八、第二十、第二十一诸条，已包含国家银行之业务在内。后于光绪三十四年正月十六日，公布银行通行则例十六条，同年六月十六日，奏准银行注册章程八条。（该章程于民国十八年一月经国民政府修正为十二条，同年四月二十九日公布银行注册章程施行细则十二条，在银行法施行法未公布施行前，继续有效。）同年正月十六日，又公布储蓄因行则例十三条，依各该则例之条文而论规定颇不完备，尤以各行号均得发行市面通用银钱票，（银行通行则条第一款第九条）一条，不合银行学原理；而储蓄银行则例中，对于储蓄存款之安全保障之有关事项，亦均未能确切规定。其业经拟定而未公布者，有又民国九年之修正银行法草案二十二条及其施行细则草案，及民国十三年之银通行法草案二十五条，及其施行细则草案十九条。至民国二十年二月二十八日政府公布银行法五十一条，尚待明令定期施行，此指普通银行法而言也，特种银行法方面，自储蓄银行则例颁布以后，尚有民国四年间之储蓄银行法修正草案，全国经济会议金融股之储蓄银行条例草案与财政部之储蓄银行条例草案之拟订。至民国二十三年七月四日。

政府公布储蓄银行法十七条，已于同日施行。此外如农民银行条例草案二十条（拟定时日待查）农业银行条例四十六（民国四年十月十八日财政部呈准），劝业银行条例五十三条（民国三年四月十七日财政农商两部呈准，殖边银行条例二十一条）（民国三年三月六日财政部呈准，交通银行则例二十三条）（民国三年三月十八日批准公布），兴华汇业银行则例三十一条（民国元年十一月二十六日公布）或待施行，或已失效，均可作为未来特种银行立法之参考资料，至若民国十七年十月五日公布之中央银行条例二十条，同月二十六日公布之中国银行条例二十四条，同年十一月十六日公布之交通银行条例二十三条，及各省省立银行条例，及民国二十年七月公布之邮政储金汇业总局组织法、邮政储金法及国内汇兑法，均我国现行特种银行法令之最值得注意者。其银行法应相辅而行之法令，有可得面列举者：如财政部银行检查章程十六条（民国五年十二月十一日部令公布），银行注册章程及其施行细则（公布日期见前）兑换券发行税法十一条（民国二十年八月颁布，二十一年八月修正，二十二年七月施行），银行业收益税法八条（民国二十年八月一日公布），兑换券印制及运用规则八条（民国十八年十二月三十一日公布），银行运送钞票免验护照规则十一条（公布日期待查），取缔银行职员章程七条（民国四年八月二十四日部令公布），银行公会章程十五条（民国七年八月二十八日公布），及战前制定之储蓄银行保证准备保管委员会组织章程，凡此与银行立法之推行工作，均有甚大之助力焉。

二、银行之业务

我国银行立法之沿革，已详前章。民国二十年公布之银行法，计五十一条，（以下简称本法）其性质照该法第五十条之规定，自应解为属于普通银行法。迄今尚未施行，因该法之施行日期，须以命令定之。（本法第五十一条）溯自本法公布后，国内学者，如吴达铨（笔名前溪）戴蔼庐诸青来金国宝潘恒勤黄彬王澹如傅铁师袁子健周仰汶李逡钦等，均发表文章，就本法内容，详加讨论；上海汉口北平天津等地银行公会，亦发表对于银行法意见书，并呈请政府。于修改本法以前，暂缓施行；一时经济文坛，颇呈热闹景象。历时稍久，银行法问题，已为一般人所淡忘矣。民二十五年立法院商法委员会，有修改本法之议，十月间，上海银行及会又组织银行法研究委员会，重新研究本法，汇为意见十二条，呈请政府采纳。惟复以战事勃发中止，本法应及早实施。此点无人敢加非驳，所应研究者，其内容有无应加修改之处耳。以下分节述之。本法对于银行之定义，不予订定，但于第一条列举银行之主要业务，于第九条列举附属业务，于第十条，第十一条，第十二条，第三十四条，第三十九之五条内，限制银行之投资与放款，并于第十三条规定，非营银行业务之公司，不得用表明其为银行之文字，以达具体的表明普通银行之性质之目的；此与马寅初氏不欲在银行论坤确定银行定义之立论吻合。考我国起草之普通银行法，连本法，先后共有四种，对于银行之意义之规定，各不相同，要以本法之规定较为妥善。按照本法第一条及第九条之规定，银行可得经营之业务，列举规定如下〔1〕，其有于本法施行前兼营非本法所许业务之银行，于本法施行后三年内，仍得继续其业务。（本法第三十九条）

（甲）主要业务：

一收受存款及放款；

二票据贴现；

三汇兑或押汇。

（乙）附属业务：

一买卖生金银及有价证券；

二代募公债及公司债；

三仓库业；

四保管贵重物品；

五代理收付款项。

就前述之范围研究之，凡经营各项主要业务之一者，皆为银行，受本法之取缔；更以有"只须经营规定业务之一，纵不称为银行者，亦视同银行"规定之故，所有全国、城、市、乡、镇、大小银行银号钱庄等各式金融机关，亦必须依照本法之规定办理，各地钱庄业对于此种规定，金主不能接受，一致呈请政府另定钱庄法，其理论不外："银行与钱庄性质悬殊，其最著者，银行为有限组织，而钱庄乃系合伙组织，股东皆负无限责任。"实际上，农工商业资本有不敷运营之虞时，端赖钱庄信用放款为之调剂，苟钱庄法不另订，而附庸于银行法中，行将牵动社会金融。各地各业同业公会亦均发表通电，赞同钱业之主张；结果仅据当时立法院代理院长邵元冲氏发表谈话，谓政府对于此事，尚在考虑中。衡平论之，钱庄有其特殊之立场，固为事实，然国家立法，要不能过分迁就事实，依余所信，钱庄法之订立，似无必要，惟如

---

〔1〕"下"原文作"左"，现据今日排版需要改正。——校勘者注。

何于银行法中加入适合钱庄实际情况之规定，以消弭实行时之障碍，斯为立法当局所当注意者也。银行为"信用交替机关"：单有受信或授信之业务，如我国之大商店，往往收受客户存款，以代替向金融业借款者，不得谓之银行；其专营放款业务而不收受存款者，如典业以他人之动产为质，而放款取息者，亦不谓之银行。此就本法第一条第一款之规定视之，甚为明显，其第三款汇兑之业务，亦可解为经营买汇与卖汇双方者。前者为授信，后者为受信，惟同条规定只经营票据贴现业务与押汇者，即为银行；考票据贴现与押汇，专属于授信业务，此与银行为信用交替机关之意义相悖。德美二国，虽有"贴现银行"实际亦经营普通银行业务，不过以贴现名之，非专营票据之贴现也。又如法美两国之"投资公司"，虽不兼营受信业务，然而为合伙组织，自与本法之所谓银行，不能同论。至日本银行法第一条，及美国关于普通银行之法例，均以兼营受信与授信业务为银行之要件。职是之故，沪汉平三地银行公会，拟请将本法第一条修改如下：

凡营下列业务之一者，为银行：
（一）收受存款，与办理放款及票据承兑或贴现；
（二）办理汇兑
营前项业务之一，而不称银行者，视同银行。

建议案较之本法，较切银行原理。其所以加入"票据承兑"一项者，因欧美各国之法律，类皆许银行兼营承兑业务，盖承兑业务与票据市场，关系至密；吾国亟待提倡票据流通与促进贴现市场之成立，自非先授银行以承兑票据之权责不可；又票据法关于汇票之承兑，特辟一节，规定綦详，亦可知此项补充，不悖立法之本意也。

以下分别研究之：

其次为吾人所欲研究者，本法对于银行业务消极的限制规定是已，列举如下：

（甲）银行不得为商店或他银行他公司之股东。（其在本法施行前已经出资入股者，应于本法施行后三年内退出之；逾期不退出者，应按入股之数，核减其资本总额。）（本法第十条）

（乙）银行不得收买本银行股票，并以本银行股票作借款之抵押品。（因

清偿债务受领之本银行股票，应于四个月内处分）（本法第十一条）

（丙）银行除关于营业上必需之不动产外，不得买人或承受不动产。（因清偿债务受领之不动产，应于一年内处分。（本法第十一条）

（丁）银行放款，收受他银行之股票为抵押品时，不得超过该银行股票总额百分之一，如该银行另有放款，其所放款额，连同上项受押股票数额合计不得超过本银行实收资本及公积金百分之十。（本法第十二条）

（戊）银行对于任何个人或法人团体，非法人团体之放款总额，不得超过其实收之资本及公积金百分之十，但超过部分之债务，附有确实易于处分之担保品，或有各种实业上之稳当票据为担保者，不在此限。（本法第三十四条）

以下分别研究之：

（甲）本法第十条之规定，乃银行不得兼营银行法规定以外业务之当然结果，盖普通银行之资本，贵乎流动，且我国银行之资本薄弱，尤不宜分散其资力，为他业公司成商店之股东。至于兼充他银行之股东，易启一本两用虚设机关之弊。故本条规定，于理论上诚然无懈可击，即各国立法例，亦多采取此种严格的限制主义者。本法起草人马寅初氏，对此更加以详尽之解释。然而我国目下经济状况，银行与工商事业相表里，乃一显著之事实；政府刻正注重建设事业，其他工商业，亦在萌芽期间，无不赖银行投资或从中调剂，如中国建设银公司即其一例。今如遵照本法第十条办理，已入股者，强令于三年内退出，已属窒碍难行，并足妨害已成事业之实力；至以后建设事业暨其他工商业之希望银行予以出资入股者，银行以有违法之嫌，亦惟有坐视其凋敝而莫救，因噎废食，其影响于全国工商业者为如何？际此提倡生产、培养实力之时，削足适屦，度非立法政策所宜。更就本法第九条之规定观之，银行本得以买卖有价证券为其附属业务，有价证券通常包括公司股票在内，即能买入股票，同时自不能不为该公司之股东法意似有两歧。且事实上银行往往因承做公司股票质押放款，预先将该股票过入本行户名，或没收股票，过入本行户名，或因经营信托业务接受他人委托之关系，一时为他银行他公司名义上之股东者。（不得为合伙组织商店之股东。按照公司法公司不得为他公司无限责任股东之法理，则属应当）若不许兼营，则一切股票，银行将拒绝受质，此阻碍公司股票之流通性者又如何？关于此点，前溪氏于其所着新银行法之研究一文内，主张银行兼营他业，或为他公司之股东，政府对之，应取非严格主义，而保留其权限；纵决定取严格主义，对于已往者，或分别作为例外，或宽定其处置年限，条文上应规定明了，勿使一切股票均不能向银行作押。最近上海银行公会之银行法之研究委员会则主张将本法第十条予以删除，余则赞同前溪氏之见解者也。

（乙）银行不得收买本银行股票，并以本银行股票作借款之抵押品，此属当然。美国银行法例，对此亦悬为厉禁，但该国国民银行，如善意的为免除已经放出款项之必然损失起见，亦得收受本行股票以为抵押品，此种例外办法，如已订约，且将价金冲抵前述放出款项，除国家外，他人对之不得再行声明异议。惟国民银行不得将股东之股份，扣抵该股东对银行之债务，在银行章程上，如有禁止对银行负有债务之股东所有股票之过户、转让及准许银行扣抵股份之规定，应即宣示无效。本法亦规定因清偿债务受领之本银行股票，应于四个月内处分。考银行对于自身之股票，绝无愿意久留手中者，吾国银行股票，什九均无公开行市，上海华商证券交易所去年曾有开拍银行公司股票之举，亦仅昙花一现。本法限于四个月内处分，为期过促，事实上不易实行，不如稍宽日限，使少受损失；故上海银行公会请求展长处分期限为一年，尚称允当。

（丙）普通商业银行之投资，以处分便利，回收力迅捷为贵；故购置非营业使用之不动产，或受押而放款，自以禁止为当。在欧洲诸国，往往特设机关以资周转，如德国有"不动产银行"、"土地信用合作社"。法国则设"土地抵押银行"。美国法例较宽，银行通常禁做不动产押款，国民银行，只许就善意的经放出之款项之限度内，设定不动产抵押权，银行如违法为不动产押款或透支放款，惟有国家，得根据该行之许可证状，采取制止之处分。自一九一六年联邦农业放款条例颁布后，美国始有以不动产放款为主要业务之"农业银行"。我国以农立国，需求于农业银行者甚大，乃国内城市乡镇，并无专门承做不动产押款之银行，一般农田，因移转不便，处分艰难，完全变成死物，以之押款，本非商业银行所喜，纵有少数承做者，亦于万不得已之情形下，以其余力兼营之。全国农业之困苦者以此，内地金融之不发展者亦以此，政府之经济政策，应时刻注重不动产之活动，全国金融，方有发展之望，比来救济农村破产及引导都市资金回归内地之论调，高唱入云，储蓄银行法即于此种精神而订定。本法第十一条关于禁营不动产业务之规定，理论上自有其妥当性；事实上，为适应起见，在不动产银行未能遍设以前，对于普通银行兼营不动产业务，似不宜过分严格，以资奖励，此就国内一般情形而言也。在通都大邑，土地机关组织较为完备，法院设备亦较周到，不动产权利之设定，移转，与处分，较为便易；如上海市之"土地执业证"及租界内之"道契"买卖抵押极属常事：金融机关多以之为消纳资金之途径。去年上海因白银外流引起之金融恐慌，即因洋商银行拒做道契押款为其成因，财政部所拟救济市面办法，亦以训令大银行开放不动产押款为其主要部分。自政府本年十一月四日宣布通货管理政策后，活动地产，创设不动产抵押银行，尤高唱入云。可见地产一项，在全国中心之金融界占绝对之重要性，今本法不问经济背景及各地方之特殊情形，一则曰除营业上必需者外，禁止银行购买及融通不动产；再则曰因清偿债务受领之不动产，应于一年内处分之，在如斯严格规定之下，普通银行对于不动产投资，将视为畏途，其影响于全国富力者实大，此立法者应加慎重考量者也。即退一步言之，不动产业务，可让诸专业银行经营之；普通银行因清偿债务受领之不动产，其处分本极困难，一般内地之不动产，如田地房屋工厂等等，一遇处分，枝节丛生，虽依照法律办理，亦往往穷年累月不决，限期一年，为事势所不许，允宜宽其时限也。

（丁）本法第十二条规定，受押他银行股票，以该银行股票总额百分之一为限，所以防止银行与银行间关系太深，于市面紧急时不至互受影响，法意至当。惟规定受押他行股票，连同对于他银行放款在内，不得超过本银行实收资本及公积金百分之十云云，未免对于同业间往来存款限制太严，且计算上亦感困难，考银行以其羡余资金，存放同业，为逊常之事例；且银行之总分支行，多不聚在一处，甲行对于乙行借贷数目，同时各地不能周知，同在一地银行间之彼此往来甚繁，甲行绝难随时周知其他各地本行之分支行对于各地间乙行往来投放款项之数目，而合计其总数，使其恰能符合百分之十之法定限额。势必动辄违法，欲图规避，只有同业间不相往来，或拒押他行股票，阻塞其流通性；宁非怪现象？且同业间之放款，种类甚伙，以时间言之，有往来，有定期，以性质言之，有抵押，有信用，假定甲乙二银行间有良好抵押品之借贷，初无丝毫危险，乃因本法之限制，转减少流通之效力，失却金融界互相调剂盈虚之功用，在年时，经济上之损失滋多，在金融恐慌时，使各银行坚清野，各不相顾，危险更大，此度非立法者之本意也。故本法对于同业间放款合计之限制，应加修正。

（戊）本法第三十四条严定银行对于任何个人或法人团体。非法人团体放款之最高成分，使银行投资，不致偏倚一方面，致罹危险，法意甚为妥当。惟此条所谓放款总额，就其文义观之，自系指对于一个人或一个法人团体无担保票据及担保品之信用放款而言，其限制未免太为宽泛。据金国宝氏之意见，本条规定，脱胎于美国国民银行条例第五二〇〇条，但于文义上稍有出入。按该条原文甚为冗长，略为："银行对于任何个人或团体之放款总额，不得超过其实收之资本及公积金百分之十；但对于（一）附有提单等之汇票及银行承兑汇票，（二）商业票据，（三）附有农产提单为担保品之本票，及（四）附有政府证券为担保品之本票之贴现，不作放款论。"此所谓放款，系包括一切信用放款及抵押放款而言，所以设有票据贴现作为例外之但书者，无非为提倡票据贴现之意。金氏主张参照美国国民银行条例战前原文，修正本法原文为："银行对于任何个人或法人团体非法人团体之放款总额，不得超过其实收之资本及公积金百分之十；但发生于货物之各种票据（包括银行承兑汇票在内）贴现，不在此限。"其文义自较简明也。总之，经济界之情形，变化至繁，普通银行之业务范围极广，种类亦多，惟其如斯，方能发挥其最大机能，以因应经济界之需要。资金之偏倚，固应严予禁止；然而不可束缚过甚，妨碍其自然发展。若制定不合实际经济生活之法律，决不能彻底实行，不惟有损立法之威信，抑且违反社会之公益。即参照东西各国银行法，对于银行资金之运用，及经营之手腕，均未加规定，例如日本新颁布之银行法中干涉之点，亦已删除，此为经济立法潮流之所趋，可供我国取法者也。

三、银行之组织与设立

本法第二条订明银行应为公司组织，第四十条规定，非公司组织而经营银行业务者，应于本法施行后三年内，即变更为公司组织。依照公司法之规定，公司分为无限公司，两合公司，股份有限公司，股份两合公司四种，较之日本之新银行法，规定银行限于股份有限公司之组织，已较宽格。推立法者用意所在，银行握工商各业之枢纽，若由个人出资经营，财力不充，信用薄弱，易遭变故，恐难发挥其效用，不若在公司组织下，群策群力，众擎易举，至于无限公司之组织，实亦适合国情，盖本法下之银行业者，包括钱庄在内，钱庄多为合伙组织或系独资经营，从其原有形式蜕变为无限公司组织，困难较少。至于合伙与无限公司之异点，民法债编及公司法规定甚为明显，毋待赘述。论者谓：合伙组织之钱庄，倘必须改组为公司，则一经发动，钱庄即不免有出于倒闭者，势必紊乱金融，牵动市面，在吾国经济现象之下，实非所宜云云；王效文我于所著中国公司法论中，则谓："如因合伙改为公司，多数钱庄即须倒闭，则其合伙组织之不确实，亦可想见，我国经济社会，亦何贵呼有此不确实之金融合伙组织耶？是可见毋用其疑虑也。"

银行为特殊之机关，在经济界占重要地位，其设立程序应加严格，以便政府监督；故除应依公司法之规定办理外，并须依照特别法之规定。本法尚未施行，故银行之组织与设立，现须依照银行注册章程办理。兹将本法关于设立银行应履行之程序及应注意之事项，除公司法中规定应向实业部为设立登记之程序外，列举于下：

（一）银行非经财政部之核准，不得设立。（本法第二条）

（二）凡创办银行者，应先订立章程，载明下列各款事项，呈请财政部或呈由所在地主管官署，转请财政部核准：

（一）银行名称

（二）组织

（三）总行所在地

（四）资本总额

（五）营业范围

（六）存立年限

（七）创办人之姓名住所

如系招股设立之银行，除遵照前项办理外，并应订立（招股章程），呈请财政部，或呈由所在地主管官署转请财政部核准后，方得招募资本。（第三条）

（三）凡经核准登记之银行，应俟资本全数认足，并收足总额二分之一时，分别备具下列各件，呈请财政部派员或委托所在地主管官署验资具证，经认为确实，由财政部发给（营业证书）后，方得开始营业：

一出资人姓名住所清册

二出资人已交未交资本数目清册

三各职员姓名住所清册

四所在地银行公会或商会之保结

五证书费

如系无限责任组织之银行，并应添具下列各件：

一出资人详细经历
二出资人财产证明书

如系股份有限公司组织之银行，并应添具下列各件：

一创立会决议录
二监察人或检查员报告书（第六条）

（四）银行应于经核准花登记后六个月内开始营业，否则，财政部得通知实业部撤销其（公司）登记，但有正当事由时，银行得呈请（财政部）延展之。（第四条）

（五）本法施行前，业已开始营业而未呈经财政部核准之银行，应于本法施行后六个月内，补请核准，逾期呈请者，财政部得令停止其业务。（第卅五条）

从上[1]述各项观之：本法对于银行之设立，系采"核准主义"，不若"准则主义"之只须依法登记，即可设立。世界各国，对于法人之设立，除采"特许""放任"二极端主义外，在一般商法未采用准则主义之前，大都采用核准主义，自采准则主义之后，仅对于特种经营之事业，其为公司组织者，（如银行），乃为进一步之核准，其限制较之准则主义为严。论者或谓：本法对于设立银行之程序，太为严密复杂，不开通地方之商人，大概不晓法令，且小金融机关用人甚少，欲责令按照公司法及本法办理各种法定手续，在事实上为难能者。不知银行业为社会经济之重要机关，于其设立，绝不能顾全事实，因陋就简，使政府之监督难期周密；况银行法为公法，本含有取缔的性质，吾人于其实质上之缺点，固应加以研究，以期完备；至手续方面，则似无多加指摘之必要也。

---

〔1〕"上"原文作"右"，现据今日排版需要改正。——校勘者注。

四、银行之资本

银行之基础，建造于信用之上，其本一方为博得信用之工具，一方为运用信用之保证，本法对于银行资本之规定綦详，兹分举其要点如下：

（一）股份有限公司，两合公司，股份两合公司组织之银行，其资本至少须达伍拾万元，但在商业简单地方，得呈请财政部或呈由所在地主管官署转请财政部核减至二十五万元以上。（本法第五条）

（二）无限公司组织之银行，其资本至少须达二十万元；但在商业简单地方，得呈请财政部或呈由所在地主管官署转请财政部核减至五万元以上。（同上）

（三）银行之资本，不得以金钱外之财产抵充。（同上）

（四）股份有限公司之股东及两合公司股份两合公司之有限责任股东，应负所认股额加倍之责任。（同上）

（五）银行非俟资本全数认足，并收足总额二分之一呈请财政部或其委托机关验资异证后，不得开业。（第六条）

（六）银行未收之资本，应自开始营业之日起，三年内收齐，．呈请财政部派员或托所在地主管官署验资具证后备案；如于前项所定期限内，未经收齐，应减少认足资本，或增加实收资本，使认足资本与实收资本相等。（第七条）

（七）银行之股票，应为记名式。（第八条）

（八）无限责任组织之银行，应于其出资总额外，照实收资本缴纳百分之二十现金为保证金，存储中央银行。此项保证金，当实收资本总额超过五十万元以上时，其超过之部分。得按百分之十缴纳，以达到三十万元为限。前二项之保证金，非呈请财政部核准，不得提取。（第十五条）

（九）无限责任组织之银行所缴纳之保证金，如经财政部核准，得按市债扣足，用国家债券或财政部认可之债券抵充全部或一部。保证金为维持该银行信用起见，得由财政部处分之。（第十五条）

（十）有限责任组织之银行，于每届分派盈余时，应先提出十分之一为公积金；但公积金已达资本总额一倍者，不在此限。（第十六条）

（十一）银行公布认足资本之总数时，应同时公布实收资本之总数。（第十九条）

（十二）银行增加资本时，其应行呈请验资程序，与本节第五项所述者相同，但非收足资本全额后，不得增加资本。（第二十七条）

（十三）银行减少资本时，应自呈经财政部核准之日起十五日内，将减资数额，方法，及资产负债表登报公告之。（第二十八条）

（十四）本法施行前，业已开始营业之银行，其额定或认足而未收齐之资本，应于本法施行后三年内收齐之，第七条第二项规定"本节第六项"，于前项情形准用之。（第二十八条）

综上述各点观之：本法对于银行资本之规定，极为严密，且有若干优于公司法而适用之特别规定。法意所在：

第一，可使银行之滥设；稍受限制。第二，可使即设之银行，充实其资本，增加其信用。第三，可使对银行授信者，得较为安全之保障，并不致受不肖者之诈愚。惟关于下列三问题，则有一加研究之必要：

（甲）银行之法定资本最低额，是否适宜？

（乙）银行之有限责任股东应否负加倍责任？

（丙）无限责任组织之银行缴纳保证金是否必要？

（甲）银行最低资本额之规定，他国已有先例，如美国瑞士坎拿大等均于银行法中特定明文。美国国民银行之资本，最低额在一千九百年以前，本为美金五万元，是年改为美金二万五千元并酌量地方繁简，户口多寡，分别定其资本额之等级；最多为美金二十万元，"人口超过五万时"各州对于州银行之立法例，则互有差异。"联邦准备银行"则规定最低资本额为美金四百万元日。本银行法第三条规定：银行业须为资本日金一百万元以上之股份有限公司；人口一万未满之地方，设立总行之银行，其最低资本额至少应为日金五十万元；其以敕令指定之地方，如东京大阪两市，则其最低资本额为日金二百万元；要皆以人口为标准。由斯观之，资本最低额之限定，虽有先例可援，惟同时非察度本国经济状况生活程度，妥订富有伸缩性之限额不可。本法明订无限公司组织之银行，其资本不得少于二十万元；无限公司以外组织之银行，其资本不得少于五十万元；在商业简单地方，前者得减低至五万元，后者得低至二十五万元。所谓商业简单地方，其实质的标准何在？如上海汉口天津广州等处，固可谓为非商业简单地方，其他如南京北平等处，是否认为商业简单地方？则属疑问。依愚所信，本法所定最低资本额；在通都大邑，或可认为适合惟内地及穷乡僻壤之区，其最低额之五万元及二十五万元，仍感过高。虽金融业与其他商业不同，法定限制过宽，易滋流弊；然我国金融状态，尚属幼稚，若以五万元及二十五万元为商业简单地方最低资本额，则于地方之中小产业者之金融，不无影响，所以加于为内地金融中心之小规模钱庄之困难尤多。一方使小金融机关无存在余地，他方又足阻碍中小产业者之发展；更衡以美国国民银行条例规定之最低额，仅为美金二万五千元，本法定为二十五万元，竟超过美国四倍，亦不甚合。故本法首应对于商业简单地方定其界说，并酌将最低资本额分定级数，再予缩小，或竟不加规定，授权财政部妥力斟酌，庶可不致与实际情形凿枘也。

（乙）考本法规定银行有限责任股东应双倍股款责任，据马寅初氏之解释，以为甘末尔顾问圈主张限制银行存款总额至多不得超过资本金公积金合计之五倍，今以此种限制，不适用于我国，乃以此加倍责任代之，实则此制创自美国国民银行条例，该条例规定：银行负有债务时，股东之责任，除交足其持有股份所记明之数额外，并须在相等于股款之范围内，再行各别依平均比例法，缴纳现款，以偿还银行所负之债务。查美国一九三三年银行法，业已取消国民银行股东双倍之责任；是本法之渊源，已有变更，其应加改正，不待多言，已由上海银行公会呈请政府采纳。兹姑就理论言之；在立法者之意，以为加重银行股东责任，所以期银行之基础巩固，及存款之保障安全；不知公司之组织，所以在今日经济制度下较为发达者，化人的结合为资本的结合，股东所负责任，以所认之股份为限，且股份得以自由转让，实为基本原因。今一旦责令有限责任之银行股东，负加倍责任，在将来未设立之银行，投资者了解其责任之加重，裹足不前，足以阻碍金融事业之发展，至即设之银行，在昔未尝有加倍责任之规定，而于本法施行后，则非负加倍责任不可，经营不甚稳健之银行之股东，必至发生恐慌，因规避加重责任，纷纷出让其股份，愿意投资者，又虑责任之太重，不愿承质，银行股票之价格，一致跌落，其信用乃大衰减。法意原为增厚银行信用者，其结果适得其反。尤有进者，银行之殷实与否，须视其资产之性质及资产负债之比例，暨经营之是否合法而定，所谓重监督而不重责任，即使股东加倍负责，其范围终属有限，亦未能尽防患之能事。本法对于检查银行营业情形，即有详尽之规定，（本章第六节）所以保障存款人利益者，已不可谓不严密矣。总之，与其加课股东之责任，毋宁加课银行要职员之责任；因在公司之组织下，小股东散处各地，其持有银行之股份者，在股东会中，仅有发言之权能，难得表决之实益；银行经营之善否，实由其重要职员左右之，以重要职员之所为，而必强令一般以资金合作之股东共负其责，在社会政策上，不能谓为公平也。

（丙）银行资本，贵在流通运用，今照本法第十四条规定，无限责任组织之银行，须提资本百分之二十及百分之十为保证金，另行存储，则流通运用之效力，未免减少。本法第十五条虽准通融以债票缴纳，然于屈行资本之社会的经济效用，仍无从发挥，其无限责任之意义，即为无限制的负担债务的责任，本非以投资额为限；今区区以投资额百分之二十及分之十为保证，且满三十万即免予再提，在事实上即不足完成保证之力量，在理论上又失却无限责任之意旨，似非立法者之本意。故欲求负无限责任者不能脱卸其责任，似不如对于其全部资本及其他之全部财产，予以严格之规定；例如无限责任组织之银行，如倒闭时，无限责任者不立时提出充分之财产时，法院得经利害关系人之声请，扣押全体无限责任者之全部财产备抵，其人均以破产者论；或规定倒闭前若干时日内，无限责任若故意有处分其财产之行为，以不法论，予以相当之罪名之类；似于法理较符，亦于事实有裨也。

五、银行营业之时与地

银行营业，必有时间，于此时间内，银行对于顾客及同业夕屡行债务，行使债权；其不在银行时间内所为之存款，放款，收发票据等行为，在法律上不能认为银行之营业。故各国立法例，莫不对于银行营业期日及时间，加以规定。日本银行法第九条，明定营业年度，第十八条明定银行假日，同法施行细则第十三条，明定营业时间，为其一例。本法类此之规定如下：

（一）银行之营业年度，为一月至六月，及七月至十二月。（本法第十七条）

（二）银行营业时间，上牛九时起至十二时止，下午一时起至四时止，但因营业之必要，得延长之。（第十条）

（三）银行休息日，以星期日，法定纪念日，营业地之例假日及银行结账日为限；但每营业年度之结账日，不得过三日。除前项规定外，如因不得已事故，须临时休息者，应即呈请所在地主管官署核准公告。（第二十一条）

论者关于营业年度之规定，有两种见解：（1）各银行呈部核准之章程，其营业年度都系一月至十二月，至六月三十日结账，纯系内部决算关系，并不分配盈利及召集股东会等；本法以每半年为营业年度，势须在总分行所在地报纸公告公积金及股息与红利分派之议案（本法第十八条第二项）则于实际情形不甚切合，且使手续增繁。（2）我国以农立国，金融界之借贷决算，以适合农业经济为主，可不必拘泥于国历，近年来政府另定各业大结束期，即其适例，本法即系一般实用，对于内地旧式金融机关，不无有应加考虑之处。上述二点，虽不无理由；余则以为兹二事均为手续问题，无关宏旨；各银行中，如上海商业储蓄银行即每半年总决算一次，亦无若何不便；至按国历结账，已为实际奉行之事，可毋庸再加更改也。银行之营业地点，等于自然人之住所，与银行之涉外法律行为，关系至大；如支票本票之提示及付款，汇票承兑，存款之收受与支付，放款及贴现之订立，诉讼行为之提起，均以银行之营业所为其中心。美国银行法规定，银行之营业地点，必须于许可证状中明白订明，盖银行主要业务之经营，必须于其法定营业所为之，但遇有必要时，银行除设立分行或办事处外，亦得本埠及他埠，委托他人代理业务上必要事项。至于银行之设立分行，非经特许，不得为之。我国公司法规定：公司本店支店及其他所在地，为必要登记事项之一。本法第三条规定，银行总行所在地，请财政部核准事项之。第二十六条规定，银行（甲）设置分支行及办事处或代理处，（乙）变更总分支行及其他营业所在地，（丙）分行以外之营业机关改为分行；均须得财政部之核准。又第三十六条规定，本法施行前，业已呈经财政部核准之银行。其已设之分支行及办事处或代理处，未经核准者，应于本法施行后六个月内；补请核准，逾期不呈请者，财政部得令停止其业务，亦即本乎此意也。

六、银行之监督及检查

银行为重要金融机关，与社会经济，息息相关，于其设立之初，固应严加限制，于其存续期内，尤宜施以严密之监督与检查，以期防遏弊端，务使合法，此各国银行法对于银行之监督与检查，莫不有详密之规定也。本法以财政部为银行之上级主管官署，其监督权之范围甚广，列举如下：

（甲）银行设立时：

（一）核准银行之设立本法；（第二条）

（二）核准银行之章程及其他事项；（第三条第六条）

（三）核准银行呈请展延开业期日；（第四条）

（四）对于逾期不开业之银行，通知实业部撤销其登记；（同上）

（五）核验银行之实收之资本；（第六条）

（六）发给银行营业证书。（同上）

（乙）银行存续期间内：

（一）督促资本未经收足之银行，于开始营业之日起三年内，将未收资本收齐，并加以检验；（第七条）

（二）征纳无限责任组织之银行应缴之保证，存储中央银行，并核准其提取；（第十四条）

（三）核准无限责任组织之银行，请求以有价证券代充保证金，并于必要时处分之；（第十五条）

（四）查核每营业年度终，银行依照部定格式造具之资产负债表及损益计算书；（第十八条）

（五）随时命令银行报告营业情形，及提出文书账簿上；（第二十二条）

（六）于必要时，派员或委托所在地主管官署，检查银行之营业情形及财产状况，（第卅二条）检查员应于检查终了十五日内，将检查情形呈报，对于报告内容，检查员应严守秘密，违者依法惩处；（第廿五条）

（七）银行经检查后，认为难于继续经营时，得命令于一定期间内变更执行业务之方法，或改选重要职员；并为保护公众之权利起见，得令其停止营业，或扣押其财产，及为其他必要处分；（第二十四条）

（八）核准银行关于（1）变更名称，（2）变更组织，（3）合并，（4）增加资本，（5）设置分支行及办事处或代理处，（6）变更总分支行及其他营业所在地，（7）分行以外之营业机关改为分行之声请；（第二十六条）

（九）对于银行增加资本，加以检验；（第二十七条）

（十）核准银行兼营信托业务；（第二十九条）

（十一）指镇或监督同一区域内之银行，共同办理：（1）增进金融业之公共利益，（2）矫正金融业上之弊害，（3）办理票据交换所及征信所，（4）协助预防或救济市面之恐慌等事项，及（5）其他关于金融业之公共事项；（第三十三条）

（十二）银行违反法令，或其行为有害公益时，令其停止业务，撤换其职员或撤销其营业证书；（第四十五条）

（十三）核准银行自行解散之声请。（第四十三条）

就上述各点观之，本法所赋乎财政部之权力极大，如何在合理的原则下，使民无扰，使法易行，俾达监督典检查之真实目的，是所望于贤明廉洁之政府也。

七、银行与信托业务

信托事业，滥觞于英，洎入信用经济时代，人事纷杂，懋迁繁复，信托制度乃因时势之需要，而日益发达。今日世界各国几无一国不有专营信托业务之信托公司存在，即顾行之兼营信托业务者，亦所在多有，盖非无故。考信托关系，较债权债务契约之关系，更进一步，其范围较任何事业为广。而与民法上之代理，尤多相近。

我国为礼教之邦，信托心理，萌芽久远，未具雏形，民十以还，信托业务，始创于上海，十四年来，纯正信托业务，仍无相当进展。据近统计，上海一隅，有信托公司十二家，全国兼营信托业务之银行，四十二家。而国家对于信托事业之法律，尚未制定。本法鉴于银行颇多兼营信托业务者，故就银行兼营信托业务，加以规定，其要点如下：

（一）银行非经财政部之核准，不得经营信托业务。（本法第廿九条）

（二）本法施行前，兼营信托业务之银行，非经财政部之核准，不得继续其业务。（同前）

（三）银行经营信托业务之资本，不得以银行之资本与法定公积余抵充。（第卅条）

（四）银行收受之信托资金，应分别保存，不得与银行其他资产混合；非因特别事故预得委托人之同意者，不得以信托资金转托他银行或他公司。（第三十一条）

（五）经营信托业务之银行，对其受托之业务，除向委托人征收相当之报酬外，不得再从信托上取得不正当之利益。并不得为有损于受益人之行为。（第三十二条）

上之规定，简略异常：第五点，事属当然，为注意规定性质；第四点似以信托存款为对象，第一第二两点，亦系当然规定；惟第三点以另行招募股本为必要，未免严刻。我国信托业，尚在幼稚时代，银行兼营，不过为附属业务之一种，若必须独立招股，成效未可斯。而信托专业之机倪或将因而遏阻。不若仿照银行兼营储蓄业务办法，准其酌拨资本，另设专部办理之，庶能兼筹并顾也。至信托业务之基本法律，其订立不可或缓，尤不待言。

八、银行之解散与清理

银行对内对外之关系，复杂万状，于其解散时，如无整齐划一之办法，以为清理，势必流弊横生，小之足以诈害银行之一般债权人，大之足以扰乱社会之金融；故各国银行法，对于银行解散时之清理，莫不厘定缜密办法，美国银行法，对于银行之清偿不能停业清算之规定，最为详尽；该国阙于银行清算事项之特种条例，规定（1）绝对禁止清偿不能后之转账及支付现款等行为；（2）绝对禁止预见清偿不能时，为或种行为，使普通债权变为有担保之优先债权诈害其他债权人；（3）清偿不能后收进之存款，为诈欺行为，应返还该被愚之存户，即使该款人清算人或破产管理人之手，亦得由存户提出相当证明，请求返还全额；（4）清偿不能之银行所发之支票及汇票之持有人，无优先受偿之权；（5）清偿不能之银行之债权，可以其债务抵销之；均为可拱采取之法例，美国国民银行条例则分银行解散为"自动停业"与"被动停业"二种，前者因股东为无意继续经营之决议，自动宣告清算，须依照法律之规定办理；后者，于（1）银行职员违法，被政府取消营业权或勒令解散时；（2）偿权人对银行已取消确定判决及执行命令，而银行竟不能返还判决之债务，已经三十日，由法院书记官予以证明时；（3）金融监理官认为该银行确有清偿不能之情事时，经金融监理官考虑后，得令即日清算，并选派清算管财人，使其了结该银行之现务，并催收股东应履行之补缴股款责任清偿不能后该行所为之不法行为，应归无效，已如前述，而对于清偿不能银行所提之任何诉讼行为，非经终局判决确定后，法院不得对该银行为假扣押假处分或假执行之处分，对于少数债权者，虽属不便但就一般债权人之利益着想，其法意亦有足多者。

本法对于银行解散时之清理方法，亦有相当规定，兹先参照公司法及本法之规定，列举银行解散之原因如下：

（甲）公司法上之原因：

（一）章程所定之解散事由发生；

（二）所营事业已成就或不能成就；

（三）无限公司组织之股东仅余一人，或股东全体之同意；

（四）两合公司及股份两合公司组织之无限责任股东，或有限责任股东全体退股；或股东全体之同意；

（五）股份有限公司组织之股东之决议，或有记名之股东不满七人；

（六）与他银行合并；

（七）破产；

（八）法院解散之命令。

（乙）银行法上之原因：

（一）未经财政部核准登记，擅自开业时；（本法第四十六条）

（二）登记后逾六个月不开业，亦未呈请财政部核准展延，被实业部撤销登记时；（第四条）

（三）营业情形及财产状况，经财政部检查后，认为难于继续经营时；（第二十四条）

（四）违反法令，或行为有害公益，经财政部撤销营业证书时。（第四十五条）

其次分述本法对于银行解散清理之特别规定如下：

（一）银行解散时应将营业证书缴呈所在地主管官署，转送财政部核销。（本法第四十四条）

（二）银行如因破产或其他事故停业或解散时，除依其他法令（如公司法，及破产法，该行章程，财政部制定之监督银行清理办法等）规定办理外，应即开具事由，呈请财政部或呈由所在地主管官署转请财政部核准后，方生效力；银行停止支付时，除详具事由，呈请所在地主管官署核办外，应即在总分支行所在地报纸公告之，并呈请财政部查核。（第四十三条）

（三）银行改营他业，其存款债务尚未清偿以前，财政部得令扣押其财产，或为其他必要之处置；其因合并而为非银行之商号承受银行之存款及债务时亦同，于此种情形之下，财政部得随时命令该银行报告情形，及提出文书账簿，于必要时，并得派员或委托所在地主管官署核查该行之情形及财产状况。（第四十一条）

（四）银行清理时，其清偿债务，依下列之顺序：

第一，银行发行兑换券者，其兑换券；

第二，有储蓄存款者，其储蓄存款；

第三，一千元未满之存款；

第四，一千元以上之存款。（第四十二条）

上述数项，大体尚称妥当。致本法制定之时，储蓄银行法尚未颁行，故列诸储蓄存款于普通存款偿还顺序之先；现在各银行办理储蓄业务，即另有单行法可资依据，规本法自可将该项剔除，以明界限。惟本法第四十二条所列四项，未将"本票"列入，在目前我国普通商业习惯，视各银行所历之本票，不管现金，银行或钱庄清算时，往往将本票列入优先债权之内，此种善良习惯，足以增加社会对于本业之信托心，本法似有加以采纳之必要，又收受汇款之未经解付者，似亦应视作优先，此上海银行业同业公会银行法研究委员会之主张也。

九、罚则一瞥

银行须为公司组织，公司法所订之罚则，对于银行当然有其适用；本法第四十六条至四十八条所列之罚则，其追加者也。至各该项罚金之科处，亦为刑事处分，应经由法院判决，并依据刑法总则编之规定，财亦毋待多论，兹将本法规定之罚则列举如下：

（甲）对于银行者：

未经财政部核准登记，擅自开业者，除得由财政部令其停业外，并得处以五千元以下一千元以上之罚金。（本法第四十六条）

（乙）对于银行之重要职员者：（关于重要职员之解释，见本法第四十九条）

（一）得处以一年以下之徒刑并千元以上之罚金者：（第四七条）

（子）于营业报告中，为不实之记载，或为虚伪之公告，或以其他方法欺蒙官署及公众时；（丑）于检查时，隐蔽文书账簿，或为不实之陈述，或以其他方法妨碍检查时。

（二）得处以十元以上千元以下之罚金者：（第四十八条）

（1）怠于为本法规定之呈报或公告时；

（2）银行之资本，以金钱外之财产抵充时；（第五条第四条）

（3）兼营本法未加规定之业务时；（第九条）

（4）为商店或他规定他公司之股东时，其已经出资入股者，不于本法施行后三年退出，并按其入股之数，核减资本总额时；（第十条）

（5）收买本银行股票时，或以本银行，股票作借款之抵押品时，其因清

偿受领之本银行股票，不于四个月内处分时；（第十一条）

（6）除关于营业上必需者外，买入或受不动产时，其因清偿受领之不动产，不于一年内处分时；（第十一条）

（7）放款，受领他因行之股票为抵押品，超过该银行股本总额百分之一时，或对该行另有放款，其所放款额，连间受押股票数额合计，超过本银行实收资本及公积金百分之十时；（第十二条）

（8）无限责任组织之银行，不依法缴纳保证金时，或已缴纳，而擅自提取时；（第十四条）

（9）有限责任组织之银行，不依法从盈余提公积时；（第十六条）

（10）公布认定资本之总数，不同时公布实收资本之总数时；（第十九条）

（11）对于本法第二十六条规定之事项，不呈请财政部核准时；（二十六条）

（12）对于经营信托业务之资本，不独立招募时；（第三十条）

（13）收受信托资金，不分别保存时，或未得委托人同意，以信托资金转托他银行或他公司时；（第三十一条）

（14）从受托之信托业务，收取非法报酬时；或为有损受益人利益之行为时；（第三十二条）

（15）对于任何个人或团体放款，超过本法第三十四条所定之成分时；（第三十四条）

（16）非公司经营银行业务，不于本法施行后三年内变更为公司组织时；（第四十条）

（17）因破产或其他事故停业或解散时，未开具理由呈请财政部核准时；（第四十三条）

（18）停止支付时，未在总分行所在地报纸公告，并呈请财政部查核时。

本法科罚条，网罗周密，亦可显见本法极富刚性，倘使实行有日，凡从事银行业者，亟宜深切研究，庶不致贻违法。干咎之后悔也。

新银行法要义*

*彭学海***

　　立法院最近通过银行法，全文计分十章，凡一百十九条，洋洋大观，洵属精心伟构。

　　细绎编排体裁，一仿新公司法，系采英美法例，首列"定义"扼要说明，以免疑虑解释，徒滋纠纷。次为"通则"，取其共同事项，俾下列各章，亦即各种银行钱庄及信托公司所可通用。以后分列"商业银行"，"实业银行"，"储蓄银行"，"信托公司"，"钱庄"及"外国银行"，俱有明达简洁之规定。旋为"银行之登记及特许"，作必要明确之指示，俾所适从。最后殿〔1〕以"附则"，将过渡性质并补充规定，一概网罗，免再定施行法。立法技术，可谓简明缜密，排列井然，而其内容，尤属切合实际，追随国策，为时下鲜见之良法美制。

　　窥维银行业务，实握金融机构，有关国计民生，至深且巨。新法既布，非特银行实务家，应深切了解，善加体会，奉之为"圭臬"；即一般工商实业保人士，亦应熟习，俾与配合。作者愿就此际，为文扼要介绍，但言法意，故名"要义"，想亦读者所乐见与。

　　（一）定义

　　新银行法第一章所订，解释十二种名词，分述如次：

　　（子）"银行"——谓依公司法及本法组织登记，并依本法经营银行业务

---

　　* 本文原刊于《银行通讯》（1947 年）第 18、19 期。

　　** 彭学海，1932 年毕业于东吴大学法学院（第 15 届），获法学学士学位。

　　〔1〕"殿"指最后、最下。殿，后也。——《广雅》；奔而殿。——《论语·雍也》；集解引马注："殿在军后。前曰启，后曰殿。"大殿。——《左传·襄公二十三年》。注："殿，后军也。"又如：殿最（古代考核政绩或军功的差等，下等称为"殿"，上等称为"最"）。——校勘者注。

之机构。

（丑）"银行业务"——又分主要业务与附属业务两种。主要业务有六：1. 收受各种存款，2. 票据承兑，3. 办理各种放款或票据贴现，4. 国内汇兑，5. 特许经营之国外汇兑，6. 代理收付款项。附属业务凡五：1. 仓库及保管业务，2. 买卖有价证券及投资，3. 代募或承募公债公司债及公司股份，4. 特许买卖生金银及外国货币，5. 受托经管财产。以上共十一项，统为银行业务。

（寅）"活期存款"——乃除定期存款外，无时期上限制，存款人得随时提取之存款。

（卯）"定期存款"——指有一定时期之限制，存款人于到期时提取；或一定时期前通知银行，方能提取之存款。

（辰）"普通存款"——谓除储蓄存款及信托款项以外之一般活期及定期存款。

（巳）"储蓄存款"——指以收取利息为目的，凭存单或存折，储存银行之活期或定期之定额存款。

（午）"信托款项"——乃信托公司或银行信托部，依照信托契约运用或经理之款项。

（未）"存款总额"——系银行收受之活期存款、定期存款、储蓄存款及银行可以运用之其他一切存款之和。

（申）"付现准备金"——指银行对于所受之存款，提成储存现款于本行库内，或活存当地国家银行，及其他银行之准备金。

（酉）"保证准备金"——谓银行对于所收受之存款，提成储存于主管官署所指定之国家银行，非依存款之减少，不得提用之准备金。

（戌）"银行负责人"——指依照银行所属公司之种类，按公司法规定，应负责之人。

（亥）"主管官署"——有中央与地方之分。中央主管官署，为财政部；地方主管官署，有两种情形，在省为财政厅，在直辖市为财政局。

（二）通则

银行法第二章，凡三十四条，探求法意，得归纳之为下列十二点。虽立法意旨，每一条有一条之含义；但因性质类似，固可作合并之陈述耳。

第一，关于银行种类及其类推之规定。银行分下列五种商业银行：1. 商业银行，2. 实业银行，3. 储蓄银行，4. 信托公司，5. 钱庄。银行之种类，应在其名称中表示之，如某某商业或储蓄银行是。本法公布施行前，已登记之银行名称，与其种类不相符合者，得不予变更；但应于一定时期内，调整其业务。上开时期，由中央主管官署定之。凡经营本文前段所述，银行主要业务第一至第六点中之一者，均视同银行，应依本法办理。再以收存货币或款项为常业者，不论其收存方法为给予支票，或存单，或收据，或簿折[1]，或期票，或其他类似之证明文件，均视为银行业务；但代理人收存委托人寄托款项，或买卖上缴存定金或保证金，或业务机关收存之职工储蓄，不在此限。

第二，关于登记及公告。银行及其分行，非在中央主管官署申请营业登记，经核准并领得营业执照后，不得开始营业。违反上开规定，应勒令停业，并得科[2]银行各负责人五千人以下罚锾[3]。凡欲设立银行者，应开具下列各款，呈请中央主管官署，核准营业登记。条款计有六点：1. 银行名称及其公司组织之种类，2. 资本总额，3. 业务种类及范围，4. 营业计划，5. 本行及分行所在地，6. 发起人姓名籍贯住址及履历。又银行经核准营业登记后，欲设立分行时，应开具业务种类及范围，并营业计划，及分行所在地，分别虽请营业登记。再经核准设立之银行，于资本全数认足，并至少收足总额二分之一时，除准用公司登记程序规定，呈请中央主管官署为营业登记外，并应缴验资本证明书，及所在地银钱业或信托业同业公会或商会对其发起人之信用证明书。且银行于开始营业时，应将中央主管官署所给营业执照记载各款，于本行及分行所在地公告之。违反上开公告规定，得科银行各负责人五千元以下罚锾。抑有进者，银行对于已登记之名称及其公司组织之种类，资本总额，营业种类及范围，或本行及分行所在地等事项，拟予变更，或拟与他银行合并，应先呈请中央主管官署核准，方得为之，并应声请变更营业登记，前述变更营业登记，应于核准后十五日的，在本行及分支行所在地公告之。违反上开呈请核准及变更登记之规定，得制止其变更，并得科银行各负

---

[1] "簿折"指账簿的一种。——校勘者注。
[2] "科"指判定刑罚。——校勘者注。
[3] "罚锾"指罚金。古代赎罪，用锾计算，故名。旧题汉·孔安国传："疑则赦，从罚。六两曰锾，锾，黄铁也。阅实其罪，使与罚各相当。"古代赎罪，用锾计算，故以"罚锾"称罚金。（唐）柳宗元《酬韶州裴曹长使君》诗："圣理高悬象，爰书降罚锾。"清顾炎武《钱法论》："隆虑公主，以钱千万为子赎死，是罚锾之入以钱。"——校勘者注。

责人一万元以下之罚锾。违反公告期限者，得科银行各负责人五千元以下罚锾。

第三，银行资本之订定。按各种银行资本之最低额，由中央主管官署，将全国划分区域，审核当地人口数量，经济金融实况，及已设立各种银行之营业情形，分别呈请行政院核定之。但上开规定，对本法公布施行前已登记之银行，不得予以适用。至银行资本，应以国币计算。又银行之股票及股单，俱应为记名式。储蓄银行之股东，应以具有中华民国国籍者为限。

第四，关于利率。银行各种存款及放款之最高利率，由所在地银钱信托业同业公会，会同当地中央银行议定。当地无银钱业或信托业同业公会或中央银行者，参照附近地方所定标准办理。此点已将三十〔1〕五年二月十八日公布施行银行存放款利率管理条例之法意采入；且可不受普通民法对于利率高度之限制，实银钱业生存之命脉。立法主旨，备极顾全。唯为防止不正当之竞争计，故又限制银行，不得于规定利息外，以津贴赠与或其他给予方法，吸引存款；但信托款项订有契约，分给红利者，不在此限。违反上开规定，得科银行各负责人一万元以下罚锾。

第五，有关监督之规定。银行每届营业年度终了，应将营业报告书，资产负债表，财产目录，损益表，盈余分配之先议或议案，于股东同意或股东会承认后十五日内，呈报中央主管官署审核。违反上开呈报期限，得科银行各负责人五千元以下罚锾。其呈报表册有故意为不实之记载者，得科银行各负责人一年以下有期徒刑、拘役或二万元以下罚金，其情节重大者，并得撤销营业执照。又中央主管官署，得随时派员，或令地方主管官署派员，检查银行业务及账目〔2〕，或令银行于限期内，造具资产负债表，财产目录，或其他报告呈核。上开账目表册或报告，有故意为不实之记载者，得科银行各负责人一年以下有期徒册、拘役或二万元以下罚金；其情节重大者，并得撤销其营业执照。凡银行违反法令，应撤销其营业执照；或其负责人，应受罚金上之处分时，主管官署应移送法院裁判之。再中央主管官署，得以命令规定银行营业时间及休假日。

第六，停业及清算。银行因不能支付其到期之债务，经中央银行停止其

---

〔1〕 "三十" 原文作 "卅"，现据今日通常用法改正。——校勘者注。
〔2〕 "账目" 原文作 "帐目"，现据今日通常用法改正，下同。——校勘者注。

票据交换时，中央主管官署，得令其停业，限期清算，又待银行解散清算时，应将其营业执照撤销。

第七，提存公积金办法。经规定银行分派每一营业年度之盈余时，应先提十分之二为公积金；但公积金已达其资本总额时，不在此限。除上开公积金外，银行得以章程规定，或股东议决，另提特别公积金。

第八，关于一般之限制。银行不得经营其所核准登记业务种类以外之业务。违反上开规定，得科银行各负责人一万元以下罚锾。或勒令撤换其负责人；其情节重大者，并得撤销其营业执照。又中央主管官署，得视国内各地区经济金融情形，于呈准行政院后，限制某一地区内，不得增设银行或分行，或不得增设某种银行或分行。至商业银行实业银行，得附设储蓄部及信托部；但各该部之资本营业及会计，必须独立。并依法关于资本最低额，及储蓄银行与信托公司之各规定，分别办理。

第九，关于特定事项之限制，有四种情形。首为对同业存款之限制，规定银行存入其他每一银行之款，不得超过其所收存款总额百分之十；但存入国家银行者，不在此限。次言对本行负责人等放款之限制，银行不得对本行负责人或职员，为任何方式之信用放款；设有违反，得科银行各负责人一万元以下罚锾。至银行对其负责人所为抵押或质之放款，或对于与其负责人有利害关系之公司合伙或个人所为之放款，其利率与条件，不得优于其他贷款人。再次为银行负责人等收取额外利益之禁止。银行负责人及其他职员，不得以自己名义，向存户贷款人或委托人，收受佣金酬金，或其他不当得利；违反者，得科一年以下有期徒刑、拘役或二万元以下罚金。最后为对抵押或质放款总额之限制。银行放款以不动产或动产为抵押或质者，每项放款之数，不得超过其抵押物或质物时价百分之七十。对于为抵押物或质物已设定其他债权者，应合并计算，仍不得超过其时价百分之七十。

第十，停止给付或扣留担保品等，订明凡向银行请求停止给付存户之存款、汇款或扣留担保品，保管物或为其他类似之行为者，应经法院之裁判。其向银行为上开请求者，得向银行提供担保，请其暂行停止结付；如法院裁判不准停止给付时，请求人及银行，对于因停止给付而遭受损害之人，应负赔偿之责。设有违反，得科银行各负责人一万元以下罚锾。

第十一，规定保证准备金比率。中央主管官署对于银行应缴存之保证准备金比率，就商业银行及实业银行所收普通存款，储蓄银行所收储蓄及普通存款，关于缴存保证准备金，最低及最高限度内，按照当地当时金融市场情形，商同中央银行分别核定之。至各种银行应缴保证准备金之比率，稍有差异，详见下列有关各该银行之说明。

第十二，关于成立存款保险之组织。银行为保障存款人利益，应联合成立存款保险之组织。

（三）商业银行

银行法第三章所订，凡九条，可归纳为下列四点：

第一，商业银行之定义及业务，凡收受普通存款，与办理一般放款汇兑及票据承兑或贴现，为商业银行。在本法公布施行前，已经核准营业登记之银行，经营前项业务之一部或全部，而不称商业银行者，视同商业银行。至商业银行所得经营之业务，计有下列十一种：1. 收受普通活期定期存款，2. 办理各种放款或贴现，3. 票据承兑，4. 办理国内汇兑，5. 经中央银行特许办理国外汇兑，6. 代理收付款项，7. 买卖公司债库券及公司债，8. 办理与其业务有关之仓库或保管业务，9. 投资于生产公用或交通事业，10. 代募〔1〕公债公司债及公司股份，11. 经中央银行特许收受外国货币或买卖生金银〔2〕。

第二，所收普通存款，应提准备金之比率，计分两类。一种是保证准备金，应照下列比率，缴存于中央主管官署所指定之银行，计活期存款百分之十至十五，定期存款百分之五至十。其最低额须经中央主管官署，分区审核，并得以公债、库券或国家银行认可之公司债抵充之。另一种是付现准备金，活期存款为百分之十五，定期存款为百分之七。

第三，各种放款之总额及期限。先言额数，得分三类，各有不同。第一种是信用放款，不得超过其所收存款总额百分之二十五。第二种是以不动产为抵押之放款，不得超过其所收存款总额百分之十五。第三种，购入生产公用或交通事业公司之有限责任股票购价，每一公司不得超过其存款总额百分之二，总额不得超过其存款总额百分之二十。至于期限，信用放款不得超过六个月，抵押或质者，不得超过一年。

第四，关于罚则。商业银行如有违反上述放款总额及期限时，得科银行各负责人一万元以下罚锾；其情节重大者，并得勒令撤换其负责人。（新闻报

---

〔1〕 "代募"指代为募集。——校勘者注。
〔2〕 "生金银"指金、银类的物品。——校勘者注。

所刊"违反前条任何规定"前与条两字间，恐漏排"四"特此注明。)

（四）实业银行

银行法第四章规定，亦有九条，得归纳为下列五点：

第一，实业银行之定义及业务。凡对农工厂或其他生产公用交通事业，经营银行业务者，为实业银行。在本法公布施行前，已经核准营业登记之银行，其业务合于前项规定，而不称实业银行者，视同实业银行。至实业银行所得经营之业务，计有下列八种：1. 收受普通活期定期存款，2. 对农工矿及其他生产公用或交通事业办理各种放款票据承兑贴现及汇兑，3. 代农工矿业及其他生产公用或交通事业办理收付款项，4. 代农工矿及其他生产公用交通事业募集股份或公司债，5. 买卖公债库券公司债及其他债券，6. 办理与其业务有关之仓库或保管业务，7. 投资于农工矿业及其他生产公用或交通事业，8. 办理国家银行指定代理之业务。

第二，所收普通存款，应提准备金之比率，亦分两类：一种是保证准备金，应照下列比率，缴存于中央主管官署所指定之银行，计活期存款百分之八至十二，定期存款百分之五至八。其最低额须经中央主管官署，分区审核，并得以公债库券及国家银行所认可之农工矿业或其他生产公用交通事业之股票或公司债抵充之。另一种是付现准备金，活期存款为百分之十二，定期存款为百分之六。上开四种准备金比率，俱较商业银行为少，亦足见政府维护实业之诚意矣。

第三，存款运用之限制，系实业银行之特别规定。按实业银行所收存款总额，应有百分之六十五以上运用于实业；以某种专业冠其名称者，至少应以其存款总额百分之四十运用于该专业，百分之二十五以上运用于其他实业。欲使名副其实，自属必要规定。

第四，各种放款之总额及期限。先言额数，亦有三类限制：第一种，是以不动产为抵押之放款，不得超过其所收存款总额百分之三十。第二种，购入农工矿业及其他生产公用或交通事业公司之有限责任股票，其股票购债每一公司不得超过其存款总额百分之四，总额不得超过其存款总额百分之四十，亦较商业银行为 加倍之放宽。第三种，是信用放款，与各种放款之期限，据六十一条所订，得准用前段所述商业银行之规定。（依法文查考，应为五十一条及五十四条；但立法院通过后，仅新闻报刊载全文，排为五十条及五十三条，是否该报误植，有待考核，特此注明。）

第五，关于罚则。实业银行违反上开放款总额及期限者，得科银行各负责人一万元以下罚镪；其情节重大者，并得勒令撤换其负责人。

（五）储蓄银行

银行法第五章所订，凡十八条，得归纳为下列八点：

第一，储蓄银行之定义及业务。凡以复利方法，收受以储蓄为目的之定额存款者，为储蓄银行。在本法公布施行前，已经核准营业登记之银厅业务合于前述规定，而不称储蓄银行者，视同储蓄银行。至储蓄银行所得经营之业务，计有下列十三种：1. 收受活期储蓄存款及通知储蓄存款，2. 收受整存整付零存整付整存零付及分期付息之定期储蓄存款，3. 收受普通活期定期存款，4. 办理各种放款，5. 办理国内汇兑，6. 代理收付款项，7. 买卖公债库券及公司债，8. 办理以有价证券为担保之放款，9. 办理与其业务有关之仓库或保管业务，10 办理生产公用交通事业及有确实收益之不动产抵押放款，11. 购入他银行承兑之票据，12. 以本银行定期存款为担保之放款，13. 代募公债库券及公司债。

第二，所收存款应提准备金比率。与其他银行不同处，在于存款项下，不仅有普通存款，且包含其特出之点，即储备存款是也。亦分两种，首曰保证准备金，应照下列比率，缴存于中央主管官署所指定之银行，计活期存款百分之十至十五，定期存款百分之五至十，与商业银行同。并得以公债库券，或国家银行所认可之有价证券抵充。至其最低额，是否须经中央主官官署分区审核，法文虽无规定，自得依一般银行之类推解释。次曰付现准备金，其最低比率，活期存款为百分之十，定期存款为百分之五，较商业及实业银行俱低，亦政府奖励储蓄之微意也。

第三，存款比额之特别限制。按储蓄银行之特点顾名思义，自应以收受储蓄存款为主要业务；但亦不能漫无限制。法文特定每一户之最高限额，计活期不得超过该储蓄银行或储蓄部额定股本总额百分之三，定期不得超过该储蓄银行或储蓄部额定股本总额百分之六。超过前项定额之存款，视为普通存款，银行应在其所发给之存款证上，注明为普通存款。普通存款应缴准备金，完全须依商业银行办理。（法文为四十八条及四十九条，新闻报刊援用四六、四七条，恐系手民对数字有误植，特此批明。）且此项普通存款之总额，亦不得超过其储蓄存款总额二分之一。

第四，各种放款之总额及期限。先言数额，亦有三种眼制：第一种，信用放款，不得超过其所收存款总额百分之十。第二种，不动产抵押放款，不得超过其所收存款总额百分之三十。第三种，购入农工矿业及其他生产公用或交通事业公司之有限责任股票，每一公司不得超过其存款总额百分之二；其股票购买总额，不得超过其存款总额百分之二十五。至于期限，信用放款亦不得超过六个月，抵押或质押放款，则不得超过二年，已较其他银行为长。

第五，储蓄银行负责人之连带无限清偿责任。按储蓄银行之资产，不足清偿其储蓄存款时，其银行负责人，应负连带无限清偿责任。以上责任，于各该负责人卸职登记之日起，满二年解除，并不即时脱责。此一条文，对负责人固加重其责任；但为保护储户计，不得不尔。立法意旨，与民国二十三年公布施行之储蓄银行法同。本法且为明确计，又规定银行兼设储蓄部者，其负责人及兼管储蓄业务之经理人，均视为储蓄部之负责人，应负上开规定之责任。同时，银行之设备有储蓄部者，该部对于本行其他部分款项之往来，视同他银行，以清界限。而银行受破产宣告时，储蓄部储蓄存款，得就储蓄部之资产，优先受偿。再储蓄银行负责人，自身既负重大责任，故又限制不得为本银行向外借款之保证人。

第六，关于公告及检查。诚以储蓄银行，不比一般普通银行，有关平民储金安全，其业务情况，应绝对公开，俾大众周知。故储蓄银行之资产负债表及财产目录，每半年应公告一次，并将公告，呈报中央主管官署备案。再如有存款总额百分之五以上储户，对上开公告及其业务有疑义时，亦得呈请主管官署，派员会同储户所举代表检查之。

第七，罚则，储蓄银行违反前列第四点之放款总额及期限；或其负责人，谬为本银行向外借款之保证人时，俱应科银行各负责人一万元以下罚锾。其情节重大者，并得勒令撤换其负责人。如对公告有故意为不实之记载者，得科银行各负责人一年以下有期徒刑拘役或二万元以下罚金；其情节重大者，并得撤销其营业执照。

第八，准用之规定，即本节各种规定，对各种银行之有储蓄部分者，一律准用。

（六）信托公司

银行法第六章所订，凡一十条，得归纳为下列八点：

第一，信托公司之定义及业务。凡以信托方式，收受运用或经理款项及财产者，为信托公司。在本法公布施行前，已经核准营业登记之信托公司，其兼营商业或储蓄银行业务者,其兼营部分,应依第三章或第五章,即商业银行与储蓄银行规定办理。至信托公司所得经营之业务,计有下列十三种:1. 管理财产,2. 执行遗嘱,3. 管理遗产,4. 为未成年人或禁治产人之财产监护人,5. 受法院命令管理扣押之财产及受任为破产管理人,6. 收受信托款项及存款,7. 办理信托投资,8. 代理发行或承募公债库券公司债及股票,9. 承受抵押及管理公债库券公司债及股票,10. 代理公司股票事务及经理公司债及其他债券担保品之基金,11. 代理不动产孳息收付事项,12. 代理保险,13. 管理寿险债权及养老金抚恤金等分期收付。于此有须特别提出者,即法文规定,信托公司执行信托业务,涉及法律会计人事及其他不属于财务之事项,应委托登记合格,执行业务之律师会计师或其他专门技师为之。诚以信托事业,在我国尚未普遍,欲谋推行顺利,博取信用计,不得不有专门人才分别处理,故设此种训示式之规定。政府苦心孤诣,于此可见一斑矣!

第二,所收普通存款,应提准备金之比率,准用第四十八条及四十九条各规定,即关于商业银行所订者。一种是保证准备金,应照下列比率,缴存于中央主管官署所指定之银行,计活期存款百分之十至十五,定期存款百分之五至十。其最低额须经中央主管官署,分区审核,并得以公债库券或国家银行认可之公司债抵充之。另一种是付现准备金,计活期存款为百分之十五,定期存款为百分之七。

第三,各种放款之总额及期限,准用第七十二条至七十五条各规定,即关于储蓄银行所订者。关于数额,计有三种限制:第一种,信用放款,不得超过其所收存款总额百分之十。第二种,不动产抵押放款,不得超过其斯收存款总额百分之三十。第三种,购入农工矿业及其他生产公用或交通事业公司之有限责任股票,每一公司不得超过其存款总额百分之二;其股票购价总额,不得超过其存款总额百分之二十五。至于期限,信用放款不得超过六个月;抵押或质押放款,不得超过二年。同时为顾及现实起见,另有但书之规定,即信托契约另有订定者,从其订定。

第四,关于代理投资,乃信托公司之特别规定。信托公司除有契约特定者外,得为信托人投资于任何事业。法文为防止流弊计,且设有限制信托公司或其负责人自身有利害关系之事业,或信托公司所出售之事业或财产上,则不得代为投资;但信托人知情,而订明于信托契约者,为尊重当事人之意见,不在此限。

第五，信托公司运用信托款项之注意程度，亦为特别规定之一。查普通民法规定，受任人处理委任事务，应依委任人之指示，并与处理自己事务为同一之注意；其受有报酬者，应以善良管理人之注意为之。（参阅民法第五三五条）法文所谓"与处理自己事务为同一之注意"，乃具体的注意，应依受托者平时注意之程度决之，非有重大过失，不负损害赔偿责任。至"善良管理人之注意"，乃抽象地[1]注意，应依一般情形决定，实深进一步，纵属轻微过失，亦负责任。本法为确保信托人之权益计，限信托公司须以善良管理人之注意，运用信托款项。见此项义务，不仅在运用中，即一旦收受，纵未依契约运用前，或运用中收回之时，亦应具有。换言之，即在此种时际，若有轻微过失，仍负损害赔偿责任。

第六，信托公司及其负责人之赔偿责任，较诸储蓄银行实有过之。查信托公司有违反信托契约或重大过失，致信托人受损害时，应负全部赔偿责任。信托公司负责人对前项赔偿不足时，对其不足额负连带无限赔偿责任。上开连带无限责任，于各该负责人卸职登记之日起，满二年始得解除。似此公司及其负责人之责任，俱予加重，纯为保护信托人之利益计耳！

第七，关于罚则，有两种情形：一为违反本节所述之第三点，即各种放款之总额及期限时，得科公司各负责人一万元以下罚锾；其情节重大者，并得勒令撤换其负责人。又一为违反本节第四点，即关于代理投资之规定时，公司各负责人应连带负赔偿责任，并得科公司各负责人一万元以下罚锾。

第八，准用之规定，即本节所订者，于银行之信托部分[2]准用之。

（七）钱庄

银行法第七章所订，凡六条，为评尽计，分述如次：

第一，定义及得改称银行之规定。首言定义，凡按照各地钱业习惯，经营商业银行业务者，为钱庄。至于业务，依上解释，凡商业银行所得经营之业务十一种，（详本刊前期）钱庄皆可为之。且得按照各地钱业习惯，兼及必要之业务。又在本法公布施行前，已经核准营业登记之钱庄，其资本合于中央主管官署，就全国划分区域，经审核当地人口数量，经济金融实况，及已设立各种银行之营业情形，呈请行政院核定之各种银行最低资本额时，并得

---

〔1〕 "地"原文作"底"，现据今日通常用法改正。——校勘者注。

〔2〕 "分"原文作"份"，现据今日通常用法改正，下同。——校勘者注。

改称为银行。

第二，关于准备金及抵押放款等事项，准用商业银行各规定。农商业银行方面所订，对收受之普通存款，应提准备金比率分两类：一为保证准备金，照下列比率，缴存于中央主管官署所指定之银行，计活期存款百分之十至十五，定期存款百分之五至十。其最低额经中央主管官署，呈准行政院分区核定，并得以公债库券或国家银行认可之公司债抵充之。另一为付现准备金，活期存款为百分之十五，定期存款为百分之七。至于放款之最高额及期限，以不动产为抵押之放款，不得超过所收存款总额百分之十五。购入生产公用或交通事业公司之有限责任股票，其股票购价，每一公司不得超过其存款总额百分之二，总额不得超过其存款总额百分之二十。关于期限，信用放款不得超过六个月；抵押或质之放款，不得超过一年。

第三，信用放款总额，对钱庄为特别宽限之定订。按前四种银行及信托公司，对于信用放款之限额，最多俱不得超过其所收存款总额百分之二十五，储蓄银行与信托公司且限为百分之十，独钱庄特别宽放至百分之五十。第考立法意旨，纯在顾全现实。盖业钱庄者，类多致力于信用放款，且有舍此无可营者，因不能不予以提高限额也。

第四，关于兼营其他银行业务之规定。查钱庄之得营商业银行业务，固矣；但兼营商业银行以外之其他银行业务，非所不许，唯应先经中央主管官署之核准，依照关于各该银行之规定办理耳！

第五，变更登记，即钱庄改组为银行时，应按其业务及公司种类，将下列事项开具，先呈请中央主管官署核准，并声请变更营业登记。应开具之事项、银行名称及其公司组织之种类、资本总额、业务种类及范围、本行及分行所在地等等。本法既规定应按通则中第二十七条办理，则该条所订违反呈请核准及变更登记时，得制止其变更，并得科各负责人一万元以下罚锾。其不于核准后十五日内，在本行及分支行所在地公告者，得科各负责人五千元以下罚锾，自亦一并适用。

第六，再言罚则，除前段已有连带涉及者外，尚有两种情形，须待说明。首为违反一般放款总额及期限时，次为违反信用放款之特别限额时，俱得科钱庄各负责人一万元以下罚锾；其情节重大者，并得勒令撤换其负责人。

第七，准用之规定，即前述各种办法，对于经营类似钱庄之银号票号，及其他名称之银钱业者，统准用之。

（八）外国银行

银行法第八章所订，全文凡十一条，颇多准用之规定，得归纳为下列七点：

第一，关于呈请特许。查外国银行，亦为外国公司之一种，故应依公司法呈请认许，其详当于次段论述之。唯银行性质，究较一般公司有别，在呈请认许前，应先依本法之规定，向中央主管官署呈请特许。非经特许，即不得在中华民国境内，设立分行，要属强制之规定。至外国银行呈请特许时，应依公司法第二百九十四条，报明各款事项，计开：1. 名称、种类及其国籍，2. 所营之事业及在中国境内所营之事业，3. 股本总额及种类、每股金额及已缴金额，4. 本行所在地及中国境内设立分行所在地，5. 在本国设立登记之年月日，6. 董事及其他银行负责人之姓名、国籍、住址，7. 在中国境内指定之诉讼及非讼代理人之姓名、国籍、住址。除前述各款外，并应加具本行最近资产负债表损益表，及其分行设定地区，该国领事官对其信用之证明书。

第二，关于呈请认许，自应依公司法一般之规定，可参阅公司法第八章外国公司，及其有关一部准用之第二章通则，并第九章公司登记及认许之有关部分，兹不复赘。

第三，指定地区。中央主管官署。得按照国际贸易及生产事业之需要，指定外国银行得设分行之区。此种订定，为维持主权计，自属必要。

第四，可得经营之业务及其限制。按外国银行经中央主管官署特许，在中华民国境内设立分行后，得在其分行所在地，经营商业银行及实业银行所得经营之各种业务，（该两种银行之业务详见前述，可参阅本刊上期。）法文为详明而不遭误会计，除前述之正面规定外，更厘定反面之限制，即外国银行在中华民国境内之分行，不得经营或兼营储蓄银行或信托公司之业务。诚以两者关系国计民生颇钜，断非外侨所能胜任；纵国人一旦谬信，其危险性自极巨大，不若明文限制之为愈耶，此外尚有两种限制，亦颇重要。首为外国银行在中华民国境内之分行收付款项，以中华民国国币为限；非经中央银行特许，不得收受任何外国货币之存款，或办理外汇。次为外国银行在中华民国境内之分行，所收定期存款总额，应依有关商业银行或实业银行业务之规定，在中华民国境内运用。前为维护国权，免外币侵害国币，后者将本国资金，留为本国之用，咸属必要规定。

第五，购置与业务有关之不动产。外国银行购置与其业务有关之不动产，准用公司法第二百九十八条之规定。该条系就外国公司而言，银行既为外国公司之一种，自得援用。法文明订，外国公司经认许后，得依法购置因其业务所需用之地产；但须先呈请地方主管官署，转呈中央主管官署核准，并依其本国法律准许中国公司享受同样权利为条件。

第六，关于罚则，即违反本节所述四点，各种限制其业务之任何规定者，得科外国银行在中华民国境内之分行各负责人一万元以下之罚锾；其情节重大者，并得勒令撤换其负责人。

第七，准用之规定，可分两部分。一为本法通则有关部分之适用，举凡营业执照记载各款之公告，变更登记各规定，存放款最高利率，停止给付或扣留担保品等，对负责人放款之禁止及限制，并制止其收受佣金酬金与不当利得，抵押或质放款数之限制，每届营业年度终了对中央主管官署应呈报之表册等，因不能支付到期债务而限期清算，营业执照之撤销，核定应缴存之保证准备金比率，官署派员检查或令造表报告，联合成立存款保险组织，银行违反法令时应送法院裁判，及中央主管官署规定营业时间与休假日等，对外国银行，一律适用。另一为商业银行及实业银行，有关保证准备金及付现准备金之各项比率及办法，于外国银行在中华民国境内之分行亦一概适用。

（九）银行之登记及特许

银行法第九章所订，全文计六条，系就各种手续费用期限及责任问题等等，为扼要之规定，得分述如次：

第一，关于登记之程序，完全适用公司法。查银行之营业登记，外国银行之申请特许及银行之其他登记，因银行亦系公司之一种，其程序自应准用公司法——公司设立登记，外国公司认许，外国分公司登记及其他登记之规定。

第二，关于规费。银行之营业登记，外国银行之申请特许，分行之营业登记及银行之其他登记，及其他登记规费，准照公司法各种登记费率计算，随文缴纳。

第三，关于营业执照费。银行营业登记及外国银行特许及分行营业登记后，由中央主管官署发给营业执照；变更登记时，并换发执照；其营业执照费，准照公司法之规定。

第四，对外文件应标明执照号数。按银行对外文件，应标明其营业执照之号数。银行分行对外文件，除标明其本行营业执照之号数外，并应标明该分行营业执照号数。

第五，关于申请登记期限。银行营业登记领得执照后，应于十五日内，依公司法申请公司设立登记；其变更登记时，亦同。违反上开登记期限，得科银行各负责人五千元以下罚锾。

第六，银行领得执照后，设立登记完成前，股东之责任。本法为避免日后争执计，在此一阶段，明订银行股东之视同合伙之合伙人。其显著之点，端在不论何种行庄公司，各合伙人对外俱负连带责任。

（十）附则

银行法第十章所订，凡四条，完全系施行法性质，编为附则，以免另定施行法。其内容计四点，分述于后：

第一，关于本法适用之范围。查本法规定，不适用于国家银行；但其他银行，除法律另有规定外，适用本法之规定。

第二，章程抵触者，限期修正核准备案。在本法公布前，已经核准营业登记之银行，其章程规定，有与本法抵触者，除本法另有规定外，应于本法施行后一年内修正，呈请中央主管官署核准备案。

第三，类似银钱业者，限期修正组织申请营业登记。凡经营银公司银号票票及其他类似之银钱业者，应于本法施行后一年内，按其业务性质，依本法修正组织，申请中央主管官署为营业登记。

第四，关于施行日期，则明订本法自公布日施行。

为文既竟，不无所感，爰就管见所及，略为论列，愿就正于诸君子之前。

先就好的方面说，在时代总是进步一大原则下，常会感到比前差强人意。现姑置细节于不谈，其荦荦大者，可列举如下：

一、我国法制，虽称久远；但于民商部分，迄未具体完成。今新银行法能以崭新形态完成一独立之典章，整个法制史中，我们不能不深感愉快。

二、过去对于掌握经济命脉之银行法规，多未能详尽，且相率以章程办法及实施细则等等，应付现实需要。此次当局竟能以绝大毅力，从事于兹，且将各类银行立法，合并而为全部银行法，集中规定，俾今后民间之银钱业，有所适从，在国步艰难之今日，尤觉庆幸。

三、次论立法技术，虽与公司法同，仿英美立法例；但鉴诸商事之具有国际性，而我国商业，又若是落后，追随先进者，亦不足为世所诟病。

四、再论全法含义，可谓比任何过去有关行庄之法律，范围扩大，且能容纳民间部分意见，将商业银行之信用放款，不动产抵押等额数，酌量放宽；并将钱庄之"应改称银行"变为"得改称银行"，事虽微细，亦足见立法者之虚怀若谷，其态度较前进步多多。

五、进而述及内容，颇富指导性，且使各种行庄公司专业化。提存保证准备金与付现准备金，就一般说，当然是确保储户；但在今日，亦未始不可为阻却通货恶性膨胀之一助。至于人事管理，如行庄公司本身，不得对本行负责人或职员，为任何方式之信用放款；即为抵押或质之放款，其利率与条件，亦不得优与其他贷款人。且不得向存户贷款人或委任人收受佣金酬金，或其他不当得利。设有违背银行法各规定时，按其情节轻重，分别罚锾撤换或短期徒刑等处分，俱属加强管理所应为者。

六、最后应论外国银行，限其于一定地区内，须先经特许，再经认许，并限经营商业实业银行，而不得兼及储蓄与信托。收付款项，限于国币，且须在中华民国境内运用。其他有关事项，多准用本法通则及商业实业两种银行所订，使中外无分别，自可减削过去外商银行之优越地位。为维护本国主权，及防止外人之扰乱金融，此种立法，诚属必要。

以上可说是优点，而优点不一定就好到无可批评的地步，其本身亦常含有矛盾与弱点。大体说来，本法将各种行庄公司，分得如此专业化，是否适合实情，颇费酌量。至将各种放款限额，与存款总额的比率；以及准备金的比率，过分划定，是否将使现时银钱业，难于照办，亦足供当局考虑。法立弊生，为我国近年来常见现象；而其远因，多种于立法者之闭门造车，不合实际。在遵法无从之际，常有闪避行为，往事可鉴，能不慎哉！

非常时期银行稽核制度之检讨*

陆同增

吾国银行范围较大者，莫不在总行设有稽核处或审核部，专门审核各地分支行业务状况账面[1]情形，所以利业务之进展，而杜弊端于无形也。稽核工作即居重要地位，其制度之是否良善，更与行务之盛衰，有密切关系。是故其稽核之制度，务须参酌环境事实，因时制宜，方奏功效。在此非常时期，处境与平时不同，其原有之稽核制度，是否适用，实有研究之价值焉。

一、原有稽核制度之不适用于非常时期

我国原有之稽核制度，大都采用中央集权制，即分支行万百业务进展，均须陈报总行，方可进行。日常交易状况，须编造表报，陈报总行，以备审核。总行之稽核处，负有督察与指导之责。惟自御侮军兴以来，因战事关系，交通阻断，邮电濡滞，或以地方沦陷，环境骤变，总行欲施行其指挥及监督之权，实有鞭长莫及之苦；其分支与总行相隔较远，函件往来，人事往返，如有航空可以通达者，固困难尚少，然每年航邮旅费所耗，为数甚巨，实非非常时期节约之道；如不通航空者，更须舟车辗转绕道，竟有阅三四月方能到达。此情况之下，试问总行如何能奏指导与督察之效。更有不良分子[2]，利用时机，或以交通阻隔或借环境变迁，营私舞弊，以饱私囊，将总行之命令，置若罔闻，其舞弊情事，总行事前既难发觉，事后处置，尤感困难。由此以观，现行之稽核制度，实有改良之必要也。

---

* 本文原刊于《银行周报》（第24卷）1940年第47期。
　[1]　"账面"原文作"帐面"，现据今日通常用法改正，下同。——校勘者注。
　[2]　"不良分子"原文作"不良份子"，现据今日通常用法改正。——校勘者注。

二、适应非常时期之稽核制度

中央集权制之稽核制度，不适用于现在战时境，既如上述。则应行改良者，似可采用分区稽核制度。其办法，即总行将全国分支行，依据交通情形，地方环境，及管辖上之便利，划分数区；例如其分支行属于西北者、划为西北区；属于西南者、划为西南区；其已沦陷者，划为沦陷区等是。其分区之多少，总以办事上便利为原则，每区为一单位，名之曰"某区稽核股"。总行稽核处直接管辖各区稽核股，有指挥及督察之权。一面总行审察各区市面情形、商业状况、分别拟定各区营业方针及其范围，予稽核股作为审核分支行业务之规范。在总行指定范围之内，稽核股有全权划策指挥及审核其管辖区内分支行业务之权，总行暂可置之不问，全权委由稽核股办理，藉求办事敏捷之效。惟有巨额放款投资等事，已超出规定范者，则仍须由稽核股转陈总行核准，方可进行，以示限制。每区稽核股，设正副股长各一人，负责领导办事之责，办事人数，则以该区事务之繁简而定员额之多少。如凡分支行之业务应陈准进行者，向其管辖区稽核股陈报核示，日常营业表报，亦寄陈稽核股审核。盖[1]稽核股与其管辖之分支行，相距既近，于当地情行，业务状况，均无隔阂之虞，兼以区域范围较小，交通便利，函件往返迅速，有助于业务之进展者，实非浅鲜耳。且在一区之内，稽核股与分支行接触机会较多，行内情形，易于洞悉，对分支行业务如有疑点，即可随时查账，舞弊情事，自难发生，即使有之，调查既易，就地处置亦无鞭长莫及之苦也。

---

[1] "盖"原文作"蓋"，现据今日通常用法改正。——校勘者注。

各国信托事业之略况[*]

陈尊道^{**}

美国为信托事业最发达之国家，其信托事业发展之情况，前已专文述其涯略；至美国以外其他国家之信托事业，亦皆有研究之价值：其中如澳大利亚之信托事业，且有其特殊之性质，其早期所称之信托公司，所营业务种类，即严格遵循信托代理之一途，初不如美国各信托公司之包罗万象，兼营银行、保险及其他并非真正信托之业务，致有金融百货商店之别称。其他如在十九世纪初叶，印度各地风行之"代办所"（Agency Houses），承办个人信托，收受存款，管理产业等等，对于美国某一部分之信托事业，曾予甚大之影响；又如荷兰于二次占领南非之好望角殖民地海岬[1]时（Cape Colony），开办特种公司，承营他人之遗产，后为英人所效法，产生一八三二年创办之 Trustee And Executor Company[2]，在世界信托史上亦居重要之地位。上述公司初有资本二万九千四百镑，分一百六十八股，每股英镑[3]一百七十五镑；营业以代理事项及执行遗嘱等单纯信托为主，银行业务为副，对于因信托事项而收受之资金，该公司于给付相当之利息外，并依其授权范围代为营运，此即含有近代信托投资之意义。兹试分述各国信托事业略况于后。

　＊　本文原刊于《兴业邮乘》1937 年总第 66 期，第 2～5 页，续刊于 1937 年总第 67 期，第 3～5 页。

　＊＊　陈尊道，1931 年毕业于东吴大学法学院（第 14 届），获法学学士学位。

　〔1〕　"好望角殖民地海岬"原文作"开卜属地"，现据今日通常用法改正。——校勘者注。

　〔2〕　此处根据英文理解为信托及执行公司，即后文所述除单纯信托外，依授权范围代为营运之公司。——校勘者注。

　〔3〕　"英镑"原文作"英金"，现据今日通常用法改正，下同。——校勘者注。

甲、澳大利亚之信托公司

吾人欲观察澳大利亚之信托事业，应先认识其最先创办之墨尔本[1]信托代理公司（此系间译名称，原名为 The Trustees Executors and Agency Co., Ltd, of Melbourne）。该公司之营业方针以单纯之信托如管理产业，执行遗嘱，代客买卖等为确定不移之标的。组织动机多少受有南非洲[2]各地信托公司之影响。该公司正式成立于一八七八年，初年无同业竞争，故发展至为迟缓。及至一八八五年，信托之意义渐为社会人士所了解，并已觉察信托公司对于社会之需要，故于是年起至一八九三年八年中，澳大利亚各地计先后添设信托公司十三家，即连该公司在内，共达十四家之多。此十四家公司之营业，初期以统计缺乏，无从详悉其内容，然据一般学者之研究，于一九零七年间，此十四家公司所拥有之受托资产至少值英镑三千万镑，年给资本利息自四厘半起之一分一厘，平均在年息八厘以上[3]，其划出纯益充作准备金以及未分派之纯益尚不在内，由此亦可见此十四家信托公司因同业竞争而发展愈速之一斑。

澳大利亚各信托公司与美国相较，有一明显之特点：即前者绝不收受存款，亦不兼营银行业务及储蓄业务，甚至美国各信托公司所办之保管信托，在澳大利亚亦不多见；良以澳洲各银行均有免费收受保管物之设备，欲以建筑保管箱收费出租，殊多困难也。故澳大利亚之信托公司，实际仅等于美国各信托公司中之专办遗产事务之一部分而已。

至信托公司在法律中之地位，澳大利亚并无共同适用之条例或法令。各公司之设立，大都各有其不同之法律根据，各受其根据法令之管辖。在维多利亚一处，虽有一简单共同之法条，然仅适用于该地设立之信托公司而已。至各公司所依据之条例，大体仍大同小异，无甚出入。兹试略举墨尔本信托代理公司之核准条例如后，以资参考。

该公司核准条例之开言，内有"人事无常，祸福难定，设遇变故而欲将其财产或特定之业务，转托他人代理，每不免有种种之困难。该公司为适应

---

〔1〕 "墨尔本"原文作"马尔蓬"，现据今日通常用法改正，下同。——校勘者注。

〔2〕 "南非洲"原文作"南菲洲"，现据今日通常用法改正。——校勘者注。

〔3〕 一分是百分之一，一厘是千分之一。——校勘者注。

此种需要而设立，甚属有裨于社会，应予核准"等语，盖已对于"信托"发生之原因，言简意赅，一览无遗矣。至该条例以及后来继续补充之法律所赋予该公司之营业权限，有如下述：（一）代理执行遗嘱，包括单独之遗嘱及合并数遗嘱而执行；（二）无遗嘱之遗产管理；（三）遗嘱之遗产管理；（四）婚后男女特有财产之受托管理或因事分析后财产之受托管理；（五）儿童及妇女之特有财产及受赠与财产之受托管理；（六）疯狂及有精神病者之财产由法院指定代为管理；（七）运行人或其他之特定代理事项；（八）受托为遗产管理人之保证人以及（九）由个人受托移让于公司之各种特定受托行为。公司对于营业之种类，应严守上列规定，不能任意扩充。一八九〇年在维多利亚颁行之信托公司条例内并有明文规定："不得超越核准条例明文指定之范围，亦不得超越于通常私人间可以代理之范围"；但"如公司能负责担保受托资产之安全，并按期偿清其应得利息，或负责担保公司于受托管理遗产之期内，有利害关系人得随时撤销其委任而取得其代理权时，则作为例外"。该法律后段复规定："该公司之董事，股东或办事人员如有故违条例规定之情事时，应受刑法之制裁。"是亦可见澳大利亚早期对于信托公司管理之严格矣。

　　该公司核准条例中又有如下之规定："公司股本中应提出一万镑投资于属地发行之股票或债券，将资金直接付与属地政府之财政大臣，以财政大臣之名义购置之；投资之后，非经财政大臣之允许或法院之命令不得自由转让。此项投资金连同公司其他已收与未收之资本及公司所有其他之财产，均可作为受托代管财产之特别保证。公司之股东，须负双重之责任；而董事及经理对于公司受托之行为，并应负单独或连带之责任；如故意违反条例之规定或委托人之指示，以致受托财产发生损害时，法院并得随时吊阅公司之账册或依法拘捕负责人员处以应有之罪。"

　　更有一有趣味之规定，即公司受托管理之财产中，如有应付之款项，有权收受人于五年内不向公司领取时，即认为已经抛弃。公司应将该款送交当地之捐务局长，投资于政府债券。公司对于此种未经客户依限领受之款项，每隔六个月必须制作书面报告一次，呈报〔1〕于财政部长；否则即处以迟报日数按日五镑以上计算之罚金。公司董事及经理，如事前明知迟报时，亦应受同等处分。又依该条例之规定，公司应于每年二月及八月份之第一星期一，

---

〔1〕　"呈报"原文作"陈报"，现据今日通常用法改正。——校勘者注。

抄送详细账册，以备考核；如迟延一日，即须依上述处罚办法科处罚金。此即似又未免流于苛刻矣。

以上系澳大利亚法律对于信托公司之各种限制，吾人于前述各条之说明，已足窥见其初期各信托公司业务状况之一斑。至各公司所收手续费之数额，虽各因营业目标及环境之互异，各有不同，未能一概而论。惟其中如 The Trustees Executors and Agency Co. 所定之标准，实可认为各公司平均之数额。该公司所收手续费，如信托管理之产业价值在五万镑以上者，依其价值收百分之二点五，在五万镑以上未及十万镑，则收百分之一点五；十万镑以上收百分之一。代收款项按数额收百分之二点五，其他业务，则按当时委托情形及代办事务之繁简，以为增减：大抵临时与雇主[1]约定，多少无定，总以不超过百分之五之最高率为准。以上各种收费额度，大抵与其他各国相似，无多大出入，而与吾国现在各信托公司所订立之办法，尤相类似。惟此系就收费之原则而言，其有因特殊之关系或情怀或特别加重者，自当别论。

乙、新西兰[2]之信托公司

新西兰之信托公司，仅有二家。一为新西兰永久信托代理公司（The Perpetual Trusts Estate and Agency Co. of New Zealand），一为新西兰信托代理执行遗嘱公司（The Trusts Estate and Agency Co. of New Zealand）。二者均设立于达尼丁[3]（Dunedin），范围至为狭小，殊无研究之价值。但新西兰对信托事业有一特殊之情形，即关于财产之管理事项，大部分均委托政府经营之公立信托事务局，而不常委托与通常之公司。所谓公立信托事务局（Public Trust Office），为新西兰政府机关之一部，根据一八七二年颁行之公营信托事务法设立，后来并陆续有他种条例颁布，渐次扩充其义务。公立信托事务局由政府委派一人负责主持之，成为公家受托人（Public Trustee），另设一监事会监督之。监事会由属地财政大臣及其他各部部长二人以及其他官吏四人（此四人中以三人为法定人数）组织之。"公家受托人"应随时听其指挥，非经其同意，不得接受任何信托；并明定公家受托人绝对不得与其他人联合接受任何

---

[1] "雇主"原文作"主顾"，现据今日通常用法改正。——校勘者注。

[2] "新西兰"原文作"纽西兰"，现据今日通常用法改正，下同。——校勘者注。

[3] "达尼丁"原文作"宾纳亭城"，现据今日通常用法改正。——校勘者注。

信托业务。

"公家受托人"得受任为代理人，遗嘱执行人，遗产管理人，保护人或为其他之财产管理人，其在法律上之权利义务关系，完全与私人之受托时相同；各项私人受托之事项，经管辖法院之同意，得随时移转其代理权于"公家受托人"；而私人或其他公司之受任为遗产管理人或遗嘱执行人时，并有明令得移转其代理权于"公家受托人"。"公家受托人"之受托无须有书面之授权书，凡在新西兰有住所或有财产之人一旦死亡时，"公家受托人"有权代为处理其遗产，毋须对他人为书面之通知。又"公家受托人"因受托处理而接受之各项资金，依该法之规定，不论委托人是否有愿意投资之表示，除明示禁止投资者外，得依公营信托事务法之规定投资，而由政府限制其投资之利息。凡资金在三千镑以下者，最高之利率为五厘，三千镑以上时，超过三千镑之数得息四厘，按季给付一次，由政府负保证之责，此实为一种特殊之规定。

公立信托事务局以政府为后盾，故权限超越于通常之信托公司，而使各处信托事业集中于一处。该局以服务社会为目的，盈利不多而裨益于社会至巨。及一八八二年，颁行精神病者管理条例后，凡未有相当之监护人或财产管理人时，依法均应由该局负其全责，故于一八八二年之后，精神病者之财产逐由该局管理者达全数百分之九十余，其造福于社会，尤非浅显[1]。

丙、加拿大之信托公司

加拿大各信托公司之营业权限以及范围，适取澳大利亚与美国之制度而折衷之。加拿大各信托公司之营业与组织，虽各有不同，未能一概而论，然其中绝无一家如美国信托业营业之包罗万象兼收并蓄者，同时亦无一家如澳大利亚之恪守定章仅限于狭义的营业者。加拿大各公司之核准法规，虽有若干家曾规定较为广泛之权限，但事实上则因环境之关系，鲜有充分运用其所赋予之权限而从事较广大之营业。故大体言之，加拿大各信托公司所经营之业务，大都仅限于通常受托、财产管理，以及信托投资数项而已。对于普通银行所营业务及储蓄事项，在早年之加拿大则绝无兼营者。至法人信托事项，亦方于最近数年之内开始，以前亦未之或见。又加拿大信托公司间有数家与放款公司密切合作，颇侧重于放款之业务，此亦其特点之一。

---

[1] "浅显"原文作"浅鲜"，现据今日通常用法改正。——校勘者注。

在二十世纪之初叶，加拿大共有信托公司十三家，拥有之信托资金，总数约在三千万元左右。其中有七家成立于一九〇〇年，有五家则创设于十九世纪之末叶。创办最早者为多伦多通常信托公司（The Toronto General Trusts Corporation），亦为加拿大各信托公司中范围最大之一家。该公司创立于一八八二年，其业务大都限于通常之信托，不收存款，不营储蓄业务。各地政府之会计事项，该公司代办甚多；各法院之诉讼收入，亦多托其代管，而当地精神病者之财产，亦大都在其管理之下。据一九〇七年十二月三十一日之报告，当时该公司所拥有之资本及公积金为一百四十万元，受托经营管理之资金计一千六百六十五万四千三百三十二元，其他代管之资产计值一千四百七十八万五千七百零二元，亦可见其营业状况之一斑。

丁、其他各国之事业公司

其他各国信托事业之发展，则较上述各国为迟缓，至十九世纪之末叶，方渐次萌芽。其中如未入美国版图以前之檀香山，曾有一名称檀香山信托公司创立于一八九八年，地点在火奴鲁鲁；其后如第一美国储蓄信托公司、亨利信托公司、别萧扶信托公司等相继创设，在二十世纪之初叶，成为檀香山仅有之四大信托公司。其经营之业务，除当时法律绝对禁止兼营银行之业务外，其范围与美国各信托公司颇相类似。

在古巴，则于一九〇六年之正月，方有古巴信托公司之设立，地点在哈瓦那[1]（Havana），收足资本美金五十万元，营业至翌年六月止，其公积金及未分红利为三万一千六百九十一元，存款为三十二万三千八百七十二元。其组织情形，完全效法美国：内分银行部、储蓄部、信托部及不动产信托部四大专部。因古巴法律未准许其受任为遗嘱执行人，故对于遗产执行之业务，遂付缺如；但受遗嘱执行人之委托代其办理各种事务时，则为例外。

在墨西哥则情形又属不同。最初所称之信托公司，大都为美国人所经营，专以投机为目的，其中复有不少为美国各信托公司所设之分公司，初无研究之价值。惟墨西哥信托公司确为初期信托业中唯一专营信托事业之公司。该公司有资本二十五万元，重要职员均系墨西哥著名人士。其业务范围，至为广泛，除经营普通信托事项外，且兼营银行、保险以及保管等业务。其他如

---

[1]　"哈瓦那"原文作"哈佛那"，古巴首都，现据今日通常用法改正。——校勘者注。

投资实业、买卖股票、买卖或经营矿地，则尤为他处所未有。自二十世纪初叶以迄于今日，又有其他信托公司先后设立，而其经营之业务，均大致相同，兹不赘言。

日本于一九〇二年初设一信托公司，系由政府经营，完全效法美国。其初资本为日金一千万元，至一九零六年增加至一千七百五十万元，虽未全数收足，但亦相去不远。日本政府对于该公司之业务，辅助至力，其草创之五年中，即由政府担保股东可以按年收取五厘之股息。其股本之来源，有若干系在英美募集；时英美股票市场上，对于该公司股票，亦颇有相当之信任。该公司创立之第一年，即受政府之委托在伦敦发行政府债券五千万元，成绩甚著，遂渐为中外人士所注目。该公司业务之范围，计分下列数种：（一）以地方政府[1]债券以及股票债票为质之借款；（二）地方政府债券以及公司股票债票之代理发行以及登记注册；（三）普通存款以及保管业务；（四）通常信托公司经营之业务；（五）以地方政府公债或公司股票债票为质押之贴现业务；（六）以铁路、工厂或矿产为质押之放款业务；（七）国外银行及其附属各业务。

戊、英格兰及苏格兰之信托事业

信托事业之首创在英国，然因其人民思想之守旧以及法律规定之限制，致信托事业发展甚缓。在英国早年所称之信托事业，几全部在私人之手。民间思想，殊不以私事委托公家或公共团体为是。故一八九六年通过之法定信托规则，施行十年，仍无实效；及至一九〇七年，有公共信托法出现，并依其规定而有公共信托局之设立，方使英国之信托事业，发扬光大，成效大著。

在公共信托局设立以前，尚有若干从事信托事业之组织，分设于各地。其中较著者如一八八六年设立于爱丁堡[2]之公共信托公司，其营业范围，仅限于普通之信托事项。翌年复于伦敦产生一执行遗嘱及保险信托公司。又翌年另有一名称法律保证及信托公司之组织。其中尤以后者为最发达，全英国计有分公司十余处，所经营者，大致为财务保险债券本息保证诸业务。

在十九世纪初年，英国之信托事业大半为保险公司所兼营。其中如海洋

---

〔1〕 "地方政府"原文作"政府地方"，现据今日通常用法改正。——校勘者注。
〔2〕 "爱丁堡"原文作"憶定盘"，现据今日通常用法改正。——校勘者注。

意外保险公司，其尤著者也。又有银行兼营信托业务者，亦不在少数，例如 The Union of London and Smith's 即为此中巨擘。

以银行而兼营信托业务，固不仅英国一国为然，在欧洲大陆各国亦莫不如此。例如德意志银行所设之德国信托公司（The Deutsche Trevhand Gesell-schaft），名义难殊，而营业之实权几全部操于德意志银行之手，其地位等于银行之一分部。该公司成立于一八九〇年，其营业注重于法人信托，如公司之组织、改组、公司股票之登记发行、公司债票之募集保证等等皆是。此为德国信托业之首创者也。

美国信托事业发展之略史*

陈尊道

信托事业，首创于英国，而发达于美利坚，兹特将美国信托事业发展之历史，略述于次，俾资借镜。

当信托事业最初创设之初，因其性质与定义之含混，常有并非真正从事信托业务之公司，使用信托公司之名义；而真正之信托事业，则常与保险事业相混同，未必皆以信托公司之名义标榜。其后信托之意义渐明，业务亦逐渐发达，而为增加社会一般之信仰并谋其本身办事之便利起见，又常常与普通之银行业结不解之缘：有以银行之名义专营信托之业务者，有以信托公司之名义而实际则专从事银行业务者。此种情形，十九世纪之初叶，屡见不鲜，即时至今日，亦在所难免。故研究美国信托事业之发达史者，首应注意此点。

一般学者多认美国最先创办之信托公司为纽约之农民之火险即放款公司（Farmers' Fire Insurance And Loan Company）。该公司成立于一八二二年二月十八日〔1〕。复查当初纽约行政当局核准设立条例内称："农民火险及放款公司之设立，专为农民谋便利，使其房屋及生财〔2〕可以向公司担保火险，俾遭遇火灾时得取相当之赔款，同时于平时亦得以其动产及不动产为担保物向之借贷款项。其宗旨纯正，应准立为合法之公司"云云，可见当时该公司之

---

　　*　本文原刊于《兴业邮乘》1937 年第 64、65 期。

　　〔1〕"一八二二年二月十八日"原文作"西历一八二二年二月十八日"，西历指公历，也称阳历，还称为国历，是国际通用历法。现据今日通常用法改正。——校勘者注。

　　〔2〕生财做动词意思是增加财富、发财。《礼记·大学》："生财有大道，生之者众，食之者寡，为之者疾，用之者舒，则财恒足矣。"（宋）王安石《与马运判书》："盖为家者，不为其子生财，有父之严而子富焉，则何求而不得？"鲁迅《南腔北调集·"蜜蜂"与"蜜"》："近来以养蜂为生财之大道，干这事的愈多。"而做名词意思在旧时指商店所用的家具杂物。此处理解为商店所用的家具杂物合适。——校勘者注。

营业，虽含有信托之真义，实尚未具信托之形式。再就该公司条例解释，其业务之范围，亦有明文规定，如超越其规定而从事于他项业务，即为违法。但于该公司成立后二个月，即同年四月十七日，纽约当局又公布另一个条例，核准该公司扩充业务，可以受他人之委托而接受交付之动产或不动产，并根据其委托契约代为办理一切受权之行为。但其代理之种类，仅以个人通常受托时在法律上准许之范围为限，此外仍无权代理。至此信托之形式略备，而信托之业务，亦因以益见发达，反使保险部分[1]之营业，淹[2]没无闻，至一八三六年，乃不得不毅然撤废原有名称而改称为农民借款信托公司。此为美国信托公司之鼻祖。继之而起者，为在该公司成立后八年创立之纽约人寿保险及信托公司。其业务种类，除关于人寿保险部分以外，几与农民借款信托公司相同；但其营业之方针，则颇侧重于个人信托，甚少涉及法人信托事项。

由上述，可见纽约一地，实为美国信托公司之发祥地。但美国信托事业之改善与进展，并不在发祥地之纽约城，而在距离九十英里之费城[3]。盖[4]上述纽约首创之二公司，营业虽亦甚盛，然绝未能引起社会一般之注意与仿效。其原因何在？殊难揣测。至费城信托事业之发展，则有其本身之渊源与来历，与上述两公司绝无直接联系也。

当一八〇九年十二月，有若干商人约聚于费城之商人咖啡室（系一种颇似现在商人俱乐部之组织，即于公余之暇，欢聚一室，以商讨一切交易为目的。）内，在座者并有著名之慈善家及理财家，公开讨论关于商人人寿保险及给发抚恤年金之事项，结果决议[5]设立一固定之团体，负责为具体之进行。其所办事项，最初之目的原为救济一般贫穷之商业伙友即其家属，含有慈善之性质，绝无营业之意味；不料进行不久，业务之发展甚速，内部组织亦日臻完备，于是形成一规模宏大之公司，于一八一二年三月十日呈经行政当局之核准，取得法律上公司之资格，定名为（Ponnsylvania Company For Insurance on Lives and Granting Annuities）。当初核定资本五十万元，开始从事营利

---

〔1〕 "分"原文作"份"，现据今日通常用法改正，下同。——校勘者注。

〔2〕 "淹"原为作"掩"，现据今日通常用法改正。——校勘者注。

〔3〕 "费城"原文作"菲拉但斐亚城"，现据今日通常译法改正，下同。——校勘者注。

〔4〕 "盖"原文作"蓋"，现据今日通常译法改正。——校勘者注。

〔5〕 "决议"原文作"议决"，现据今日通常译法改正。——校勘者注。

事业；然初仍不失慈善之本质。三年后，业务更盛，乃于是年七月三日，依照实收资本核发第一次股息，得年息四厘。逐渐为一般人士所注目。按此种组织，虽非真正之信托，然核其内容，确多少含有服务之意义，惜其服务范围至为狭窄，其对象仅以有关各业之低级商业伙友及其家属为限，故可称为现今美国信托公司之滥觞，而未可认为信托公司之首创第一家也。一八二九年，在该公司股东会议席上，有人认为当时印度各地创设之"代办所"，代办他人委托之事件并收受他人之资金而依其指示为适当之运用，颇有助于社会之进展：表示大可效法；主张扩充业务。翌年，董事会即以命令组织一委员会，负责翻查其提议，以定是否可以斟酌抉择。不久翻查完毕，各委员一致同意，认为可行，该公司即决定照办；但不知何故，此事忽又中途停顿，延至一八三六年二月二十五日方得管辖机关之核准，修改公司章程，扩充业务，开始实行所谓"代办所"之制度。其所办业务，包括各种受托代办及管理等一切事务，并受托为代理人，监护人及财产管理人，至此信托之意义已显，该公司原有人寿保险及给发年金之业务，遂居于次要之地位。及至一八五三年，即兼办上项业务之后十七年，该公司复得当局之核准，承办关于遗嘱执行人即遗产管理人之业务，于是信托之规模大备，范围益广，而被认为美国信托业之巨头。

一八三六年三月十七日，在费城有另一信托公司成立，名称格勒德公司（Girard Life Insurance Annuity And Trust Company），其经营之业务完全与上述公司相同，其进展之情形，亦颇相似。故在一八三六年之一年中，实为美国信托事业历史上最可纪念之一年。此时在纽约及费城二城各有信托公司二家，其发展之情形，均相类似，其营业之收获，除纽约人寿信托公司略逊色外，余均相去不远。兹试分述各公司早年收益之情形如下：

一、Paunsylvania Co. 之营业收入，截止一八六三年止，已相当于原有资本额，即已纯得美金五十万元。该公司即于是年以其纯收益并入资本，增加资本为一百万元。至一八六九年又改组，分设信托、人寿保险、年金及银行四部，以收分工合作之效。至一八七二年，又增设保管部，并增资至二百万元。至一八九五年，公司受托管理之财产达一万三千六百万元之距，年收租金在一百万元以上。据一九一四年六月一日该公司之报告，公司公积金即盈余共达四百八十六万四千元，存款三千零四十九万九千四百六十一万元，个人信托代为管理之产业计票面价值一万九千七百六十二万三千八百六十五元，其他并有未经投资之现款四百零五万零五百三十九元，又法人信托部分受押之不动产即其他代管之产业共值二万三千八百十六万四千零三十元，其他动产如公司股票等计值九千三百八十五万七千九百七十八元，由此可见其业务发展，大有一日千里之势也。

二、格勒德公司于一八九九年六月二十二日改名为格勒德信托公司，据该公司一九一四年六月一日之报告内载：资本二百五十万元，公积金即盈余计九百七十一万八千四百五十元（按上述公司之公积金及盈余项下有曾经划充资本之五十万元未经列入，格勒德公司则不然），存款三千九百六十三万三千六百八十三元，受托资产包括已投资及未投资在内共值一万六千八百三十〔1〕一万一千一百零八元，受押其他公司之产业计值十万五千五百七十一万零一百六十七元，动产之受托计值三万零二百零五万九千九百十元。

三、农民放款信托公司于一八八〇年一月一日计有存款六百万元，于一八九〇年增加至二千四百万元，至一九〇〇年更增至四千一百五十万元之数。据该公司一九一四年六月三十日之报告内载：资本一百万元，公积金即盈余六百二十五万九千二百五十六元，存款一万二千一百二十一万二千一百九十七元，其他受托产业计值一万三千零五十四万零四百三十四元。

四、纽约人寿信托公司一九一四年六月三十日追报告内称：资本一百万元，公积金及盈余三百八十二万七千八百元，存款三千二百七十五万八千九百元，受托产业四千零九十二万三千六百元。此较之前述第一第二两公司，似较逊色多矣。

以上四大公司，为美国一八五三年以前所仅有之公司，其他成立较迟者，尚有不少标明为信托公司之组织，兹姑从略。

吾人观于前述四大公司早年营业之概况，有一极大之感触，即上述各数字尚系根据一九一四年之调查报告，但其营业之繁盛，在一九三七年之中国，犹望尘莫及，由此亦可见美国社会经济之充裕，殊足惊人；较之吾国，实不免相形见绌也。至就信托事业之实质观察，则吾人更得一深刻之印象：即信托之真谛，要不外乎为他人服务，故早期信托公司之营业，多发迹于火险及人寿保险；而火险与人寿保险之由来，又系人类之慈善心于恻隐心之表现，初无营业之性质含乎其间。及至社会日益进步，信托事务随以发达，方进而

---

〔1〕 "三十"原文作"卅"，现据今日通常译法改正，下同。——校勘者注。

为营业，其盈余亦渐丰，以至今日之光明灿烂蔚为大观。然而服务社会，依然为信托公司主要之营业目标，营利收益，不过居于次要之地位。再就信托事业之发展史迹〔1〕以观，则信托事业与社会文化之进展，适成一定比例：即社会文化愈发达，信托事业亦愈发达；同时，信托事业愈发达，社会文化亦随之而发达，由此可知信托事业具有重大之社会的意义，非他种商业组织专以营利为主要目标者可比也。再进一步言，信托事业之于社会文化，实有强大之诱导力：正轨之信托事业，可使社会文化为加速度之进展，以求得社会大众最高之福利，故信托事业在理论上观察，实非单纯之商业，办理信托事业，亦不能与办理单纯的商业等量齐观也。

就美国国内之政治及社会情形观察，则在内战后一年，实为美国信托事业最光明之一年。其时信托公司之开设，如雨后春笋，分布各地，同时社会人士之信托思想，亦日见普遍，由此可见政治之修明，社会之安定，实与信托事业有极大之关系。

现在一般信托公司所共有之保管业务，首创者为 Baltimore 城之保管信托公司。该公司组织于一八六四年，实行信托业务于一八七六年。继之而起者为成立于一八六六年之 Fidelity Insurance, Trust and Sale Deposit Company。该公司之营业范围，依其名称之指示，虽未限定于保管信托一项，然据一般学者之观察，该公司于保管业务，办理最称精密，众认为美国保管信托业中之导师。于一八六七年，有专营保管事业之波士顿保管信托公司出现。惟该公司于一八七四年以后，即更易名称，并于一八七七年扩充业务，兼营其他各种信托。其时继起专营保管信托之公司，为数不少，然大抵以贵重物品之保管为主要之营业；建筑库房，分租保管箱，亦始于此时。其时每一种保管箱每年之租费大约自美金二十元至四十五元不等，颇为一般富商贵吏所欢迎。然亦有若干公司，代客保管贵重物品，纯为服务顾客，全无义务，不收任何费用，亦不负任何法律上之责任者。及芝加哥大火之后，一般民众鉴于银行所建之库房保管箱均未损及毫发，于是信仰大增，保管业务，益见发达；各公司更添设妇女化妆室，文件秘密检阅室以及其他便利顾客之一切设备，以为号召主顾之方法，开支陡增，遂不得不收取相当之租费或手续费，以资挹

---

〔1〕 "迹"原文作"跡"，现据今日通常译法改正。——校勘者注。

注[1]。又有创设于十九世界末叶之 Guarantee And Investmen Association，则规模更大，于保管贵重物品之外，更进而代客办理一切收息付款等之手续，此为今日吾国现有信托事业中所办"露封保管"[2]之始祖。

在十九世纪初叶及中叶，信托公司设立日多，法律上并无若何之监督，于是发生一八七三年之风波，以致信托事业，顿受甚大之打击。是年信托公司之倒闭者甚多，社会人士，受其影响者不少，其中如 Freedmau's Saving and Trust Co. 之倒闭，受害者七万二千余户，存户中大多数为已解放之贫苦之黑奴，皆将历年血汗所得，托付于该公司，骤然尽付流水，以致饥寒交迫，贫无立锥之地，实为空前绝后之惨剧。经此巨变之后，当局知监督之不可无也，于是分别制定法律，实施监督，规定信托公司应按季造具详细之营业收支报告，按期公布于报章，以市信实。由是信托事业，乃渐次入正轨而日臻于健全。关于此点，似为吾人研究信托事业发展历史所不可忽视者也。

---

　　[1] "挹注"指把液体盛出来再注入，引申为以有余来弥补不足。——校勘者注。
　　[2] "露封保管"指对保管品不予加封，以显露的包装形式寄存，受理保管的信托机构可以了解其内容，并对保管的质量负一定责任。——校勘者注。

信托业与信托立法[*]

李文杰

  信托事业滥觞于英国之寺院管财制度。洎入信用经济时代人事纷杂，懋迁繁复，信托制度乃因时势之需求，而日益发达。今日世界各国，几无一国不有专营信托业务之信托公司存在，岂偶然哉。惟以各国之法治思想及社会背景不同，故其制度亦互异，世之研究信托制度者，多以美国为宗，以其最发达最完备也。

  信托之意义为何？有采物权说者。有采债权说者，有专注商事者，有兼顾民事者，颇难加以概括的说明。兹以美国之一般制度为依据，为之下一定义曰：所谓信托者，指当事人之一方（信托人），以本人或本人有权代表之第三人所有之财产上之管理权及处分权，移转于他方（受托人），以使本人或第三人（受益人）即受利益为目的，而他方允为接受之特种契约也。准是以论信托公司之正当业务，就信托标的为分类标准，可得而列举者如下〔1〕：

（甲）动产信托

（一）收受信托存款；

（二）办理信托投资；

（三）代理有价证券之运营、保管及买卖；

（四）承募或受押公债、股票、公司债及其他有价证券；

（五）保管公债，公司债及其他债权之担保品及基金；

（六）露封或原封保管贵重物品；

---

  * 本文原刊于《银行周报》（第18卷）1934年第19期，第4～7页。

  〔1〕 "下"原文作"左"，现据今日排版需要改正。——校勘者注。

（七）出租保管箱。

（乙）不动产信托

（一）土地之丈量、经营及收租；

（二）承办建造工程；

（三）代理房屋之经租、保险及纳税；

（四）介绍房地产之买卖；

（五）房地产之鉴定及评价。

（丙）保证信托

（丁）债权信托

（戊）财产权及民事信托

（一）动产及不动产无权之设定及代理；

（二）法人财产之管理；

（三）个人财产之管理；

（四）特定用途之财产之管理；

（五）遗产之管理；

（六）遗嘱之执行；

（七）未成年人及禁治产人之监护；

（八）公司法人之设立、清算、合并、解散；

（九）破产财团之管理。

上述各种信托之外，信托公司并得兼营银行、储蓄、保险、仓库等业。盖信托公司服务范围至为广泛，各国莫不皆然，诚以某事业之性质及其范围，无具一确定之标准，恒随时代变迁而演进，与夫社会习惯分异而嬗蜕，随意增减，总以适合所在地社会情形为止境，故欧美各社会咸以"经济百货公司"目之，今且称之为"百事公司"虽近滑稽，而实确切。我国为礼教之邦，向重信义，孟子所称之"寄妻托子"实即以信托观念为之基因。徒以数千年来货殖一道，不为世重，以致工商业莫由发展，信托心理萌芽虽已久远，未能具体表彰，渐趋泯灭。民十以还，信托一业，始创始于上海迄今亦有十四年之历史目下全国信托公司之家数，虽缺乏正确统计，但上海一隅，据最近调查已有十四家。资本最多者三百万元最少者亦有二十五万元。此外国内银行如中国、交通、上海、浙江、兴业、浙江实业、大陆等家，几无不设信托部，新华银行及法商汇源银行且以信托二字冠于行名之上。就表面观察之，我国信托业之发达，比之欧美先进诸国，似亦不遑多让；然实际上则信托公司所经营之业务，多不为社会人士所明了，十数年来，信托业惟恃经营副业如银行、证券、地产、保险以培养本业。由此言之，则我国之信托业尚在极端幼稚时期，其有待于矫正扩展者正多也。原夫我国信托事业之不发达，以我国人民对于信托事业尚少相当了解为最大原因。有谓信托公司仅为交易所之经纪人者，有谓信托公司与银公司银行系同一性质者，更有谓信托公司为贸易公司之一种者，益以信托公司本身专骛副业，乃使其本来面目更不易为世人所认识。故如个人或法人因事实需要，须以或种事项或财产，信托他人代为处理时，宁愿委之可靠亲友或律师会计师，鲜有以之托付信托公司者，此无他信托公司之机能，群众对之尚未具有运用之心理也。

不仅社会人士对于信托公司之地位每多隔膜，即政府对于信托公司，亦似未加重视。故信托公司向财政部呈请为设立允许时，所依据者，为十八年一月卅日国民政府核准备案之银行注册章程，财政部核发之营业执照，亦即为"银行营业执照"。

此外现行法规涉及信托规定者，亦殊不多观，据余所知"信托人"三字见于法规中者，仅有会计师条例一种"信托关系"附带规定于法规中者，仅有民事诉讼法一种。虽信托公司兼营副业各银行、储蓄、保险、仓库等将来可有各该单行法以为依据，又因我国系采民商合一立法主义之故，信托公司为受托人处理特定信托事项时，尽可援引民法内关于契约，代理权之授予[1]委任、行纪、寄托、监护遗产之继承、遗嘱等节条文，及公司法及其他有关法律之关系条文，以为订立契约履行契约之准则。然国家对于信托事项及信托业未有一贯的立法，则亦不能谓非遗憾。论者乃谓我国信托业之不发达，实以国家忽视信托立法爲基本原因，其然其不然耶？以下请一论之。

夫信托事业，肇源于英，发展于英美法系，固与大陆法系屹然对峙，以不成文法著名于世界。惟其不拘泥于成文法之有限的范畴内，故信托一业能

---

〔1〕 "授予"原文作"授与"，现据今日通常用法改正。——校勘者注。

适应社会之需要，因时因地以为进展，而演成今日发皇光大之景象。我国宗大陆法系，向以成文法律为民间生活之规范〔1〕，论者谓我国信托法制不备，为信托业不能发达之原因，实未超脱法制之窠臼，未曾提放眼光，详究英美信托事业发展之沿革，而探得其发皇光大之真因。余则以为：今日中国之信托事业，尚在萌芽时代，其内容实极空泛，应先由信托业者本身加以努力。（甲）对内：（一）严密信托公司之组织；（二）精选从事信托业务之人才，并灌输以处理信托业务之一般知识；（三）研究并切实推行信托业务。（乙）对外：（一）宣传信托之功用及信托业对于经济界及一般社会之特殊价值；（二）提高信托公司在金融界之地位及信用；（三）联络信托同业，俾能增厚实力，茌业务上对社会作具体的整个的有力的推进工作。则信托业自可逐渐取得优越之地位。至于政府方面，正可放任信托业者，于兹萌芽时代，自由发展其业务，待至相当时期，我国之信托业已能卓然具备规模，再酌采英美大陆各国信托法制之优点，以谋适应我国信托业已经具备之情势，而制定一种立即可以有效施行之法律。非然者闭户造车在现实情况下不惟劳而无功，失立法之本意，抑且多生凿枘，妨碍信托业务之自然发展也。

虽然，余固非主张我国不需信托立法也，不过就寻绎英美信托业发达之途径，认定现时我国之信托业尚不需此耳。比年以来，我国之立法成绩，腾誉国际，政府对于信托立法，自亦已尽相当之注意，即在信托业者方面，对于此项立法之伟业，亦应广加准备，探事研究，以供未来政府立法时之参考，上海信托业同仁〔2〕，前曾有信托法研究会之组织，就程联朱斯煌二氏公余起草之信托法及信托业法原稿，为研究基础，盖亦有鉴于信托立法之重要，而未稍加以忽视也。

麦佐衡氏曾在银行周报发表一文，曰《如何发扬我国社会（固有）的信托心理》又程联氏于其所著《世界信托政考证》一书中，提倡"中画化"的信托公司，以表现我国国民之信义美德，信托业务如何能在我国普遍化？更能如何使其中国化？是又非信托立法之问题，而为信托业者如何努力之事实问题也。

---

〔1〕 "规范"原文作"轨范"，现据今日通常用法改正。——校勘者注。
〔2〕 "同仁"原文作"同人"，现据今日通常用法改正。——校勘者注。

信托之意义及其分类[*]

陈尊道

何谓"信托"？近世学者议论纷纭，迄今未有切实而公认为最适当之定义。良以一般信托公司或信托组织之业务分歧，各从其所最擅长者或最适合者以从事，初无一定之规范，亦无一定之章则，故欲求一共同而确切之定义，实至困难。然吾人欲研究信托之意义，如先就各信托之业务分类观察，则有一共同之点，可为研究之目标：即信托云者，系一种基于不同之原因而发生之代理行为是已。就历史上观察，此共同之点，即为最早从事信托事业者之第一种业务，其后社会发达，人事繁与，代理之需要日多，于是从事信托事业者不得不扩充其范围以谋适应，分门别类，花样百出，而信托公司逐被称为"金融之百货商店"。故所谓"信托事业"者就其浅显之义解释，即系"代理事业"，信托公司或银行信托部之业务。无不从代理二字而来。吾人从此点研究，则信托之意义已思过其中[1]，虽无公认之定义，而何谓"信托"？已可知其梗概矣。

根据同一之解释，则"信托公司"云者，即系从事于代理行之组织也。衙白司脱，对于信托二字之定义有云："所谓信托，原系一种委托他人代为办理或代为管理某种事项，而就其使用或管理之结果，报告于委托人之行为。"白阑司登则就法律之观点谓："信托之意义，在以某种财产委托他人代理，以信任为委托之基础，而就委托人之意旨，为代为意思表示或为法律行为者是也。"简言之，信托者，即因信任之故委托他人代理为某种事项也。二氏之观点虽不同，而其意义则无殊。明乎此，则所谓信托，所谓信托公司，其意义

---

[*] 本文原刊于《兴业邮乘》1937 年第 60、61、62、63 期。
[1] "中"原文作"半"，现据今日通常用法改正。——校勘者注。

更得进一步之解释矣。

就经验所得，信托公司为受他人之委托而从事代理之事务，如不连带的从事于他项之业务，实不足以显示其受托代理之功用；故从事信托事业者，莫不搜集不同之人才，分部办事。信托公司就最普遍之业务分类，均可分为三部：第一为银行部，第二为真正之信托部，第三为受托保管部。银行部中又可分为二组，曰储蓄，曰商业；信托部亦可分为二类，其一为个人信托，其二为法人信托。范围较大之信托公司，除此三大部分之外，尚有其他必要之业务，例如信托投资，财产质押，公司注册登记，地产贸易及管理，信用保险，财物保险，公司组织等等，不一而足。此则视各公司资力之厚薄人才之多寡环境需要之不同各有其不同之分类，不能一概而论也。

再从单纯的信托业务之性质，样为分析，则大约有下列数种：（一）根据私人契约之个人信托事项；（二）遗嘱之执行及遗产之管理事项；（三）投资事项；（四）不动产事项；（五）破产事项；（六）法人信托事项；（七）公司股票登记及过户事项；（八）公司之改组及会计事项；（九）信用保险及财物保险；（十）保管事项；（十一）储蓄及银行业务及其他各种受托代办事项。兹试就上述分类，略予说明如后。

（甲）个人信托之性质及其种类

基于私人之契约而发生之个人信托事项，其种类至为繁复，且大有随社会之进步与人事之变迁而日行增加之势。此种信托事项，系由各方面不同阶别之人委托而发生：有从事商业买卖之人因某种特别事故，无暇兼顾，不得不委诸他人者；有各种从事自由职业之人无办理特种事务之经验与学识不得不谋之于人者；亦有身体孱弱需要短期或长期之修养，不得不以重要事务委之他人者；更有因特殊原因不欲以真姓名见知于他人而不得不嘱托他人代为出面者；又或有游历他地事务繁忙非有相当地位与资格之人代为办理以免后顾之忧者，凡此种种，实不胜枚举。而此等人即为信托公司之大好主顾，应竭力设法招揽也。信托公司既得此种主顾，于是双方缔结条约，根据委托人之授权而为种种不同之业务，从而取得相当之佣金。其所有业务，例如代理为款项之收付——代收租金利息，代付捐税租金，代存款项，代收债金；代理为法律行为——代订合同契约，代购货物，代为履行契约之义务，以及其他种种之行为均是。已婚之妇女以及人口众多之年老家长，为谋保障自己之生活或年幼子孙得日后衣食教育之费，而欲保护其特有财产，则信托公司，实为其理想之委托人。因信托公司既无盗贼水火之虞，而其办事之富于经验，取费之低廉，指挥之便利，尤为任何个人所不得及也。又如年轻之人，猝遭大故，继承[1]巨大之财产，以缺乏经验学识，无法管理，于是信托公司，即为其唯一之导师：一经委托，仅费少数之费用，而可得良好之理财家为之作适当之运营[2]与管理。

惟是从事信托业者，并非一经开业，主顾即可不招而自至，其间实尚有极大之关键在。接信托事务之发生，完全系由信任心而来，故信托公司之营业，首重信用，而尤以招揽个人信托事项时为甚。信用之取得，其道至多，而以资金充实人才整齐为主要之途径；其他如法律之保障，亦属外在的取得主顾信任之要件。吾国信托法规，尚未完备，故我国从事信托业者，困难特多。美国各邦之信托法，严定个人信托之资金须与信托公司本身之资产完全划分，并规定公司之其他债权人不得以个人信托资金为其取偿债权之标的，如有违反规定者，则个人信托之委托人，且得以公司本身之资产为担保；此于委托人实受法律二重之保障。而信托公司非依信托法之规定，不得设立。故美国之信托公司，自其开幕之始，即取得对外之良好信任；其义务之发达，自为我国信托界所望而莫及也。

（乙）遗嘱及遗产之信托

关于遗嘱及遗产之信托，已为现代信托公司业务中最发达之一种。（惟我国在旧社会思想笼罩及信托制度尚未普遍之时代下，以亲族观念太深，益以大家庭制度作梗，此种信托业务一时无法推行。）良以信托公司为法人，其组织经验能力以及存续时期，均较胜于自然人，且依法律之规定，有权受托为遗嘱之执行人及遗产之管理人，故凡有新思想之人，遇有此等事务，莫不以信托公司为理想之委托人，因之信托公司对于此等业务，几已全部取自然人而代之；时至今日，各先进国家，自然人之为遗嘱执行人或遗产管理人者，已甚罕见。

信托公司对于此种业务所包括之类别下：第一，为遗嘱执行人，即受已

---

〔1〕"继承"原文作"承继"，现据今日通常用法改正。——校勘者注。

〔2〕"运营"原文作"营运"，现据今日通常用法改正。——校勘者注。

故之人遗嘱委托，依其表明之办法，为各种不同之行为；第二，为遗产管理人，即对于无遗嘱之已故之人所有遗产，受管辖法院之指定，依法办理遗产之处分或保管事项；第三，为有遗嘱之遗产管理人，即已故人，虽有遗嘱，但未指定管理人，或虽指定而被指定人不愿担任，或被指定人亦已死亡，乃受法院之指定，依照遗嘱之规定代为管理遗产；第四，为受托人或保护人，即根据已故之人之遗嘱，被指定为某一事项之代理或专任继承人之保护责任。——常有一种人于死亡时制定遗嘱，以其所规定之事项分托于数家信托公司，则被委托者仅就其指定之事项负责；亦有因继承人尚未成年或属残废或经法院宣告为禁治产[1]准禁治产而专指定某一公司为其保护人者；此则仅就遗产管理人按时所得遗产之收益负支配与管理之责。依照美国各州法律规定，信托公司承办前开各种业务时，应受法院之监督；且于经过若干时间后（此项时间，各州法律规定各有不同，最普通者定为十八个月或二十四个月），必须依照遗嘱之所示或法院之裁定为遗产之支配或分派其收益，亦公布其受托期内一切收支之账目，以示信于大业。

除右开各种信托业务外，尚有一点应予说明：依美国各州法律规定，信托公司并有权为他人制造遗嘱或受托为遗嘱之保管，于遗嘱人死亡后负公布与登明之责任。此种业务，轻而易举，原系便利主顾之一种附带营业：当此我国人民缺乏法律知识之时，大多数人均未能详悉遗嘱之法定方式，因其不合法规而不能发生效力或因而滋生纠纷者，比比皆是，各信托公司大可乘此机会，效法美国，承办此种业务，其成绩或能较胜于其他信托业务，亦未可知也。

（丙）信托投资

信托公司人才众多，投资经验，又极丰富，市场消息，又极灵通，故信托投资，亦为其重要业务之一种。信托投资之意义，即以一定数额之资金交付于信托公司，依其指定之目标或凭公司自动之策划代为投资，以获取相当之利益。其种类可分析如下：第一，为有确定指示之信托投资。即投资之目标，依照顾客（即信托人）之授意而办理。至所谓指，亦有广义与狭义之分：

---

[1]　"禁治产"指凡是被宣告了禁治产的人，就丧失了对于自己财产的管理权限，要由法院为他设定的辅助人或监护人来帮助他管理财产。

广义之指示，仅就某种目标予以指定，并不限其特定种类或数额，例如指定以代买股票为投资之目标，则信托公司只须投其资金于股票以求取若干之收益为已足，不必限定于某种股票，亦不必限于多少数额；狭义的指示则不然，其指示详确，信托公司无权予以变更，例如某顾客指定须投资于某某电力公司股票若干股，以多少价格为限，信托公司必须严格遵行，不能稍连；否则须负完全之责任。此类之信托投资，又可依其指示目标之性质分为两种：其一为对于动产及权利之投资，例如投资于公司股票，货物买卖，或以的款为动产质款权利质款从而获取较厚之利息均是。其二为对于不动产之投资，其投资之目标，以不动产为限，例如以的款购置地产，由信托公司为其设计策划，以获取收益，或以定额之资金委托公司觅取适当之地产为抵押而代放定期之押款均是。前者适宜于有过剩资金而不需随时动用之顾客；后者则因期限固定，保障确实，颇适合于虽有过剩资金而不能长期搁置之顾客。此外亦有若干信托公司，就其营业之经验与魄力，对于代放之押款，负保证之责，而从中收取较高之手续费者，此则尤能使信托人受双重之保障，法至善也。第二，为未有确定指示之信托投资。即信托人对于投资目标，并未有任何指示，其资金之运用，由信托公司代为全权处理。此种投资，有负一定收益之保证者，亦有不负任何保证之责者，均视委托时所订契约如何而定。——就通常情形而论，以前者为最普通，后者则非信托公司信用卓著，业已取得顾客之十二分之信任不可。此种信托投资，受托公司所负责任似较第一种为重大；而按诸实际，其性质实与信托存款无异：因其资金之运用，信托人皆无法予以监督，故此种投资，非对外有甚好用之信用，不足以广招来。目前我国一般所谓信托投资之广告，虽以煌煌然 [1] 见于报章杂志，然按其实际，实多于通常之信托存款无异，殊不足以吸引众多之主顾也。

（丁）不动产信托

在地产事业繁盛之都市，不动产买卖频繁，而事实上，未必人人有管理及买卖之经验与学识；即有此种经验与学识之人，亦未必有时间办理此种繁复之事务。故大规模之信托公司，莫不设立专部，以承办不动产信托之业务；

---

〔1〕"煌煌"指昭彰；醒目。清龚自珍：《古史钩沉论二》："孔笔既彰，蝌斗煌煌。"鲁迅《华盖集续编・有趣的消息》："有些报纸上都用了头号字煌煌地排印着，可以刺得人们头昏。"

而尤以地产事务畸形发展之上海为甚：凡从事信托业务者，几莫不视为此为最重要之营业；其发展之迅速及营业之成绩，亦均较其他信托之业务为优美，照目前情形，且几有不办不动产信托业务不能成其为信托公司之趋势。而事实上，在今日之中国，除此以外，欲求实益较厚之信托业务，实不多见也。

不动产信托之业务，就其性质之不同，可为分类如下：其一为代客买卖。此项业务，骤视之，颇与信托投资中之不动产投资相类似，但实际确有绝对不同之点。盖此种代客买卖，信托人之要买与要卖，其目的并非专在获取投资之利益：有因经济上之关系，急欲出售其不能随时动用之房地产，以求应付其当前之难关或需要者；有因他事离境，势难兼顾，非出售不能免其后顾之忧者；更有拟自建住宅或他种建筑，以求生活或办事上之便利与舒适者，其动机皆以其自身之需要而发生，非若信托投资之目的泰半[1]在乎盈利。信托公司就其指示之条件代办买卖之手续，以满足其需要为已足，毋须负盈利之责任。其二为不动产之管理及收益。此种业务，种类甚繁，如经租、建筑、验工、管理等等均是，办理此事者应具有专门之技能。其三为不动产之评价与估计。即受法院或个人之委托，对于争诉中之房地产，为公正之评价，以息无谓之争执；或于双方之买卖地产将成交之际，受托代为客观之估计，以免受欺。此均为事实上所常有。此种业务，办理至难，非有极内行之人才，其人格地位，又为社会所共知者，实不易胜任，决非普通小规模之信托公司所能承办也。

（戊）破产事件之信托

吾国破产法近方实行，对于本节之信托业务，自有特别予以注意之必要。依破产法之规定，"债务人因不能清偿其债务或遗产不负清偿被继承人之债务而具有法定之条件者，得由债务人或其利害关系人向法院申请[2]宣告破产"；法院于核准其申请时，应选任破产管理人。所谓破产管理人，并不以自然人为限。信托公司具有公正之地位，雄厚之资本，且人才众多，经验丰富，无一不选胜于自然人，承办此种业务，自更胜任愉快。欧美各国，以信托公

---

[1] "泰半"指犹大半、太半。过半数。《汉书·食货志上》："收泰半之赋。"颜师古注："泰半，三分取其二。"下同。——校勘者注。

[2] "申请"原文作"声请"，现据今日通常用法改正，下同。——校勘者注。

司为破产管理人者，事所常有；至于我国，则因信托事业幼稚，破产法又施行未久，通常每由法院选任会计师充之，尚未有命信托公司为破产管理人之事实。从事信托事业者，似应急起直追，延揽人才，以扩大其业务之范围。照破产法第八十三条规定，破产管理人应就会计师或其他适于管理该破产财团之人中选任之。所谓其他最适宜之人，实属信托公司莫属。从事信托事业者，应根据此条之规定，制就规章，公开宣传，并专聘领有会计师执照之适当人才，负责承办其事，业务之发达可卜。

至破产管理人之职务，依现行破产法之规定，约有下列数种：（一）代破产人之债权人申报其权利并审查债权之是否应予以登记；（二）代收寄于破产人之信函电报以及其他一切文件；（三）负责管理或处分破产财团或为必要之保全行为，代理关于破产财团之诉讼事件，包括起诉及被诉在内；（四）依法律规定之条件撤销债务人对于破产财团不利益之行为（破产法第七十九条）；（五）编造债权表及资产表备利害关系自由阅览；（六）申请召集债权人会议，提示债权表资产表并报告破产事务之进行状况或提示破产人所之调协方案以及对于协调[1]方案之意见；（七）制作债权分配表，经法院之核准，平均分配破产财团之财产，并于最后分配完结时向法院提出详细之报告；（八）申请法院宣告破产终止；（九）辅助法院办理破产财团之其他一切事务。凡此种种，其情形之复杂，已可想见，自非有待专门人才处理不可。尚有一种与破产管理人之职务相似，而其性质不同者，则英美法律上之所谓 Receiver 是也。此即我国人通称之管理人，并不限于破产之场合：通常有因股东与执行公司业务之人员发生纠纷，而致公司业务陷于停顿时，即不得不由管辖法院选任信托公司或其他适当之人暂时代为管理。此种代为管理之人，即英美法律上所谓 Receiver：须俟争执之事完全解决以后。职务方可交卸。在代为管理期内之职责，通常须与原来之公司完全相同，有时且须受命于法院，处分原来公司之财产，以平衡其收支，或清偿其债务，或设法贷与相当之资金，以挽救其经济上之危机，或代为擘画经营，以谋营业之改善，与破产管理人之仅为消极的办理破产事务，完全不同。此种业务，欧美各信托公司承办者甚多。其有选任 Receiver 之事者，亦并不限于股份有限公司，各种合伙组合亦常有之（在此种场合所谓法院，英美法律上，称为 Count of Equity）。

---

[1]　"协调"原文作"调协"，现据今日通常用法改正。——校勘者注。

惟在我国则尚无此种事实,可资参证。不得已而求其次,则在我国社会,每有案经执行,而债务人所有之财产,一时无从拍卖,或拍卖而无人承受,乃由法院选任第三者代为管理或经营此项财产,取其收益抵偿债务之事,此其情形颇与相似。例如最近上海第一特区地方法院受理莫利士与物品交易所债务一案,因执行无效,乃由该院选任本行为管理人,按月代收物品交易所应得之租金,巡解法院,以偿所欠债务即是。

(己) 法人信托

法人信托之种类,与个人信托大致相同;惟因法人信托中之信托人系法人而非自然人,故其业务繁复特甚。凡属各种公司在会计上组织上资本上具有单独性而可由他人分任之一切事务,均可委由信托公司代办。其中如公司股票之发行、转让、登记,公司债之募集,股票利息红利之代发,特种收支以及人事、文书会计之代办等等,均为法人信托中最重要之业务。兹约略说明如下:

公司股票之发行,原则上自应由公司自己负责;但近年来委托信托公司发行者,日益增多;现在如美国各公司之股票,完全托由信托公司代为发行,几有非信托公司代为发行不能取得市场信任之概。究其原因,乃由于十数年前纽约有一著名铁道公司之董事长,会私发公司股票数百股,盈利自肥,旋为人发觉,于是公司自发股票之信用全失。信托公司以第三者之地位,代负发行股票之责,在发行股票者虽多费若干之手续费,然而对内可以省却不少麻烦,对内又可获取投资者之信认[1]而畅其销路。实属一举数得之事,故为创办公司者所乐为。公司股票既经发行,尚有涉及法律手续之股票及债票登记事项,更非有专才莫办,故亦为信托公司重要之业务。所谓股票债票之登记,系指股票债票转让时所有权之注册以及新售股票之调换而言。此种事务,应具备精密正确之手续及易于检查之统计,方足以应付而无错误。而信托公司则设有专股承办,极为便利经济。其他如公司债之募集,股票利息及红利之代发,特种收支及会计事项之代办,亦无一不可委诸信托公司。企业中如有会借巨款,或以其资产押借款项者,则以上门各项业务委托信托公司代办,或信托公司即以受押债权人之资格出而代为办理,尤能使债权人取得

---

[1] "信任"原文作"信仰",现据今日通常用法改正。——校勘者注。

种种之便利，以免发生意外。照现在一般情形而论，信托公司所办理法人之信托，除股票之发行均系单纯的委托大代理外，其他各种则大都有直接或间接之债权债务关系在。所谓直接或间接之债权债务关系，即指受押人受质之关系而言。又有公司之组织及改组之事宜，前者需要专门人才之指导。后者大都需有经济之实力以为后盾，故亦为一般信托公司注意经营之业务。

（庚）信用保险及财物保险

信用保险及财物保险，均为近年来信托界之新产物。信用保险脱胎于水火人寿保险以及个人保证而来。通常吾人入商界办事，大部需买具相当之保证。此种保证，均由个人之友好亲戚任之。保人之责任，大都绝无限制，而保证之期限，亦无相当之规定，故非至亲好友，深知被保人之人格地位者，决不肯轻易担任。因之常有因未能兑保而牺牲其职业者。至就雇主及保证人方面观察，则个人之财产事业盛衰不常，苟其人而从事与投机事业，则朝富暮穷，尤为屡见之事实；故雇主对于保证人是否有胜任之资格，亦极不易预为确定。且晚近人心不古，被保证人如不幸而有巨额之赔偿事件，数非一二人之财力所能赔偿者，则在保证人方面，必致倾家荡产，罗掘以应；如有不足，则被保证人雇主之损失，仍不可免，甚至有小范围之商业组织，因职员舞弊而致周转不灵或倒闭者。故个人保证制度实已不适用于现代，于是乃有师水火保险及人寿保险之办法，创设一种信用保险之制度，以代个人保险。其法即仿其他保险办法，按年付相当之保费于承保人，对于职员之保险责任，即由承保人负担。此制创行以来，已盛行于先进各国；我国亦已于数年前有中国第一信用保险公司之创立。虽其营业范围，仅以上海第一为限，其内容组织以及营业现况，亦未详悉；然依其所定章则观察，则已粗具信用保险制度之规模。近来一般对于此种新制度，研究者颇不乏人，于最近期内，或可发扬光大。至财物保险，亦称所有权保险或权利保险，其创办尤连于信用保险。此项保险，即就某项标的物为主权权属之保证，如有人出而干预其主权，保险公司应负责予以保护；如因干预之结果，致投保人失其法律上之权利，则保险公司应依其保险额负全部赔偿责任。此在吾国，尚属罕见，其能否效仿先进国家之成例而施行于国内，尚有待于保险学者深切之研究。

以上二种保险，在欧美各国之信托公司中，泰半列为承办业务之一种。但亦有若干公司则否认此项业务应列入信托范围之内者。然就近来之趋势观察，则附和前者之主张已日见众多。良以信托公司之业务，应以服务社会为目的，信用保险与财物保险之有益于社会，至为重大，信托公司责无旁贷，似无任意摒弃而诿责于他人之理也。

此外尚有一种类于信用保险之信托业务。即代客保证。此系对于特定事项负一定期限信用担保之办法，颇盛行于工商业发达之都市，而同时亦为发展工商业良好之辅导。例如有一外国工厂，承揽国内机关某项工程，因该机关对于该工厂之信用及工作成绩，未能深悉，此项承揽，不易成就；如应用此项制度，则某项工厂可向信托公司提出相当之担保物，或巡以其以往在国外之信誉，请求信托公司代为出具保证函件，而给以相当手续费。具有此种信用担保以后，其承揽营业，即不难成就。此种保证所收取之手续费，普通为千分之几。如当地环境优良，信托公司按年收入，数殊可观。上海银行信托部创办此项业务，为时甚早，已有相当成效；我行信托部年来承办此项业务亦甚多。盖照上海一般情形，如有外商公司承办政府机关之建设工程，辄规定于承办开始之前，须取华商银行之保证，而近年我国政府建设工程，突飞猛进，又有非设备完善之外商公司不能承办者，故此项业务，殊为可观。惟通常各银行信托部代外商公司保证，大都须委托人提供现金，或由外商银行间接担保，甚少以信用为保证。

（辛）保管信托

保管业务为信托公司实贵之业务，但其所估之地位并非主要：因其功用系重于辅助其他信托业务之进展与安全，而不在单独的对外作广泛之营业。就理论言，保管部对于信托公司有双重之作用：一方面为顾客交与公司之信托物负担保之责，一方面即利用其设备上及办事上之便利，专事保管顾客之物件，或进而代办其附带的简便管理。前者为主要之作用，后者则为其附庸。故信托公司有保管部之设立，其最初之目的，仅为内部档案及受托物之保管；其后业务发达，乃进而为对外之营业，例如保管箱之出租，原封保管、露封保管之承办等等，渐为信托公司所重视。我行对于保管业务，创办甚早，已为同仁所目见，兹不多赘。

（壬）其他信托

除以上所述者外，尚有若干亦为信托公司经营范围以内之业务，如代理水火人寿及其他各种保险，自设保险专部承保以上各险，特设咨询部免费或酌收构微之费用，代顾客解答一切法律上会计上之疑难问题或巡代承办法律及会计案件以及其他各种以服务顾客为目的之业务均是。

总之，信托公司之业务，殊无特定之范围，上文所举各项，仅其荦荦大者而已。信托公司营业之对象，较广于银行，可以兼营银行业务以及银行业务范围以外之各种事业，而银行则否。是以信托公司按年营业之收入，就理论言，其数额必较经营正当之银行业务为丰厚，而同时其对于社会之贡献，亦系多面的而非单方的。故信托公司较银行易于发展，而其深入社会扶助人之功能，实非普通银行业也所能企及也。

英国海外贸易部之组织及其行政[*]

方嘉禾[**]

一

英国自大战以后，对于海外市场之发得与开拓，进行不遗余力。为应付列强掠夺海外市场之竞争起见，政府方面，益觉有新的组织之必要，以促进其海外贸易之发展，于是有一九一七年海外贸易部的产生。

外务部与商务部，往往具有连带关系之事务与责任，因此对外事务，往往不能由一部独揽办理，例如领事官事务，形式上虽为外务部之责任，但同时因一国领事馆或驻外使馆之派遣，与本国商业上具有莫上关系之故，商务部不得不有意见参加，如是，遂有相互牵制作用，于事务之进行，颇有影响。自海外贸易部成立以后，如领事使官等任务，可以脱离商务外务二部而专隶于海外贸易部管辖之下矣。

二

海外贸易部乃由外务部与商务部合组而成。设部长一人，总监一人。海外贸易部，设有下列各司：（一）帝国贸易经济司，英国海外贸易部之组织及其行政（Director Tradea and Economic Division）；（二）外务司（Director of Foreign Division）；（三）互市展览司（Director of Exhibition and Fairs Division）；

---

  * 本文原刊于《国际贸易导报》（第 8 卷）1936 年第 7 期。

 ** 方嘉禾，1929 年毕业于东吴大学法学院（第 12 届），获法学学士学位。

（四）总务司（Director of General Division）；（五）转出信用保证司（Manager of Export Gredits Guarantee Department）。

帝国贸易经济司，依货物之种类，分成若干课，每课复依同类货物性质之差异而分成若干组。例如分为机械、纺织物、化学、电料用品，及其他类项货物等组，每组人员，与国内各大商务机关，均有联络，对于各种商品之商业消息，均须负责随时随地作报告也。

贸易经济司之下，复有事务之设立，其中包括特种登记（Special Registry）、国外货样（Foreign Samples Section）、国外目录室（Foreign Catalogue Librsry）、贸易指数（Trade Index）等四组。登记组详载英国出口商名录与某种忠实商业消息。商务部每遇发行之商务部公报。（Board of Trade Journal），其中主要材料，大部分来自登记簿册中之记述也。国外货物样品室之主要任务，专事搜集并陈列国外制造货物之样品，并间列货债及其他事项。国外货物组，搜集国外各种商务业报有一六〇〇〇种之多，以便国外广告事业之参考，以明国外何种事务之生产，与之具有竞争关系者。贸易指数录，记述英帝国登记之商人及其经营状况。此项贸易指数，并不公开发表，仅供商务部内部及海外代表之便利而刊行者也。

外务司亦为海外贸易部中最重要之一部，以疆域的分类为主体而分析各国贸易状况。外部司，共分为欧洲、美洲、亚洲、波罗的海与巴两干半岛诸区。每区复分若干国家。英国于每区各国，均有海外公使之派遣，及商务官之驻在。随时随地，均有重要商业消费呈报也。

互市展览司之重要任务，偏重英国工业品陈列所之组织与监督。英国在大战期间，本国货物在国外销路几致断绝，海外贸易部，为引起人民之注意及警惕起见，每年于伦敦、伯明翰、格拉斯哥等大都市，奉行盛大之国货展览会。间于各地国货展览会，除由互市展览司每年捐助二五〇〇〇镑，作为广告及宣传费外，一切费用，概归自理。

转出信用保证司之主要任务，在乎处理英国政府辅助出口贸易金融上之便利。

英国海外贸易部，非似美国国内贸易局之在各地均设地方分局仅有一种办事处，在伦敦，在各地并无地方分部之设立，盖英国国内诸大商埠，均有地方商会（Local Chamber of Commerce）之设立。海外贸易部，如欲分发商务报告，可委诸全国各地之地方商会办理。英国现有地方商会联合会（British

Association of Chambers of Commerce）之组织。据一九二九年勃尔发委员会（Balfour Committee）之报告，英国商会联合会之会员，有四五〇〇〇之多云。

英国尚有工业同盟会（Federation of British Industries）之组织，与政府通力合作，以促进全国商务之发达。该会成立于一九一六年，加入斯会者，凡二〇〇工业联合会，计有二〇〇〇以上之单独工商业机关。英国大部分工业联合会，皆已加入。该会对于海外贸易部时常供给制造者之意义，对于会员方面，供给商业消息，并与派遣国外各代表互通声气，以备有所联络，有时且能供给国外业主之信用地位的消息，于制造界与金融界均有莫大裨助。

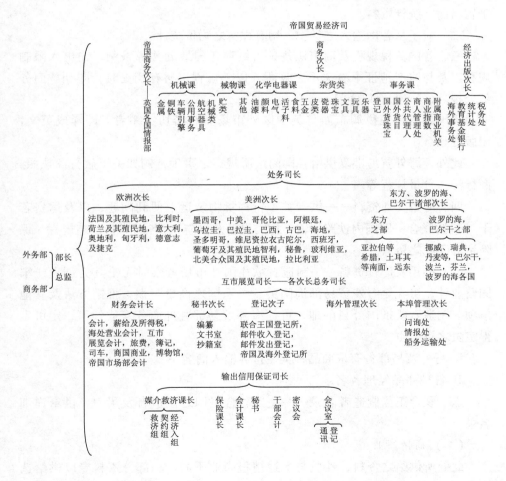

（一）情报事业

英国海外贸易部之主要事业，即在对联合王国输出业者供给有关系之消息资料。盖经营贸易者，转会遇到下列问题：其商品是否值得推销于新市场，彼地之商情若何，商品市况，各国关税规程及商业法规若何，以及运销若何等等。贸易商，在决定从事交易活动前，必须调查新市场之输出入商及经理之姓名等。

海外贸易部对于以上资料，供献于商界者至多。

一、统计资料——供奉各国输出入贸易量值数字，生产统计及其他有助于贸易商之统计资料。

二、对于从各国输入之货物，均有详实之物价统计。

三、各国关税规程及商事法规——供奉各国最近关税条例，输出入限制规程以及与原产地证书有关系之规程。以上规程，遇有变更时，即刊载商务部公报。（Board of Trade Journal）

各国如有新关税颁布而与英国国外市场具有密切关系者，即译成英文，出版专刊。

此外，海外贸易部复供给各国商法所规定之事项，例如关于旅行商执照、商标法、食量规程等。

四、海运交通资料——供奉关于特种货物装运上便利问题，以及运费若干（包括联合王国国内铁路运输，埠类设备及供应）、各国货物包装规程、保险费等问题之资料。

五、推销及广告资料——制造者欲往国外市场考察时无论其为创立或牢固营业计，可先至海外贸易部询问关于关系国之商事习惯，推销方法及其他事项。制造者既抵国外目的地，可往海外贸易部驻外商务官或领事，定可索得宝贵之资料也。

1. 海外贸易部备有依商品种类之世界输入商名录。

2. 各种商品经理者名录。

六、联合王国制造者名录——关于联合王国之制造者及买主，供奉详细名录。

（二）商情事业

此处所供给之资料，性质与上述情报事业不同。一部分资料专以供给选定之制造者与贸易商，另一部分资料，公开发表于商务部公报（Board of

Trade Jonrnal）。

贸易商如欲单独供给之消息者，必须申请海外贸易部之 Special Register，贸易商如同时需要商务部公报及专送情报者，每年纳费二万四先令六便士，单独定阅商务部公报者每年纳费一镑一先令。

海外贸易部单独供给贸易商之情报，大致包括下列各项：

一、买主之查询——海外贸易部搜集关于海外买主及商务判官对于联合王国制造者查询事项。此项查询事项有时附带买主对于说明书，价目表等之请求。此类查询事项，仍由 Special Register 转给各关系厂家。

二、市场状况——例如（1）关系国金融状况之变化；（2）关系之变更；（3）杂物收成之量款；（4）产业发展状况；（5）国外竞争之兴衰等。

三、各种商品市况——海外贸易部从事搜集关于各种英国货物在国外市况之报告。此项报告，大致关于市场之大小、交易组织、出售货物之组织竞争状况、货价状况、信用条件等。此项报告，不独得自海外已有牢固地位之商业机关，益且将来具有发展希望之国家。如是，海外贸易部对于每种货物之国外情况，可以洞悉无遗矣。

四、搜集国外样品——海外贸易部，为适应各业商人需要国外市场之样品起见，特设国外样品组（Foreign Sample Service）从事搜集国外样品，以供特定厂家之索取。

国内厂家，需要样品时，应偿付样品实价，否则可以支付样品价值之半数，样品归厂家使用。经过一定使用期限后，须将样品交还。

（三）经济调查事业

海外各地商务官，每年具有详细报告，可使本国出口商，对于各海外市场一年中之贸易状况，得到深切之概念。海外领事馆之报告，内容往往限于一隅，而商务官之报告，述及全国，是以对于国别之金融，贸易与生产，运输与交通，自然资源，及社会问题等，供奉详尽而实贵之统计资料。此项报告，每年发行三十余种。

（四）英国产业展览会事业

英国产业展览会（The British Indnsiries Fair）于每年二月第三个星期一，分别在伦敦与伯明罕奉行。展览会之目的，在乎将英国制造者集团与国内外债主集团，拉拢一起。会中所陈列者，悉系英帝国领事内之货物。届时海外贸易部在国内外从事大规模的宣传。此外，互市展览组（Exhibitions Divisions）并征集关于各国奉行之展览会消息，以引起国内商人之注意也。

（五）海外组织

海外贸易部，已在国外造成一通讯，总随时供给国外各地商务消息，以促进英国之贸易。海外贸易部，在此方面，统制下列任务：

一、帝国领事内商务官及商务通讯事务。

二、担任国外外交任务之商务官事务。

三、国外领事馆事务。

英帝国现有商务专员（Trade Commissioners）十九人，分驻于加拿大、澳洲、纽丝纶、南非、爱尔兰自由邦、印度、锡兰英属马来、东非与英属西印度等地。商务专员，得到若干重要都市商业通讯之捐助。海外贸易部，于英帝国内未有派遣商务专员者，每有商务通讯员之设置。

海外贸易部，具有商业外交之设施，以代替大战以前之商务参赞，在重要国外市场，设有商务外交官三十九人，分为商务官（Commercial Counsellor）与商务书记官（Commerial Secretaries）等。

领事馆事务，自一九一九年十月以后，亦归海外贸易部管辖。领事馆之商务报告，直接寄交海外贸易部，而其任务直接受所管辖领事馆之商务外交官之节制。

海外商务馆，除供给商务消息外，负责与当地政府人员及商业界，促进友好关系，以利贸易之准行也。

其次，海外商务官，每隔相当期间以后，须归国一次，参观本国重要产业中心之进步情形，并应个地方商会贸易协会等机关，奉行演讲等。

（六）出口信用保证事业

出口信用保证部（Export Credit Guanrantee Department）系与海外贸易部并立之一部，其任务在乎保证出口商出售英国货物时货款之交付。

此部之活动，系营业性质，系由四人组成之执行委员会管辖，其性质与寻常商业机关之董事会相似。出口信用之给予，须经由制造家、商人、银行家、保险专家等所组成之顾问委员会（Advision Committee）核准，而所课保险费率极低。

最近日英美三国在中国对外贸易之地位观[*]

方嘉禾

我国对外贸易，日英美三国，即占50%。近年来我国对外贸易，表示一般的低落，依下表所示，即知日英美三国在我国对外贸易总额中所占的比例，未有何等变化。是以日英美三国在我国对外贸易上地位之重要性，不是过甚之言。[1]

年　份	输　出	输　入	合　计
1932 年	42%	51%	48%
1933 年	42%	43%	43%
1934 年	42%	51%	48%
1935 年	45%	43%	44%

我国一般的对外贸易，揭示衰落，日英美三国之贸易状态，亦大体倾向减缩。兹就三国贸易状态，分别加以观察。

世界大战前占首位的英国，在大战期中由于日美的进出，落至第三位，成为日美英之顺序。由于东北、上海两次事变而发生的排日运动的剧烈，助长日本货物在我国市场的逐出，使美国代替了日本的地位，迄至一九三三年，遂使日本之地位，降至第三位而成为美英日之顺序。一九三四年，对日贸易稍有起色，贸易数额，殆与英国相伯仲。自一九三二年至一九三四年间英美日三国在中国对外贸易地位上之消长趋势，例如下表：

＊　本文原刊于《国际贸易导报》（第 8 卷）1936 年第 4 期，第 93～98 页。
〔1〕　一九三五年数字迄至十月为止。

		1932 年		1933 年		1934 年	
		实数	百分比	实数	百分比	实数	百分比
日本	输出	167.462	22.8%	59.807	15.6%	81.232	15.1%
	输入	221.256	14.2%	132.345	9.7%	126.886	12.2%
英国	输出	58.556	7.6%	48.765	8.0%	49.806	9.3%
	输入	185.702	2.4%	154.041	2.3%	124.647	12.1%
美国	输出	92.469	12.2%	113.146	18.5%	94.435	17.6%
	输入	419.275	25.7%	297.468	21.9%	271.831	26.2%

　　其次就我国出入贸易加以考察。一九三五年上半期对美输出,较上年同期增加,日英均较减缩。输入方面,英美两国,均较减退,日本揭示增加,一举而增加一千八百四十四万七千元,成为七千七百万元。由此可知值此我国对外贸易一般衰落声中,惟有从日本之输出,表见增加,乃值得我人注意者也。其次,我人应注意者,一九三五年上半期对德输入贸易,其至驾凌英国以上而占第三位。兹将一九三五年上半期我国对重要国家输出入贸易价值,列举如下〔1〕:

		1933 年上半期		1934 年上半期		1935 年上半期	
		实数	百分比	实数	百分比	实数	百分比
日　本	输　出	44.844	5.11%	42.071	15.65%	29.954	11.54%
	输　入	72.529	9.28%	59.253	10.29%	77.700	14.22%
	合　计	27.373	——	101.324	——	107.654	——
美　国	输　出	54.906	18.51%	52.911	19.69%	64.968	25.03%
	输　入	158.376	20.29%	161.699	28.21%	107.350	19.54%
	合　计	213.282	——	214.610	——	172.318	——

---

〔1〕 "下"原文作"左",现据今日排版需要改正。——校勘者注。

续表

		1933 年上半期		1934 年上半期		1935 年上半期	
		实数	百分比	实数	百分比	实数	百分比
英　国	输　出	20.480	6.9%	22.321	8.31%	19.679	7.58%
	输　入	83.393	10.71%	59.482	10.35%	52.405	9.44%
	合　计	103.873	——	81.803	——	72.084	——
德　国	输　出	10.752	3.62%	10.216	3.8%	14.790	5.71%
	输　入	55.802	7.16%	48.064	8.37%	53.884	9.81%
	合　计	66.554	——	58.280	——	68.674	——

　　我国对外贸易关系最巨者，仅英美日法德五国而已。此五国及其属地之对华贸易额，约占中国对外贸易总额百分之八十，一九三五年此五国之对华贸易地位如何，可于下表观之：

	进口货值	较上年增减	出口货值	较上年增减
英国	221.127	减 14.557	186.686	减 9.496
美国	179.777	减 96.677	142.042	增 4.703
日本	196.069	增 13.373	20.125	减 8.599
德国	103.385	增 9.996	28.926	增 9.767
法国	73.028	增 8.997	36.234	增 8.631

　　由上表观之，若就进出口贸易总额言，则英第一，美第二，日本第三，德法殿后。若就去年之贸易形势而言，则日本第一。日本输入中国较上年增加；国货输往日本，较上年减少。德法次之，进出口均有相当的增加。英美居后，尤以美国为最。去年美货输入中国剧减九千六百余万元，英亦减少一千四百余万元，但国货输往英国，同时亦减少九百余万元，而输往美国者，则增加四千余万元。年来英美经济考察团之接踵来华，殆与此有相当关系也。

进出口货值国别比较表（以千元为单位）：

	进口货值			出口货值		
	24 年	23 年	比较增或减	24 年	23 年	比较增或减
法国	13.336	22.324	减 8.988	29.243	21.142	增 8.101
德国	103.184	93.200	增 9.984	28.926	19.158	增 9.768
英国	98.070	124.513	减 26.443	49.458	49.776	减 318
日本（台湾不在内）	139.320	126.338	增 12.982	82.047	81.231	增 816
美国	174.678	271.285	减 96.608	136.394	94.313	增 42.081

其次，我人试从输出入重要商品，分析日英美三国之竞争关系。

输出货物方面，以纺织纤维占第一位，以下顺序，则为动物及其产品、油蜡、子仁类、矿砂、棉花、茶、皮革等货物，较上年增加者，为动物及制品，油蜡、生丝等，可以表见海外工业振兴原料品需要甚殷情形。输入方面，以米谷及面粉占第一位，以下顺序，则为肥皂、油脂、蜡胶、松香、金属及矿砂，棉花及其制品、机械及工具、书籍地图及纸类，染料及化学制品及药品等较上年增加者为米谷及面粉、机械及工具、海产物、书籍地图、木材等，其他货物，揭示减少，尤以棉花输入激减。此乃由于我国棉花增收及我国纺织工业不振所致。

进口洋价值比较表（单位千元）：

	民国 24 年	民国 23 年	民国 24 年比较增或减
杂粮及杂粮粉	135.917	12.743	增 24.174
烛皂油脂蜡胶松香	101.696	109.216	减 7.520
金属及矿砂	87.441	96.884	减 2.441
杂货	69.504	55.615	增 13.889
棉花及其制品	68.679	126.002	减 57.323
机器及工具	65.853	59.306	增 6.596
书籍地图纸及木造纸质	53.124	49.553	增 3.572
染材颜色油漆凡立水	37.611	38.872	减 1.160

续表

	民国 24 年	民国 23 年	民国 24 年 比较增或减
化学产品及制药业	37.443	41.594	减 4.151
杂项金属制品	34.805	53.843	减 19.037
木材	34.768	34.152	增 0.615
车辆船	30.584	36.961	减 6.376
糖	27.672	32.686	减 5.013
毛及其制品	20.411	35.927	减 15.515
鱼介海味	19.028	18.211	增 0.816
麻及其制品	13.167	11.507	增 1.660
罐头食品及日用杂货	11.778	13.595	减 1.816
烟草	11.300	34.016	减 22.715
煤燃料沥青煤膏	9.199	12.135	减 2.936
药材及香料	8.689	9.016	减 0.327
丝（人造丝在内）及其制品	8.046	7.567	增 0.478
木竹条棕草及其制品	7.541	10.168	减 2.626
果品子仁菜蔬	6.948	7.328	减 0.380
瓷器搪瓷器玻璃等	5.762	6.913	减 1.150
石料泥土及其制品	4.736	5.517	减 0.781
生皮熟皮及其他动物制品	4.530	6.099	减 1.569
啤酒烧酒饮水等	2.965	3.228	减 0.265
共　计	919.211	1029.665	减 110.453

出口土货价值比较表（单位千元）

	民国 24 年	民国 23 年	24 年比较 增或减
纺织纤维	97.395	74.760	增 22.635
动物及其产品	80.255	77.866	增 2.389

	民国 24 年	民国 23 年	24 年比较 增或减
油蜡	75.279	31.664	增 41.615
子仁	49.000	27.934	增 21.065
矿砂金属及金属制品	43.574	30.737	增 12.837
纱线编织品及针织品	42.457	54.319	减 11.862
茶	29.624	36.098	减 6.474
杂货	35.048	29.048	减 4.600
生皮熟皮及皮货	23.628	29.107	减 5.479
杂粮及其制品	18.930	15.722	增 3.198
皮蛋	18.838	30.763	减 2.924
药材及香料	9.147	10.093	减 0.946
烟草	9.051	9.431	减 0.379
燃料	8.572	8.205	增 0.367
鲜果干果制品	8.545	8.953	减 0.407
菜蔬	8.348	9.343	减 0.994
其他纺织品	7.669	9.393	减 1.724
其他植物产品	6.217	6.370	减 0.153
化学品及化学产品	5.388	5.866	减 0.477
豆	5.255	6.952	减 1.698
纸	4.809	5.118	减 0.308
石泥土砂及其制品	3.330	3.160	增 0.170
鱼介海产	3.098	3.074	增 0.23
竹	2.543	2.639	减 0.95
植物性染料	2.300	2.290	增 0.09
印刷品	2.209	2.496	减 0.286
木材及木制品	1.917	1.692	增 0.224
酒	1.013	1.064	减 0.51

	民国 24 年	民国 23 年	24 年比较增或减
玻璃及玻璃器	0.250	0.312	减 0.62
藤	0.113	0.116	减 0.03
糖	0.02	0.13	减 0.11
共　计	575.809	535.214	增 40.594

上文所述，为最近我国商品贸易状况。兹就日英美三国分别观之。对日输入货物，以棉花、海产物、砂糖、纸、谷类、机械等类为主；对日输出，则以肉类，棉花为大宗。对英输入货物以棉布，毛纺织物，机械及工具，钢铁等类为主；对英输出，则以桐油、生丝、皮革、茶、矿石等类为大宗。对美重要输入货物，有棉花、油类、谷类及其制粉（小麦及面粉）机械等类，输出则有桐油、生丝、皮革等类。

纵观上述，就日美英三国重要贸易商品加以观察，即知输出货物，殆完全为原料品与食料品，至于输入货物，未必相同。对日方面，则以纺织业为中心之轻工业的输入为主；反之，对英方面，则以生产工具与食料品的输入为主；对美方面，则以轻工业为中心之生产工具与消费货物的输入为主，此乃足以促进中国资本至于经济的发展者。在此种事态下，日本与英国消费货物之对华输出，成为对立局面，最近状态，使日本陷于不利地位。即就最近两年见之，日本棉布对华输出总额，由 57% 减至 45.8%；反之，英国则由 34.5% 增至 43.9%。此种竞争状态，可于下表见之：

年　份	日　本		英　国	
	实数	百分比	实数	百分比
1931 年	65.238	71.1%	13.172	14.4%
1932 年	38.027	61.6%	20.119	32.6%
1933 年	17.032	57.0%	10.297	34.5%
1934 年	7.697	45.8%	7.390	43.9%

关于中国市场上日本棉布之后退，由于经济恐慌之深刻化而加剧，至其

前途，由于近年中国自身纺织业及兰开夏纺织业之进袭，如欲即刻夺回在华之市场，殊非易易也。

就一般消费货物言，日美之对抗程度，美国仅占一小部分，不若日英在华棉布市场争夺战之激烈。就生产工具言，英美在华之竞争关系，不能否认，至于与日对立，尚非其时。美国输华消费货物，着重于政治的军事的装置，例如汽车，飞行机等是。

兹就一九三四年度自日英美三国所输入之机械类及器具类见之，除纺织机械以外，正可表见美国势力之大。

1934 年	日 本	美 国	英 国	合计（千金单位）
纺织机器及其附属品	2.758	0.208	3.771	7.260
汽车	0.002	3.409	0.151	3.686
飞机及其附属品	——	3.193	0.376	4.633
机械及器具类	8.066	19.021	14.456	61.260

综上所述，可知日美英三国，大体上保持固有对华贸易市场。依三国经济之发展状态言，日本工业之发达趋势，在英美之下。从生产货物之领域观之，日英美在华市场之争夺，将愈趋激烈化。最后，日本以其地理上之优越，英国以其历史地盘之巩固，美国以其财力之丰厚，在华商品市场，定必有一番惨烈之争夺，胜利谁属，尚未可逆料也。

我国遗产税制度：遗产征税范围之法律的检讨*

黄应荣**

（一）

民国二十七年九月三十日，立法院通过之遗产税暂行条例，已定本年七月一日施行，遗产一税吾国久思举办，编订条例，且远溯民元北京政府时代，而实施征税，尚以此次为嚆矢。以吾国累代财产相承之习惯，登记制度之不备，将来施行之后，多少恐有阻力，而条例本身，瑜瑕互见，要亦难免，然事属草创，吾人似不应过事苛求。自立法院通过本条例以来，两易寒暑，其间学者就经济上或财政上之见地，多所论述，惟本条例难以征税为对象，然牵涉法律处甚多，发就征税范围涉及法律各点，略抒管见。

（二）

本条例第一条规定：凡人于死亡时在中华民国领域内遗有财产均依本条例征遗产税。中华民国领域内有住所而在国外有遗产者亦应征税。依此规定，本条例似以属地主义为原则，而以属人主义补充之。第一项所谓"人"，不论其为中华民国国民，抑为外国侨民，或无国籍人均束之，亦不论其死亡为自

* 本文原刊于《财政评论》（第 4 卷）1940 年第 1 期，第 94 ~ 100 页。
** 黄应荣，1927 年毕业于东吴大学法学院（第 10 届），获法学学士学位，东吴法学院法律学系教授。

然死亡抑为宣告死亡，[1] 凡于死亡时在中国领域内遗有财产者，即须按照本条例征收资产税。外国人民旅居我国，受我国政府之保护，享受一切权利，自应遵守我国法律，其在中国领域内所有财产，依法征税，自无例外，惟我国因受不平等条约之束缚，尚有不少享受领事裁判权之外国人民，此等外侨，未曾受我国法律之管辖，则在领事裁判权未废除以前，事实上，恐难征税，此点关系税政甚大，亟望外交当局，尽力折动也。至外交代表，及依条约享受特权之领事官，于死亡时，遗有私人财产于中国领事域内，能否照征遗产税，实属疑问。据一般国际公法学者之意见，外交官不受驻在国财产法权之管辖，因之有等学者，遂有以外交官即享有不缴纳税款之特权，则对其中在中国所遗之财产，不宜征税之误解。按所谓外交官不缴纳捐税，与其认为国际公法所赋予，毋宁谓为由国际礼让而发生。其豁免之范围，各国惯例不一，大抵言之，直接对人税，如人头税，所得税，特别税，军事税等，均以免除，但除特别规定或约定互惠外，所有捐费，间接税，如关税，印花税，产业税等，均不予免除。[2] 遗产税虽为直接税，然性质究与所得税不同，关系一国之经济甚大，继承人因继承已获得财产上之利益，就财产权利之转移而征遗产税，正与就产业而征产业税之理由无殊。英国外交学权威萨多（Earnest Satow）有言：一外交官死亡后之遗产，其动产之继承，依本国法，不动产之继承，依财产所在地法。[3] 此合于英美法关于财产继承之一般观念。惟接近英美法院判例，有放弃传统观念，改从依动产所在地原则之趋势。[4] 由是言之，对于外交官及依条约享有特权之领事官在中国领域内所遗之财产，除条约订立互惠待遇，予以免除外，仍得照征遗产税，自无例外之必要也。

---

〔1〕 民法第八条规定："失踪人失踪满十年后，法院得因利害关系人之申请为死亡之宣告失踪为七十岁以上者得于失踪满五年后为死亡宣告，失踪人为遭遇特别灾害者，得于失踪满三年后为死亡之宣告。"民法第九条规定："受死亡之宣告者以判决内所确定死亡之时推定其为死亡，前项死亡之时应为前条各项所定期间最后日终止之时，但有反证者不此限。"

〔2〕 Sir Einest Satow, *Guide to Diplomatic practice*, 3rd Edition, pp. 212~225；Hershey, *International Law* p. 407 Note 45.

〔3〕 Ibid. , Einest Satow, *Guide to Diplomatic practice*, 3rd Edition, pp. 259~260.

〔4〕 Frick vs Common Wealth of Pennsy Lvania 268 U. S. 437；*Lovanzen Casss on Conflict of Law*, 4th Edition, p. 936.

（三）

本条例之第二项之规定，表面上似以防范资金外逃为目的，其实乃针对华侨而设。依该项规定，征税前应行决定事项有二：一被继承人之国籍者，不论其国籍之取得，因出生抑因婚姻过归化，亦不问其死亡在国内或国外，只须在本国领域内有住所，则所遗产，虽在国外，亦应一律征税。被继承人是否具有中国国籍，忽视之，似易解决，但因各国国籍法之互异，华侨因出生而具有双重国籍者，在在皆是，例如在英美出生之华侨，依英美法为英美国民，而依我国籍法为中国人，且新旧法律，关于国籍丧失之规定，每不一致。因是，华侨国籍之决定，颇属困难。于是我国之立场，当然不问其是否具有双重国籍，在我国仍一律视为中国人；〔1〕但吾人有不可不特别注意者，即荷属华侨国籍问题是也。依宣统三年四月初十（即一千九百十一年五月八日）所订中荷关于荷属领事条约互换条件，我国已承认在荷属内之侨生，为荷籍民，而荷兰亦声明入荷属之华侨，每往中国地方，如欲归中国籍亦无不可，均听其使，如往别国居住，出荷籍与否，亦可一律听其自使，此辈华侨日后重入荷属，仍为荷籍民。〔2〕自该约签订后，该地政府据理力争者，该约未修改前，该地侨胞死亡时，在荷属所遗之财产，似难征税，但如已在中国取得居住而又未重回荷属者，则其所遗之产，仍得征税。

（四）

依本条例遗产征税前，应行决定者，初被继承人之国籍外，尚须决定被继承人之住所。法律上所谓住所，乃以久住之意思。住与一定之领域（民法

---

〔1〕 前大理院判例上七七三号。

〔2〕 西历一千九百十一年五月八日中和关于荷属领事条约，和其驻华大臣贝拉斯照会："本日画押之领约内有中国臣民和荷臣民字样因两国国籍之不同故此等字样易滋疑义不得不先解除用特备文彼此证明，遇有以上两项字样所滋之疑义在和荷属属地领域内当照该属地领现行法律解决。""查商订该约章时屡次提及两国籍律之区别，论至此，中国政府曾经发表赞成两国律例平等相值之情，本大臣今应讲明所有原系华族而如和之人每征中国地方如欲归中国籍亦无不可，均听其便，此等办法，本大臣谅与以上所提平等相值之理并无不合，且以上所提之籍民除中国业已言明外，如前往别国居住者或存出和国民籍亦可一律听其自便。"

第二十条）故住所之构成，必须具有久住之意思与住于该领域之事实，缺一不可。所谓久住，非无间断之谓，从一时离去其住所，如有归回之意思，仍不失为住所，住所为人类生活之本据，有无久居之意思及事实，须就其人之全般生活状态而定之。又居所有任意居所与法定居所之区别，任意居所，得自由选定变更废止之，法定居所则为法律所规定，不容其本人选定，如妻以夫之住所为住所，赘夫以妻之住所为住所，未成年子女以其父母之住所为住所，赘夫之子女以其母之住所为住所，以废止之意思，[1]离去住所者，即为废止其住所。惟住所之确定，恒非易易，而确定华侨之住所，尤感相当困难。诚以华侨因经商或其他生活关系，远离祖国，居住国外，辄逾数载，以至十数载，有每年回国一次或数次者，有数年始一返国门者，更有毕生尚未回国而未曾无回国之意思者，对此种种场合，其在国内无住所，颇难以追断，自理论上言，每年回国或数年回国而无变更或发生废止住所之意思者，则其在中国原来之住所，自无认为变更或废止之理，其毕生尚未回国者，虽其有回国之意思，似难承认其在国内有住所也。按吾国历次即具中华民国国籍，可以不问国内有无住所，均应课税，因而谓本条"住所"之规定，不难诱致逃税之发生。夷考立法先例，课税范围，其中国籍标准，因交通发达，人民往来频繁，课税困难，多逐渐放弃。接近各国以二四两项为通例，亦有兼采两种者，惟住所地标准，未曾或缺，故上述学者之批评，不无忽视现代立法之趋势。况国籍系人民对于国家之效衷关系，而住所乃人类生活之本据，在法律上又有其重大之效果，例如继承须于被继承人住所开始请求是也，则财产在外国之国民，亦惟有于此民事身份之场合，始有国家课税更强固的根据，若然，则本条例增加一住所之规定，亦正有其立法上之理由也。

（五）

依本条例第二条规定：所称遗产为被继承人之不动产，动产，及其他一切有财产价值之权利。不动产者谓土地及其定着物，不动产之出产未分离者，为该不动产部分，而动产，为不动产以外之物，其范围甚广，如金钱、首饰、

---

[1] 住所虽与居所不同，但民法二十二条规定：遇有左列情形之一者，其居所视为住所：一住所无可考者，二在中国无住所者，但依法须依住所地法者，不在此限。

衣服、具器、书籍、美术品、粮食、牲畜等均属之。至于有财产价值之权利，其范围亦广，包括（1）债权；（2）物权，如质权、典权、留置权、抵押权、地上权、永佃权、地役权；（3）无形财产，如著作权、商标权、特许权、商号权等是。依英美法，财产得分为不动产，而动产又分为有形财产与无形财产。因各国法律观念不同，规定容有差别，且财产有在我国认为动产而在外国或认为不动产者，此种区别，姑且不论，兹欲说明者，为国人死亡时在国外遗有财产，其征税权究属何国之问题。为求便利起见，特将本条例之遗产分类，即不动产，动产及其他有财产价值之权利三种分别说明如次：

（甲）不动产不动产之征税权，应依何种准据法？关于此点，世界各国，多采所在地法主义，英美法德日诸国，独奉为金科玉律，其所持之理由，不外领土主权说，即一国对于领土内之一切，有绝对支配之权，不容外国法律适用其间，尤其关于内国不动产之法律。夫不动产即受所在地管辖，其继承自仅能以土地所在地法为准据法，故亦惟土地所在地国，始有征收遗产税之权。

（乙）动产各国法例，因动产范围逐渐扩张，非如不动产占有一定之空间易于识别，故征税之准据法，每不与不动产相提并论，择要言之，可分左列数说：

（一）被继承人所在地法主义，谓不动产固由不动产所在地征税，则动产则不论其有形无形，须由被继承人住所地征税，其理由有二：其一，动产无固定场所，易于变动，故动产之继承，应依被继承人住所地法，以收统一继承之效；其二，动产容量简小，常随人身携带，有时且集中一人身上，故继承应以被继承人住所地法为准据，此即所谓动产随人之原则。动产之继承，即非依被继承人所在地法不可，则惟被继承人所在地始有征税之权。[1]

（二）动产所在地。接近英美法院之判例，有以动产所在地为准据之趋势。所谓动产所在地，即动产惯常所在处所之意也，美国最高法院在（Fnick vs Common wealth of Pennsylvsn ）一案，[2]认为被继承人所在地，对于在他州之有形动产征遗产税，违反宪法第十四次修正案，对于无形财产被继承人所在地，仍得征税，惟仅限于被继承人死亡时，已在该地之财产被继承人死，

---

〔1〕　Bullon vs State of Wisconsin，240. U. S. 625.

〔2〕　268. U. S. 473.

亡后其携进之财产，绝对不得征税，[1]英国之判例，亦以财产是否在英国为准，凡财产在英国者，继承人须向英国法院领取遗产执管证，故英国得遗产税，此项动产，包括金钱、银行存款，及其他得在英国转让之有价证券，且不限于被继承人死亡时，已在英国之财产，被继承人死亡后，其携进英国之财产，如以在英国依照继承法分配其财产为目的者仍得征税，关于此点，英国之见解，颇为合理。

（丙）其他财产价值之权利：

（一）无形财产。无形财产，因无实际之所在，依一般通例，由被继承人所在地征税，惟商号权则依商号营业所在地，是为例外。

（二）债权。债权与不动产及有形财产截然不同，即不占有一定空间，所在亦难识别。设债权人在甲地，债务人在乙地，债权人死亡后，征税人之权应依何种准据法耶？各国法例大致可分为二：

（a）债务人住所地主义法学泰斗霍姆斯（Homles）在 Blackstone vs Miller 一案中曾言：[2]"债务得由债务人住所地课税者，非由于学理上推臆债务人之所在，实因其对于债务有实际权力也。"换言之，即债权之收取执行等，往往须向债务人住所地请求。债务人住所地，即负保证债权之义务自应有征税之权。英国法院之判例亦持此说，凡债务人在英国有住所时，英国即得征税。

（b）债权人住所地主义，治乎接近，美国最高法院始认上述判决为不当，Famers Loan vs states of Minnesotas 一案中，曾有如下评语：[3]"债务虽无实在之所在，但为课税起见，得适用'动产随人'之原则而认该项任务在债权人之住所一"，可见美国判例，已有放弃其从来见解之趋势。

（三）公司股票。股票征税权，应依何种准据法，各国判例亦有二说：(1)被继承人所在地主义；(2)公司所在地主义。前者系根据动产随人之原则，后者之持论，则以公司系依所在地法而设立，其股票之劝募及转让均受该地法律之管辖，股东死亡后，股票之继承转让须向公司所在地登记，故由公司所在地征税最为适当。但美国最高法院在 First National Baull vs state of Mnine 一案，[4]认为由公司所在地课税，系违反宪法第十四条修正案，所谓

[1]　Stabbinga vs Clunies Ross 27. T. L R 381.

[2]　188. U. S. 189.

[3]　280. U. S. 204.

[4]　284. U. S. 312.

公司住所地主义，如被继承人之住所在外国，而非在国内任何一州时，不适用之。举例以言，被继承人在甲州有住所，而持有在乙州设立之公司之股票，甲州得征税，若被继承人之住所在外国，而持有在乙州设立之公司之股票时，乙州不得征税。英国惯例则以该项股票能否在英国自由转让自由买卖为准，被继承人遗在英国之外国股票，如非在外国登记转让，或为其他行为，不能取得其权利者，英国不得征收，但此项股票，如已贷出或转让书及委任书业已签委，而在英国有自由转让买卖之价值时，英国即得征税。[1]

（六）

本条例施行后，难免发生国际私法及复税问题，已如上述，我国法律适用条例，关于征税一般规定，尚无明文，则国际私法问题之解决犹有待于我国立法及司法当局之势力。至复税本为国际间而未决之问题，国际联盟之专家委员会曾建议以扣除法、免税法、分税法等办法，由国际合作以解决之。[2]故国人在国外之遗产，如已受当地政府征税，是否仍应照本条例征税，不无商榷之余地。英美各国，有以扣除为之救济者，诚足借镜。若谓华侨拥有巨资于海外、对之征税，可以增加税收，此仅就政治关系立论。未见公允，华侨海外财产，多系由于侨胞胼手胝足，节衣缩食，涓滴积储而来，未能与资金外流者相提并论。侨胞漂泊异地，忍辱含垢，痛苦倍增，而政府对于侨胞之保护，以种种关系，成绩远未如理想之美满，此在政府方引为憾事，决无忽视侨胞痛苦，以求增加税收之理，况本条例规定财产之国外者，必须在国内有住所者，始行征税，而住所之变更或废止，又得由当事人任意为之，则弁髦法令之辈，难保不发生变更或废止国内住所，以求避免征税之事实，在此情形之下，试问国税何由增加？且平日即未向驻外使领登记，使领对于华侨财产又无调查，将来征税，如何进行？实属一大疑问。设立法而不能执行，则本条规定，非成为具文？与其成为具文，曷若明文予以救济，即可维持法律尊严，养成国民守法精神，又可宣示政府爱护侨胞之德意，即理论上亦较公允也。

---

〔1〕 A. V. Dicey, *The Conflict of Laws*, fifth Edition, pp. 343~344.

〔2〕 Reports of Committee of Exports appointed by League of Nations C. I15 M55, 1925. II. 7. 212, Compare C. C. Hyde, Vol. 55, pp. 205~206.

我国遗产税制度：我国遗产税制度之检讨[*]

陶公文[**]

一、引言

我国开征遗产税之创议，远在民初，当时章宗元氏拟有遗产税草案。其后虽于民国四年总统府讨论会草就遗产税征收条例，十八年国民政府制定遗产税条例及其施行细则，二十五年行政院第二五六次会议通过遗产税暂行条例原则草案及遗产税条例草案，但终未实行。

迨[1]同年十月一日公务员薪给报酬所得税先行开征后，政府鉴于所得税之推行，尚属顺利，于是开征遗产税之念，重行兴起，乃于十二月二日经中央政治委员会通过遗产税原则十条，而由立法院即本此十条原则，草拟遗产税暂行条例，于二十七年九月三十日通过，同年十月六日由国民政府公布，其施行条例则于民国二十八年十二月三十日方经国民政府公布，至此，征收遗产税之准备工作，大致已告完成。

今年四月三日国民政府已明令遗产税暂行条例及其施行条例，自七月一日起，全国一体施行，盼望已久之良税，即将列名于我国之租税系统中矣。

二、我国遗产税制度概述

关于我国遗产税制度之内容，可由遗产税暂行条例及其施行条例而知其梗概，兹略陈我国遗产税制度之概况于下[2]：

---

[*]　本文原刊于《财政评论》（第4卷）1940年第1期。

[**]　陶公文，1943年毕业于东吴大学法学院（第26届），获法学学士学位。

[1]　"迨"，意为等到，达到。——校勘者注。

[2]　"下"原文作"左"，现据今日排版需要改正，下同。——校勘者注。

（甲）课税标准

凡人于死亡时，在中华民国领域内遗有财产，或中华民国人民在本国领域内有住所，而在国外遗有财产者，皆应由继承人及受赠人，依照遗产税暂行条例缴纳遗产税。（参看暂行条例第一条及第六条）

（乙）课税财产

被继承人之遗产，包括动产、不动产及其他一切有财产价值之权利皆为课税之对象（暂行条例第二条）；被继承人死亡前三年内分析或赠与之财产，视为遗产，亦须纳税。（暂行条例第十三条）

（丙）免税财产

合乎课税标准之遗产，不一定必须纳税，如遗产总额不满五千元或遗产系属于陆海空军官佐士兵，及公务员战时阵亡或战事服务受伤致死者，亦一律免税：

（一）有关于文化，历史，美术之图书物品，经继承人向遗产税征收机关声明保存登记者，但继承人将此项图书物品转让时，仍须补税；

（二）捐助各级政府之财产；

（三）捐赠教育，文化或慈善公益事业之财产，未超过五十万元者；

（四）被继承人之著作权及关于学术发明之专利权，或自己创作之美术品；（暂行条例第七条）

（五）被继承人于死亡前三年内所继承之已纳遗产税之遗产，但须当时被继承人单独或与他人共同继承之已纳遗产税之遗产总额不满一百万元者，否则仍不能免税；（暂行条例第八条）

（六）农业用具或从事其他各业者之工作用具，价值未超过五百元者；

（七）依法不得采伐或未达采伐年龄之树木；（暂行条例第十条第四、五两款）

（八）人寿保险金额约定于被保险人死亡时，应给付于其所指定之收益人或其继承人者。（施行条例第十四条）

（丁）减税财产

减税之方式有二：第一种系依财产价额减半课税，第二种系依特定财产所应负担之遗产税额减半征收。依第一种方式减税者为遗产中属于被继承人在死亡前三年以上，五年以内所继承之已纳遗产税之部分，但须当时被继承人单独或与他人共同继承之已纳遗产税之财产总额未满一百万元者，（暂行条例第八条）；依第二种方式减税者，为遗产中继续由继承人自行耕种之土地（暂行条例第九条）。

（戊）扣除项目

计算被继承人之遗产总额，除将免税财产及依前述第一种方式减税之财产减除外，尚须扣除左列各款，方得税法上之遗产总额，而后依规定之税率课税：

（一）依法应缴纳之税捐及罚金罚款；

（二）被继承人死亡前未偿之债务；

（三）管理遗产及执行遗嘱之费用；（暂行条例第十条一、二、三款）

（四）税率。

我国遗产税为比例税与超额累进税之混合税，不问遗产总额之多少，一律征收百分之一，如遗产总额超过五万元时，再就其超过部分，依下列税率按级计算加征之：

（一）超过五万元至十万元者，就其超过额征百分之一；

（二）超过十万元至二十五万元者，就其超过额征百分之二；

（三）超过二十五万元至五十万元者，就其超过额征百分之三；

（四）超过五十万元至七十五万元者，就其超过额征百分之四；

（五）超过七十五万元至一百万元者，就其超过额征百分之五；

（六）超过一百万元至一百五十万元者，就其超过额征百分之七；

（七）超过一百五十万元至二百万元者，就其超过额征百分之九；

（八）超过二百万元至三百万元者，就其超过额征百分之十二；

（九）超过三百万元至四百万元者，就其超过额征百分之十五；

（十）超过四百万元至五百万元者，就其超过额征百分之二十；

（十一）超过五百万元至六百万元者，就其超过额征百分之二十五；

（十二）超过六百万元至七百万元者，就其超过额征百分之三十；

（十三）超过七百万元至八百万元者，就其超过额征百分之三十五；

（十四）超过八百万元至九百万元者，就其超过额征百分之四十；

（十五）超过九百万元至一千万元者，就其超过额征百分之四十五；

（十六）超过一千万元者，就其超过额，征百分之五十。（暂行条例第十二条）

（庚）报缴手续

被继承人之遗产如应纳税，则纳税义务人、遗产管理人或遗嘱执行人应于开始继承、开始管理或开始执行之日起十日内，先将被继承人之死亡事实及财产概况，报告所在地遗产税征收机关，再于三个月之内将遗产清册一次或分次提出，经遗产税征收机关附设之遗产评价委员会评定遗产价额，核计应纳税额，由纳税义务人于接到通知书后一月内缴纳之（参看公信会计月报三卷五期拙著：《遗产税之报缴程序》）。

（辛）罚则

缴纳义务人、遗产管理人或遗嘱执行人如不于规定期限内为死亡事实之报告，或遗产清册之提出者，得由遗产税征收机关申请[1]法院以裁定方式，科以五十元以下之罚款。意图减免税额，为隐匿遗产之行为者，除照补税额外，并得由法院科以所隐税额一倍至三倍之罚款（暂行条例第二十二条）。

三、我国遗产税制度之优点

一种新税之能否推行顺利，须视税制本身之是否完善为断。我国所得税之施行经过所以如是顺利者，固得力于近来国人爱国心之增强，然所得税制本身之优良，亦不失为主要原因之一。兹就遗产税制度之内容，作详细之审查，我人发现其中固有一小部分，似尚有考虑之必要（下节论述之），然大体上，已可谓相当完善，尤以左列各点，为我国遗产税制度之特色：

（甲）适合国情

我国施行遗产税最先应解决之问题，厥为采取总遗产税制乎？抑采取分遗产税制乎？总遗产税制与分遗产税制各有长处，同时亦各有短处，最好之办法，兼行两种税制，即通常我人所称之并科制也。惟就我国情形而言，施行总遗产税确优于分遗产税，盖我国人口犹未调查完竣，亲属关系之疏密，殊难确定，是以实行分遗产税之根本要件，尚未具备，即使实行，中途恐亦将受阻而搁浅；抑且征收分遗产税，手续麻烦，费用浩大，对于遗产税之纯收入，有减损之影响。反之，采取总遗产税制，以勿须分别亲等，故应纳税额之计算容易，课税手续简便，征收费用大可节省；且在表面上遗产税并非由继承人或受赠人负担，似不易招致纳税义务人之反感，今我国采取总遗产

---

〔1〕 "申请"原文作"声请"，现据今日通常用法改正。——校勘者注。

税制至少在现在，及不远之将来，为切合国情之一种税制。（参看财政评论创刊号马寅初先生著：《论总遗产税与分遗产税》）

（乙）税率较低

如以我国遗产税税率与欧美各国比较，或曰彼此经济相差太远，所得结果，殊欠正确，然则可与经济情形彼此相仿之日本比较，以资证明我国税率之较低。按日本之遗产税曰相继税，分家督相继与遗产相继两种：家督相继税，即对于因户主或女户主招赘，离婚所发生之财产移转，课征之相继税，遗产相继税，乃对于因户主以外家属中任何人死亡所发生之财产转移，课征之相继税也。上述两种相继税之税率，开列于后：

课税价格	家督相继			遗产相继		
	第一种	第二种	第三种	第一种	第二种	第三种
五千元以下	——	——	——	二	三	四
五千元以上	——	——	——	三	四	六
一万元以	一	一·五	二	——	——	——
下一万元以上	一·五	二	三	四	五	八
二万元以上	二	三	四	五	七	十
三万元以上	二·五	四	六	六	九	一二
四万元以上	三	五	八	八	一一	一四
五万元以上	五	七	一〇	一〇	一三	一六
七万元以上	七	九	一二	一二	一五	一八
十万元以上	九	一一	一五	一五	一八	二一
十五万元以上	一一	一三	一八	一八	二一	二四
二十万元以上	一三	一五	二一	二一	二四	二七
三十万元以上	一五	一七	二四	二四	二七	三〇
四十万元以上	一七	一九	二七	二七	三〇	三三
五十万元以上	一九	二二	三〇	三〇	三三	三六
七十万元以上	二一	二五	三三	三三	三六	三九
一百万元以上	二四	二八	三六	三七	四〇	四三

续表

课税价格	家督相继			遗产相继		
	第一种	第二种	第三种	第一种	第二种	第三种
二百万元以上	二七	三一	三九	四一	四四	四七
三百万元以上	三〇	三四	四二	四五	四八	五一
五百万元以上	三三	三七	四五	四九	五二	五五

（参考银行周报第二十四卷第八期：日本国税新税率述要。）

试将上表之税率与前节所列之我国遗产税税率，作一对照，即能明了[1]我国税率之较低，毋须笔者将各级税率逐一比较也。

（丙）评价公正

依遗产税暂行条例第十六条之规定，遗产非经评价不得征税，可见税额须根据评价结果，而后决定，至评价之职务则由评价委员会担任，是则评价委员会无须间接握有决定税额之权，其在整个遗产税制度中，所处地位之重要，概可想见；关于评价委员会之组织，委员之产生方法等，自应加以严密规定也。依遗产税暂行条例施行条例第二十六条之规定，遗产评价委员会系由委员五人至七人组织之，除遗产税征收机关代表一人为当然委员外，由财政部就当地左列人选中聘任之：

（一）司法机关推定之代表一人；

（二）地政或民政机关推定之代表一人；

（三）教育或文化机关推定之代表一人；

（四）地方财政机关推定之代表一人；

（五）地方自治机关或团体推定之代表一人；

（六）地方公正人事一人。

由此可知评价委员会虽附设于遗产税征收机关内，但因其委员中仅有一人系关于征收机关者，故在行使职权时，与征收机关似乏从属关系，无形成为独立之组织，评价时不受征收机关之控制，更因评价委员多由当地各机关推定之代表中聘任之，任期有限，每任三年，故在评价方面可得公正之结果，毫无疑义。倘于聘任委员时，复注意候聘人之评价知识与技术，择其充足而

---

[1] "明了"原文作"明瞭"，现据今日通常用法改正。——校勘者注。

熟练者聘任之，则评价结果，非但公正，而且正确也。

（丁）奖励农工

农工为我国立国之基础，故国家之一切设施原则上应间接的或直接的保护农工与奖励农工，今遗产税制度当亦本次原则而确立。以是于遗产税暂行条例第十条第四款规定：农业用具或从事其他各业者之工作用具价值未过五百元者及同条第五款规定，依法不得采伐或未达采伐年龄之树木，皆为免税财产。同条例第九条规定：继承人继续自耕之土地部分所应负担之遗产税额，减半征收。

除以上四点外，我国遗产税制度又反映出政府恤怜国烈士之遗族，提倡文化与美术，奖励慈善性质之捐赠，及赞助人寿保险之推行，凡此刻由对于陆海空军官佐，士兵及公务员战时阵亡，或战事服务，受伤致死者之遗产，有关文化历史，美术之图书物品，经继承人向遗产税征收机关声明保存登记者，被继承人之著作权及关于学术发明之专利权或自己创作之美术品，捐助各级政府之财产，捐赠文化或慈善公益事业之财产，未超过五十万元者，及人寿保险金额约定于被保险人死亡时，应给付于其所指定之收益人或其继承人者，准予免税之规定，分则见之。

四、我国遗产税制度之缺点

本节所论者，仅为我国遗产税制度相对的缺点，非绝对的缺点，此项缺点或须经考虑后加以补充，或需本于立法当时之意思，加以解释，其对于整个税制之价值，影响至微，但为求遗产税制度尽善尽美计，不得不标出之，而迅谋弥补也。

（甲）关于遗产税暂行条例之适用范围

遗产税暂行条例第一条规定："凡人于死亡时在中华民国领域内，遗有财产者，依本条例征遗产税，中华民国人民在本国领域内有住所而在国外有遗产者亦应征税。"可见我国遗产税暂行条例之适用，系采属地主义。本条所谓"人"除中华民国人民外，常包括外国人在内，倘外国人死亡时，在中国境内遗有财产，同时在中华民国领域外，亦遗有财产，依本条之规定，该外国人之全部财产，不论在中国者或在外国者。皆在课税之列，似并不以在中国者为限；然事实上，对于中国境内之财产，固能课以遗产税，但对于国外之遗产，因种种关系，不能课税，是以外人死亡时在中国境内遗有财产者之课税，似宜以中国境内之遗产为限，决不能仿美国遗产税制之对于美境内外国居民之一切遗产，除在外国之不动产外，皆与课税。

再遗产税暂行条例第一条中之"人"，是否限于在中华民国领域内有住所或居所者，抑不问其在中国有无住所或居所，皆包括在内，此点有待于当局解释者也。

最后关于中华民国人民，在本国无住所而在外国遗有财产者，依财产税暂行条例第一条，可免纳遗产税，此项规定，是否得当，大可商榷，盖旅外之华侨，虽在本国无住所，然毕竟为中华民国人民，无时无刻不受母国之保护，对于受保护华侨之遗产，亦应课税，似不可因其在本国无住所而免征，否则似欠公平也。抑尤有进者，因有此项规定，或不免有一部分取巧之国人，在中国本有住所，而其全部或大部分财产皆在国外，（如香港澳门）者，为避免缴纳遗产税起见将住所撤销，而将中国境内之财产，竭力设法逃避国外，此于遗产税收入之影响尚小，而于国家财富之损失甚大。以是笔者主张凡中华民国人民死亡时遗有财产者，不问其在本国有无住所，遗产是否在本国，一律课税。

总之，我国遗产税之施行范围，宜兼属地主义与属人主义；本次原则，将第一条，试为修改如次："凡中华民国人民死亡时遗有财产者，依本条例征遗产税，外人死亡时，在中华民国领域内遗有财产者，亦应纳税，但以在中国境内之遗产为限。"

（乙）关于继续自耕土地之应纳税额

遗产税暂行条例第九条规定继承人继续自行耕种之土地部分所应负担之遗产税额减半征收；但此项遗产税额如何决定，在同条例中概无规定，即在施行条例中亦未加说明。继续自耕土地部分之遗产税额与其他遗产分别计算乎？抑合并计算乎？假定为合并计算，如遗产总额超过五万元时，土地部分之价额，依最低税率计算税额乎？亦[1]依最高税率计算税额乎？因税率超额累进之故，如自耕土地之价额甚大，则依最低税率与最高税率计算应纳税额，相差殊剧[2]。假定某甲共有遗产总额三百零五万元，其中五万元为继承人继续自耕之土地如此项土地为三百零五万元中应依最低税率（1%）计算

之部分，则土地部分应负担之遗产税额为五百元；如为应依最高税率（1%加15% 共16%）计算之部分，则土地部分应负担之遗产税额为八千元，即减半征收，两者亦相差三千七百五十元，不可谓不多矣。关于此点希望财政当局加以补充也。

（丙）关于意图减免税额而隐匿遗产者之科罚

依遗产税暂行条例第二十二条第二项之规定：意图减免税额而为隐匿遗产之行为者，除照补税额外，并科以于隐匿税额一倍至三倍之罚款。如仅就本条而观，对于逃税者之科罚，已不可谓太轻，苟与所得税暂行条例及过分利得税[1]条例罚则，对于逃税者做规定之处罚比较，则似感太轻矣，实不足以禁阻逃税者之蠢动。查所得税暂行条例第十九条规定："隐匿不报，或为虚伪报告者，除科以二十元以下之罚款外，并得移请法院科以漏税额二倍以上，五倍以下之罚金，其情节重大者得并科一年以下有期徒刑或拘役"，又过分利得税条例第十三条规定："隐匿不报或为虚伪之报告者，得科以应纳税额二倍以上五倍以下罚金，其情节重大者，得并科六个月以下有期徒刑或拘役。"对于逃税者之处罚最重者皆为有期徒刑，而遗产税暂行条例中所规定对于逃税者之科罚，最重者亦不过科所隐匿税额三倍之罚款而已。故为防止逃税起见，对于逃税者之科罚，似应加重，其最重处罚可与所得税暂行条例及过分利得税条例所规定者相仿。

五、防止逃税问题

遗产税开征后，纳税义务人依法缴纳者固多，然藐视法令规避不缴或只缴一部分者恐亦为事所难免。盖遗产税之征收在充满"以财产传诸子孙为天赋权利"之传统观念之人民眼光中，为不愉快之事，是以逃税之种子亦为此种传统观念所播下矣。加以（一）全国人口之调查未清，（二）财产转移之缺乏记录，（三）会计制度之未臻完善，（四）馈赠税之并未开征，（五）中国人民名字之多数化，（六）有巨额遗产者皆为有权势之人等等因素之交互作

---

〔1〕 某些国家对企业和个人的过分利得征收的一种税。一般以私营工商业和个人为纳税人，计税依据是纳税人实际利得超过标准利得的金额，一般采用累进税率，过分利得额越大，税率越高。不同国家在不同时期开征过分利得税，其目的有所不同，大体上可归纳为两种类型一是在非常时期开征过分利得税，目的主要是限制纳税人的过分利得，稳定市场物价。二是在平常时期开征过分利得税，目的主要是调节纳税人的利润所得，增加国家的财政收入。

用，势将酿成旺盛之逃税风气，此影响于遗产税之收入，至深且锯，故应迅谋防止逃税之对策也。

欲防止逃税，先须研究逃税之方法。查逃税之方法，种类繁多，然以下列数种为最习见者：

（一）以赠与方式欲将财产分给将来得继承该项财产之人；

（二）利用中国人名之多数化，兼用许多不同之名字，隐匿财产避免课税；

（三）利用会计制度之未臻完善，故意抑低遗产价额；

（四）虚造债务，藉以减少遗产总额；

（五）利用被继承人生前之权势，串通征税人员，设法逃税。

兹以上述五种逃税方法为对象试拟防止之办法如下：

（甲）施行馈赠税

今遗产税暂行条例对于被继承人生前三年内，赠与或分析之财产，视为遗产，一律课税，对于超过三年期限之生前赠与分析，仍不课税，此无异开启逃税之门，拥有锯额财产者，必将应用生前赠与或分析为逃税之手段。欲防止此弊，最良好之办法，莫若即行征收馈赠税，举凡中华民国人民在一定期限内，赠与之财产价额，满一定之数额者，即应缴纳馈赠税，外人于一定期限内，赠与中国境内之财产，超过一定数额时，亦应纳馈赠税。如是对于逃税之最大机会，能作有效的消减。

（乙）制定告发逃税奖励办法

防止逃税，专赖政府之力量，或难收效，非赖人民之辅助不可，然告发他人之违法行为，每易招怨，故为常人所不愿为，除非予以可靠之保护，丰厚之酬报，方能引起一般人民之告发勇气。今对于告发逃免关税与所得税已订有奖励办法，颇著成效，似不妨采取同样原则，制定告发逃免遗产税之奖励办法，即刻付诸实行，使[1]逃税者不能匿迹而易于为人所发现也。

（丙）订定银行信托公司协助课征遗产税办法

查现今银行之信托部与信托公司皆有保管箱之出租，以供承租人保管贵重财物，如有价证券，道券或土地执业证，金饰各种重要单据账册文件等，因此保管箱无异为承租人之财产总汇，该承租人大部分之财产，可由保管箱

---

〔1〕 "使"原文作"俾"，现据今日通常用法改正。下同。——校勘者注。

中之财物，直接或间接查获其种类，价额及所在地，是故当承租人死亡后，出租保管箱之银行，信托公司应报告所在地遗产税征收机关，俾由该机关派员会同承租人之继承人或其他家属开箱，检点财物，以为将来课税之重要参考资料。再现行银行存款之户名，形形色色无奇不有；同一存户每用数种甚至十数种户名存款，所以局外人每不知此数种或十数种不同户名下之存款，实属同一存户者也，欲探求其中底蕴，非赖银行供给资料与证据不可。由此观之，遗产税之开征，须银行即信托公司协助之处正多，如能预为制定协助之办法，则非但课税时大感便利，即对于逃税行为，亦有防止之效力。

（丁）加重逃税之处罚

关于此点，已于前节讨论，今不赘言。

六、遗产税开征后之影响

遗产税开征后，对于此后我国之财政，当大有裨益；即于其他方面，亦将发生良好之影响，兹分述于后：

（甲）经济制度方面

家产世世相传，为我国同行之习惯，而专依遗产而生活，公认为为人最幸福最荣誉之快事。在全国人民中，现今终日无所事事，坐吃遗产者，为数必甚可观。此辈只有消费，毫无生产，对于国家有害而无益，抑且彼等为增加本人之收入，以供享乐起见，每以遗产为剥削劳动者之凶器，其对于社会自亦无益而有害。今施行遗产税对于此项"坐吃遗产"之腐败思想，不无有所纠正；待将来遗产税之征收，稍著成效后，不妨提高税率，使彼等不能只赖遗产而生活，亦须加入生产之阵线，努力生产，是则我国经济制度，可趋于崭新之阶段也。

（乙）财产统计方面

我国政府非独对于人民之财产无静的或动的统计即对于本身所有之财产，恐亦缺乏正确之统计。此于平时，仅影响于财产统计有密切关系之行政而已，然于战时，则予物资动员以一种严重的困难，影响战争之胜负。国家之存亡非小，故各强盛国家在于平时，对于人民之重要财产，多详加统计。至于我国，往昔或因较财产统计一事更为重要者，不胜枚举，致政府无暇顾及。然则今征收遗产税，须以被继承人之遗产作为课税之基础，对于人民财产之统计，已感急切需要矣。此后政府对于财产统计，必将渐予注意，而我国人民财产统计亦因此而取得其新生命。

（丙）会计制度方面

会计学术之在我国发生固早，然进步则缓。时至今日，落人之后，其他会计姑置不论，即就商业会计言，于最近数年中，始有显著之进步，然与欧美比较，不能望其项背。夫会计与评价，有密切之联系，会计制度如未臻完善，则遗产评价之结果，以缺乏可靠之根据，正确性不无减少，以是会计制度之完善，亦为求遗产税推行顺利必要之条件也。前以所得税之开征，工商业会计显现进步，今更因推行遗产税之关系，我国各业会计制度之改善，将视前尤见迅速，自可断言是也。

总之，遗产税为一种良税，此后将与所得税共同组成我国租税制度之中坚，统三税在岁收中之地位而代之，让成财政上划时代之改革，凡我国民自当热烈拥护，协助推行也。

遗产税之私草理由书[*]

胡毓杰[**]

一、遗产税应为国家税（I）

就税源而言，遗产税之收入无确定性可言，不宜作为地方经费，且被征税之标的，多数情形散在四方。地方征税亦无从确计详估，而被继承人之户籍住所，亦每不一致，使地方征税，则管辖不免争执。调查亦不能指挥自如，此应为国家税之理由一。就遗产之形成而言，在今日国际经济时期，财产泉源囿于乡里者寡，而散在通都大邑者多。财产泉源既非基于地方之特别改良。理论方面，亦无使地方管辖之必要。加以举国情势，东南西北，富庶等差，都市农村饶瘠云壤，属之地方，不免偏枯偏荣，属之中央，则此弊可免。此应为国家税之理由二。

二、遗产税应按份征收（II）

遗产税为对于受不劳而获者之征税，非对于财产之转移征税。为对于自遗产而受益者征税，而非对于被继承人之财产征税。故其对象应为不劳而获者之应继份或遗赠而不应为遗产之全部。

或有主张以遗产全体为对象者，其理由所据不过一位按份征收，则手续较繁。而对遗产之全体征税，则手续简易虽有理由，然所失者大而其利则鲜。遗产继承受益者不必一人，有时甚至十份以上，采超额征收超额累进税制，

---

　　* 本文原刊于《法令周刊》1936 年总第 294 期，第 1~3 页。
　　** 胡毓杰，1934 年毕业于东吴大学法学院（第 17 届），获法学学士学位，东吴法学院法律学系在渝复校后任教授。

使遗产全部为对象则欲免失平必不可得。假定免税点为千元，今有千元遗产一人继承，受益千元，可以免税。使为二百元吾人继承，则每人受益不足三百元，已须缴税。举一反三，超额累进愈失其平，舍受益数额，而以遗产全部为对象，亦失遗产税为对不劳而获者征税之意义而近于对财产转移之征税。失其凭依亦非财政学理上之所许也。至于以遗产全部为对象，所有之便利较之按份征收，详言分析，亦等于零。遗产税征收之最大困难，为调查为估价而非分之为数份，以遗产全部为对象，调查之困难不能免，估价之劳费，不能免所可免者，不过析之为数份，与调查继承人及遗赠人是否确实而已，使对于遗产调查而能详尽继承人及受遗赠人亦必能明其确否，遗产估计而能允当按份分析亦不难以乘除得之，则是按份征税。劳费不加多，而以遗产全部为对象，所谓便利，亦不过五十步与百步耳。故主张按份征税。

三、遗产债务应从遗产中扣除（Ⅲ）

遗产征税既以受益为对象，依权利义务共同移转之法理而言遗产债务，为受益人之负担，受益人实际所得，须扣除负担，欲求平允，自应扣减债务而以实际利益为征税标的。

四、应扣除债务之数额（Ⅳ）

遗产债务数额之确定，以其设为准，为理所当然。至若以受益人生存期间为始终之终身定期金，或赡养费，为继承人之负担。而数额不易确定法律不有抑制标准，则实行之际，推算为难。兹以二十年为假定期间，其长度于民法上取得时效之最长时效相等。即罗马法亦以二十年为最古时效。虽不必合于实际，不得已而抑制，似亦合乎法理。

五、遗产税之免税点

遗产税之免税点，斟酌高下，较之所得税为难。所得税之免税点，可以必要之消费颇为准。而遗产税之取得则有异于经常之所得，故其标准与所得迥然有别。我民法继承一章对于与别继承人同财共居其赡养者之生活之资，亦多所顾及。本此法理对于自遗产而受益者借以生产最低限度之资本，应予免税。但其免税点，亦不宜过低，采按份征税之制，与以遗产全部为对象则会亦自不同，故以千元为免税点。

六、遗产税之免除

遗产税之免税点以经济理由为基础。遗产税之免税，则以受益主体或其标的之性质而特定免除。依继承法言，无人承认之继承，而无次位继承人时，归之国库，国库为受益机关。自无征税之必要，遗赠之受益人，有时为公益机关，或慈善教育文化等机关，为国家政策上之所提倡，且在本国法例上，不少免其赋税负担之惯例。土地法有免税，土地印花税法亦有免税明文。故列举此种机关为受遗嘱之主体时，应免其纳税之义务。此外以标的之性质法律不视为遗产者，求法律观念之统一。亦应免税者，如被继承人之人寿保险金额，已指定受益人者，保险法明文规定不视为遗产之一部，准此法理，而视为受益人之财产，此种金额依继承法不能由继承人按份分析，而依其指定遗产征税自应尊重立法意旨，而别除于征税标的之外。

七、继承人未确定之遗产税

遗产税之征收，本草案采按份征收主义，则继承人未确定，其应继份无由确定。纳税之对象不明确，自宜缓以时日，俟其确定。至于确定继承人或受遗赠之承受与否问题，为继承法之范围，既有规定，本法不便越俎，故略。

八、胎儿之应继承份

胎儿之应继遗产民法明文规定，非为保留不能分析。故在其死产与否未定之前，其应继分属诸谁何未定，自不能确定税率。至于胎儿死产，则法律视为自始未成为权利主体。他继承人，虽瓜分其应继份，但非继承胎儿之遗产，其重行分析，非另一继承，不过为保留部分之分配而已。故应加入其原有部分以定税率。采超额累进制必然之结果也，使胎儿出生后死亡，而由胎儿之继承人未继承时，从胎儿出生即死亡，既在民法合于人之条件，权利主体，即云适格，便不能谓其继承未经成立，成立虽一转瞬，与死产之胎儿不同，得为权利之归属，便形成纳税之标的，死产胎儿成立一重遗产继承，应缴以此遗产税。胎儿之继承人，为另一遗产继承，自应另缴遗产税一次。

九、生前赠与之作为应继份之一部者

赠与与遗赠有别，一为生前行为，一为死后行为。赠与为债之一种，与

遗产之受益自遗产者不同，自非遗产征税之标的但依继承法或种赠与，而实际则为遗产之预付，不有专条明定科税。则法律解释，便有困难，定此时明文。一则与民法一一七三条之法理不背，再则足以杜绝假借赠与之名义行逃税之实业。

十、遗产税之管辖地域

遗产税是否于域外侨民，或中华民国人民域外之财产，属人属地，法家之见或有不同。但以愚见，则以遗产税法应有域外效力。美国所得税之征收，及于在国外之，美人在国外财产之收益，该国判例，谓"人民与政府之关系，基于国籍，政府或异，其资源出于国内国外亦无影响云"。基于上述理由，国人之纳税义务当不因其侨居而苟免至于在外国之国人之财产。既采属人主义，无免税之理。倘谓手续困难而免在域外财产之遗产税，则域外财产免税，不免有奖励资本外流之弊。如谓域外国人之遗产免税，则同一国人，同一财产，居于国内则有义务，居于国外则义务即免，亦有不平。故不应问人之所在，苟为中华民国人民便有义务，不问财产何在属于国人便为纳税之标的。

属人以外兼采属地主义，则外国人在国内之财产及在国内死亡之外国人之遗产便应纳税。

十一、遗产税之估价

从价征税为遗产税必然之标准。故估价一节，为遗产征税之主要问题。市价变更或朝夕不同，欲求标准，实非易矣，若以陈报之时为准，则陈报有迟早，难得其常。以估价之时为准，亦难免无谓之争议。依继承法遗产之分割，溯及继承始时发生效力。（民法一一六七）准是而言，不问其遗产之分配于何时，以继承开始之日定其权利义务。估价以继承开始之日为准，与民法法理一贯，损益之争，可以依法而定，时指标准。自以根据继承开始之日尤当。

十二、各种遗产估价之标准

财产种类分为动产与不动产，本为法学上物之分类标准。但按类估价征税，便不能若此之简单，失之于苛，则涉于扰民。失之于泛，则影响税收，故于（一）不动产分之为三项，曰土地、曰建筑物、曰竹木：（1）土地估价。土地法施行后，土地征税之标准，自为遗产估价之标准。（2）建筑物须减折旧数额亦为顾全纳税人利益必须致意之点，天然孳息未与土地分离，视为土地之一部分。如此，不待详言。（3）农作物按年收益，与估价之关系也浅。但竹木畜产，非朝夕之功，民法物权，亦另款规定，与农作物及其他天然孳息不同，且竹木山产不少，一般山地，以江浙两省而言。最高山林地价自数元以至二十元。而林价则十倍于地价，地价不能包括与附着之竹木，故另列一款。（二）民法物权之各种他物权，均足为继承之标的，地役权、地上权、永佃权难以经济价值估计。抵押权、质权又与债权表里，计其债权，便不能再计算担保物权。典权性质类似日本所谓不动产质，但其性质，迥非单纯之担保物权，有时与债权并存。但典权之回赎，与担保物权之偿债有异，同时典产得明言找价绝卖。与担保物权之须经执行程序者不同，以性质言，典权以物为主，抵押权及质权则以债权为主。典权既以物权为主，且有明确之经济价值，故以为应以典价为估价标准。

债权为遗产权利之一种，有经济之价，而实体则不能如物权之确定，故对于有问题之债权，应列为专款，以免以虚名之债权，蒙纳税之损失。

无利息之债权，在破产法一〇三条有扣除自破产宣告之日起至到期之日止之法定利息办法。良以金钱债权，与金钱有别。债权受时间之损失，有利息者，以利息为补偿。故可于金钱同视。其无利息者，自应扣减自继承开始之日至该项债权得为清偿之日出之法定判息，以为估价标准。

债权之分割与遗产继承人之某一人者，民法继承编对于各继承人间，定有瑕疵担保制度。（民法一一六九条第一项）遗产纳税对于此种债权，亦不能使继承人对于有瑕疵之债之数额负纳税义务。故设专项使主管官署命之提起诉讼。俟其结果，定纳税之标准，债务人破产或已依破产法和解之债权，其值之数额，自应以和解方案破产或协调之结果为准。至于别除权或得向保证人追索者，取偿有所，破产程序，既不适用，自以债之数额为准。不因债务人破产而有影响。

动产估价，应以市价为准。但大多数之动产，因适用程度及经过时间而减损价值，自应扣除折旧率，以为标准。但例外物品，则不应适用此种办法。前者之例，如一九二八年之汽车，后者之例，如蜂群一类。

遗产之权利如商标权专卖权一类学理上事实上均有经济价值，但欲求确估，则无标准，定以百元为准者，以民事诉讼法上对于无从确估经济价值之权利，亦无重要权利漏估之弊。

合伙债权，为债之一种，共损益情形，往往于合伙投资之数额，天渊有别。一般工商业情形实况，数万投资，折阅殆尽者有之，数百元之投资，集成距万者有之，旧式商店之合伙组织者，此种情形不胜枚举。据个人所知，前者之例有之，后者之例，亦不复少数。若不以实际为准，使继承人以虚名股额负重税，不失之苛，即失之滥，使国家损税源。

有价证券之价值，与票面相符者实少。公债库券以及各种股票公司债，有低于票面者，亦有过于票面以上者特定专项，以求合于实际。

十三、遗产估价争议之处理

关于税收之行政争议，各国处理之方法不同，然动产经行政诉愿，经年累月，人民不胜其累，政府亦不厌其烦，故争议之处理，不采审级之诉愿方法，而采公断与委付一种办法，尽多级制之诉愿，所以不免除不平。但民烦官劳，并非良策。委付办法，在昔地中海沿岸商法未经演化，成为国家法令以前，海商法之共同海损，及保险之部分损害，已取委付办法，为处理争议之方法，今日各国商法仍由旧贯，海商法保险法仍以委付为止讼息争之工具，加以遗产纳税，与普通捐税性质既殊，应缴税款，亦非少数，而遗产中之金钱或继承人之金钱，又未必足数完税之用，设一委付制度，可免不少争议之延宕，多一解决方法，则公断程序自可较简，表里为用，或较多级制诉愿程序为愈也。

委付方法以估价有争议之标的，付诸主管官署，作为代物缴税，其将来卖得价金低于所估价额，则过失所在为主管官署，且不能再事追偿。委付物之估定金额，若高出应缴税款，委付之后，主管官署本有归还义务。估价若高，则主管官署与有过失，亦当从前例，而不得使人民任损失。

委付公断二种方法为选择办法，既交公断，即不得提起委付。委付之后，不必再交公断以节劳费。

有价证券或外国货币，其价格逐日不同，无从折衷。以继承人开始之日之市价为准，自是公平办法，故纵使市价有变更，应不得作为委付或公断之标的。

十四、遗产税之税率

所得税遗产税等直接税，在今日我国尚未至试验时期。欲求税率之允当，颇乏参考之资。惟有悬疑一切姑设一章，以备专家之参正，不足云有所依据也。

不过以管见所及，我国国情无大资产可言，有之不过中产与有产者而已。下愚之见，又主张按份征税，故免税金额不便过高，且今日试行直接税，不遇养成直接纳税之习惯。以千元为免税单位，及于纳税之标准者，已属少数，若免税单位提高至五千或以外，则远达于此种标准者，必又少数之少数。今日以千元为单位农村中之富农，或有纳税可能，若提高至五千或以上则除通都大邑之外，即内地城厢，以亦少有达此标准者，可断言也。

今既以养成纳税习惯为前提，故免税单位，即初级税率，均不宜高，免税单位低，则可推行较广，初级税率低，则可免阻力而易于实施。故不标榜主义，而以千分之五为千元以上五千元以下之税率，千分之五百为四百万元以上最高税率，至于采超额累进制，则近代直接税，采之者多，我国土地法亦有先例，兹不辞费。

十五、遗产税之负担者及其完纳期间

遗产税为对于遗产之征税，非对于被继承人或继承人或受遗赠人征税。故应由遗产负担，至于完纳期间，则遗产数目之多者，其应缴税款不能即时筹措故以三个月为犹豫期间，至于三个时间之起算，则自估定价额已无争议时起，所以然者，以过期缓纳，应有利率，自应自义务人得为迟延之时起算，而不能于继承开始估价尚未进行之日起算也。

十六、遗产税之完纳

遗产税完纳之方法，以下愚之见，宜分为三种。第一，现金缴纳，第二，代物缴纳，第三提供担保，以受益拨付。第一，现金缴纳，无辞费之必要。第二，代物缴纳，则所以便利遗产继承人者也。遗产财团之构成分子，大多数情形，为金钱或即时得易为金钱之物者寡，而为动产与不动产或其他权利者多。若无代物缴纳之救济途径，则舍拍卖遗产，别无他途，扰民实深，推行税制之阻力，势必增加，自应许其代物缴纳，划出财产一部，以代金钱。

至于提供担保，以受益代纳税者，亦所以便利遗产继承人，且合国民之一般心理。我国以谨守遗产，克绍箕裘为美德。变更遗业，为有玷家声，且今日社会情形，不乏独资企业，资本达数百万有之，或私人建筑，价逾百万者有之。遗产纳税，无可避免。金钱既不足偿税，而代物缴纳则为庞大遗业，必使之以金钱缴纳，或代物清偿。惟有出售之策，或使其企业改组，违反民情，必难养成纳税习惯。而摧残过甚，亦不免苛政如虎之讥，此所以于代物缴纳之外，又设代管遗产以收益抵充之途径也。

征收遗产税的前言[*]

陶爱成[**]

近代财政学家所公认为良好的遗产税，我国也在那里预备开始征收了。

在世界各国，实施遗产税后的效果很是显著。的确能纠正社会在分配上的失调，节制资本之无限的增加，不过在中国现状之下，征收遗产税在事实上，似乎稍有困难。因为中国的遗产制度，是生前分析和永不分析二种。生前分析，在乡间很是普遍，就是父亲在没有死的时候，就把他所有的财产，分给他的儿子，等到死后，儿子继承的遗产，当然是没有了。永不分析的，也就是中国大家庭所行的。他们的财政，是一代一代的传下去，没有所谓继承的问题发生。在此二种情形之下，要征收遗产税，当然是极感困难。在另一方面，中国的私有财产，漫无统计，除去比较商业繁荣的都市区域，略有统计外，此外模糊不明。所以在没有征收遗产税之先，最急切的事务，当然是先办理财产登记，以明了财产的真相。调查人口及其间血统的关系，以便处理继承的事件。然后征收遗产税，才有办法。

遗产税的征收，已经是急不容待的事实了。财政部已将遗产税暂行征收条例送立法院审核，内容尚未公布，今略抒管见如下：

一、根据不同的标准采用累进税率：甲、根据遗产多寡。遗产额大的采用高税率，遗产小的采用低税率。乙、根据继承人和遗产人的亲疏关系。继承人和遗产人间关系较密，税率低，反之则高。丙、根据继承人所获遗产的多寡。所获遗产多，则税率高，少则低。丁、根据遗产发生之情形。若全部

---

[*] 本文原刊于《共信》（第1卷）1937年第9期，第172～173页。

[**] 陶爱成，1942年毕业于东吴大学法学院（第25届），获法学学士学位。

遗产为遗产人所创造的税率应低，若不全是遗产人所首〔1〕创的税率当高。

二、依遗产净额计算遗产税，就是遗产的总数还要减去其中一切的债务所余下来的数目，才是遗产净值，以此净值再计算遗产税。譬如遗产总数是三百万元，但是其中尚有五十万元是债务，那么应该把他减去所得的纯遗产税是二百五十万元，以此二百五十万元，计算遗产税。

三、应规定一最低的免税标准：因为有许多人是靠遗产过活的，如没有生产能力的寡妇孤儿，倘若征税太重，他们的生活就要不能支持下去了。所以我们一定要有一个最低的免税标准。并且此标准应该依他们负担能力的不同而为伸缩。好比一个寡妇，有很多不成年的儿子，那么他的免税额当然要比没有负担的寡妇大些。

四、征收赠与财产税：例如某甲在遗嘱上说明将他的产业赠与某乙，而不将他所有的产业移转给他自己的儿子。在表面上看起来某乙的财产是赠送的，不是由继承而得的，当然是不算遗产。但此种财产也应该征税。

五、应分期征收遗产税，尤其是对于不动产：例如某甲所得到的遗产是房屋，那么分期征收他的遗产税。是最为适宜，因为房屋上的收益是分期的，若一次叫他交纳遗产税，恐怕在事实上办不到。

总之，若遗产税之征收，亦能同所得税一样的顺利进行，那么中国的租税制度是步入了最新的阶段与世界各国并驾齐驱，以后的革命完全是属于技术内容上的问题了。

---

〔1〕 "首"原文作"手"，现据今日通常用法改正。——校勘者注。

票据制度之沿革[*]

梅仲协[**]

一

　　吾人明晰票据制度之沿革，于票据法之全部及其各部分之研究上，颇有必要，票据法之发达，具有国际法上的意义。票据制度之产生，始于中世纪之意大利，滋长于法兰西，而完成于英德。票据循其自然之经历，渐次发展，各国对于票据制度，亦各有其贡献。票据乃基于商事交易之必要，而自然产生，国家之立法，殆止就既存之习惯法，使其成文化而已。是故吾人倘一览票据之沿革史，便足以引起浓厚之兴趣，对于现行法规，必有深一层之理解，而获得实际上之利益也。

　　票据制度之存在，以人类社会已达到相当之文化程度，为其前提。人类之文化，进入使用文书之阶段，而货币政策，又已确立者，此乃票据制度之理论的要件也。

---

　　[*] 本文原刊于《中华法学杂志》1945 年第 4 期。

　　[**] 梅仲协（1900～1971 年），浙江永嘉人。法学家，教育家。曾留学法国巴黎大学，获法学硕士学位。梅仲协自 1933 年起在国立中央大学及中央政治学校教授民法。1943 年出版《民法要义》一书，用德国、瑞士、日本等国的民法学说，对 1929 年的中华民国民法进行分析研究，阐释各个法律概念的法律内涵，并提出个人见解与意见，遂成一家之言。除了民法领域，梅仲协在其他诸如法律思想、宪法、商法等方面亦有建树。因早年留学法国，多受欧洲法律思想浸染，在罗马法、自然法以及近代德国法、法国法等方面亦有颇多论述，散见于当时各期刊且多被现今学者引用。梅仲协主张有选择地继承中国传统法律制度，这主要体现在其对先秦诸家的法律思想的研究。1949 迁台后，梅仲协执教于台湾大学法律系并在其他多所大学兼任教授，另常年担任台湾地区"教育部学术审议委员会委员"。梅仲协在学术思想方面的成就影响至今，且终其一生耕耘在教学一线，教书育人的成果亦是桃李天下。

我国文化，开关独早，而票据之起源，究始于何时，则年湮代远，殊难稽考。按诸史乘所载，大抵始于唐之飞钱，与宋之便钱交子。唐宪宗之世，交通不便，运输困难，于是创飞钱之制，以代现金之输送。四方商贾，云集京师，以钱易券，合券取钱，是殆我国票据之权与？亦即宋朝便钱交子之滥觞。宋太祖开宝三年，置便钱物，凡商人入钱者，请务陈蝶，即日牵至左藏库，给以券，仍敕诸州。凡商人齐券至，当日给付，不得住滞，达者科罚，是为宋便钱故事，亦即见票即付之汇票也。又蜀人以金钱重，私为券，谓之交子，则贸易不便，富人十六户主之。其后富人资稍衰，不能偿所负，争诉数起。冠城书守蜀，乞禁交子。薛田为转运使，谓废交子，则贸易不便，请官为置务，禁民私造。诏从其请，置交子务于益州。是则发行票据之权，处操诸民关，继又官办者也。以上三端，交剧足征，寻流溯源，得以想见其梗概。唯以上述分钱等？与今日票据相比较，则其不同之点，约有两端。飞钱便钱，均由官司经理，交子虽起于富户，终改为官办，此其一。交子票据，由国家发行，故迟滞不付有罚，私造交子有罪。以私法之关系，与公法混为一谈，此其二。再者，我国票据起源，虽较各国为独早，但因漏就简，殊鳞进步，习惯上所流行之票据，向无划一之款式，一定之名称，颇足妨碍其流通，殆民国十八年票据法实施以后，始归统一焉。而我国现行之票据制度，则完全继受外国法例，与旧有之票据，并无历史上之进步，是故外国票据之沿革，不能不予以一尝。

二

外国票据之起源，可分为三种情形言之：一曰，自书证券；二曰，他所付款之本票；三曰，汇票之发生。

上已言矣，票据制度，随人类文化之演进而发达，商事交易上之自然的创造物也。故欲探求票据之起源于何时何地，则犹如黄河之水，自天而来，故虽穷其究竟耳。虽然，票据是证券之一，在交易上需要证券为其工具时，殆即有产生票据之可能。据近世学者之研究，此种证券，在古代即已有之，因而学者有认票据始于巴比伦，亦有认为始于印度、埃及或希腊者。唯大多数学者之考证，罗马继承希腊法以后，其时外国开所流行之 Syoprsph，及第五世纪之初期之 Chirogrsphilm，均系自书证券，而此二种证券，殆即票据之最原始的形式也，此二种证券之本身，原为具有债务原因之文书债务 Litera biga-tion，绝对的足以发生债权，债务人应依文书而负担其义务。是故一切关于支付之约定，只须采用书面之形式，便可隐藏种种之法律行为。而此项形式，乃古代银钱业间所普遍承认，而作为兑换、送金及收取债权之工具也。上示之 Chirogrsphilm，深深浸润于罗马之法律生活，厥后罗马帝国，虽云覆亡，而此一制度，仍不消灭。中世纪时日耳曼人之证券观念，亦复受其影响。

<h2 style="text-align:center">三</h2>

现代票据之起源，始于中世纪十字军之东征，及意大利与地中海沿岸诸都市当时兑换商所发行之票据。则为无可置几者。票据制度建立之原因，乃在使本国通用之货币，可以流通国外。但对于此点，则有种种困难。金钱之为现金输送，费用大而烦累多，且在当时交通未臻安全之情形下，又多危险。一也；各国皆倡重商主义，而禁止金钱之输出，二也；小国林立，各拥有独立之主权，则货币制度。又不健全，其流通区域，自有限止，三也，而此三种困难，唯当时意大利之兑换商，则能悉力以排除之。兑换商初仅为即时的货币之交互兑换，旋乃于甲地受领现金。不即为现金之对待给付，而约定于乙地之自己支店，付以当地之通货。此种约定，固不必作成书面，但通常均以书面为之。此即所谓在现金兑换以外，复发生一种书面的金钱移送约定也。据德儒 Goldsch nidh 之考证，此项书面，于一一五五年至六四年间，在 Giovanni Scrida 之公证事务所作成者，今日尚可查考，而为其中之流传最右。

观上所述，足征票据之起源，殆始于供兑换及送交作用之他地付款之本票。票据实由兑换关系而渐次发达。所谓"票据"（wecheel）或"汇票"（Bill of Exchange）诸语，原皆系兑换或兑换证券之意也。再者，票据究起源于海上交易，抑或陆上交易，且其对于海上借贷，是否亦有关系，学者聚诉，迄无定论。

综上以观，兑换商所发行之票据，皆系本票而非汇票。兑换商大抵依公证证书之方式，约定以其所收之货币之对价，由其自己或自己的受任人如代理人、合伙人、使用人等，为金钱之支付。此项证书，应记载有关现金受领之金额及货币种类之文句，亦即所谓"对价文句"。发行地与付款地之不同，及货币之差异，乃此项证券发行之因也。

四

关于汇票起源之问题，学者间聚诉所在。如 Schsube Gruenhut 诸称，认汇票与他地付款本票，两相独立地并存。而 Goldschmidt 之见解，则谓右时之汇票，与后世流行之汇票，迥相殊异。古时之汇票，系本票之附件，该附件由发行人交付于受款人或其所指定之人，使其转交于付款地应为付款之人，作为付款委托书，此付款委托书，即古时汇票之渊源也。付款委托书，仅系兑换商对于其在本票上所记载之受托人如使用人、合伙人者，委托其为代理人，代为现金之支付，而并非系即兑换商之本票。是故付款委托书，其本身并不具有法律上之票据意义，殆不过兑换履行本票上业务之一种手段耳。付款委托书既非付款之约定，故委托书不生效果时，兑换商对于该委托书，并不负担责任，而其责任之所在，乃基于票据之一方也。虽然，遇有拒绝付款之情形，商人本诸公平之观念，习惯上当只根据付款委托书，对兑换商而主张其请求权。行之既久，渐使本票成为废纸。且本票又系公证证书，需要相当之费用，因即不复作成之，卒以付款委托书，为唯有而独立之票据也。Godschmidn 之见解旋于一九一〇年经意大利法学者 Lattas，旧考古籍，予以证实，而成固定之学说焉。

汇票制度兴起以后，本票即因而被挤压。唯此一倾向，尚须依二种情事而增长。当时各国，咸禁止货币之输出国外，即利用票据方法而为输出者，亦在禁止之列，只有私人发行汇票，不依公证证书之方式者，始殆免于监视。是故欲为金钱之出口，不得不经由兑换商之手，而以不要式之票据历书行之。此其一。本票之滥用，往往足以隐蔽重利盘剥之行为，而当时罗马教会，禁止消费借贷之取消，致使本票之发行，常启"不正当票据"之嫌疑。唯彼具有地域的阻隔性之汇票，则无此缺点，匪特民间可以安心利用，即彼教会，亦当利用汇票，以收取外国之金钱，集于罗马，藉省现金输送之烦累（按不具地域的阻隔性之汇票，即所谓货币无差异之汇票，当时教会亦一律禁止之）。而汇票之发行，须由兑换商为之，兑换商因发行汇票而收取手续费，则认为系输送货币及兑换行为之正常报酬，不与教会之利息禁止相抵触。此其二。有此二因，汇票之流行，自较本票为广也。

当时之兑换商，系享受特权之团体，集中货币资本于一手，力足以左右中世纪之经济生活。因情事之推演，兑换商既得利用汇票，以经营国际间之交易，于是汇票之利息，范围日益扩张。凡商贾足迹之所至者，必有兑换商与之俱，兑换商收受商人所有之外国货币，折合商人所欲受领之国家之货币，而发行一他地付款之汇票，兑换商之支店或经理处遍世界，故任何一地，皆可为其汇票之付款处所。当时兑换商阶级，独占票据交易之实权，而为商贾之必要媒介。其与票据法之发达，影响至巨。兑换商同业商会，复设有关于票据纠纷之裁判机关，其裁判机关之商事习惯，当为欧洲文明各国所采用，依照当时习惯，票据系具有特殊形式，与他种证券，应有区别，而票据法之发达，又带有普遍的统一之特色也。

五

尝考欧洲之市场时代与夫背书发达之经过，于票据制度之演变，亦有其重要之影响。请分述之。

十二及十三世纪，乃欧洲定期市场之全盛时代，就中以法兰西之定期商品市场（Fcriale），关于票据之普及与发展，更富有伟大之意义。集四方万国之商贾于场市，欲避免现金之揣带，则不能不为票据之利用。当时之兑换商，亦随市场之所在而放肆，就市场票据，而为付款。又于市场发行汇票，以商人之本国或其他任何地域，为付款地。所谓市场票据，即以市场为付款地，以市日为到期日之票据（Ca bia ad Nandinas）也。因其流行之广，遂有专以票据为交易，而发生独立之票据市场焉。

在市场，可以依照类似今日之票据交换之方法，以了结票据上之债权债务，而省略现金付款之烦累。盖在市场付款之票据，其到期日皆系同一之日，故一经交换，即便了结。且当时之票据金额，大抵均指定为若干 Scrudo dimarche（即理想上计算用之货币），而一切票据，皆须于开市之初，为付款委托之承兑提示，此项承兑提示，乃票据交换之要件也。承担初则以言词为之，毋庸依照一定方式，旋乃定为必须当众高声唱诵，最后复认为应将承兑表示，记载于票据之本体。此项承兑制度，发生于市场票据，而渐次推行于市场以外之票据。除承兑外，他如关于参加、保证，及拒绝证书诸制度，皆于此时发其端也。再者，每一市场，皆设有市场法院，市场法院之诉讼程序，简易敏捷，其执行方法，又极严厉，得以债务人之人身，为执行对象。若债务人逃亡，市场管理局得向债务人本国之法院，诉求处分，如本国法院，不予受理，则可为市场放逐（Messbann）之判裁，嗣后即禁止该国人民，入市交易。

六

关于背书发达之经过，有二种情形可指，一曰背书之发生，二曰背书之普及。分述如左。

背书之起源，学说不一。有认为系始于票据市场之票据交换及票据保证，有认为其发生地系意大利及法兰西，而一般学者之见解，则以为最古之汇票，其关系人有四：一为兑换商，即约定于他地为付款之人（发票人）。二为在他地之兑换商代理人（付款人）。三为以现金交与兑换商而受票据之交付之人（受款人）。四为受款人赖以受票据付款之人（提示人）。以四个当事人之中，二人系票据契约之订立人，其他二人，系履行票据契约之关系人。票据契约，系存在于受领对价而交付票据之人即发票人，及以对价为交换而受领票据之人即受款人之间。票据之付款，必在其发票地以外之处所为之，而发票人又不必于到期日，前往其地为付款，付款一事，则由发票人在票据上所委托之人即付款人为之也。向付款人提示票据请求付款之人，通常皆系票据上所指定之提示人，而非受款人，受款人为达到付款之目的，当将票据寄送于提示人。

通常之票据，固必有四个当事人，但往往有一人而兼二人之功用者。例如市场票据，发票人常兼任付款人，前往市场，办理付款；又或受款人自任提示人。前往付款地，提示其票据。是故整个票据交易，即仅有二人，亦得行之。再者，提示人原系受款人之受任人，殆后情形变更，渐次取得独立的票据债权人之地位矣。

在四个票据当事人间，其中二人，系票据契约人。唯票据之为物，原足以代表一定之价值，在交易中，自得以辗转流通。因而票据不持于原有订约人之间，藉此以为交易之方法，即在第三人。亦可为支付之授受。为满足此一需要，市场之票据交换，或为他人计算而发行之票据，固亦可利用，但总不若以背书为票据流通方法之为便捷也。

按提示人，有以票据提示于付款人而受支付之权限。提示人系依指示文句所指定之第三人，亦即取款之受任人。提示人有时亦得以自己所指示之第三人，行使其属于自己之权利，因而在票据上当记载受款之文句，以证明其自己已受领给付。此受领记载之委任，在意大利，须记载于票据正面之下端，与票据保证之情形同。而在法兰西，则自中世纪以来，关于受款之证明，依照习惯，记载于票据之背面（in dotao）。行之既久，提示人渐由受款人之取款受任人之地位，一变而为独立之债权人，而提示人所指定之取款受任人，亦认为系由提示人而取得其独立债权人之权利，而非单纯之受任人也。此种权利之转让，常依提示人记载对价受领之文句以表明之。因而提示人所为提示第三人之文句，及对价受领之记载，足以发生票据上权利移转于第三人之效力。亦即背书制度确立之经过也。

票据上权利之转让方法，在交易上一经发明以后，发票人在发票时，即无须记载受款人所欲指示之提示人。受款人即或以票据为支付之用，而须送交于第三人，亦不必使发票人记载该第三人为提示人，仅可记载自己为票据之执票人，嗣后得随其所欲，以背书转让于任何人。因是历来汇票上关于提示人之记载，辄失其意义，原初所必要之四个当事人，兹则减去其一，而票据契约人以外之第三人，却获有参与之机会焉。

七

初时之背书，须具公证之形式，且以一次为限。盖认为只有提示人与受款人，始得以指示文句，为第三人之指定，而完成其票据关系也。唯此种限制，殊不足以厌交易上之需要，于是空白背书之方法，又应运而生。所谓空白背书者，即票据之转让，只须由背书人为签名，而无庸记载被背书人之姓名，票据辗转流通于数人之后，该欲受付款之人，可以记载其自己之姓名，而为被背书人也。殆法兰西人打破背书之次数限制以后，而公证之形式，又复废止，于是不要式之背书，得以畅行无阻矣。

背书之制行，于是票据之局面，从而展开。前此商人只能利用市场票据，只能于市日为提示，为取款，或为票据之交换，而今则可以不假手于兑换商或票据市场，得以独立的依背书为交付，而达到付款之目的，或换取现金。于是市场票据，殊失其独立地位，而市场外之票据，起而代之。

虽然，票据之普及，足引起种种之反感。罗马教会，对于票据一事，向持消极态度，本有助于票据之发达，唯对于背书制度，则未有好感，此其一。

按罗马法上有一格言："任何人不得以较多于自己所有之权利，转让于他人。"
而票据依背书而为转让，则彼背书人并不继受其前手之瑕疵，故不能不遭当
时法学家之反对，此其二。因背书之流行，票据发行之数目，从而减少，于
是兑换商及公证人之手续费，亦必因而减损，当然遭其反对，致影响于政府
之立法，此其三。虽然，背书制度，乃经济上所需要，故即有各方面之阻碍，
仍不能遏止其发展，抑且背书发达之结果足以证明票据功用之大，亦法学家
之所心许也。

航空保险史述略[*]

梁敬钊[**]

航空器之初具雏形也，布麻为衣，竹木为柱，浮沉听命于大气，存毁悉系于自然，凡乘坐之者，世皆以冒险目之，斯时航空保险自无事业可言，欧战告终，战地飞行人士既无所用其长，乃相率致力于民用航空事业。计自一九一九年至一九二〇年间，法国所敷设之航空线，其数有十；德国政府所资助之航空公司为数亦多；英、美、意、比、瑞士、荷兰及丹麦、瑞典、挪威三国家亦相继有航空公司之设立。时至今日，航空路网罗布全球，空中交通，卒得与海陆二途，成鼎足之势，进步之速，洵至可惊。尝细按之，欧美各国之提倡航空事业者，罔不兼倡航空保险之组织；诚与二者相与凭依，不可忽一。我国年来提倡航空之呼甚嚣尘上，独与航空保险之问题，乃寂然无有及之者。是岂国营保险业者，且岂力尚有未充，抑其对于航空之认识，尚有未切耶？特为此撰保险史述略。

一

航空保险之有史实在欧战以前，而航空保险之成为正式企业则远在欧战以后，一九一〇年，法国保险公司对于航空器伤害第三人之举，曾为设保险规定。所谓航空器者，系包括轻气球飞艇及飞机而言。谓第三人者，系指非乘客及驾驶员而言。斯时保险规定，要保人须纳保险费六百佛郎。凡航空器碰伤一人，则其赔偿总额以二万五千佛郎为限，如受伤害者有数人时，则其

---

[*] 本文原刊于《东方杂志》（第 34 卷）1937 年第 11 期，第 53～59 页。

[**] 梁敬钊，1933 年毕业于东吴大学法律系（第 16 届），获法学学士学位。

赔偿总额以十万佛郎为限。旋复扩充保险范围，于第三人伤害保险之外，兼保驾驶员之飞行危险，特其保费奇高，其费率几占保险总额百分之二十而已。

　　与法国航空保险公司同时而起者，尚有德意志航空保险团之组织。德在大战以前，已迭次拟办航空保险，欲借以鼓励航空事业。一九一二至一九一三年间，齐柏林飞艇告成，于是航空保险团之组织，卒以实现。然是时航空机械之制造既形简陋，安全之设备亦尚未周，而航空器之往来航行复无统计可资稽考，故保险费之厘定，至感困难。当时费率均以臆测自成标准，费率既高下不均，而保险人所受之损失乃属不赀。

　　大战以后，航空器之制造，虽渐见进步，然商业航空尚属草创，各项统计，漫无标准，故其状况仍极不利于保险人。一九二九年法国，若干保险公司曾倡议合作，成立共同组故，设办事细则，定缴股章程，名其组织为保险组合。所有营业上之盈亏，则按各保险人所保险之数额比例公摊之。同时在此组合中，兼设有类似研究所之机关，专事搜集材料，传达消息，并编制统计。从其后者，一九二〇年德国有龙骨保险组合之组织组，该组合旋于一九二四年改组，名曰航空组合。于一九二六年再改组，名曰德国航空组合。一九二三年英国有大英航空团之组织；同年法国复有航空保障社团之设立；一九二五年，意、奥、波兰亦有类似之组织；瑞士西班牙继之。此项组织均以互助为其目标，借集团之力，以分担责任，填补耗亏，此亦可见当时保险人经营其事业之不易，而空行危险性之大，绝非独家公司之力所敢予担保者也。

　　西班牙于一九二八年成立航空组合。其时西班牙政府以强制规定，使各家航空公司对于乘客及驾驶员，一律施行航空保险，当时全西保险公司，舍一家外，其余无不参加此项组合，故其营业性质，类似独占。此组合之行政权，实操诸委员会之手。委员会由委员六人组织之，其中三人为西籍保险公司之代表，余三人则为外籍保险公司之代表。各家公司之所投之资本，由委员会混同支配之。至管理费用则依各家所认担责任之大小，比例分摊之。该组合所规定之保单及保费，均须经西政府劳工部查核批准，始得施行。

　　法国战前航空保险之范围，只有第三人伤害保险及驾驶员飞行保险二种。一九二三年三十四家之保险人，共同合资组织社团，名曰航空合资保险联合会。会中所具保单，计有六种，其主要者，则有：

　　一、概括保险此项保险，包括一切航空器失事损害保险及失事焚毁保险。

此外并包括航空器所有人对于乘客及第三人应负之民事责任之保险。

二、劳动保险此系依据一八九八年法令，以保障空中工作人员于航空器飞行时或着陆时所遭遇之危险。

三、个别失事保险此项保险，包括有终身残废保险及航空器于表演时因伤害及第三人而发生民事责任之责任保险。

四、货物保险此系保险航空器上所载运之货物。首与该会订立保险合同者，有航空运输社，航空协会及法罗航空公司数家。

上列社团之组织颇为当时人士所诟病，其所据为攻击之理由者，则以是项社团之组织，其性质无异独异于占有，是以一切保险规章及保费之资率，保险人均得一任己意为之，绝未为要保人计其利害。要保人既以环境之需要，不得不要求保险，复以保险事业为独占之故，遂至彷徨无择，不得不听任保险人之宰割，其弊端之大，殊无可讳言。然平心论之，航空事业之得有今日，固由各国政府提倡之功，而各保险人鼓励助成之劳绩，亦不可没。当航空事业草创期间，机械之制造既未精良，统计之编订尤无标准，保险人独于此时出任担保之责，冒重大危险，抱重大牺牲，以坚航空运输人及其乘客之信念，则其不得不凭借众力，协成斯举，彰彰明甚。使当时各保险人各自为谋，不相集合，其势必至群出于相率谢绝航空保险之一途，其时保险人纵欲求保险，且不可得，遑论改善保险之条件耶？大抵一切保险事业，创办伊始，罔不经集合保险之阶段，论船汽车保险事业之经过，亦略如是，盖亦其势使然也。

二

航空保险问题中之最大困难，厥为保险费率之厘定。良以保险费率之高低，与航空危险性之大小，有密切关系。故欲厘定精密之保险费率，必先能确定航空之危险程；而欲确定航空之危险程，又必创立统计以探究危险之来源，设定规章以维持安全之标准。然当航空事业肇创伊始，此项统计搜集极难。航空危险之构成成分[1]，本至复杂，航空器本身瑕疵之外，或由于气候之不良，或由于山川之险阻，或由于驾驶员之特殊习性，或由于其他情形，

---

[1] "成分"原文作"成份"，现据今日通常用法改正。——校勘者注。

危险原因分析之困难一也。各家航空公司所敷设之航线，其长短不同，飞行之区域不同，所用之飞机不同，航行之性质又不同，材料编制之困难二也。且航空器遇有失事，各家航空公司，对于其经过，率皆讳莫如深，其或有所宣布者，又大都不尽不实，不足资为凭证，于是各保险人乃不得不暗中探索，以探究失事原因之所在。是则统计材料搜集之困难又其一也。从事搜集统计材料者，其始在英有劳埃德[1]注册所（Lloyd's Register），在法有真理局（Bureau Veritas）。然终以事权不能集中，征集材料之效果遂至形薄弱，于是各国纷纷设立航空部以司其事。

美国公私团体对于设立统计及制订规章皆有缜密办法，盖当欧战初期，欧洲各国，悉牵入军事漩涡[2]，故所有国内飞机尽归军用，遂无航空保险之可言，而美国人士则方致力研究如何改善飞机之构造。一九一七至一九一八年间，美国人民因改良飞机及其引擎所投之资本，无虑美金千万元，于是航空保险之企业，在美方乃大形活跃。时各厂家如寇蒂斯，如马丁，如摩尔等均受有政府订制飞机之合同，各厂家于飞机制成之后，政府尚未提货以前，往往先投保火险以重安全。及民用航空继兴，航空保险之范围，亦随之推广，然厉行[3]过骤，准备为周，行之未久，赔累至巨。于是航空保险费即日增高，航空保险之范围反日形削减，卒至一度全美保险公司，除一家外，[4]其余皆谢绝航空保险，其状况与欧洲营是业者正相仿彿也一九一九年夏，美国保险同业虽有议及于受保之初，规定检察飞机及其驾驶员之办法者，顾以众见未协，此举迄未实现。一九二一年，鉴于环境之需要，保险同业乃着手组织全国航空器保障协会，并于保险人化验室中，另开一部，充航空化验之用，由施罗德[5]（Major R. W. Schroeder）上校管理之。许为是时国际知名之航空家，而握有世界高度飞行之纪录者也。其在此部所主持之工作，则系检验投保之航空器是否适航，并其驾驶员之体格习性，等等，是否宜于驾驶。设要保之航空器及其驾驶人，未经此部检验，或虽经此部检验而未未经其认为合格时，则保险人得拒绝保险。自此办法实施以后，保险之损失，逐渐减少，

---

〔1〕 "劳埃德"原文作"鲁意滋"，现据今日通常译法改正，下同。——校勘者注。

〔2〕 "漩涡"原文作"漩窝"，现据今日通常用法改正。——校勘者注。

〔3〕 "厉行"原文作"励行"，现据今日通常用法改正。——校勘者注。

〔4〕 The Traveler.

〔5〕 "施罗德"原文作"许路得"，现据今日通常译法改正。——校勘者注。

保险费之资率，亦逐渐降低，不幸行未两年，遽而中辍。

然自一九二六年以来，美国民用航空之事业已渐成形，故航空保险之状况，逐亦渐形稳定。康涅狄格[1]州为美国各州中倡导航空之先进也，其州长鲍温[2]（Balwin）于一九一一年始为该州制定航空法规，之后各州相继效法制订。欧战以后，联邦政府曾有拟定航空安全条例之议，终以国会各议员多偏保守，以致虽有讨论，殊无结果可言。一九二〇年，统一各州法规委员会曾与美国律师公会，共同努力，促成航空运输立法，立法院于是始着手订定运送人责任条例及违警罚法，但仍未见诸实行。一九二六年，议会通过联邦航空商业草案，并于商业部中附设航空部，司编制统计并研究如何增进安全之方法，主持是部部务者，为商业部副部长。第一任副部长为麦克拉肯[3]氏（W. P. MacCracken, Jr）。在马氏努力经营之下，完成所谓航空商业规则，于同年十二月三十一日公布施行。旋复定空中交通规则，于是航空安全，大有进展，民用航空之事业乃大形发达，而航空保险之组织遂亦蜂起。一九二六，有海商保险团体出任航空保险之务。此团体为若干海保险公司之组合[4]特其所承受保险之范围，则至为狭隘。一九二八年，复有运输保险赔偿公司（Transportation Insurance & Indemnity Companies）及美国航空保险商出；后者即今日之合众国航空器保险组合之前驱也。[5]此外尚有航空赔偿保险公司等团体，皆为多家保险公司集合之结晶。一九二九初年，有联合航空保险人及

---

〔1〕 "康涅狄格"原文作"堪奈的加"，现据今日通常译法改正。——校勘者注。

〔2〕 "鲍温"原文作"鲍维英"，现据今日通常译法改正。——校勘者注。

〔3〕 "麦克拉肯"原文作"马克列肯"，现据今日通常译法改正。——校勘者注。

〔4〕 参加之保险公司凡十一家如下：

The Sea Insurance Company, Ltd., Insurance Company of North American, Thames & Mersey Marine Insurance Company, Ltd., British and Foreign Marine Insurance Company, Ltd., Firemen's Fund Insurance Company, Union Marine Insurance Co., Ltd., Royal Insurance Company. Ltd., St.. Paul Fire & Marine Insurance Company, United States Merchants & Shippers Insurance Company, Standard Marine Insurance Company, Ltd., and Union Insurance Society of Canton.

〔5〕 合众国航空器保险组合其中组成分子如下：

National Union Fire Insurance Company, Pacific Fire Insurance Company, United States Fire Insurance Company, Globo & Rutgers Fire Insurance Company, and Pt. Paul Fire & Marine Insurance Company; also the Casualty Companies; Maryland Casualty Company, New Amsterdam Casualty Company, New York Indemnity Company, Hartford Accident Insurance Company, and the United States Fidelity & Guaranty Company.

全陆航空保险联合会之组织见于世，前者为十七家保险公司之合；〔1〕后者为七家保险公司之组合；〔2〕哈特福特〔3〕（Hartford）保险公司于一九二六年初停办航空保险者，至是复起而重营是业，各家公司奋起竞争，此亦足见航空保险之企业已渐入坦途也。

三

国际间组织主持航空调查之工作者，则有所谓国际航空委员会在。此会乃欧战中协约国联军航空委员会之遗制，而成形于一九一九年之协定者也。自一九二二年以来，该会所决议之案件：如颁发适航执照最低标准之规定，空中交通规则，驾驶员身体检查办法等等，皆所以促进航空之安全程度；而其搜集各地空运材料编订统计诸工作，尤有助于航空保险之发展。该会又为便利统计故，拟定一切成为失事之条化，并区分飞行性质，定航空器种类，别飞行区域，于是统计工作益形严密。会中制订有四项表格，皆关于失事方面之秘密材料，非会员国，不得窥及。其第五项之统计表虽非绝对秘密，但亦不公布。

一九二五年另有国际航空会议，亦所以讨论航空统计之问题者也。该会由瑞典发起，于是年九月集于瑞京斯德哥尔摩〔4〕，欧洲国家参加之者，凡十四国，并有十八家航空公司之代表列席其间。讨论〔5〕结果，愈以各国宜各出其所得之航空统计材料，互相传示，以便观摩。并议决各国编制统计，其格式标准，宜力求划一，俾将来是项统计得由一中枢机关汇集编订，分发

---

〔1〕 Federal Insurance Company, Merchants Fire Insurance Corp, Alliance Insurance Company, Ltd., Sea Insurance Company, Ltd., The London Assurance (Marine), The Marine Insurance Company, American Eagle Fire Insurance Company, The Continental Insurance Company, Fidelity Phonix Fire Insurance Company, Fire Man Insurance Company, Glen Falls Insurance Company, Hanover Insurance Company, Merchants Indemnity Corporation, Glen Falls Indemnity Company, and Bankers Indemnity Company.

〔2〕 十家保险公司如下：

National Fire Insurance Company, National Casualty Company, Continental Assurance Company, Transcontinental . Insurance Company; Continental Casualty Company, Mechanics & Traders Insurance Company, and Franklin National Insurance Company.

〔3〕 "哈特福特" 原文作 "夏得福"，现据今日通常译法改正。——校勘者注。

〔4〕 "斯德哥尔摩" 原文作 "斯脱哥合姆"，现据今日通常译法改正。——校勘者注。

〔5〕 "讨论" 原文作 "论讨"，现据今日通常用法改正。——校勘者注。

各关系国家及各关系团体。该会同时并拟有各项统计表格，其中第 IC 及 IIC 两项圆表，系关于失事统计，皆视为秘密材料，不事公布。至其散发之务，则交由国际航空委员会之秘书长办理之。比利时、法兰西、英国、荷兰及瑞士翌年均依照大会决定将所填制之统计表寄交航委会之秘书长见以便汇集。

航空统计问题，于第十二次之国际航空委员会会议中曾重行提及，该会于一九二七年开于伦敦，会中议决由全会酌定适当准标名词，以备统计之用；一九二八年七月，始由该会之小组委员会决定采用乘客公里积及吨量公里积诸名词。同时并决定各国政府按国际航空委员会之表格所发表之官方统计，为正确统计。至关于是项统计材料之汇集与分散之办法，一九二九年三月布鲁索会中，第四六八号之决议，有明白之规定。该决议略以国际航空委员会为使各国间得互易其所得之航空运输统计材料起见，决采用其所酌定之统计表。缔约国于每年三月一日以前，应将前一年之统计，送交委员会祕书长。统计表第一种（关于各国航空公司所营之航线），第二种（关于各国航空公司之业务）及第三种（关于飞机场之改良），皆随时在委员会公报发表之。第四种（关于航空器之失事与意外坠落）应作为密件仅得示之于缔约各国家。

国际航空委员会之外，尚有国际商会，亦于航空保险问题亦曾作相当研究。该会创立于一九一九年，其目的固非仅以研究航空保险之问题为限，但航空保险之问题亦属于其讨论之范围。一九二七年之会，航空法专家法布里[1]会（Fabry）曾发表其研究国际航空运输保险问题之所得。同年，米其林[2]（Michelin）所主持之航空宣委员会，并曾竭力拟订保险合同之格式，兼建议将保险价额规合于票价之中。

航空保险之事业既随航空设备之进展而逐渐成形，其法理问题遂亦早为一般学者所注意。一九一〇年有国际航空法学会之组织，惟时此会工作多涉于理论，缺乏实际根据，大战以后，此会赓续其前此任务，于一九二一年召集大会于摩纳哥[3]（Monaco），会中由法家卡纳利[4]（Canali）发表其关于保险问题之报于；一九二二年再会于捷京，由航空法专家关尼埃（Henry Couanier）宣读其报告。一九二五年会于里昂，由法布里宣读其报，同时参加

---

〔1〕 "法布里"原文作"法布雷"，现据今日通常译法改正。——校勘者注。
〔2〕 "米其林"原文作"米趣林"，现据今日通常译法改正。——校勘者注。
〔3〕 "摩纳哥"原文作"莫那口"，现据今日通常译法改正。——校勘者注。
〔4〕 "卡纳列"原文作"卡奈利"，现据今日通常译法改正。——校勘者注。

讨论者，则有里佩尔[1]（Ripert）及鲁比埃（Roubier）诸名教授，皆对于航空法问题至有研究者也。一九二八第八次大会，集于西京，会中对于阴布列克（MeImbreq）所提关于第三人责任保险问题之报告，曾作详尽之讨论。

第一次国际航空私法会议，系于一九二五年由法政府召集，到者凡四十三国，会中所讨论之问题，系关于航空运送人之责任，而其所牵涉之范围，则兼及航空保险问题，是项问题系委由第三人委员会加以研究，该会历届会议，均有所阐发。前年九月二十日第三委员会及第十届国际私法会议全会，开会于海牙，会中对于马罗协定第十二条及第十四条条文之通用问题，与乎保险人之抗辩权利问题，有极激烈之辩论，卒乃成立第二七三号议案，予保险人以相当抗辩之权利并议决全会应将是项议决案函请法政府转达意国即由意政府转函其他国家，冀异日各国运送人对于第三者所负伤害之责任，其规定得归于划一。去年二月二十四日，第三委员会复会于巴黎，会中虽未将上述之责任问题列入议事日程，然主席于开会时正式报告上届议决案已由法国政府函达意国矣。

关于航空保险问题之内容，吾当另文及之。兹所欲示者：溯自航空术发展以来，各国公私团体致力于航空保险问题之研究者，无虑数十，各国政府并纷纷派遣代表，组织国际团体以讨论其事，其关切注意有如此者。吾国自辛亥以还，始注意航空设备，至民国八年，乃设专官，先后与英之费克斯及福公司订立借款合同，谋所以训练人才，审定航路，制订法律而推行之，终以内乱频仍，无大成就。国民政府成立，虽设有若干航线，然其所设之航空署广（即今日之航空委员会）似偏于军事方面之展，而交通部之主政者，连年以来，复因屡经更迭之故，尚乏一贯政策，于是航空法规及航空保险与乎斯二者辅助航空建设之重要性，遂鲜注意及之。政府既未能提倡于前，国民复无敢经营于后，卒使吾国航空保险之举，不得不仰赖于外商[2]，滋可慨也。

劳埃德（Lloyd's London），航空保险人之先进者也。当航空器成形之始，世之保险人对于航空器之足为保险标的，方纷然惑之，而劳埃德独与飞行家

---

〔1〕 "里佩尔"原文作"李排"，现据今日通常译法改正。——校勘者注。

〔2〕 中国航空公司与泰和洋行（Reise Bradley）（即劳埃德代理人）订立保险合同，欧亚航空公司与德国阿兰斯保险公司（Alliany Undstnttgaster）订立保险合同。

巴伯[1](Horatio Barber）首订保险合同，为天下倡。前年九月国际航空私法会议会于海牙，是时万国航空保险协会对于该会第三委员会所决第二六〇项议案方痛肆抨击，以为该议案所规定，对于保险人之保护，殊有未周。其用意无非以在该项规定之下，保险人容或须负担额外之危险；而劳埃德之代表则独排众议，谓"倘使保险费能稍事提高，则纵有额外风险，亦愿负担"，终使全场空气为之一变，其远识魄力有非常人所可及者，则其克成为保险业之巨子，固非偶然也。

---

[1]"巴伯"原文作"巴卜"，现据今日通常译法改正。——校勘者注。

下编　社会法

社会所有之基本原则[*]

柯 尔 著 冯 森[**]译

《再生》杂志发生后之半年，得柯尔氏此文读之，乃拍案而起。曰，何其耳我所见之同耶？我自俄国归来，恍然于私有与社会所有决非绝然不同之二物，而仅为程度之差别，于是草《国家社会主义》一文，主张各私人企业之所有权，不必转移，独其营业须按照国家计划进行之说，盖与柯氏所云股东不妨保留债权而不许有管理权者，完全一致者也。吾之为此说者，所以避因没收而起之纷乱，且避去因给予报酬[1]而生之国家债务，其动机恐亦与柯氏相类似。总之，居今日而言社会主义，当有切实具体之方法，非社会革命之空言所能了事。

其为社会主义同，而就中英两国之立场言之则大异。在英国言之，一切大工业皆已存在，所当问者，其收归社会公有之法如何。换词言之，其着眼点在分配。在吾国言之，一切生产事业，皆未振兴，故所注重者，在生产而不在分配。吾人之意，吾国以后生产事业，当仿俄之五年计划之下计划经济，农工商之先后轻重，皆应由国家主持，即资本之筹募，亦应由国家负其责，不可听千百万私人之各自为政。此吾人所以有“各大工业之盈余，除应提之公积与利息外，归入全国资本，以充下年扩张工业之用”之主张也。是之谓计划经济，亦曰国家社会主义。柯氏之言论，昔年侧重于各业自治，或名曰基尔特。此文中有派定管理人员之权，归之于国家之说，似与当年之纯基尔特说已稍异矣。然则柯尔氏而生于中国，其赞成吾辈之国家社会主义之说，

---

[*] 本文原刊于《再生》（第1卷）1932年第8期。

[**] 冯森，1932年毕业于东吴大学法学院（第15届），获法学学士学位。

[1] “报酬”原文作“酬报”，现据今日通常用法改正，下同。——校勘者注。

殆无疑义。

吾人所以有取于此文者，则有故焉。《国家社会主义》一文中之言曰：所有权不移转，独以营业权归国家监督，于是有问题生焉。所有主仍为私人，则股东会是否依旧存在？柯尔氏代为答曰，股权应取消，而代以债权。伸言之，则股东之地位，变而为债券持有人，此前文之所未详，而柯尔氏之言，可作为补充之说者一也。前文之言曰，私人得领取按照市场之利息，盖俄国虽为社会主义的国家，而其发行公债，仍给以利息。然则由股东而来之债券持有者，何妨畀[1]以利息。然柯尔氏之言曰，若为固定利息，则在工商业衰落之日，势且无应付，故俟有盈余时，给予分红，不可规定为定额之利息，此前文之所未详而柯尔氏之言，可作补充之说者二也。柯尔氏又言一切社会所有事业，不能但求收支相抵，当求有盈余，以为下年发展事业之费，亦与吾人之言如出一辙。且柯氏有全国投资部之说，亦无非总计全国资本之生产力，以定下年工农计划之意，此亦可作为补充之说者三也。

此文虽出于翻译，然与本志之主旨，颇多暗合，故乐为刊布。独柯尔氏之篇首，有渐进的社会主义云云，亦就英国已有工业之收为公有者言之。若夫吾国今后产业方针，应自下手之始，即宣布国家社会主义的方案，盖公有之政策不定，则计划经济不能统一，故无所谓渐进之说，不可不办者也。

君　劢[2]志一月九日

就昔日言之，目前之社会主义与私有企业间之背道而驰，似极显明。私有企业下之生产工具，为个人所有。彼基于所有权之承认，得向社会上征收租金、息金与利益。至若社会主义不然，生产工具为社会所公有，为社会所管理，租金、息金与利益，概行消灭。劳动后之全部产物，概归社会，而不为任何个人所私有也。此二者之异同，甚为简单。宣传社会主义者，但取此二者之对照而说明之，则在伦理的是非方面，已大有立足之理由矣。

社会主义之公道论，至今尚无可以变更之者。社会主义下生产工具之公

---

〔1〕"畀"指给，给予。——校勘者注。

〔2〕 张君劢（1887～1969年），江苏宝山（今属上海市宝山区）人，中国哲学家、政治家，中国民主社会党领袖。近现代学者，早期新儒家的代表之一。——校勘者注。

有，与夫占有阶级一切征收之停止，至今犹千真万确，无可更易者也。虽然，今日之问题，乃由资本主义而暂进于社会主义，或曰以社会主义之楔，钻入流行的资本主义制度中，则此种简单之对照说，不能有补于此项问题之解决。某部分之社会主义者曰，一切困难，生于资本主义与社会主义调和之妄想，而二者绝无同时并存之理。渐进的社会主义（Gradualist Socialsm）之不可能，亦正为此。此辈所持者，即不全宁无之理论。彼辈以为建设社会主义之工作，惟有于革命之后行之，而资本家须一网打尽。此辈苟谓仅持渐进方法，不能实现社会主义，则其说自有相当之真理。但时至今日，社会主义者岂能自遁于以些微社会主义徐徐引入经济制度内之责任，彼等居今日而鼓吹英国革命，终于徒费气力而已。窃以为以渐进之方法，求达于社会主义，乃社会主义者之事业也。

既欲以渐进之方法，达于社会主义，则种种困难，立刻呈现。当社会主义者，但知煽动，初不计及实行之际，则本无困难可言焉。吾人今日既然习闻所谓带有社会主义性之政治之说，信奉社会主义者，应是积极计划，以备政府之采用。其当前之首要问题，即对于大实业与重要事业，应准备关于社会所有之计划是也。

昔日社会所有之概念，即早年集产主义之宣传，其长处在于简单。以例明之，其实业归于社会所有，如铁路运输等，必先收买股东之股票，股东根据公平之估价而得报酬。于是此股东与此实业，不复再有若何关系。此后之为主人者，即所有主，为国家。其管理之方法，则置一部长为之首，而指挥之。一如邮务事业之被文官管辖者然。当日关于报酬问题，议论纷纭。有主张以现金收买股票者，其筹款法，则发行国家公债以募集基金。亦有主张以政府公债交换股票，而不以现金收买者有之。更有主张采用定期年金制，（system of ter minable annuities）以国家税收为担保者有之，甚至根本否认报酬者亦有之。尤奇者，当时费边社〔1〕，（Fabian Society）不但反对报酬，且主张没收股票，但对于困窘之家族，予以抚恤金，Compassionate allowances。

是以早年之社会主义者之宣传中，重视报酬之原则，而忽视未来之管理及监督方法。此未来之管理及监督方法之问题，直至战前二三年内，工团主

---

〔1〕"费边社"原文作"斐滨社"，现据今日通常用法改正。费边社是二十世纪初英国的一个工人社会主义派别，其传统重在务实的建设，倡导建立互助互爱的社会服务。——校勘者注。

义〔1〕，（Syndicalism）工业组合主义，（Industrial Unionism）乃至于基尔特社会主义〔2〕（Guild Socialism）之学说，渐次迈进之时，始稍稍论及。移时而后，此问题渐为世人所注目。惟工团主义，工业组合主义者，向反对国家所有与国家监督，彼辈所求者，在乎以此二者归之工人团体之手，以铁路工人或矿工，为社会之委托者，得管理其产业。因此遂亦无所谓国有，盖在此新情况之下，并所有之名义，而亦消灭矣。基尔特社会主义者，所需要者，亦为公有，于工团主义者之否认国家监督说，表示赞同。基尔特社会主义者主张以每一工业委托于自治的国民基尔特，此国民的基尔特之中，由各种工人之劳心或劳力者共同参与，以管理其事。多数工会，如矿工，如铁路工人，如邮工，皆有所谓社会所有之计划，显然倾向于基尔特社会主义者也。

余于本文中，雅不欲叙述今年来之社会所有计划，及工人管理等问题。兹余所欲言者，厥为莫里森〔3〕Herbert Morrison 之统一伦敦交通事业案。（London Passenger Transport）一提此案，便令人忆及战前由国家管理之国有说，与战后基尔特社会主义的"改造"Reconstruction 计划。因莫氏之案，乃知吾人去一九二六年保守党内阁之电气法令甚近，与一九二一年混合内阁之铁路法令，亦有相似处。就事之表面论之，莫里森之建议，其将伦敦交通事业改为社会所有耶？抑仅加以改造，如一九二二年之改为私人管理耶？尚不易断言。

莫里森提案中，未尝主张国家应收买团体中股东已持有之股票。但以为另设一新公司包举一切交通事业，对于原有之股东，给以新公司之股票。新公司有权力收买私人经营之小公司，其代价或为现金，或为公司债。地方自治团体之财政，须付与相当报酬，其方法为每年分期付款，或发行公司债，

---

〔1〕"工团主义"，该学说从来不十分明晰或确切：强调的是行动而不是理论。其基调是要求会员发挥主动性；提倡战斗性（包括怠工破坏活动）；通过纯粹的工业组织和斗争来推翻资本主义和国家。——校勘者注。

〔2〕"基尔特社会主义"，又叫行会社会主义，产生于二十世纪初期的英国，介乎社会主义与工团主义之间的一种调和理论，改良主义的一种。否定阶级斗争，鼓吹在工会基础上成立专门的生产联合会。——校勘者注。

〔3〕"赫伯特·莫里森"原文作"莫里森"，现据今日通常用法改正。赫伯特·莫里森（1888～1965 年），男爵、英国工党活动家，曾先后任伦敦郡哈克尼市市长、国会议员、运输大臣、供给大臣、内政大臣和国内安全大臣。1942～1945 年为战时内阁成员。1951 年任工党的领袖、外交大臣。1959年退出政坛。——校勘者注。

惟不以现金。此外，新公司股息之分配，并不固定，大抵每年付息一次，五厘或六厘，以公司所得纯益之多寡为标准。其分配之方法，董事会得自由处置惟最后须经财政部之裁可。五厘股息之盈得，乃公司第一重担负，意谓运费之多寡，虽由公众监督，但运费之规定，应以足付五厘利率为目标。假定管理效率增加，成本降低时，得再给与股东以可高可下之红利，以上各种规定，与一九二一年所颁铁路条例中一部分极相类似。

更有一奇异之规定，虽不在法案中，然却为政府与公司间合同之一部分。依此规定，苟五厘股息不能发给时，股东得根据政府所授予之权力，指定一保管人。（receiver）至于此保管人之权限如何，对此规定，政府下何种解释，则不得而知。

案中主张此新团体董事会，由交通总长任命之。各有关系之利益得推代表参加与否，并无规定。因此三方提出抗议，伦敦市议会 London County Council 要求直接参加，以谋市政之利益，一也。工会要求工人得推代表参加，执有股票者，要求股东得继续参加，二也。

因莫氏提案，其断然不疑者，则引起种种问题，亦即余于本文中所欲讨论者也。或者推论此案曰，政府拟以伦敦交通事业为社会所有，或曰政府让私人垄断。之二说，均有相当理由，然不易毅然下一定论也。

兹姑尽吾人之所能，标出以下之主要问题。

果吾人能解答以下诸问题，则对于社会所有之基本条件，已略能明确规定。莫氏提案，应自何种观点，加以批评，亦可以了然矣。

一

股东之继续存在，及其收受利息与分红之权利，果与社会所有之制相容否乎？

社会所有之计划中，如采取给予赔偿之原则，势必有要求权之发生。此要求权或以团体之资财，或以团体之盈利为对象，或以国家为对象。以何者为对象，可置不问，其为要求权则一而已。近人尝言，以国家为对象之要求权，较之以公司为对象之要求权，尤为稳固。且国家之收买实业，以发行政府公债取得之，较其他任何方法为廉。但近年来国家公债之数量陡增，兼之国家常有以低利换高利之举，致国家信用为之不振，因是对于国家借债之法，屡有异议。国家既不能勉强借贷，以为赔偿现金之费，则其结果，惟有准许私人在买收之企业中，保留其私人股份，或新公司成后发行新股票或公债票，以与之交换。私人股东之继续存在，即私有之谓，基此理由，社会主义者屡有反对之论。然此种异议，只适用于私人之永久股份，而不适用于可以赎回之债权。盖债券可以按期收回，则此企业自有全归公有之一日。然股权之继续，含有要求平分监督权之意，非仅债券之永久存在。是以余之暂定结论曰，股权之继续，与社会所有之原则，不相容也。

二

此要求权继续存在，则债券者之所得或为固定利率，或为可高可下之分红，二者利害得失如何？

社会主义者多持固定利率说，以国家之借债力，视他人为强，除付低利外，而一切收益归于国家，乃彼等所希望也。但近年来，实业界债务增加，即为固定利率负担之增加，因以形成生产费之一部，其危险之大，已极著明。苟其实业或事业定有把握可得一定之利益，而不拘商业之盛衰如何。甚至一般价格下降，而持有债券者，尚有多少收获可得（反之，如物价暴涨亦然），则采用固定利率说，亦无不可。反之其实业之盈亏，以商业盛衰为标准，且常遭遇外界竞争，则其采用固定利率说，或分红利，乃大有关系矣。申言之，在铁路、煤或钢事业，因其采用固定利率制或分红制而大生影响，若为伦敦交通专利事业，则二者无所不可。因此之故，即在社会所有之事业中，既不能不予投资者以报酬，则其报酬之法应定位可随盈余之多寡而不同。或曰，此乃认投资者为股东之地位，而非公债持有人之地位矣。照资本家之概念言之，此说然矣，然吾等不必以此概念为一成不易之定理。吾人之意，国家尽可给予私人投资者以债券，以企业之纯益为担保。易言之，犹之一种所得债券或优先股，而无名义上之所有权者也。今日诸私有企业中之所谓优先股，即此类也。

因是余暂定之结论曰，报酬之方式，应以所得债券，（income bonds）与股票交换，此所得债券以社会所有企业纯益为担保，且为有限制之分红，非固定利率制。

三

投资者之要求权，或为定额，或为不定额，之二种，已如上所述。此要求由企业之纯益付出，抑由国家担保其全部或一部。其利害得失何如？

假令资本之报酬，但求之于企业纯益，则吾人可得而推定者，即管理企业之委员会，势必将求得合理的红利一事，时刻置之计算致之中。且国家所行使之控制物价权，势必如一九二一年之铁路法令，电气法令之应用于私有企业，以及煤气法令然。易言之，社会所有之企业，其规定物价，以能付给投资者之合理的所得为标准。依此标准，自然不许社会所有事业之经营有亏折之虞，或其收入在合理的所得之下。假如其事业另有国家补助金，自不至于不付合理的报酬。因此之故，假令其企业虽抬高价格，而永无获得红利之望，则势不能以保证红利责诸国家。换词言之，此种企业，惟有投资者，因盈利能力之下降，而自负损失。国家之负担与企业本身之固定负担（如利率），固亦可因此免除。或曰，如此为之，岂非使投资者，独自冒险，而同时不能管理资本之用途。凡此皆股份公司已有之情形，又何能以此责备吾人。且就资本主义者之立场观之，国家所许于彼等者，亦曰本其价格产生合理的报酬，则在社会所有之企业中，自更无可非议矣。

余之结论曰，投资者之要求权，以企业上之纯益为标准。然为鼓励投资计，国家不妨保证投资者之固定报酬，或最少数之所得，以若干年为限。以上所言，已有见诸实行者，如奖励工商法令 Trade Facilities Act 下之伦敦地下铁道公司，即为实例。此外所谓要求权，为累计的乎（cumulative）？亦非累计的乎？（累计云者，谓投资者，当年应得之红利不足时，应于次年之盈余中，补足之。译著注）亦一值得讨论之问题。依余观之，以后说为当。

四

假令股权或股东继续存在，于社会所有制之下，赋予一部分监督权，或于董事会中得推代表参加。可乎？

此问题已于前一节中推论之矣。余之答案曰"否"。

五

董事应有一定之任期，在其任期内，不得更换，或国家或其他委任团体得有此项撤换权，此与社会所有之原则相容乎？

董事苟有处置失当之处，不论在何种情形之下，自应受撤换之处分。所成为问题者，关于政策上有意见之异同，是否亦须撤换。因此之故，发生以下难问题。第一曰政治的控制问题。即管理社会所有事业团体，自主的乎？抑受政府支配乎？依余观之，此管理团体关于政策问题应立于政府命令之下，因此而发生政府对例行公事之干涉，虽明知其不便，亦事之无可如何者。吾人之意，一方应保证管理团体之自主权，他方则政府仍可随时撤换董事。以上所言，在伦敦交通事业案中，亦有此规定，至于中央电气部之董事，在其任期内，不能任意撤换也。

虽然，更有他问题焉。假令管理部之董事，为国家以外之某集团，或谋利益团体所推荐者，此集团或某利益团体，能撤换其推荐之人员乎？假令所谓管理部中之代表，成为国家制度下领取俸金之人，而非推荐团体所能撤换，则此项代表，必有名而无实。其补救之法，奈何？曰，惟有所短代表之任期。但任期过短，则发言者无力量，且影响于其办事之效率，视国家所推荐之长期供职者，相去远矣。若以随时撤换权属诸推荐团体，亦有滥用职权之虞。余所欲提议者：（一）国家代表之任期，三年为限，随时得撤换之；（二）其他团体之代表，由他团体推荐后，由国家任命之任期亦为三年，随时得由国家撤换。惟推荐团体无撤换权。此种规定，可以按事伸缩。兹所立者，特其广泛的通则耳。

六

消费者应参加管理部乎？地方团体除其代表消费者之资格外，尚有其他应参加于管理部之理由乎？

消费者之所以应参加，盖社会所有事业之政策，影响彼辈之利益，至深且巨也。但消费者之代表，直接参加于管理机关，是否为保护彼辈利益之至有效方法，则独为疑问。吾人之意，不若设消费者咨询会议，如工党于一九一九年及一九二五年对于煤业所为之计划，各种有关系之利益均得参加，此咨询会议有权对于此管理机关之政策，提出抗议，但立于政府最后决定之下。伦敦交通事业案中，即授此权于伦敦交通咨询委员会。(London Traffic Advisory Committee) 总之，为消费者计，应以或种形式参加，乃理之不可易者。此点容后论之。

地方性质之事业，当地官厅自应参加，固无容议。盖当地官厅之所以参加者，乃代表消费者之利益，上段所言者，即可于此适用。惟本为地方官厅所有之事业，今由中央按法所设之委员会（Statutory Board or Commission）接管，在此情形下，当地官厅是否与由私有而变为社会公有之营业中股东地位相等。依余观之，中央接管之事业中，当地官厅不能其此理由而参加。然亦有特种情形之下，当地官厅应参加于法定委员会，例如当地商埠委员会，所以图中央与地方团体间之密切的合作也。

余之结论曰，一般消费者，应参加于管理委员会，尽可以其他方法享受参加之权利。当地官厅之代表权，应按事解决，无共同原则可言。

七

就原则上言之，工人应参加于董事会乎？或给与关于管理之法定的参与[1]权乎？如曰可，此参与之方式，以何种为宜？

工人之得推代表参与管理社会所有之事业，雅不欲多所论列。盖余以为此种管理应令其存在。兹所讨论者，乃参加之方式，应以何者为宜。假令管理委员会中人数甚少，且力求工作之有效率，则其管理部之工作人员，须视其技术上之资格，与管理的才能。在此状况之下，工人所推之代表，自无法安置，至多亦不过一两人耳。此等管理部中，各人之任职，应以全部时间牺牲于其中，则本为工人之代表者，忽一变而为国家或企业中之俸给雇佣者，彼等是否尚能为工人之代表，何待研究乎？故余之结论曰，管理机关中求有真正工人代表，绝无此事也。工人中苟有真实技能，则亦可被任命为管理机关中之人员，但不能谓之为工人代表。工人代表问题，非以他法解决不可。

德国制度中，有所谓两重董事会之制 double directorate 余意当为解决此问

---

〔1〕 "参与"原文作"参预"，现据今日通常用法改正。——校勘者注。

题之良法。缘德国股份公司中，有二执行机关焉。一为管理部，（Vorstand）一为监察会（Aufsichtrat）前者之人员，为全部时间之常任董事，后者则为部分时间之各与营业有关之集团或益利之团体代表。余颇主张国内社会所有之企业，应采用此种组织方法。第一，设一常任管理委员会，职员之任职者，为全部时期，且具有技术的与管理的才能，故非其他有关集团之代表。第二，监察会，以有关之团体代表为主体，其任事时间为部分的。在此监察会中，工人应有一真正代表。此外，则为有关系之实业代表，地方官厅之代表，与消费者之代表；代表政府，至少应有一员，为政府之监视者。至于股东不应有代表列席于此监察会。余意此监察会应时常集议，庶得左右其管理部之政策。管理部之报告，应先得此会之同意。遇有监察会于管理部关于某项特定问题，发生争执时，管理部得上诉于主管部长。此外之企业设有地方管理部者，亦应设地方的监察会。此地方监察会，应有献议权否，则为一种疑问。其确定之组织，只可就每一特殊事业而求解决，其宜于铁路事业者，未必能遽过于建筑或煤矿事业也。

监察会中之工人代表，或其他代表之任期，以短为宜，或为随时撤换亦可。此代表不得有充分之俸给，只能支取因工作而生之费用，盖在保持其真正的代表地位也。依余观之，工人代表应选自工会中，尤须与此实业有关之工会。

上文所云，非所以解决工人对于工业之监督权问题。至于一地方或一制造所之监督，尤与本文无涉。盖余所论者，仅及于社会所有的实业之管理方法何如，此读者所应深谙者也。

八

任命董事会中之一部或全部，国家应保有此任命权乎？如其然也，则任命之原则应何如？

以上问题，于上文中已解决大半。余意不论为管理部抑监察会中之人员，应由国家任命之。前者国家有绝对的任命权，但国家于任命之先，应咨询利益有关者之意见。至若后者，国家根据其他团体之推荐而任命之。管理部中之人员，应取其技术的与管理的才能，以后对于社会所有之真实的信仰。若对于社会所有之理，不能信仰者，而任命之，实为大误。从其有技术的与管理的才能，亦无用矣。管理部中之人员，应有第一等的技术知识，且有应付人事之特别技能。

监察会会中之代表，应为团体所推荐。此类推荐，国家应承诺之。但国家保有撤换代表，使其重新推荐之权利。有时推荐之权，属于多数团体，而彼此意见不能协和者，国家得就已提名之推荐单中择任之。至若其他未组织之利益团体，其代表可由国家直接任命之。推荐团体之当选者，国家听其推荐而承诺之可也。

余赞成任期有限之代表，不赞成终身职，或不定期之代表。但不定期之代表，遇必要时，国家可以撤换，已详前文。

<h2 style="text-align:center">九</h2>

为发展实业或事业之新资本，应如何筹募？其方式为何？

关于资本之筹议，其可能性有三。（一）由国家或其他特殊团体，如国民投资部，（National Investment Board）直接准备之。（二）由实业或事业本身为之，而以国家为担保。（三）由实业或事业本身之本身为之，而国家不为担保。至若何者较有利益，恃其各殊之情势而定，初无一定之准备可言也。第三法对于萧条之实业，或投资者，不信资本投下之有利时，似不可实行。乃至资金之来源与日俱跌，则第三法决难于实行。关于第二法，国家之担保红利，仅以有定之年限为期。要而言之，第一方法于社会主义之过程中，似最重要。国民投资部应如何进行，余不欲在本文内深论，请俟诸另篇可也。

上文之结论，仅及于在实业以外筹募资本之法。通常资本之发展，大抵社会所有事业就平日盈余所积之基金中求之，如股份公司资本之发展，由于准备金然。是以余主张社会所有事业应提存相当的公积金，而其盈余，应有财政部尽数吸收。如此云云，非谓财政部不应按其所得税法，成其他固定之税法，征收租税，乃至甲社会所有事业，应以盈余转借与乙社会事业，亦无不可。

依余观之，以准备金为发展资本之方法，乃社会所有制度内至要之一部分，盖社会所有之最后目的，不外使私人投资者，全部消灭，而化为公有而已。

十

企业之目的，当求出入相抵乎？求有盈余乎？（所谓盈余，指超过资本费用之利益而言）如求有盈余，则所得之利益，应如何处分？

当下社会主义者，大抵反对社会所有事业有图盈利之目的，盖彼辈谓果社会所有事业有图利之倾向，则工资与俸给，势必降低，此其一。各人之所得不均，若社会所有事业，所供给者大抵为贫农之需用品，果再图利，则吃亏者，大抵仍为贫农，此其二。之二争点，固属确当，唯非所以应用于以经济平等为目的之制度。吾人正向于此种制度以进行，故发展资本之至易方法，莫若求国有事业之有盈利，以盈余之公积为资本，如前段所云云。换词言之，社会所应分配于工资与俸给上者，即人民所能自由消耗之部分，非人民所应积贮并以之为投资之部分。如在分配个人所得以前，应先将投资之财源提出，以为资本之用。惟对于被雇者，自应给以相当工资。在工资未付清之前，固不应有所谓盈余也。工资既付之外，固不必以一切余金给予被雇者。故社会主义者为消费者计，而减轻物价之语，在所得不等之社会中固可以适用。惟此种理由，不适用于不以消费者为对象之生产，或奢侈品之生产。总之，社会所有事业，应许以自由定价，以求有充足之盈余，自有至当不易之理由在焉。

处分盈余问题，已于前段中解答。一切盈余，应合于以下用途，造成准备金，以为事业发展之财源，此其一。以之贷与另一社会所有事业，此其二。以上二者，皆有纳税之义务，视国家所决定。其目的以盈余存诸社会所有事业之手，不许其自动的转入财政部手中。

以上所生之诸问题，皆已一一答复。惟社会所有之基本原则，已因此而明确乎？故在重复申说之。第一，社会所有之基本原则，与私有股份之继续存在；二者不能相容，至少对于股东许以参加管理之一点，与社会公有不能并存。然私人不妨保留债券，领取可高可下而定一最大限度之红利，其红利视其事业有无盈余而定。

关于管理问题，莫如采用两重管理制。第一，为全部时间之管理委员会，以技术的或管理的专家组成之，而不含有代表之性质。第二，为部分时间之监察会，以有利益关系之集团或派别之代表组成之。此外更有从事于从事于此工作之工人的代表。

管理部之人员，应由国家派定，且得随时撤换。尤要者，此团体于政策问题，应听政府之指挥。此最后一点，殊关重要，应有更进一步之讨论。

社会主义者主张凡有关国家经济生活之事件，应有统筹全局之方法，已达社会一般之利益。换词言之，关于各项实业或事业之政策，（非逐日例行之事）应有共同机关以总其成。此共同机关，或为国家本身，或为国家所组织之最高经济机关。（即国家经济会议）如是每一实业或事业，各置一管理部，离中央政府而独立，乃与社会所有之原则，不符者也。但在经济总会议尚未成立以前，每一社会所有事业，应设一管理部，悉听政府或国会所下之命令。其每日例行之事件，许以广大之自主权可也。此种管理部之人员，惟由对于国会负责之主管部长之命令随时撤换之。

此管理会不妨给以广大自主权，以彼等人员，故可由部长之命而随时撤换。且管理部与监察会发生争执时，亦得由主管部长为之判决者也。政府既握有免职权，故可许管理部以执行政策之自由，在政府方面固仍保有提议或批准之权。何事为管理部所自决，何事听从部长裁可，之二者自易画定一明白界限。盖一方为政策，他方为专家之方法，二者自易于区别。

余信此文，可使吾人于社会所有之基本原则，以及关于社会所有之计划，何者是，何者非，当可得其梗概矣。根据以上之原则，吾人可得而言者，中央电气部之组织，虽无明显之特点，要为合乎社会所有之原则矣。皇家电报以及交通公司之组织则非社会所有矣。莫氏之伦敦交通事业之提案，公有或私有之最后判决，须视下院多数保守党两院联合委员会之意见而定矣。

法律社会论*

郑保华**

第一章　绪　言

二十世纪之社会，乃一社会主义之社会也。英有基尔特社会主义，（Guild Soclaism），法有工团主义（Syndicalism），德有社会民主主义（Social Democracy），俄有共产主义（Communism），吾国则有三民主义中之民生主义；即其他各国，亦莫不受社会主义重大之影响。法律为社会生活中人类行为不可破的规范，为社会科学之一，由社会关系产出，其应随社会演进而演进，实属明甚，故法律之社会化（Socialization of Law），近世各国已逐渐见诸施行。我国国民政府成立，所立法典，亦多以社会为依归，实以极佳之现象也，尚希今后能再接再厉，努力进行，使其完全实现，则今日法律社会化之萌芽，即他日国治民安之先导，贫富阶级，不难因此无形消除……

第二章　法律本位之演进

法律本位者，乃法律之中心观念或其他立脚点也。社会改革，法律亦随之改革；社会进化，法律亦随之进化，社会由游猎是的，畜牧时代，农业时代，今儿至今世之工业时代，法律之本位亦不得不随之变迁，然则法律本位

---

* 本文原刊于《法学季刊（上海）》（第4卷）1931年第7期。

** 郑保华，1931年毕业于东吴大学法学院（第14届），获法学学士学位；1933年毕业于东吴大学法学院（第16届），获法学硕士学位。

之演进，究为何若？择其要者，可分三期。

（一）法律以义务为本位

上古时代，人民欲御强敌，必赖团结，而团结之要件，尤须牺牲小己，为全体谋幸福，不得不事事服从，于是义务观念出矣。及至宗教发达，国家产生，一般人民之服从义务，更形确定，义务本位，形成法律之中心观念，苟有不服从最高权力之命令者，刑罚随之，此为法律本位之最初时期。

（二）法律以权利为本位

自卢梭出，倡天赋人权之说，于是自由解放声浪，高唱入云，美利坚独立于先，法兰西大革命于后，民权既尊，法律以义务为本位，于以动摇，权利本位，代之而兴。故十九世纪各国对于法律规定之原则，根本建筑于个人主义（Individualism）法律思想之上，故处处表示对于私人权利之绝对的尊重。以言财产，则尊重个人所有权之原则与继承权之原则；以言契约，则尊重个人意思自治之原则，即契约自由之原则；以言赔偿损害之责任，则尊重自己责任，采过失责任之原则，此即世所号称个人主义民法上之三大原则是。此三大原则之产生，渊源于法国革命之人权宣言中的自然则，随个人主义的思想而发达，迨至十九世纪，遂风靡一时，各国法典，莫不继承此种思潮，侵染其尊重个人权利的色彩。故当时学者，甚且有执法律与权利同时存在之说，以法律为规定权利之工具，以法律学为权利之学，法律为客观的权利（Objective Right），以权利为主的法律（Subject LAW）者，亦有唱权利先存，法律为拥护或制既存权利之说者，盖不知权利为法治之产物，故其学说，遂与社会进化史，及法律发达史上之事实相反。此时期之法律，为权利本位之时期。

（三）法律以社会为本位

物极必反，理所固然；利之所在，弊亦随之。自由主义之法律思想原理，虽然打破人类封锁的封建阶级制度，而保障个人之财产与活动之自由，结局从促近世资本主义经济组织之发达。大多数经济之弱者平民阶级，不但不能得社会生活之保障，反从供资本家之宰割与牺牲。至于今日，遂使市民阶级之资本家，与无产阶级之劳动者，形成对垒之现象。平民生活，水热火深；阶级斗争，风起云涌。尝考社会病状，其原因虽其复杂，然个人主义之法律思想，实为保障资本主义私有财产之钥匙，故欲尊大多数人类同游于平等自由之乐园，非根本推翻此个人主义之法律而创造建筑于团体本位——社会本位思想之法律不可。较近数年，世变日剧，此个人主义中心之法律，既随社会潮流呈根本之破绽，虽怪法律之社会化遂一唱百和，起而代之。前途希望，实无限量。何谓法律之社会化？此种定义，末学如余，未敢骤下断语，要之，法律社会化乃先废除个人本位阶级本位或权利本位之法律，代以社会本位之法律，必为其重大之目的；其他如去法律与社会间之隔阂，与人民打成一片；使法律知识普及于社会全体，如法典中之用语，须求易于明了，裁判上之制度，务期易于实行，选举权必须普及，陪审制必须实施，法律讲习会务求其多，通俗法律书，力谋其贱等等，乃其附庸而已。近世法律社会化，多以社会连带主义（Solidarism）为其基础，信此主义者，谓今之社会实多数人之融合体。即人人相与，有密切互助不可分离之关系。在一社会之中，各个人相互影响，一动全动，一变全变，故社会与社会各个分子，皆有密切之关系，几乎互相联合（Solidarity）者也。采此主义而立法，遂以公共利益为重，而以个人利益为轻，根据着社会连带关系而立法，不再重各个人间相对待之关系，主张人类共同生活上所需要之重大原因，计有两种：一种是各个之需要，无不从同；一种是各个之需要虽则从同，却也有不同之存在，且各人之才能，亦多互异。有次两种原因，人类方因互助及满足各人欲望起见，经营共同生活。此种共同生活之中，即具有分工作用，凡在社会上参加共同生活之分子，各自皆须对社会尽一种分工之中责。彼等所任之责任，苟有社会之价值，方为法律保护之标的。法律社会化既受社会主义之影响而产生，一反昔日个人本位与自由主义之面目、以社会生活之利益之保护与促进为前提，是则连带主义，乃彻底的使社会与个人调和均衡，共同协作，关于权利之内容与分配，大加变更，既不失现行组织基础之自由制度之所长，并匡正资本主义之不平等与个人分离之弊害，诚为合理之改造原理也。

第三章　世界各国法律之社会化

法律既由义务本位，权利本位进而至于社会本位，则昔日之法律，自多不合现代之趋势，世界各国法律之社会化，与个人主义时代法律不同之处，据美社会法学派鼻祖庞德[1]（Pound）教授主张，谓有七特点可举，今顺序

---

〔1〕　"庞德"原文作"滂特"，现据今日通常用法改正，下同。——校勘者注。

加以述说：

（一）所有权使用之限制

所谓个人财产绝对不可侵犯之原则俄，即允许个人自由，使用，处分，收益，一种绝对的，排他的，恒久的个人私有财产权之制度，已不适于二十世纪之社会，尽此种制度，本为资本主义下之产物，徒使富者愈富，贫者愈贫，故近日世界各国法律对于所有权之使用，多定有制限，非可随意绝对形式也。故罗马法时代，亦认所有权自由无限制之原则；至日耳曼师弟啊对所有权之观念，方略带社会化色彩，其所有权之拘束，与所有权之共同之思想，从始即有其强之支配力。德国自十四世纪之十六世纪，频频受罗马法，且货币经济，逐渐发达，自由无限制之所有权，大受一般人之欢迎，而日耳曼固有的所谓："团体的，社会的，限制的所有权"之观念，逐渐呈荒烟泡影之状态，罗马法上所有权之观念，至于近世，发达已达于绝顶。先是因十八世纪个人主义思想之勃动，合于一时代之要求，结果为一般人所欢迎，遂至影响于经济制度法律制度之上，一七八九年法国人权宣言所发表"所有权神圣不可侵犯"之原则，更深入人心，复与十九世纪经济的自由主义结成，遂至筑成亘古未有之伟大资本主义法制之城堡，吾人观于第十九世纪之私法制度，实无处不表现所有权自由之精神。土地上之权利上至天空，下至地心，Cujus Est Solum，Ejus Est Usque ad Coelum，遂告成罗马法以来之通说，然私权之设立，虽为保护个人之利益，但同时亦不应忽视社会之利益。狄骥一派谓权利为具有社会之性质之利益，常以社会之义务为其基本；近世社会法学派谓"一切权利皆为社会权"，皆足以示其意义。私权既为"社会权"，既须"常以社会之义务为其基本"，则取行使与否，不能纯然委于个人之自由，而须依社会之利益为准据，加以当之制限，实无容疑。关于所有权之使用之限制，约可分为两部：

1. 权利久不行使之限制，例如土地所有人任土地荒芜，而不加垦植，此种作为，乃反社会之行为，法律于必要时，得加以干涉，强制其行使。他如工业所有权，矿业权，狩猎权，发明权，及殖民地中之土地开垦权等，若过一定期间而不行使，则作为经已丧失，此乃间接强制行使之方法，近世文明国家之立法，多行之者。

2. 滥用权利之限制。德国一九一九年之新宪法第一五三条第三项曾明白规定曰："所有权包含义务，其行使要同时顾及公共之利益"，则苟滥用权利，不顾及公共利益，即在禁止之列。其规定意志，对于所有权，完全以社会化为主。又该国民法第二二六条有："行使权利，不得以加害他人为唯一目的"之规定；瑞士民法第二条亦有："滥用权利，不得受法律保护"之规定；至于行使权利，与社会经济抵触时，即不受法律之保护，更为欧战后，苏俄新民法开宗明义之第一条，又如法国最发达的"权利滥用之法理"，对于所有权之使用，亦受一大先知，例如相邻者间关系之详细规则，都市计划法之规定，均为私人所有物使用权受限制之事实。要之私权，虽当受法律保护，而与公共秩序，善良风俗相背驰者，固宜排除于其范围之外也。权利滥用之禁止，实所以打破权利神圣之理论，救济分配不均之弊，主张人与其同类营共同生活，应以社会之连带伦理为依归。所谓社会之连带伦理者，即为人为社会生活而存在，故应以社会分子自居，而于此范围内，互相维系，以求多福。盖具有权利者，不独我一人，凡我同类固皆有之，我之行使权利，如使他人感受恶果，则他人行使权利，其影响亦可波及于我，是将使社会生活归于破灭也。且权利一语，其发生滋长，虽自个人私有其利益，然至最近，渐之权利义务，实成为一事，而分正负两面，此德国宪法之所以有明白规定也。观此可知最近学说及立法例已认行使权利，为社会生活之一种义务，应以不害公共福利为所鹄，此为各国法律社会化之一。

（二）契约自由制限制

吾人与何人缔结契约，全依一己之自由意思，缔结如何之契约，亦依当事人间相互之任意协定，苟当事人于某种之约束，虽拒绝国家之援助，以无何等特别之事由为限，国家亦应认其法律上之效力，而不干涉之，是谓契约自由之原则；此原则为私法自治之重要部分，自法之大革命以来，随个人主义之思潮日渐稳固，拿破仑法典即其结晶也。其次如英美之法学界，亦显受此法学思想之影响，美国且以俩帮宪法保障之，然契约自由制原则，必也当事人双方之实力平均，使得成立，故仅一方之自由，非此原则之本旨。苟在双方实力不想当之当事者间，表面上虽然立于自由契约名称之下，实际则等于唯命是从——如近代之资本主与劳动者间所缔结之连带契约——以及地主与租赁人间所缔结之耕作地租赁契约，此种契约虽有契约自由之名，而无契约自由之实，国家立法，苟不设法定相当之限制，则其流弊，自有不堪设想者，故自二十世纪以来，此种限制契约自由制法律，遂随社会潮流而发生，撮其大要，约克分为积极与消极二方面。主张由"个人契约"之观念移于

"集合契约"之观念，如伊利所谓契约为社会公共福利而存在，以期根本改造契约之主体者，是为积极说之代表。主张减少个人意思合致部分，而扩充内容适法之部分，以期改正契约内容之本质，否则不认其有效，是为消极说，今分述如下：

1. 积极说。以集合契约代替个人契约，为保护一般家无隔宿之粮之贫苦劳动者必要之步骤，盖苟有依个人契约之原则，凡基于劳资双方之合意，即订立每日工作十四小时，只得工作一元之契约，亦可成立，然此种契约，名为劳动者止呕同意，实由饥寒交并，迫而出此，资本家以些许之金钱，使劳动者供牛马之骗策，则其契约是否良好，国家应否容忍此种契约之存在，固无待耆龟矣。劳动集合契约之发生为个人契约之反动，即雇主与劳动者间订立契约，应各结团体，互派代表为之。则劳动者一方面，存则与存，去则俱去，人数既增，势力自强，与资本家折衡谈判，似易得较公平之结果，此现在各国劳动新立法所以使劳动集合契约占据最重要之部分，不让孤立之工人站于雇主之对方，在自由和同意等名词之下，成立一种危害工人健康和减少工作能力之契约。使劳资间契约上之利害问题成为社会利害问题，此集合契约之效用也。其他如国家认许农民团体，农会，消费团体等所订之集合契约亦属之。

2. 消极说。个人主义之自由契约，其契约之成立，概以个人意思之合致为前提。双方意思表示不合致者，故属无效，即虚伪，欺诈，胁迫或真意保留等，举凡非当事人之真正意思表示，或表示有瑕疵者，法律均不使之完全发生效力。亘民法全篇，处处皆以尊重当事人之意旨为出发点。而所谓必须适法之内容，不过寥寥数条，以致当事人间，虽十分合致，而契约之不合法者，则所在恒有。在今日之集合契约之潮流之下，处处均以减少个人意思之横暴为依归。故契约虽合于当事人之意思，如内容不适法，则仍不能使之发生效力。内容是否适法，即当视其是否反于强行法规及反于公共秩序，善良风俗也。

（A）不得反于强行法规之契约，如高利贷借，即违反强行法规者也。盖人当财政困难之时，即失去自由订结契约之能力，饥不择食，自不顾利息之高下，国家乃规定，凡借款之利率，有高出于法律之限度者，其契约为无效，亦以社会之立场出而保护弱者之道也。此外若耕作地租赁契约，电灯，自来水等之供给契约，房屋赁贷契约，铁路，船舶，电车之运送契约，邮政，电报，电话之利用契约，以及水灾，生命及其他各国保险之契约等等，最近学者，多称之曰附从契约，名虽契约，实则企业家所预定，利用者除承诺其所定之外，殆不与以何等之自由，诸如此种企业，且多立于独占关系上，其结果，利用者于契约自由之美名下，须苦受独占企业家之苛求，为抑止此种之不平，应有以社会环境，地方经济状况作为表率之社会化之法律，对于企业家所决定之约款，加以干涉，此今世各国之所以有工厂法，保险业法，地方铁路法等之制定也。此等法规，多属强行法规，有违反之者，其契约为无效；盖国家于此等关系，如一依契约自由之原则，而不加限制，则契约当事人间，自由平等之交易。

（B）不得反于善良风俗所谓反于善良公序者，抽象言之，即反于社会之理想即反于社会之公共之利益是。具体言之例如甲以杀人之目的向乙借刀，或甲以营娼妓业之目的，向乙赁借房屋等之类皆是。此种场合，若在个人自由契约原则下，只须甲乙双方之意思表示合致，其契约即属有效。而予以法律之保护，其结果适以助长社会之不正之风，而损国家裁判之威信。殊非所宜。故应使其根本无效。以上所述，均为契约自由制限制，是为法律社会化之二。

（三）财产处分之限制

近代财产之新观念，既以群体之利益为基础，个人不再为法律保护之标的，法律保护之标的，在于群众，故私有权虽仍存在，然已渐次丧失"所有权者之权利"之性质，而仅容"财之所持者之社会之机能"着急存在，存私权之虚名，而课持主一种社会义务之责任，财产处分权之限制，亦即为其表现之一种，关于此点，庞德教授会举四例以明之：

（A）虽为夫完全所有之产业，但当其所有权转让他人时，必须有其妻之同意和加入。

（B）子女不得随意耗费祠产义壮之款，彼等只能取用其收益。

（C）夫对于家具之质人，须得其妻之同意。

（D）夫之工资转让他人时，亦必须得其妻之承诺。

亚美利亚之阿庐州，劳动者除家具之质入，须得妻之同意外，即以赁银请求权让渡于高利贷，亦必须有其妻之参加，凡此种种，皆所有权处分效力衰弱之明征，一所以保护交易之安全，二更谋家庭之幸福，间接亦所以求社会之安宁也，是为法律社会化之三。

（四）债主和受伤害者请求完全偿还或损害赔偿等权利之限制

罗马法上有 Cessio Bonorum 之规定，其意为苟债务人之财产不足清偿债务时，以其全部财产移让与债权人，使债权人得有利益时，则其债务以移让财产之价值为限，消灭其一部分，且可因此免除牢狱之苦，此和近世自动宣告破产，颇相类似。又有 Beneficium Competentiae 之规定，其意谓破产债务人将其财产转让与债权人以消灭其债务时，苟其所转移之财产，依债务人之身份，为其维持生活所必需，得留置之，而不转让。依论理而论，债务人既负债务，自须一一偿还，法律上虽规定必须清偿之故，而结果使债务人有生命之虞，立法未免太酷。故自 Beneficium Competentiae 行，Cessio Bonorum 即不得不失其效力，此亦实际应用之故，而牺牲论理之结果也。在十九世纪个人主义盛行之时，法律之规定，多喜合于论理而忽实际，如父子间，子虽有扶养其父之义务，苟父曾欠其子款项，必须先行偿还，待其父不能生活时，再有子扶养之，又当时立法崇尚法律之一元论，以为法律宇宙中之一切现象，有其唯一之本源，可以一原则而说明之，自在十七八世纪自然法派以人性为法律之唯一本源；以至十九世纪分析法学派以国家无上尊权为法律之唯一本源；历史学派以民族之灵魂为法律之唯一本源；法律之唯物史观者以经济为法律之唯一本源，因此法律之规定，只重其所认定之唯一本源，而忽略其他部分，遂至法律不合于社会化，不公平之规定，屡见迭出，且其时法律与道德各有疆界，不相混淆，父负子债，子得起诉，父子成讼，法庭之见，一旦反目成仇，数十年养育之恩，化为乌有，此种悖理之事，一般人民尚以合法目之，而恬不为怪，以上三趋势为十九世纪所有之特点，至二十世纪法律思想，遂一反其昔日之面目，为求实际便利起见，宁牺牲伦理之结论；法律之本源，亦认为多元，法律进化之原因，除经济生活外，其他如伦理，论理，心理，时代，环境，在法律进化程序上，皆有所烧影响发生，以维持其生命，亦理有固然，势所必至也。至于请求损害赔偿，依须衡以对方之经济状况，及伤害情形，而定其赔偿额，更非可以随意要求满足一己知欲望也。

（五）无过失责任之承认

罗马法上有一最大原则曰，"无过失不负损害赔偿之责任"，近世各国法律，亦多采此主义之原则，但今题工厂勃兴，大企业亦愈形发达，各种团体相互间，或企业团体与个人间所发生之损害责任问题，已非只赖过失，或错误作为负责之基础为已足，必须有一意外危险之保障问题，以善其后，故个人主义制度下关于损害赔偿责任之观念，遂不得不稍稍动摇，无过失不负损害赔偿之责任，虽为一般学者之通说，亦有其例外矣。盖在大企业或工厂中，无论如何有绵密周到之主义，对于职工及第三者所生之危险，不但不能免除，而且有渐大激增之倾向，如工厂中汽管之破裂，矿山内煤气之伤人，在企业雇主方面，固无丝毫过失，然根据无过失即不负损害赔偿责任之原则，使多数贫苦职工横罹惨害而不得丝毫补偿，揆之法理，岂得谓平？其他如因交通便利之故，火车，电车，汽车，飞行机等动辄伤人；又如动力之利用，蒸气，电气，水力等亦易受害，取用者常为富有人，而伤害着为贫苦子弟，虽无过失，法理亦不应使其负相当之损害赔偿责任，捭合公道。又有因社会组织及法律制度之复杂之故，亦足引起无过失之责任，例如法人之责任，对于使用人之行为责任，无能力者之责任，对于假扣押，假处分责任，国家及其他公法人之责任均属之。关于无过失责任或名结果责任之根据，有采取原因主义者；有采取公平主义者；有采取中间主义者，学说繁芜，不胜缕举，要之，无过失须负责任，各国立法，虽未达到完全解决之域，然际此工业化之世界，因其所经营之事业，性质上本含有危险，则从危险中发生之损害，当然须令企业家或资本家负担，此种原则，已成人类一致之要求，是初法兰西判例，早有此种解释，至大战以后，德，俄新订法规，益使此社会化之色彩，更形显著。如一九二三年一月一日所实施之苏俄民法法典第四〇三条规定曰，"加损害于他人之人格或财产者，负赔偿损害之义务。加害者以损害不得预防而有与以加害之权限为已足，或损害者之故意，或过失时，加害者得免义务。"又第四〇四条规定曰，"个人和个人之企业或职务，对于关系之人带有危险性质者，如果不能证明因为不可抵抗或被害人故意或过失，皆须由本身所附带危险性质所发生之损害负赔偿责任。"观此种规定，可知除（一）不能预防；（二）有权为此种损害；（三）被害人故意或过失之三种原因外，其他加害人虽无过失，亦须负损害赔偿之责。即依上述例外原因，加害人虽可不负担损害赔偿之责，裁判所仍得参酌双方财产情形，使加害人负担对于被害人之赔偿义务（第四〇六条参照），均为基于衡平观念而成人赔偿责任之旨趣，其他关于赔偿额数，亦有相当之规定。此外如一九二八十月间提出于匈牙会议之匈牙利民法草案，亦有同样之规定，此为各国法律社会化之五。

（六）公用物（Res Communes）及无主物（Res nullius）之转化为公有物
Res Publixae

依罗马法之规定，如流水，海洋等物为共用物，非个人所得私有而为万人所共用；尚有所谓无主物者，例如野生之鸟兽等，则可使用发现，先占之规定，而取得其所有权，但此种物权，因社会利益比个人权利日增重要，故已经为国家所有而成为社会财产矣。森林法上亦有规定森林为公有物者，凡此皆因利用自然产物时重视社会福利之故也。其他如铁道，矿山，邮电，烟草，磷寸之制造等，凡需巨大资本制各工商业，则概归国家省市经营之，而个人之所有权，则概制限之，列举之，亦所以抑制富豪之横暴与兼并，而增加多数国民之福祉，意至善也，刺猬各国法律社会化之六。

（七）家长权之行使不得违反社会之利益

近日立法与判例，关于家长对家属部分之法律，均见变更。公历一八九九年七月一日，美国伊利诺省议会通过一种空前之法律，名曰儿童法庭律（The Juvenile Court Law），同时在芝加谷城，设一儿童法庭，直至今日，英，法，比，匈，奥，德各国亦均先后有儿童法庭之设立，视儿童之福利，为社会之福利，国家爱护儿童，一似父母之待子女，委托儿童法庭代为教养。盖近日家庭日趋腐化，儿童之犯罪，多由其不良家庭造成之，非环境恶劣，耳濡目染；即鲜受教育，致被利诱，社会对于儿童直接责任之自觉，遂不可省，故儿童法庭，非惟管辖犯罪之儿童，抑且儿童之身体与财产之保护种种问题，亦多划归其职权之内，家长不能再视儿童为其私有而可随意非刑督教，或竟完全放弃父母应有之责任矣。须知今日之儿童，苟能使之受佳良之教育，不难成将来国家之栋梁，尤岂可忽视之哉？此为法律社会化之七。

吴经熊博士更由庞德教授法律社会化七特点之外，后加一特点，今备述之，作为第八特点焉：

（八）虽无扶养某人之义务，但在某种情形之下，法律强制其扶养

瑞士民法第三二八条规定曰："每人均须对其直系亲属或直系卑属，兄弟姊妹负扶养之义务，苟无此种扶助，彼等即将陷于穷乏时。"此因恻隐之心，人皆有之，见路人有危，尚多拔刀相助，况亲如家人父子，岂能坐视其奄奄待毙而不一援手乎？苟经有此等残忍之人，则其社会目光攻察之，必须有法律以强制其扶养，方可成为公平而合理，故此实可谓法律社会化之八。

以上所述，均为各国现行法社会化之特点，与昔日个人主义之法律迥不

相同。然所举者，仍指其较重要者言之，此外琐碎细烦之点正多，或与上述各点有连带之关系，或者独立之性质，即略述之，以窥一斑：

（一）土地问题

土地既成私有，渐至贫富悬殊，富者广有千顷，贫者不见一亩，农人汗流浃背，力耕所得，尤不足以图一家之温饱，而地主朝夕无所事事，惟索租之是尚，以供其一己之挥霍，生活相去如是，则何怪乎怨愤抑塞之气，偏于社会，而危险思想之易于中人也。故近日各国法律关于土地问题之规定多求土地效用之增加，注重使用之平均，与吾国一夫不耕，或受之饥，一女不织，或受之寒之均富主义屡多相合，凡采取按照低价征税，即征收土地增益税等，均所以防止私人垄断土地为谋私利之企图，并使土地本身非因施以资本或劳力改良结果，所得之增益归为公有也。则此后土地当不集富于国家，亦不集富于个人，换言之，不使国家为大地主，亦不使个人为打地主也。

（二）劳动问题

现代社会改良之根本问题，多属劳动问题，关于劳动法之订定。多须以社会化为原则。一九〇〇年，巴黎国际劳动保护协会，翌年巴塞尔设立国际劳动劳动局，均所以使劳动问题渐趋于社会问题中心也。德意志近来新订种种劳动法规，苏俄劳动政府于一九一九年，中央委员会通过之劳动法规，更以社会对于不问何人皆有保障其生活之义务，为基本原则，总之，欧美各国在劳动法上多有下列种种之规定，实颇合于现代社会之潮流者也。

1. 劳动时间之限制。

2. 童工之禁止。

3. 最低工资之制定。

4. 工场设备之安全。

5. 工人教育之提倡。

6. 劳动者死亡遗族抚恤金之规定。

7. 工人保险之举办。

8. 劳动监督制度之设立。

凡此种种，均为社会化之劳动法所不可或忽视者也。

（三）女权问题

欲使法律之社会化，对于女权问题，尤不得不三致意焉。大战以后，各国新宪法多规定男女平等，女子参政，亦多实现，国籍联盟规约第七条规定男女均得充任联盟即联盟有关系之位置。他如德意志共和国宪第二十二条第一〇九条，奥地利共和国宪法第二十六条，捷克共和国宪法第九条，第十条，普鲁士自由联邦新宪法第四条，第七七条，立陶宛宪法第十条，拉脱维亚宪法第八条均规定男女平权，亦足见妇女解放运动之澎湃汹涌矣！

（四）人口问题

人口之多寡及其体格之健全与否，与一国之兴盛隆替均有密切之关系，故各国法律上，关于家制及婚姻，常详为厘定，加以改良剂限制，一以社会化为前提，殖民政策，固须提倡，而关于发达交通，改良农业，振兴工商，尤应注意，务使人口渐就平均，家增生产效力，则所谓盗匪失业等等问题，自可日趋减少，而社会亦自日臻于安宁！

关于法律社会化之规定，散见于各国民法法典及宪法中者极多，端在读者能明其沿革，触类旁伸，上所述者，仍一概略而已。至于刑法，其自个人主义之法律，演进而至社会为本位之法律，虽不如民法之明显，而历历可举，要亦不能遂谓其无社会化之倾向，兹就所知，略为道及，藉供参考：

在十八九世纪之间，因社会契约说盛行，故个人权利思想，亦甚发达，各国立法，多采取罪刑法定主义，以免裁判官之自行滥断，滥施刑罚，直至今日，科学发达，方知犯罪之成立，实与社会环境有密切之关系，刑事法规，须处处合于社会之情形，社会之须要，故近日社会法学派多主张刑事法规之规定，须依下列各种原理：

1. 防压犯罪应于犯人身上或社会环境上予以人为的影响。

2. 对于犯罪应为目的而科刑。

3. 对于犯罪者应厉行改善主义。

4. 对于后悔之囚犯，应予以假释。

5. 对于偶发犯人应予以缓刑。

6. 对于短期徒刑应予废除。

7. 对于幼年即精神病者犯罪应注意予以相当之处置。

8. 对于出狱后之人应予以相当之保护。

9. 对于刑罚以外之预防政策，应设法推行。

10. 对于性格待审查之犯人宣告不定期刑。

上述种种，均为社会化之刑法所应当处处留意及之，亦为欧美各国刑法上所应用之重要学说也。

第四章　吾国法律之社会化

前立法院院长胡汉民氏在《社会生活之进化与三民主义的立法》一文中言三民主义之立法曰："综观三民主义的立法，其原则为社会生存进化之极则。其方针为适应生存目的之正轨，其内容为富于创作性改造性之规范。"又曰：

"法律之进化，与社会之进化，成为正比例，而三民主义的立法，固为整个的社会问题谋解决，而非仅仅为社会中之或个人或部分或阶级主张其绝对权，益限整个社会于更危险之绝境者也。"

足见我国国民政府自尊都南京以来，所订法典，莫不一以社会为前提，处处均足表现其社会化之色彩，现代民法各编均已先后颁布施行，兹择其各编中较重要者略加叙述，以窥我国法律社会化之一斑：

（一）总则篇

民法总则所以统贯民法之各编表而出之，其内容略同于法国及瑞士之前加书，俾便于检验也。故民法总则之效力，及于各编，且优于各编，民法总则既为民法共同适用之规则，其直接关系个人之福利，间接关系国家之繁荣者，实为巨大，故欲求法律社会化者，在规定民法总则篇中尤须处处留意及之。今将新民法总则篇中法律社会化各点略述之：

1. 禁止权利之滥用新民法第一四八条规定"权利之行使，不得以损害他人为主要目的"，较诸德民法二二六条设"权利之行使不得以损害他人唯一目的"以"主要"代"唯一"，显见我国新民法比德民法倾向于社会化而见进步。此种权利滥用之禁止，全为保护社会之利益，盖个人权利之行使，苟漫无限制，则定将有损于社会之安宁，此在上文，已曾述及，欲求个人社会，两部偏枯，依社会连带主义而定法律，则此条实不可付诸阙如也。

2. 公序良俗之保护民法总则第二条规定，"民事所适用之习惯，以不背于公共秩序或善良风俗为限。"又第一七条第二项规定，"自由之限制以不背于公共秩序或善良风俗为限。"又第七四条第一项规定，"法律行为系乘他人之急迫轻率或无经验，使其为财产上之给付，或为给付之约定，依当时情形，显失公平者，法院得因利害关系人之声请，撤销其法律行为，或减轻其给付。"凡此种种，均所以保存公序良俗及保护急迫轻率及无经验者之利益也。

3. 男女平等之规定男女平等之原则，为国民党党纲对内政策第一二条所明定，立法自不能背此原则，除亲属继承等篇，关于男女平等之规定，容待后述外，在新民法总则篇中，已早见其端。我国历次民法草案，对规定妻为限制行为能力人，而新民法总则在第一三条第一五条关于行为能力之有无限制，均不分男女，实足使受数千年痛苦压迫之两万女同胞，顿受解放也。其他如规定已结婚之妇人关于其个人之财产有完全处分权亦属之。

4. 对于法人之干涉登记制度为新民法所即欲采用实行者，除不动产登记在物权规定外，其他如法人之设立，均须至主管官署登记为新民法第三〇条所规定。又第四六条亦有规定曰，"以公益为目的之社团，于登记前应得主管官署之许可。"第五九条亦规定"财团于登记前应得主管官署之许可"，其所以有此种种规定者，盖所以防一般狡黠之徒，假法人之名义，以行其私也。则其注重社会公益，尤可待言。又规定法人解散后，其剩余财产，应归属于地方团体，亦不能谓非对法人加以干涉也。

5. 消灭时期间之减短消灭时效期间，苟规定太长，则权利义务，难以确定，社会经济，易受影响；今新民法关于普通消灭时效规定为十五年（第一二五条）与新民律案规定消灭时效为卅年相较，只有其半。又该条下半段规定，如法所定特别时效较短者，仍依其规定，在新民法律案，则无此种规定。又第一二七条所列各款之请求权以二年间不行使而消消灭，而新民律案则其消灭时效规定为三年，缩短时间为三分之一，且当事人对于时效期间，固不得加长减短，尤不能预先抛弃，其目的均所以确定法律之状态，减少人民之纠纷，以保护社会之公益也。

6. 禁治产宣告范围之限制在新民律案第一二条第一项第三款规定"因滥费有陷自己及家属于困穷之虞者"，法院得依本人配偶或最近亲属二人之声请宣告其禁治产，而新民法第一四条规定，除"对于心神丧失或精神耗弱致不能处理自己事务者"仍得宣告禁治产外，对于浪费人，则不加规定，其所以然者，因财富当以社会为重，以个人为轻，富人虽稍浪费，在贫人即不无救济，故法律不顾特加以保护也。

（二）债篇

债篇分通则及各种之债两章，通则规定关于债之本质，发生，效力，变更，消灭等之一般理论，而各种之债则规定各种债之发生原因，一一说明其权构成要件，效力等，其关系于国民经济之昌盛与国民生活之安全者，至重且大。胡汉民氏在十八年十一月十一日在立法院演讲会谓："我们立的法乃及以全国社会的公共利益为本位，处处以谋公共幸福为前提，这便是王道，我们要以仁恕公平，贯彻我们全部民法，处处表示它保护弱者的精神，这是在最近通过的民法债篇中尤明显。"阅此段演讲词，即可知债篇社会化立法之程度矣。今略举数例如下：

1. 债篇命名之制定　将"债权篇"改为"债篇"，则此篇显见其不专为保护强者之债权人而设，对于经济弱者债务人，亦处处加以保护，足见其命名已比较属于王道而近社会化矣。

2. 损害赔偿之减免　因一方之故意或过失，致他方发生损害，依理应由加害人负赔偿之责，然其发生扩大，在被害人亦有过失，则在英美法为 Contributory Negligence，常不能再责加害人以赔偿。故新民法债编第二一七条第一项规定，法院得斟酌情形，减轻或免除其赔偿金额，以期公平。又损害非因故意或重大过失所致者，如因赔偿致加害人之生计发生困难，衡之事理，亦属过酷，故第二一八条明定法院得减轻其赔偿金额，籍资调剂，其惠及贫民实非浅鲜。

3. 重利盘剥之严禁　新民法债篇第二○三条明定，"未经约定之利率，亦无法律可据者，周年利率为百分之五。"第二○五条规定，"约定利率超过百分之二十者，债权人对于超过部分之利息无请求权。"又第二○六条严禁以折扣或他法巧取利益，此后利率既有限制，无产阶级毋容更受重利盘剥之痛苦矣。此亦可谓契约自由限制之一种也。盖人当财政困难之时，即失去其自由，常有饮鸩止渴，忍痛含辱，高利举债者，苟法律任其自由，不寓限制，则人欲横流之极，将见弱者求无昭苏之日矣。

4. 受雇人之保护　雇佣之未定期限者，雇佣契约之移止，依有利于受雇方面之习惯，（第四八八条第二项）又依情形，非受报酬，即不服劳务者，视为允与报酬，（第四八三条第一项）雇用人受领劳务迟延者，受雇人无补服劳务之义务，仍得请求报酬（第四八七条）皆所以保护弱者。

5. 无过失责任之负担　新民法债篇第一八七条第一项规定："无行为能力人或限制行为能力人，不法侵害他人之权利者，以行为时有识别能力为限，与其法定代理人连带负损害赔偿责任；行为时无识别能力者，由其法定代理人负损害赔偿责任。"又第一八八条第一项规定，"受雇人因执行职务，不法侵害他人之权利者，由雇用人与行为人与行为人连带负损害赔偿责任……"

此皆基于经济之关系或伦理之关系，使无过失之人亦负担若干损害赔偿之责任也。

6. 租赁效力之扩大买卖契约，能否契约，能否破坏租赁契约，各国法律，多承认买卖契约效力大于租赁契约，而许其破坏，是将所有权视作神圣非常矣！新民法为保护承租人利益起见，特明定买卖契约不能破坏租赁契约，但以租赁物已交付者为限，亦以承租人本为经济弱者，苟许买卖契约破坏租赁契约，则其痛苦不势将更甚乎。新民法第四二五条规定，"出租人租赁物，于交付后，纵将其所有权让与第三人，其租赁契约对于受让人仍继续存在"，即足明其意志之所在。

7. 赠与之撤回新民法第四一八条规定，"赠与人于赠与约定后，其经济状况显有变更，如因赠与，致其生计有重大之影响或妨碍其扶养义务之履行者得拒绝赠与之履行。"又第四一六条第一项第二款规定：受赠人对于赠与人有左列事情之一者，赠与人得撤销其赠与：

一、对于赠与人或其最近亲属有故意侵害之行为依刑法有处罚之明文者。

二、对于赠与人有扶养义务而不履行者。

凡此规定，显与将物件赠与他人，即视作债务必须履行不同，盖均合于仁恕之道，而为道德上或伦理上所需要者也。

8. 租金之减免租赁之耕作地，因天灾地变等不可抗力，致其收益减少，或全无者，实所常见，如原定租金，绝对不许减免，对于承租人未免太苛，故新民法第四五七条明定，承租人因不可抗力，致其收益减少或全无者，得请求减少或免除租金，且明示此项请求权，不得预先抛弃，诚恐耕作地承租人或受压迫，无知抛弃，故为加意保护，以杜流弊也。

以上所述，关于债篇之社会化各点，但指其重要者而言，立法多本国民党党纲及政策，一以全民福利为依归，其他关于注重社会利益之点，尚不胜枚举，如过失责任之酌减，违约金之减少，连带债务之限制，分期给付之利益，抵充债务之指定，分期买卖之宽大，著作人之保护，买回期限之限定，出卖人请求支付全部价金之限制，承租人就租赁物指出有益费用之返还，租金依社会经济情形而增减，租赁契约期限之规定，旅店，饮食店，浴堂等处保管责任之加重，物品运送人之责任不得随意脱除，合伙人连带清偿之需要等等，均与社会福利，有密切之关系，以限于篇幅，不可一一述及，吾辈苟取新民法与旧草案，详为推敲比较，即不难按图索骥，而知新民法之社会化，固较世界各国法律有过之无不及也。

（三）物权篇

物权法制之良窳，影响于社会经济者亦甚大，盖债权与物权虽同为财产权，而物权尤为吾人生活所必需，故各国因本国之习惯经济等特殊理由，不能不互异其法则。国民政府以三民主义治国，故新物权亦必须根据党义，胡汉民氏在立法院演讲"民法物权篇的精神"曰：

"物权篇的制定，和债篇一样的精神，同是根据党义，以社会利益为重，采取各国法理之长，而同时保持我国固有的良好习惯，一定是所谓合乎王道精神的。"则物权篇之制定，亦以社会化为目的，更无容疑，今试将其概要，略加赘述：

1. 所有权行使之限制新民法物权篇第七六五条"所有人于法令限制之范围内，得自由使用处分其所有物，并排除他人之干涉"；又第七七三条"土地所有权，除法令有限制外，于其行使有利益之范围内及于土地之上下，如他人之干涉，无疑其所有权之行使者，不得排除之"；第七九三条"土地所有人于他人之土地由煤气、蒸气、臭气、烟气、热气、灰屑、喧嚣、振动，以及其他与此相类者侵入时，得禁止之，但其侵入轻微，或认土地形状地方习惯认为相当者，不在此限"。第七九〇条土地所有人得禁止他人侵入其地内，但有左列情形之一者，不在此限：

（1）他人有通行权者。

（2）依地方习惯，任他人其未设围障之田地牧场山林刈取离草，采取枯枝，枯干，或采集野生物或放牧牲畜者。

第七九一条第一项"土地所有人遇他人之物品或动物，偶至其地者，应许该物品或动物之占有人或所有人入其地内寻查取回"等等规定，其中所谓"法令限制之范围内"，"不得排除"，"不在此限"，"应许"等字句均所以示所有权行使受法律之限制也。

2. 取得时效期间之缩短关于所有权之取得时效，新民法物权篇第七六八条有"以所有之意思，五年间和平公然占有他人之动产者，取得其所有权"；第七六九条有"以所有之意思二十年间和平继续占有他人未登记之不动产得请求登记为所有人"。第七七〇条有"以所有人意思十年间和平继续占有他人未登记制不动产，而其占有之始为善意，并无过失者，得请求登记为所有人"等等之规定，其期间均较旧草案为缩短，期与消灭时效，前后一贯，此种规

定，乃均所以注重社会公益，是动产或不动产之所有权状态，早日确定耳，

3. 登记要件主义之采用 关于不动产物权之取得，设定，丧失，及变更，在新民法物权完全采取登记要件主义，故于第七五八条明定不动产物权，依法律行为而取得，设定，丧失，及变更者，非经登记，不生效力，显与其他各国之采登记公示主义或地券交付主义者不同，一所以贯彻国民党之土地政策；二亦所以期权利状态之明确，谓为非合于社会化，可乎？

4. 永佃权人利益之维护 为保护终年手胝足胼，血汗谋生之一般佃户期间，废除关于限止佃权之存续期间之规定，除当事者间定有期限，视为租赁外，不设最长期之期限，（参阅新民法物权第八四二条第二项）又对于佃租之减免，亦于第八四四条明定"永佃权人因不可抗力致其收益减少，或全无者，得请求减少或免除租金"，亦所以保护经济弱者之农人，使其不致惨罹天灾人祸之余，重感催租之苦！

5. 土地债务之删除查土地债务观念，原为我国社会所无，旧民草袭取他国成规，显背国情。故事实上此章规定，直同空文。新民法物权篇为适合社会经济情形起见，特删去土地债务一章。

6. 典权之增订查我国典权之制，相沿甚久。且甚普遍。清律田宅门典卖田宅条律特有规定，起于民国，除该部之惩罚各节外，均认为有效之现行法规。此乃我国社会经济情形自然形成之物权，亦即我国所特有者也。新民法物权篇为求适应社会生活起见，故别立专章，为之规定。第九一二条规定"典权约定期限，不得逾三十年，逾三十年者，缩短为二十年"，固所以保护经济弱者之出典人；而于第九二六条明定"出典人于典权存续中，表示让与其典物之所有权于典权人者，典权人得按时价找贴，取得其所有权"，须案时价找贴一语，更足以示保护贫苦之出典人之意，然往往因习惯迭次请求找贴，亦为法所不许，故该条第二项有"前项回赎权，便可免除负担"；如果典物价格高涨，出典人则有要求找贴之权，则其富于王道精神，有我国道德上济弱观念之优点，又何待言。

总之，新民法物权篇之编订，与债权同一原理，皆以社会化为主要目的，除上述陈述外，其他如关于占有采取客观说，规定"对于物有事实上管领之力者，为占有人"；关于共有之规定以我国祠堂祭田合伙等，都作为共同共有，不得在共同共有关系存续中，各共同共有人请求分别分割器共同共有物，以重公益；关于拾得遗失物规定"凡拾得遗失物者，应通知其所有人，若不

知所有人，或所有人所在不明者，应为招领之揭示，或报告该管警署，或自治机关。遗失物拾得后，六个月内，所有人未认领者，其物则归属于拾得人"；关于发现埋藏物，则规定发现而占有者，取得其所有权，但埋藏物，如系在他人所有的动产或不动产中发现，则此项动产或不动产之所有人或发现人平均分有其物；又如发现之埋藏物，足以供学术艺术考古或历史之资料者，便不应属于私人所有，与各国之以无主物化为公有物意正不谋而合，皆足以代表社会化之若干精神者也。

（四）亲属篇

亲属法者，规定亲属关系与家属关系及由此而生各种权利义务之法规也。国民政府奠都以南京以来。立法院诸公，即斤斤从事法于法典之编纂，除民法总则篇，债篇，物权篇，均先后通过颁布外，而于亲属继承两篇，则慎重考虑，进行迟缓，最近方由立法院三赌通过，提交国民政府公布施行者，何耶？良以亲属继承两篇，与人民生活，社会进化，有唇齿相辅之势，编订偶不一慎，必将引起重大之纷乱，影响于国家治安，家庭经济者甚大，故不得不慎重将事业。新亲属法一面固本革命之精神，打到旧社会之恶习惯；一面更求适应今日时势之潮流，社会之环境，一如其他三篇，而使之成为社会化之法律，略提数点，试登吾言：

1. 亲属分类及亲等计算之改进 关于亲属分类及亲等计算为新民法亲属篇之重大改进，新亲属法第九六七条规定血统；第九六九条规定姻亲，是则亲属只限于配偶，血亲，姻亲，是凡有血统关系之亲属，统称为血亲，亦不如旧律更为宗亲，外亲之区别，夫妻相互以配偶人之血亲及其血亲之配偶人为姻亲，亦不如旧律复为宗亲妻亲之区别，是纯粹采用男女平等之原则者也。其次，再就亲等计算言之，新亲属法第九六八条规定"血亲亲等之计算知悉血亲从己身上下数以一世为一亲等"，旁系血亲从己审数至同源之直系血亲，再由同源之直系血亲，数至与之家孙亲等之血亲，以期总世数为亲等之数，是新亲属法乃采取罗马法计算法，与我国历次民律草案之采用寺院法计算法者，迥不相同，实数显甚。盖寺院法源于欧西宗教遗规，其计算亲等，不尽依亲疏之比例，于理不合，今新亲属法能该从罗马法之计算法，非惟与世界法制相合，亦与社会实际情形相符。

2. 男女平等之确定 新民法求贯彻中国国民党党纲对内政策第十二条"于法律上，经济上，教育上，社会上，确认男女平等之原则，助成女权之发展"

之规定起见，在民法总则篇已撤废妻之限制能力，以树男女平等之先声，在新亲属法更变本加厉，详细规定，以求其完全实现。亲属分类，已一本此原则，然尚未愿著，及阅至关于离婚之条件之规定，则男女平等，一望而知，根本打破旧律及历次民法草案宽于男而严于女之陋习，（参阅一〇五二条第二项）又如亲权之行使，亦以共同行使为原则，（参阅第一〇八四条，及一〇八五条）无旧律先父后母之规定，使受数千年压迫之女同胞顿时解放，男尊女卑之观念，遂无其立足地矣！

3. 种族健康之增进新民法亲属篇规定，"男未满十八岁，女未满十六岁者，不得结婚"，则此后最低结婚年龄，既已明定，早婚自在禁止之列，一反向无限制之习惯，实为强种之要道；又近亲相婚，于遗传上极易生不良之影响，故新亲属法第九八三条，明定某种亲属，不得结婚，稍加限制；又旧律及历次草案，均不以不治之恶疾，及重大不治之精神病，为解除婚约，及离婚之原因，衡之优生学，宜有未合，现在则明文规定，作为解除婚约及离婚之原因，以期增进种族之健康，参阅新亲属法第九七六条第五项第六项及第一〇五二条第八项第九项自明。

4. 夫妇财产制之规定新亲属法关于夫妇财产制有两种规定，法定财产制与约定财产制是已。（参阅一〇〇四条至一〇四八条）夫妇财产以各个独立为原则，一方对于他方之财产，未经允许，无管理，使用，收益之权。依旧律或历次草案，妻有限制的独立财产，如妆嫁及以自己劳力所得之财产等，得为私权。但其管理，使用，收益之权均操之于夫。并且如有财产不分明属于夫或妻时，法律上推动为夫之财产，两相比较，则其进步，为何如乎？

以上所述，均为新亲属篇社会化精神所在，其他关于社会化各点仍多，如第九七五条规定"婚约不得请求强迫履行"，又第九八七条"婚约当事人之一方无第九百七十六条之理由而违反婚约者，对于他方因此所受之损害，应负赔偿之责"。凡此规定，均一本婚约自由之主旨，又第九八三条，第四项，规定关于不得与近亲结婚而不限制表兄弟姊妹间之结婚，又切合社会习惯，实际情形，又如第一〇〇三条"夫妻于日常家务互为代理人，"则规定夫妇间互为代理，又第一〇五七条规定"夫妻无过失之一方，因判决离婚而陷于生活困难者，他方从无过失，亦应给与相当之赡养费"；又第九九十条"结婚违反第九百八十一条之规定（即未成年结婚）者，法定代理人得向法院请求撤销之。但自知悉其事实之日起，已逾六个月或结婚后已逾一年或怀胎者，不得请求撤销”等等，均与社会进化，民族利益，极有关系者也。

（五）继承篇

继承篇为规定继承及遗嘱之方法之法规，最近国民政府新颁继承篇，一反旧律及历次草案之本来面目，特点颇多，处处足以表现其革命之精神，与前四篇合而观之，尤决始终一贯，琳琅满目，美不胜收，洵为一大好合于社会化之民法法典也。今略志如下：

1. 宗祧继承为宗法社会之遗孽，实为保存之余地，而旧律及历次草案，均重视之，至别立专章，详为规定，是无异使亲属之间，常因争继，以致骨肉成仇，纠纷莫解也。新继承法除遗产继承外根本废除宗祧继承之制度，实可斩除许多之纠葛，故第二三八条明文规定，遗产继承不一宗祧继承为前提，除直系血亲卑亲属外，配偶，（关于配偶相互继承，参阅第一一四四条）父母，兄弟，姊妹及祖父母均有继承权，足见立法之进步。

2. 法定及指定继承权之割分上述遗产继承人所有遗产继承权均属法定，除配偶外，且各有顺序，不得后先倒置，即（1）直系血亲卑亲属，（2）父母，（3）兄弟，姊妹，（4）祖父母；至于指定继承人，须于无直系血亲卑亲属时，始得指定，然不问性别，观新继承法第一四三条“无直系血亲卑亲属者，得以遗嘱就其财产之全部或一部指定继承人，但以不违反关于特留分之规定为限”之规定自明，与旧律及历次草案之未将此两种继承权割分，以清界限，尤不可同日而语。

3. 女子亦有继承遗产权观上述新继承法第一一三八条第一项第一款直系血亲卑亲属之得为遗产继承人，乃同时指男女而言，故此后男女继承平等，女子无论已嫁未嫁，皆有继承权，而无倚重倚轻之弊。

4. 现代继承之承认继承人得限定以因继承所得之遗产，偿还被继承人之债务，如非限定继承，又非先业继承，则对被继承人之债务，仍应负完清偿之责，新继承法第一一五四条第一项继承人得限定以因继承所得之遗产，偿还被继承人之债务，即本此意。

5. 规定特留财产新继承法第一一三三条规定继承人系特留分，此种亲属所享有之特留财产，绝不受被继承人自由处分其个人财产之影响，直系血亲卑亲属，父母，配偶，为其应继分二分之一：兄弟，姊妹，祖父母为其应继分三分之一，此亦所以保护被继承人之亲属，而于被继承人自由处分其所有权如以相当限制者也。

由此观之，新继承编之规定，一反固有习惯，在立法方面，殊较旧律及历次草案为进步，其他如第一一四四条确立配偶见互有继承由此之权，及第一一八九条厘定遗嘱方式为亲属，公正，密封，代笔及予授五种，亦均与新继承法之社会化有若干之连带关系焉。

民法各编之社会化，已大略先后述及，然尚有不容不言者，即关于各编之社会化之带有共同性者是，聊提两点，借作结束：一、为法律用语之社会化，二、为民商合一之完成。

一、法律用语之社会化。我国历次民法草案，虽间接采取欧洲大陆，而直接则不啻译自日本，外邦术语，屡见不鲜，如"场合"、"让渡"、"辨济"等名词，非读律有素，实虽穷其底蕴，然民法范围广大，泛及一般民众，固须维持人群之乐利，又负促进公众之福祉，与民族关系既如是其密切，苟其内容极多深文涩句，外邦术语，则此种法律，只能谓为贵族之知识阶级之专利品，又何与于一般民众？非惟与立法原意相背驰，抑且极易引起社会之不宁也。此次新民法，颁布于三民主义革命政府之下，故能力矫其弊，一本法律社会化之原则，凡外邦术语，非常人习之者，皆予摒除，法条文字，力求简浅，以期 为一般民众所了解，护得法律上之指针，不致再迷离摸索，茫无边际。

二、民商合一之完成。胡汉民氏在"社会生活之进化与三民主义的立法"一文，述及关于统一民商法曰：

"各国立法例，关于商行为一切规范，不纳入于民法之中，另定商法法典，惟此种编制，并无学理之根据，不过为历史之因袭，我国既有特殊立法趋势，自不能因袭雷同，此所以有统一民商法法典之编纂。其中可于民法法典中包括规定者纳入于民法法典中，间有不能包括者，则另颁单行法规"云云，新民法即本此意而制定者也。

庞德氏分法律之时期为四时期，曰幼稚时期，曰严格时期，曰宽大时期，曰成熟时期，最后即为法律社会化时期，虽似专指民法而言，然刑法亦不能视之例外，盖刑法之制定，亦不能忽视社会之利益，而一唯专擅是尚也，民国成立后，中华民国暂行新刑律，为唯一之刑法，此律施行以来，阅时既久，自与新社会未能适合，北京政府曾有两次修正，虽内容多所改善，卒因未通过国会，未能颁行。国民政府成立，司法部长王宠惠氏因重加修正，颁布施行，定名为中华民国刑法，此项刑法于中西法学家说及现代国情，斟酌损益，

折中至当，实可谓社会化之刑法之模范也。举其要点，厥有数端：（见吾朝枢等蕃查刑法草案意见书）

（1）采用最新法例有如原则从新法，若新法重于旧法，则以刑轻者为准。犯罪有因果关系，至犯人有无责任，则以能预见结果者为准。累犯有普通特别之别。杀人有谋杀故杀之分。内乱罪只已着手实行，即为成立。过失之范围，有确定解释。防卫及紧急行为之范围，有明文限制是也。

（2）蕃酌国内民情亲等之计算法与服制圆大致适合，亦为旧日习惯所公认。自二百八十三条至二百八十九条杀旁系尊亲属处死刑，无期徒刑，同谋者处五年以上，十二年以下有期徒刑。二百八十四条凡预谋杀人及有残忍之行为者，皆处死刑。既为大多数通行立法例，就吾国一般民众心理言之，尤有规定之必要。

（3）实行本党党纲暂行律二百二十四条工人同谋罢工者，首谋处四等以下有期徒刑，与国民党党纲保护劳工之意不符，故本法概行删去。又如妨害农工商业，其有妨害民生者，本法特定专章，以示注重民生之意。

（4）参照犯罪事实社会进步，犯罪方法亦不同，例如抢夺罪与强盗罪不同。海洋行劫比强盗罪尤应加重，本法则特设专章。恐吓罪内，近以掳人勒赎为最多。鸦片罪外，有吗啡高根安洛因皆是毒物，本法则特设专条，以应时势之需要。至于废过失加重之例，增专科罚金之条，改易可罚金之数，其应并可科罚金者，不问其曾否得利，以及缓刑年限之缩短，责任年龄之规定，皆视犯人之个性资力以为区别，尤与刑事政策大有裨益。又其编次，章次，较暂行律为优，例如骚扰罪，与妨害秩序罪，同一妨害秩序；妨害水利，交通，卫生，同一妨害公安，暂行律各为一章，本法则合并之。杀人与伤害犯罪之结果不同，偷盗与强盗被害之法益不同，而暂行律合为一章，本法亦分定之。其最为扼要者，则刑期长短，各按犯罪情形，分别规定，而废去等级制度，使司法官不得任意高下，至科刑之轻重与加减，则仿德，瑞最新法例，虞举司法官应行注意事项，以为科行标准，即本法第七十六条所定是也。至暂行律第一百十九条一百二十三条，由最高徒刑至罚金，设躐等之规定，极欠安协，本法则分别捕入。通观本法全体，按之学理，证之事实，均极允当，洵为完善之刑法，亦可谓合于社会化之原理也。

三民主义之民刑法，固合于社会生存进化之极则，足以适应生存目的之正轨，而且富于创作性及改造性之规范，即其他法律，如源本于平均地权之精意而订土地法，使渐达"耕者有其田"之目的；参照节制资本之理论而定种种劳工法令，以保护一般贫苦之劳工，又如海商法，保险法，银行法，票据法，公司法，以及最近颁布之临法等等，更何尝不处处带有社会化之色彩，而使大多数之经济利益相调和耶？

第五章　结　论

总之，法律社会化，已成二十世纪以来世界各国立法之新趋势，我国亦能步其后尘，以求实现，苟此后立法者能再接再厉，多加改进，则此后因人人了解法律之真谛，而减少纷争；人民依法律而生存于社会，社会赖法律而顺序发展，举凡社会间所呈不安险恶之状，一举而廓清之者，皆受法律社会化之赐也，其功用之伟大，又岂笔墨所能罄之乎！

本文参考书

一、Juridicial Essays and Studies By Dr. John C. H. Wu.

二、Dr. John C. H. Wu's Lecture on "Socialization of Law".

三、民法总则，欧宗祐编，第一章第三节法律之本位。

四、法律评论，一百五十六期，立法之根本观念 镜蓉。

五、法律评论，七卷三十五期，世界民法新潮的新趋势彭时。

六、东方杂志第二十六卷第一号近世法律哲学的派别和趋势何世桢。

七、法科大学月刊，第一期，法律之社会化，张宗绍。

八、法学季刊，第四卷第六期，绩中国新分析派法学简述，孙渠。

九、民法总则新论，朱采真著。

十、民律要义，总则编，黄右昌著。

十一、法律评论，第五十四期，法律思想之发达，陈三。

十二、法律评论，二百十九期，契约之社会性与法律，吴振源。

十三、法律评论，第六卷第十二号，契约自由与独裁，晓峰。

十四、民法通义总则，陈瑾坤著，法律行为。

十五、法学季刊，第四卷第三期，创设儿童法庭意见书，端木。

十六、胡汉民先生演讲集，第十一集。

十七、民法债编释义，楼桐荪，吴春桐。

十八、中华法学杂志，第一卷第一号，社会生活之进化与三民主义的立法，胡汉民。

十九、刑法新论，总则，江镇三著。

二十、法制论业，中华民国修订民法应取之方针，杨鹏。

二十一、法律评论，第六卷第三期法律社会化与社会法律化，百友。

二十二、法学季刊，第二卷，法律之多元论，吴经熊。

二十三、法灯，论革命的亲属法，阮毅成。

二十四、法制论业，所有权之史的研究，徐式奎。

二十五、中央大学法律系季刊，党义下的法律，翁敬棠。

二十六、野声，法律之一元论，田鹤鸣。

二十七、立法专刊，第一辑。

二十八、立法专刊，第二辑。

二十九、中华法学杂志，第一卷第二号，新民法与社会本位，傅秉常。

三十、最新刑事政策学，郭卫。

论社会立法*

卢　峻

社会立法是以社会问题为对象的立法。法律有关于公的利益和私的利益两种，社会立法是以公的权利解决原来属于私法的问题。立法有关于国家政策，社会立法，应以社会政策为根据，社会政策需以谋社会的利益为目的，所以社会立法应当以社会的利益为其中心。社会立法既以社会问题为立法的对象，而社会问题繁而且难，所以社会立法的范围非常广泛。可是在现在的人类生活中，有许多问题，尚无须亟待公权力的干预，因此暂时还未有拿来当做社会立法的题目，将来社会生活逐渐更形复杂，社会立法的职务，当然也会比例的繁重起来。譬如，古时地广人稀，土地不成为一个问题，所以用不到制定关于财产的社会立法，劳工供需的机会少，不发生劳资问题，所以无庸劳工立法，可是一待某一个人类社会的现象成了问题，我们便要社会立法来帮助和解决。社会立法时很重要的一回事。可惜到现在关于它的知识，还是零碎片段，未有系统的组织起来，不能自成为独立科学。

一、社会立法的存在要件

社会立法的存在要件有二：

1. 社会的缺陷 "人类生而平等" 之说，现已认为靠不住了。人类不但天然是不平等的，而且有人为的不平等，人为的不平等便是社会的不平等，人类因有此种种的不平等，便产生了许多社会的缺陷，惟因其社会有缺陷，所以需要社会立法来弥补。固然有人说："法律是社会的躯壳，社会是法律的灵魂。" 立法固然要注意到社会的现象和将来的趋势，同时却不要忘了法律有促

---

* 本文原刊于《新中华》（复刊第 1 卷）1943 年第 6 期。

进社会进步的功能，社会是有缺陷的，社会立法即是所以加促社会之进化！弥补社会的缺陷。有人说得好，"法律离开社会，便成了生活的桎梏，进化的阻碍"，反之，社会脱离了法律，生活便无纪律，进化便无标准。

2. 现行社会制度的维护和改正　一般人对于现行社会制度有两种不同的看法：（甲）社会主义者的看法：社会主义者认为现行社会制度是有缺陷的，而这种缺陷时无改善的可能，非根本的推翻不可。比如劳资的对立，已发生不可弥补的裂痕，私有财产制时社会上各种不平等的根源，契约自由时强者剥削弱者的手段，要补救这种的缺陷，自非推翻现行的社会制度不可。（乙）个人主义者或自由主义者的看法：个人主义者根据个人自决的观念，认现有社会制度系社会自然演进的当然结果，合乎天理人道，应该绝对的维护，无庸改正。他们对于契约，主张自由的缔结。说是：个人的利益，惟个人知之最详。譬如，业主和劳工者间的契约，因为各方知其本身的利益最详，所以各尽所能来缔结，此种契约，当然是最公平的。他们对于私有财产制，认为"不应限制，即是限制，也是限制不了的"。因为以自己劳力所取得的财产，应当归为己有，况且人类有自私的本性，即使限制，也是限制不了的。再则个人做事，应由个人负责，如果把现有社会制度来修改，让社会的力量干预人的契约或财产，那么[1]，结果便会"有无功而受赏"或是"无罪而受罚"的情形。

社会立法者则主张现有社会制度，应当维护其存在，但以其不妨社会的利益为限度，而以立法来调整，作为改善的工具，譬如，他们对于私有财产，以为一方是个人劳动的结果，一方时社会进步的恩赐，所以私有财产，以不妨社会利益的原则下，许其存在。对于个人的自由，以为个人和社会有交互的作业，个人的发展，对社会是有利益的，所以在社会利益的范畴内，应当承认个人的自由，并在发展个人有利于社会范围内承认法律平等观念。对于劳资关系，承认阶级的存在，而以维护现行社会制度的存在和改善二点为其条件。否则，社会立法，无从发生。

社会立法既否认现行社会制度应绝对废止，所以为社会主义者所反对，而同时又主张应修改现行社会制度，所以也不能和个人主义者的意见相融合。因此在绝对个人主义的国家之下，无所谓社会立法，但就现今各国情形观之，

---

〔1〕 "那么"原文作"那末"，现据今日通常用法改正，下同。——校勘者注。

绝对个人主义已经过去，所以社会立法可说是对于现行社会制度的对症下药。

二、社会立法的目的

社会立法的目的，总言之有二：

甲、增进最大多数人的最大利益。

无论何种法律，绝对不能使得人类的全体得到满足，也不能使得每一个人得到全部份的利益，因为法律的本质，便包含权利和义务的两个对立的概念，权利和义务时一个东西的两方面看法，有了权利的一方，便有义务的一方。一个人享受利益，便是他人的负担责任。社会立法当然也是如此，他的目的是在使大多数人得到最大的利益，享受最大的权利，而以极少数人负最小的责任，尽最少的义务。

乙、使"社会互助关系"或"社会连带关系"[1]达到最高的目标。

人类有共同的欲望，而各人的技术互异，因此人类需要共同生活，故有联立关系。因各人技术的不同，所以需要分工合作，因此有阶级和职业的分类。社会立法是使人类充分达到分工合作的目的，以满足其欲望。法律并非是成权，而是调剂社会利益的东西，人类需要社会生产。社会立法的目的，即在如何谋使社会生存，如何得借法的力量，使不能生存的个人能生产。

三、社会立法的内容

社会现象复杂万分，社会立法既是以社会问题为对象的立法，所以它的内容也是广泛而复杂的，几乎关于民法的各种规定，多少都有涉及社会立法的范围，本文仅把其重要的部分来讨论。

甲、关于财产。

自来法律，如罗马法拿破仑法等，关于财产的部分，都以传统的私有观念为经纬，认所有者有绝对的主观权力，不但使用上绝对，而且时间上也绝对。所谓田可任荒，物可任废，父以传子，孙以继子。这种观念是个人主意者的说法，个人主义和社会生存的原则不合，彼仅谋及个人的利益，而未认识"社会的联立关系"和人类共存共荣的目的。须知财产制度，因经济欲望之改变而改变，经济即向社会主义的路上走，则财产也应当使之社会化。财

---

〔1〕 "社会连带关系"原文作"社会连立关系"，今据通常用法改正。——校勘者注。

产非仅为个人的权利，而应尽其社会的职务，财产所有者一方固欲满足其自己的欲望，而他方须满足社会的欲望，法律时保障人权的，财产所有人已尽了上述的职责，法律始保障其财产，基此理论，所有者（一）应有运用财产的义务，（二）其运用时并应顾及社会利益，（三）国家于必要时可限制私权之过度膨胀，或强制收用私产，如公用征收是，（四）不尽其社会责任者，国家可剥夺其所有。

乙、关于个人自由。

在昔主张自由说者谓个人自由主观的权利，在不妨他人的范围内，国家不得干涉，除课税外，不得加以义务。可是我们要晓得个人应尽其社会的责任，违反"社会职务"的行为，在社会利益上应加以阻止。一切贯彻"社会职务"的行为，应受法律的保障，所以个人自由，须以社会的利益为其范围，个人已尽了"社会职务"，始得享受自由之权。所以政府对人民某种事情有强制力量，例如对工厂管理，劳动工资，自杀等：由此可知社会立法对于个人的自由权认为个人应尽了工作义务为条件，所谓工作义务，便是个人努力发展知识道德体力的优性，充分的预备为社会利益来打算。

个人自由，应受社会利益的限制，那么，契约自由，当然也应该限制了。历史上关于契约自由的理论很多，美国宪法规定："国家不得妨碍私人契约的自由。"向来一般国家法律规定：契约经当事人意思合一而成立，但在现在的社会立法里，有多种契约的成立，还需要国家公的意思介入其间，有时，国家的或公的意思还比当事人的意思来得重要。譬如顺从契约，劳动契约政府和公共事业公司所订的集体契约，就过去的契约意义来说，与其称他们为契约，毋宁说是公权力者之片面的宣告。又如关于借贷的利益，国家为社会利益着想。也用立法来干涉个人利率的约定。譬如，照民法规定利息不得过周年百分之二十，出借人不得以折扣或其他方法巧取利益，限制复利等，因为利息虽是劳力的报偿，消费的代价，但从社会的经济利益和借务人之负担看起来，却不能任其拥永久存在，使债权人得继的不劳而获，坐享其利。

丙、关于劳工问题。

昔日劳工无人格，拿破仑法典仅有一、二条规定雇主和职工的关系，其内容多是保护雇主的。法国民法和英美普通法向来重物不重人，人不如物，所以关于劳工问题，规定也少。但是一到机械业代手工业勃兴以后，行店铺工业制度既废，职工之间，固系为乌合之众，而毫无组织，职工和雇主之间，也无恩爱之情，职工各食其力，雇主则坐享其利，自由主义者以为此系基于个个人任其所能，自由竞争的理论，但是人类有天然的不平等，倘对此不平等者予以自由平等之待遇，是为真不平等之极，法律不但须保护个人的权利，更宜赋予个人以受用行使权力的实力。否则，法律虽予人以权利，然常人却未有机会去享受，社会立法关于劳工问题，在提高劳工者的地位，予以特殊权利和运用权力的实力，以补其天然的不平等，至于其解决劳工问题的方法，不外下〔1〕列二种：

一、自由的就是以个人的自由和法律的平等为基础，崇奖个人的团结，以达其自助自卫的目的，譬如缔结团体协约等是。

二、强制的 就是以国家权利为基础，以除去资本制度的种种流弊。譬如，直接取缔劳工者的工作时间，工资数额卫生等等，其比较更为显著者，又如（1）人民生活的保育，如德国宪法规定："一劳工须受国家之特例保护，并由国家指定统一之劳工法"，"所有德人，当予以机会，使从事生产之劳动以维持其生活"。希腊宪法规定："劳心与劳力的作工，国家任保护之责，而逐步求劳农接机之精神及物质的提高。"（2）无过失责任之修正。无过失者不负侵权行为之赔偿责任，为罗马法以来一般国家法律的通例。但是在现在的社会状态之下，这个原则，不能完全适用了，比如关于雇主对职工的损害赔偿责任。因为劳工者往往是资力的弱者，而事实上往往雇主纵无过失，也为发生损害，倘使我们仍主张无过失者不负责的原则，实不足以保护劳工的利益。所以社会立法关于雇主对职工的赔偿责任，是主张结果责任注意，这就是说：不问雇主对于损害之发生有无过失有无因果关系，雇主仍须负赔偿责任。

四、社会立法的新趋势

近二十余年来，社会立法有下列的新趋势：

甲、从权利本位改为义务本位。

现在立法，须以社会利益为依据，法律已非强者压迫弱者的工具，乃是保护弱者的制度，譬如从前一般法律规定债务人应依债之本旨而为清债，而

---

〔1〕 "下"原文作"左"，现据今日通常行文格式改正，下同。——校勘者注。

今则有规定债务人于不甚妨害债权人得限度内有请求分期或缓期清偿之权。

乙、由消极的立法进至积极的立法。

现在的社会立法，已非宗教观念的慈善立法。譬如从前劳工法规里，多是注重于工资工作时间，保护女工童工等等，此种消极的规定，并非解决劳资问题的根本办法，可是我们又不能把现有的社会制度全部推翻，所以现在的劳工立法，只有偏重于积极的方面，比如劳工教育，劳工合作，劳工参政……

丙、由分歧立法进入统一立法。

社会问题是整个而不可分的，所以社会立法之当然趋势，也是渐入于统一化。譬如，失业停业罢工等问题，往往以地方能影响于全国，一种工人会蔓延到各种工人。现在社会立法，可说已渐进入于国际统一化的阶段，例如关于劳工问题，国家联盟已有国际劳工局的设立，将来统一的劳工法规，自不难求其实现。

五、我国的社会立法

我国的社会立法，应依据我国经济发展程度为准，使法律能达到人类"连带关系"的目的，换言之，即依我国民生的实况为准。立法是主义的实行，中山先生的民生主义是救我国民生的良剂，所以我国的社会立法，应以民生主义为基础。民生主义包涵"仁恕公平"的王道精神，因此我们的社会立法，又需贯彻此种王道的精神。兹就我国的重要社会立法约略言之。

甲、土地立法。

民生主义关于土地部分，是以"平均地权"和"耕者有其田"为目的，而以"照价纳税"和"按值收买"为方法。我国土地法的目的，也在使地尽其利，和人民得平均享受土地使用之权利，可谓对于土地之生产和分配并顾的立法。所以该法宣示："中华民国领域内之土地属于中华民国国民全体"，而又承认："其经人民依法取得所有权者，为私有土地"。并规定土地税之征收等：是即以土地国有为理想目的，而以"按值抽税"、"涨价归公"为限制土地私有的实际方法。

乙、财产立法。

中山先生认为中国仅有"大贫小贫"而又防将来欧美资本主义的颠撤，主张"节制资本"，我国关于财产的社会立法，其对象也在救贫和节制资本。

使无衣无食无保育者，有养老，保幼，诸法以保护之。又颁行工商业奖励规则等法规，以扶植资本，并以征直接税，大企业与独占事业之国营，防资产质集中。

其他如关于劳工问题者，有工厂法，劳资争议处理法，团体协约法等，均以民生主义为其立法的中心理论。

法律社会化之途径[*]

孙晓楼^{**}

一

现在研究法律的人们，几没有一个不主张法律的社会化（Socialization of law）。无论他所标榜的是什么学说，是德国法学者耶林[1]（R. Jhering）氏的社会功（Sozialutilitarismus）呢，还是法国法学者狄骥[2]（L. Duguit）氏的社会功用（la function sociale）说，是美国法学者庞德（R. Pound）的社会机械（social engineering）说呢，还是日本法学者穗积重远氏的社会生活说，凡是谈法律的，只要他的思想不落伍，可以说无时无地不以社会二字为其中心观念，没有一个不以法律社会化为其立说之本。

什么叫做法律社会化呢？法律社会化的含义虽然很广，可是简略的说来。其中心意思实不外使法律适应社会的需要，换句话说，不外使法律于现实社

---

* 本文原刊于《经世》（第 1 卷）1937 年第 6 期。

** 孙晓楼（1902～1958 年），江苏无锡人。法学家、法学教育家。1927 年毕业于东吴大学法学院，后赴美国西北大学法学院法科研究所深造，并于 1929 年毕业，获法学博士学位。回国后，先后担任东吴大学文学院教授（1929～1931 年），上海地方法院推事（1931～1933 年），东吴大学法学院教授兼副教务长（1933～1939 年），民国政府行政院参事（1940～1941 年），朝阳学院院长（1941～1945 年），联合国善后救济总署闽浙分署署长（1945～1947 年）等职。1947 年重返东吴大学法律学院任教。新中国成立后，于 1953 年被分配到复旦大学图书馆工作，后担任法律系教授。1958 年病逝于上海，享年 56 岁。主要著作有：《法律教育》（1935 年）、《劳动法学》（1935 年）、《领事裁判权问题》（上、下，1936 年）、《苏俄刑事诉讼法》（译，1937～1939 年）等。在民国时期法学理论、劳动法学、比较法学以及法律教育研究上，孙晓楼都具有重要影响。

[1] "耶林"原文作"耶楼"，现据今日通常用法改正。——校勘者注。

[2] "狄骥"原文作"狄翼"，现据今日通常用法改正。——校勘者注。

会中顾及最大多数人的利益。因为社会是动的，进化的，变迁的。我国法学者韩非说："法随时转则治。"所谓"随时而转"便是说：一时代有一时代的法律。有一时代的社会然后才有一时代的法律；并不是要靠一时代的法律来创造一时代的社会。社会若需要八十分的法律，你给它七十分，那是不足够的。不足够便不免发生许多病象。反过来说，社会若需要七十分的法律，你给它八十分，那是不能融化的，不融化便不免发生许多病象。虽有人以为法律的功用，不只在维持社会已存的安宁和秩序，而在推动社会，改造社会；不过社会能否以法律来推进或改造，还要看社会的本身有没有达到推进或改造的程度，或有没有推进或改造的需要。假使社会的本身，没有达到推进的程度，没有感觉到改造的需要，而便想专以法律的力量来推进或改造它，我恐怕社会没有推进或改造而法律的阵容已崩溃了。前立法院长胡汉民氏于他的《社会生活的进化与三民主义的立法》一文中曾说："法律之进化与社会之进化成正比例。"日本学者梅谦次郎也说："社会开化达于五度，当为适于五度的法律，达于十度，当为适于十度之法律。苟于开化达于五度之社会，而为适于十度之法律，强行之，则未见其益，徒受其害。"所以跟不上时代的法律，固然是不社会化，超时代的法律也何尝是社会化？这好像是我们身穿的衣服；拿矮子的衣服，穿在长子身上，固感觉到难看，拿胖子的衣服，穿在瘦子的身上，也未必感觉到舒适。衣服的制成是如此，法律的制定也是如此。所不同者，不过衣服的尺寸，是由缝工量度个人的身材而取得，法律的尺寸。是由法学者量度较为复杂的东西，如社会的历史，风俗，习惯，经济，道德，以及人民的知识程度而取得罢了。然而现在很多的立法者每喜抄袭人们最新异的法律。而忽视着自己的社会情形。这简直和做衣服而不量身材一样，欲望其合适，那岂非难事！

二

"依照法律的推定，人人都知道法律。"（Everybody is presumed to know law.）同时各国法律又坚持着"不知法律不能原谅"（Ignorantia legis nemiremexcusat）的定则。既然推定人人都知道法律，不知道法律是不能原谅的，那么要法律社会化，第一要使大多数的人民有通晓法律的机会，有运用法律的方便。然而试看：我们现在的法律是怎样呢？法律的文字有很多是译自日文德文，奇旨奥义，佶屈声牙，已失掉社会上习用之意义。不但一般的人民无从了解它，即律师，法官，立法专家有时亦莫明其真意。诉讼的手续，则因为文书的往返，簿册的繁多，机关的周折，表格的填注，而变得非常复杂迂缓，以致许多民刑案件可以受理而不受理，可以当庭判决而不当庭判决，可以立刻执行而不立刻执行，可以直接自诉而直接自诉，可以一审终了而必二审三审才可确定，可以一月解决而必一年半载才可结束。弄得许多当事人因诉讼之稽延在精神上物质上受到极大的损失而视法院为畏途。再看到司法的机关，则普通的刑事公诉案件，由警察机关而检察机关，而地方法院，而高等法院，而最高法院，须经过五次的审讯和五个机关的周折而后才可以终结诉讼。并且既有自诉之制度，附设公诉的机关，叠木架屋，徒足以稽延诉讼之进行。这样的法律，叫人民如何可以普遍的认识？这样的诉讼手续和司法组织，叫人民如何可以方便地运用？所以我认为社会化的法律于文义上应使之通俗化：文句用白话，句读用新式标点，法律名词以中国一般社会上所已习用者为原则。同时于诉讼手续上应当力求便捷，于司法组织上应当力求简单。只从法条内容的社会化，决不能达到法律社会化的目的。

三

美国法学者威格摩尔〔1〕（J. H. Wigmore）说："法律只是一个工具。"（Law is simply a tool.）的确，法律是一个工具，是死的工具。这死的工具，一定要靠活的人来运用，方可见到功效。所以有好的法律工具，而没有好的人来运用这种工具，那么用之不得其道，"好法必等于无法"。反过来说，法律工具虽是不好，然而有好的人来运用这种工具，那么随机应变，"恶法每胜于无法"。（Bad law is better than no law.）法国的民法系于拿破仑时代制定，中有为人妻之法律行为应得夫之同意的规定，不是太不合现代的社会潮流么？然而法国的法官，能于适用法律时造成妻与他人订劳动契约，无须得夫同意的判例，使旧的法国民法，能适应新的法国社会。美国的宪法成立于一百五十年前，不是无条件的。保障契约的自由而和现代的社会经济思潮相抵触么？然而美国的法官于适用法律时曾创立契约自由不能越出社会福利范围的判例，

---

〔1〕 "威格摩尔"原文作"魏格摩"，现据今日通常用法改正。——校勘者注。

使旧的美国宪法能适应新的美国社会。所以反社会化的法律没以得社会化的司法官而社会化，社会化的法律每以得反社会化的司法官而失其社会化的效力。这样便可以见得司法人才的社会化和法律本身的社会化是同一重要；而所谓社会化的司法人才，至少应具备左列三个要件：

一、思想的社会化。在上面已经说过，法律是死的，社会是活的。要死的法律来应付着活的社会，绝不是法律本身的社会化所可见功；运用法律的人思想的社会化也有极大的关系。个人主义的法律，应由个人主义思想的法官来推行，社会主义的法律，应由社会主义思想的法官来推行。所以社会化法律之能否推行无阻，还以司法官之能否相当的认识社会的现状和民众的疾苦，或有没有"必使一人痛，勿使万人哭"的精神为断。假使法官的思想里只有个人，没有社会，只有小我，没有大我，只有法律，没有常识，那么法律虽有社会化的形式，决不能收社会化的实效。

二、生活的社会化。人的生活与社会情形互为表里。必有某种社会，而后才有某种生活。若在一个不富贵的社会里面而强求富贵的生活，这便是生活的不社会化。在这民穷财尽的中国社会，司法经费是拮据的，司法官的俸给是微薄的，司法官的生活当然也是苦的。不过我们既以谋社会福利为法律的目标，那么自不应将个人自身的福利比社会群众的福利看得高。况且就中国今日社会上大多数的民众生活以观，司法官的生活犹在中上阶级之列，比之一般人已好了不少。为司法官者应该觉得相当的满意。然而现在很多有学问的法律学生。因为司法界待遇的微薄，又因为他们惯度着高贵奢侈的生活，几莫不视司法官为畏途。因此好的法律人才便不能集中于司法界，虽有社会化的法律，而未必有适当的人去运用它。所以司法人才的生活社会化，也是法律社会化的先决条件。

三、干才的社会化。所谓社会化的司法人才，又须有适用社会的办事能力。照中国现在的情形，司法经费当然是不宽裕，那么我们为适应环境计，应当于现实的经济状况中，抱着埋头苦干的精神来改进司法，从小处做去，从大处着想；钱多便有钱多的干法，钱少便有钱少的干法。这才可算司法干才的社会化。假使只长改良司法的高调，说给我一百万或一千万，便可以干事，不给我一百万或一千万，便不能干事，这种有经济条件的干才，在这山穷水尽的经济状况中，便不能说够得上"社会化"的程度。

四

所以要法律社会化，第一要使法律适应社会的需要；过旧不社会化，过新也不社会化。第二要注意法律的通俗性。使一般民众有知道法律的可能。第三要诉讼手续便捷，法院组织简单，使一般民众有运用之便。第四要注意人治和法治的关系。勿轻信法治的万能，而忽视人治的重要。必定要能注意上述四点，方可收法律社会化的功效。现在许多研究法律的人们，一方面虽称颂着社会化法律的价值，一方面犹维持着超时代法律的特征——法律文义的专门性，法律手续的繁琐性，和司法机关的重要性。同时他们又忽视司法人才与社会化立法的功效。这是以反社会化的手段，达社会化的目的，南辕而北辙，缘木以求鱼，法律社会化的呼声，虽高唱入云，然而"只听楼梯响，不见人下楼"，反社会化的现象，依然没有一些动摇！

德谟克拉西与劳工运动[*]

陈文藻[**]

　　劳工运动，在这个时代已经有了很重要的地位。平民的精神，确乎在体力[1]劳动者的中间，如火燎原地活动起来了，这是一个很重大的问题。手工业者久屈服在统治者阶级，和贵族阶级之下，一切的权威分子[2]，知识分子[3]，如兵士、官吏、艺术家、学者、商人、地主，都得到较高的地位，和较好的生活，他们和劳动者中间，简直清清楚楚地划分一条鸿沟，一面是贵族，一面是劳工。

---

　[*]　本文原刊于《真光》（第24卷）1926年第11~12期合号。
　"德谟克拉西"为英文"Democracy"的音译，意为民主。——校勘者注。
　[**]　陈文藻（1905~？），浙江吴兴人。1927年毕业于东吴大学（第10届），获法学士学位，1930年获东吴大学法学硕士学位。曾在上海执行律师职务多年，同时兼任私立江南学院、上海法政学院法学教员。后奉派历任甘肃皋兰、静宁、武威等处地方法院推事，四川成都地方法院检察官等职。1937年1月，参加民国时期四川首次县长考试，名列榜首，自是年3月至1940年3月担任四川南川县县长。卸任后署四川高等法院检察官、四川省银行经济研究室主任等职，并在重庆群治学院、四川大学兼任副教授、教授。1942年9月，陈文藻应聘为厦门大学法律学系副教授，旋升任教授，而且还在当时厦门大学所在地福建长汀兼职执行律师职务。陈文藻司法实务经验丰富，经常指导法律学会学生开展民众法律咨询活动。1948年辞去厦门大学的教职返回上海，受聘为暨南大学法学院、沪江大学商学院教授。1952年，华东政法学院成立，陈文藻调任该校教授，积极参加上海市法学会组织的学术活动。1957年，曾被错划为"右派"。陈文藻主要著作有：《妇女法律常识》（中华基督教女青年会全国协会社会教育部1928年版），内容涉及婚姻、家庭、继承，以及女性犯罪、处罚、劳工法等。《犯罪学》（犯罪学研究会1934年版），介绍了犯罪的原因，包括自然环境、社会环境、文化、生理、心理、经济等方面的原因，以及预防犯罪等，该书是我国学者较早独立撰写的犯罪学方面的专著。另外还发表有《刑事政策之科学化》、《犯罪人分类法之研究》、《死刑存废问题》、《最近甘肃的司法状况》、《战后法学人才的训练问题》、《谈我国农业立法中的物质利益原则》等论文。
　[1]　"体力"原文作"筋力"，现据今日通常用法改正。——校勘者注。
　[2]　"分子"原文作"份子"，现据今日通常用法改正。——校勘者注。
　[3]　"知识分子"原文作"智识份子"，现据今日通常用法改正。——校勘者注。

劳工运动的历史是很长久的了。基督的时代，认奴隶制度为合理，所以，奴隶便是劳工；大哲亚里士多德[1]曾为奴隶制度辩护，说明奴隶之必要，谓他们一方面可以为生产的工具，一方面可以服役社会，他们原是"生而为砍木打水的东西"。自古以来，虽然潮流屡变，自奴隶而佃奴，自佃奴而雇仆，而其实终不过是一种变相的生产工具罢了。当为奴隶时，他们完全是主人的财产，为佃奴时，一半是主人的财产，为雇仆时，却是主人财产权的附属品罢了。弟兄们，这是体力劳动者历来的命运。

劳工运动是什么？劳工运动的历史，就是劳动者自身，要奋斗努力，将他们自己从生产的工具下解放出来。弟兄们，人道主义对于社会最重大的责任，就是从奴隶制度中，将一切弱小、可怜的人们，救拔出来呀。贵族主权为特权阶级唯一的护符，他们一旦强取豪夺，争着了他们所希望的利益，就百计设法，创设种种法律制度，以保存他们的特权，传之子孙，世世无穷，心术之工，深虑之周，真令人叹服哩。这种情形，在往昔武力政治时代，是很普遍的现象，一切的特权、享乐，莫不集中于所谓贵族、皇室、治者阶级。近来，这种君主的贵族势力，渐渐地消亡了，民主政治，起而代之，可是贵族主义，早已根深蒂固地种在人类的心中，政治可改，而积习难变，这种势力，仍牢牢地保守着，法律既尊重财产制度，于是乎贵族势力，始终很喧赫地横行着，近代文化尚不足和贵族势力相抗。例如英国政府，对于有志受中等教育的学生，概收学费，而初等教育，则不但不收学费，而且训练完备成效颇快。这样说来，征收中等学生的学费，是增加工资生活者（即藉工资以度日的人们）的负担，而优待小学学生，使他们易于谋生，是减轻父母的责任，所以，普通人家的子弟，大概在小学毕业之后，不再升学，便出而谋食，因为他们已经都是很熟练的工人，堪任工作，而一旦升学，则不但负担加重，而且前途的利益，还遥遥无期哩。结果是怎样？中下阶级的子弟，因为艰于升学、急于谋生的缘故，不论其为智、为愚，也许有好些天才，都变成了劳动阶级，有机会受高深教育、超等训练的都是那些有产阶级、贵族世家的子弟，不论其为愚、为智，也许有好些笨伯[2]，都成了社会上的领袖。弟兄们，这是贵族主义在近代社会上扩展的野心。

---

[1] "亚里士多德"原文作"亚利士多德"，现据今日通常用法改正。——校勘者注。

[2] "笨伯"指身体肥大、行动不灵巧的人，泛指愚笨者。——校勘者注。

谈到美国呢，这种现象，也在所难免，大学和专门学校里，往往增加脩金[1]，使苦学子弟，不寒而栗，阻人向学之志。同学之中，往往以家境之贫富，另眼相待，趋炎附势，贫者浩叹，和社会上市侩待人，竟不相上下。至于学校当局呢，也往往以学生在物质上的积聚，而颂为莫大的成功，推及各种职业和工业学校的毕业生，尤其如此。你看，各处城市内的俱乐部呀，某某学会呀，他们所趋重的，除了发财钜富，还有什么呢？他们的保守、顽固，都足以证明他们的贵族化。

弟兄们，财产权是人为特权和贵族势力的最后利器，"神圣的财产权"之说，乃近代民治世界中有产阶级的宗教。可怜呀！

现在大半的法律，都根据在财产权上，于是各种人道化、社会化的律法，竟因之而摧亡殆尽，这是贵族势力抵抗民治精神的唯一堡垒，最好的利器呀！

政治的民治运动，已经将专制时代的财产特权（例如封建时代侯伯之封邑，君主时代宗室功臣之食邑等类）打破了。现在，实业的民治运动，也要打破利用劳工的制度。可是，弟兄们，这种主张并不是要用过激手段、恐怖政策，打破一切的财产制度，取消一切的财产权，这种运动的目的，是什么呢？它的目的，不过希望世间的财产，能分配的更平均一点就是了。主张这种运动的说：他们以为人类是真正神圣的，一切的物质，不过是用来使人们的生活，更安适享乐罢了，所以，财产所有权，不当有人为的特权。

弟兄们，财产权于特权阶级最后人为的堡垒，劳工运动是奋着民治的精神，正向着此堡垒而进。它的目的——上面已经说过——并不是要打破财产的所有权，不过要打破掌握劳工们生活和命运的财产权罢了。它所要奋力打破的，是主人有权限定工资、时间、商店的情形、薪水、工作的责任，那是现在的贵族阶级，所视为天经地义而不可动摇的。这样，可以使以劳动为商品者，得到一个公平的消息，因为他们尝说："如果我们的劳动是商品呢，那么[2]，这种商品便是我们的财产权，我们要求将这种商品，当资本投资而得到合股。"

现代的劳工，已经得到即较大的工资、较短的工时、较好的待遇了，资本家们也不得不给他们一点机会，以寻求较高尚的生活了。但是，这种劳资

---

〔1〕"脩金"指学费。——校勘者注。
〔2〕"那么"原文作"那末"，现据今日通常用法改正，下同。——校勘者注。

的争端，便可免除么？尚非其时呢。他们的争竞（并非我故意要挑拨，这是不可避免的事实）必将继续下去，非到劳动者得到完全的自由，最大的权利不止。换一句话说，金钱的力再不能胜过人类，较高的民主的社会，将得而实现。

弟兄们，现在表现民治精神的计划和政策，也许有些是拙劣和愚笨的，不合时势的。可是历史引导我们，事实告诉我们，民治精神，在现在这个时代，确乎一呼百应地发生，鼓动起来，迷漫全球。我们如顺而导之，依势而发展之，便足以使今后的工业世界，蒸蒸日上，达到一种和平快活的新气象。如果竟不识时务，不辨进退，偏要横施压力，妄加阻隔，那么，不特不足以防患治乱，群众的热力将要像火山般的爆发起来，炸破全球的安宁。看啊！布尔什维克主义[1]便是火山爆发之一。弟兄们，这种反常的变动，并非民治精神，促之使然，却是强暴压制的结果。须知压逼之力愈强，则爆发之力，亦必因之加甚，凡以残酷[2]严厉的威力，压迫群众心理，势必引起严重的革命、可怕的流血，弟兄们，世间一切过激的举动，莫非由此造成的。

民治主义的始祖，究竟是谁呢？朋友们，民治主义的首创者，既不是杰斐逊[3]，也不是卢梭[4]，却是我们所最敬爱的基督耶稣啊！

弟兄们，他自己是一个劳动者，不厌不倦地做了几十年的工作，他认定人类是神圣的，人们的身体，便是上主的殿，他认定人类是平等的，一切的男女老幼，富贵贫贱。莫不是兄弟姊妹，上帝之子。在这社会中，在基督精神普遍的世界中，无所谓人造的特权，也无所谓超越的贵族，一切都是平等，一切都是爱，有福共享，有祸同当。

弟兄们，现在传道的要这样解释基督，教会要这样表现基督，将我们的主基督耶稣这种运动的领袖，为着劳动的弟兄们，为着可怜的社会落伍者请命，请求他们在生活上应享的权利。我们要将劳工运动的真相、原因，详详细细地告诉劳工、宣言世界，要在人道、灵德方面，奋前努力。我们要喊醒那般执迷不悟，逆流而趋的人们，使他们明白压逼威迫之无用，爆发的危险，和他们阻碍人类和平及进化的过失。我们要竭力援助劳工，救拔他们从现在

---

〔1〕 "布尔什维克主义"原文作"希尔希维克主义"，现据今日通常用法改正。——校勘者注。

〔2〕 "残酷"原文作"惨酷"，现据今日通常用法改正。——校勘者注。

〔3〕 "杰斐逊"原文作"约菲逊"，现据今日通常用法改正。——校勘者注。

〔4〕 "卢梭"原文作"卢骚"，现据今日通常用法改正。——校勘者注。

被压迫的地位下解放出来，但是也要因势利导，切勿一发不收，反使趋于过激，酿成残暴专制的情况，适以自败。亲爱的弟兄们呀，我们的目的，我们的愿望是什么呢？我们要为着提高被压迫者的地位，减少压逼者的特权而努力，使一切的阶级，一切的隔膜，都铲除净尽，无所谓贵贱，无所谓贫富，大家都在水平线上，都在基督真挚纯洁的爱的中间生活着，随着我们救主的足迹，奋勇前进，因为他的行踪，是常常在我们平民中间啊！

劳动法规草案大纲并说略[*]

何世桢^{**}

　　世界之有劳动法规，自十九世纪始。最初立法之意，实欲调剂工人与资本家之冲突，以免经济状态之纷扰。美国 GEORGIA〔1〕州，于一八五六年，即有保护劳动法，惟当时思想未完全解放，故其法亦无重大影响。一八七五年、一八八〇年英格兰立保护劳动法，后美国各州皆以之为根据而增删之。美联邦政府之保护劳动法，则自一九〇六年起始，迄今仍时加修改，以应社会之要求。在德则一八八四年即有保护劳工法，至一九一一年遂列入法典中。奥地利〔2〕之有保护劳工法，则自一八八七年始。挪威则自一八九四年始。芬兰则自一八九年始。大不列颠则自一八九七年始。丹麦、法兰西、意大利，则自一八九七年始。自一九〇〇年，保护劳动法几普行于文明各国。一九一三年，全球共四十二国有保护劳动法。近则澳大利亚、檀香山、菲岛、加拿大〔3〕，亦均有之。

　　惟劳动法初皆注意于工人损失之赔偿及抚恤规则，厥后逐渐改良，劳动法亦日进步。然时至今日，劳动法固犹在幼稚时代也。我国工界，迩来亦有劳动法之运动。然国情不能强同，第攘取他人之法以为法，与削足适履何异。故立法者于学理外，必兼顾我国社会经济状况，以求其合宜。

---

　　* 本文原刊于《法学季刊（上海）》（第2卷）1924年第1期。

　　** 何世桢（1894～1972年），字毅之、思毅，安徽望江人。1921年毕业于东吴大学法学院（第4届），获法学学士学位。后留学美国密歇根大学，获法学博士学位。回国后，任东吴大学法科教授，上海大学学长（教务长）。民国12年（1923年），任第三届国际律师协会中国代表。

　　〔1〕 "GEORGIA"即美国佐治亚州。——校勘者注。

　　〔2〕 "奥地利"原文作"奥地利亚"，现据今日通常用法改正。——校勘者注。

　　〔3〕 "加拿大"原文作"坎拿大"，现据今日通常用法改正。——校勘者注。

　　以下草案大纲，先列契约一章者，以自十八世纪，自然法学派认人民与国家为对抗的，故力争个人之自由，设种种防范，以禁止政府之侵犯。而其弊则举凡政府因公安为群众利益所立之法，皆假口侵犯自由而攻击之。故特定契约自由之限制，以免起无谓之纷争。又以工人与雇主之地位不同，工人以急于谋生活，遂不恤牺牲一切，以求糊口，而雇主往往藉此加订苛刻条件，故必有法以保障之。契约之条件，多由雇主所提出者，故凡文义不明了者，其解释以利于工人方面为准则。第二章工人之待遇，所以防范吾国虐待工人之恶业也。第三章工人之权利，不惟提高工人之位置，实使工人与雇主不致隔阂，而意见得彼此谅解。至于工人得分红利一层，则自科学的管理方面，已证明工人雇主，皆受其利，无俟赘述。第四章争执之仲裁，所以和缓双方争执，免时起罢工风潮，致经济状态，时现恐慌也。第五章幼工女工之限制，不惟为人道计，即为民族计，亦不可少，国家对于国民，有保护其身体健全之义务。故对于幼工女工，尤宜加意，所以养健全之国民，及健全之良母也。第六章工人抚恤规则，表面上似雇主负担太重，实则间接仍由群众负担，盖由物价内可以取偿于群众也。且处此文明进步时代，工人意外危险之事，日不可胜计，无论如何，必有一方面受损失。与其使无力之工人受损失，毋宁使雇主受损失。与其使少数雇主受损失，毋宁使群众共同负担。因群众皆受物质文明之惠，共同负担，实不为过。以经济学理言之，固应尔也。以下草案大纲，仅就管见听及者，与国人一商榷之，其详细节目，及各项劳动之专法，则在握立法权者斟酌而审定之。

第一章　契约之限制及解释

　　工人雇主均有契约之自由。惟契约之自由，以不妨碍公安，暨工人之卫生，与其身体之尊严，以及个人绝对之自由为限。

　　凡契约之条件，如有缩减雇主应负之责任，及剥夺工人权利者，虽经双方自动的同意签字，在法律上不生效力。

　　妇女及未成年者，与雇主所订工作契约，未得其保护人或监护人之同意者，无效。虽经保护人或监护人之同意，而契约内之条件有违反本法条例者，亦不得有效。

　　契约内条件之解释，凡文义不明了者，以利于工人方面之解释为准则。

第二章 工人之待遇

雇主不得虐待工人,横施挞楚[1]。凡工人一切惩罚规则,须得工会同意执行。

雇主不得歧视入工会,及非工会之工人。

工人工作时间,日工至多不得过八小时,夜工至多不得过六小时。

工人工作六日,须休息一日。

工人薪资,须按照工人生活程度之高下而定其多寡。工资之至少限度,得由政府特派委员审定之。

如有不得已事故,工人之作工时间,日工须超过八小时,或夜工超过六小时者,薪资须照加。

凡工人之成绩卓著,或勤敏将事者,雇主宜酌加薪资,以示优异。

雇主不得无故悔约,斥退工人。凡违反本条例斥退工人者,则工人所有一切损失,直至契约期满为止,概由雇主负担[2]。

雇主不得无故罚扣工人薪资。如工人果有不规则行为,或非法运动,审查明确后,得工会之同意,得酌量扣薪。其所扣之薪,宜交工会,充工人教育经费。

凡雇主雇用工人在五十以上者,须聘医生专司工人卫生,及检查疫疾。

工人如因疾病,经医生证明,请假在一星期以内者,工资须照发。

工人如因公致身体受伤,无论是否雇主防范之疏忽,或设备不完全,或同工者之过失,苟非工人之故意冒险,其医药费由雇主负担。

工人如因公致伤成残废,或死亡者,无论是否雇主防范之疏忽,或设备不完全,或同工者之过失,苟非工人之故意冒险,应按本法抚恤规则抚恤之。

第三章 工人之权利

工人集会结社之自由,雇主不得干涉。

---

[1] "挞楚"指鞭打,引申为欺凌。——校勘者注。

[2] "负担"原文作"担任",现据今日通常用法改正,下同。——校勘者注。

工人得因生活程度之增高，要求适当之加薪。

工人有团体的契约结权。

工人对于雇主之待遇，有不满意时，得要求改良。

工人得由工会推举代表，列席各股东会议，及公司或工厂之公开会议，及提议修改章程权。

工人对于雇主之用人行政，得提出意见书，以资雇主之参考。

雇主于每年营业盈余，宜提出几分之几，分派工人，其红利之多寡，由雇主与工会协定之。

第四章　争议之仲裁

工人或工会，与雇主之争执，其意见歧异，无融洽之希望时，得以仲裁手续解决之。

仲裁之手续，以由两方各推一公正人，其所推出之公正人，须得两方之同意，再由双方所推出之公正人，共推一第三公正人，会同仲裁。

仲裁之判决，双方均须遵守。

如各方所推出之公正人，不能得两方之同意时，得由双方呈请法庭指派之。

工人及雇主，各得以争执之事实理由，陈述于仲裁人，由仲裁人秉公仲裁。

如仲裁人有违法舞弊行动时，双方均得呈请法庭撤销。仲裁之判决，由法庭裁判之。

第五章　幼女工之限制

凡重笨工作，及不合卫生之工作，工主不得工用十六岁以下之幼女及女工。

幼工工作时间，至多不得过六小时，夜工应一律禁止。

女工工作时间，至多不得过八小时，夜工不得过六小时。

雇主雇用女工幼工者，如遇有身体孱弱，为生计所迫，勉强〔1〕工作者，得由雇主移调最轻松之工作，以示体恤。

女工产前一月，产后六星期，须停止工作，工薪须照领。

幼工于工余，得在雇主所设之义务学校，受相当教育，或由雇主指送其他义务学校。

雇主雇用女工及幼工者，对于幼工女工生命危险之保障，宜特别注意。

第六章　工人之抚恤规则

工人因工作，遭意外危险，完全残废，无论是否雇主防范之疏忽，或设备不完全，或同工者之过失，应由雇主抚恤终身。其抚恤费以每月十元为至低度，如遇生活程度增高时，得随时酌加。

工人虽遭意外危险，致肢体受伤，而不致完全残废，不能工作者，则工人因残疾所受之损失，与完健人所应得工资之差，由雇主负担。

幼工之完全残废，或不完全残废者，及其成年后，须按照成年工人办理。

凡工人因工作遭意外危险而死亡者，除由雇主负担医药殓葬费外，其抚恤方法如下。

妻或夫若完全依靠死亡之工人为生活者，由雇主以死亡者所应得工资之百分之五十抚恤之。抚恤之时期，以再嫁再娶或死亡之日为止。

妻或夫不完全依靠死亡之工人为生活者，其抚恤费以工人死后妻或夫所受损失，与工人健全时所得之差为抚恤费。

如工人遗有未成年之子女，而有妻或夫存在者，则除妻或夫所应得之抚恤费外，其子女每人须以工人所应得工资百分之十为抚恤费，直至其子女成年之日为止。

如工人遗有未成年之子女，而无妻或夫存在者，则其子女每人须以工人所得工资百分之二十为抚恤费。

死亡工人之子女，除受抚恤外，得入雇主所设之义务学校，或由雇主保送其他义务学校。

如工人之父母，或翁姑，及未成年之兄弟姊妹，或完全或不完全依靠工

---

〔1〕"勉强"原文作"免强"，现据今日通常用法改正。——校勘者注。

人为生活者，则工人死亡后，其完全依靠工人生活者，以其工资百分之五十，为其父母或翁姑之抚恤费。如其父母或翁姑不完全依工人为生活者，其抚恤费得减为百分之二十五。其未成年之兄弟姊妹，如完全依靠工人为生活者，其抚恤规则与子女同。其不完全依工人为生活者，其抚恤费得减为百分之五。其父母或翁姑之抚恤费，以其父母或翁姑死亡之日为止。其未成年兄弟姊妹之抚恤费，以成年为止。

政府得因各种工作之性质及危险之轻重，酌令各雇主将每年营业盈余，提出几分之几，指存妥实地方，为工人抚恤费之保证。

如雇主破产，工人之抚恤费，于分摊雇主余产时，得享优先权。

我国劳资争议处理法之研究[*]

李景文^{**}

一、绪言

最近，我国经济恐慌日趋严重，内地农村经济破产，购买力减低，因之工业衰落。沪战以后，金融紧缩，百业萧条。一般工厂因难于维持，大都裁汰工人，或减低工资。且多数停产歇业，于是因减资解雇而起之劳资纠纷，风起云涌，不可遏止。政府虽勉力调停，但资方困于资金，无法容纳。而劳方则失业以后，生机顿绝。双方各持其理，几难调处。上海市政府曾提议于立法院修改劳资争议处理法，实行恢复强制仲裁，以谋消弭此方兴未艾之劳资纠纷。但劳资争议处理法，关于劳资双方之利害至为重大，吾国工业历史幼稚，况值此经济恐慌时期中，采用强制仲裁是否能消灭劳资纠纷，尚属问题。凡此皆为吾人所亟宜研究者。兹将历届政府颁布之劳资争议处理法提出作比较的研究。

二、我国历届劳资争议处理法之内容

（一）我国第一次劳资争议处理法，于十七年^{〔1〕}六月由国民政府公布，其施行期间，本定一年，但至十九年始由立法院重行修订。十七年劳资争议处理法采用强制仲裁制，其要点可分下列各项：

1. 凡军需制造业，公用事业，交通事业等发生劳资纠纷者，经调解无效，

＊　本文原刊于《法轨》1933 年创刊号。

＊＊　李景文，1939 年毕业于东吴大学法学院（第 22 届），获法学学士学位。

〔1〕　本文使用民国纪年，本文作者使用民国纪年，民国元年为公元 1912 年，依此为基点与公元纪年相换算。因此民国十七年即公元 1928 年。下文不再标注。——校勘者注。

即提付仲裁。（第四条）

2. 一般劳资纠纷调解无效经当事双方之应请，听付仲裁。但行政官署因争议情节重大，或延长一月以上者得不经当事者之声请而提付仲裁。（第五条）

3. 劳资争议既经仲裁决定，双方不得声明不服，前项裁决与当事者间之劳动契约同。

（二）第二次劳资争议处理法，于十九年三月八日立法院通过，十九年三月十七日国民政府公布。改采任意仲裁，仲裁之裁决，不得强令双方履行，兹将要点汇述如下：

1. 劳资争议经调解无效时，经争议当事人双方或一方之声请，提付仲裁。（第四条）

2. 争议当事人于仲裁委员会之裁决送达后五日内，不声明异议者，该裁决即视同争议当事人间之契约。

由上述二点观之，则第二次劳资争议处理法，纯粹采任意仲裁。提付仲裁，需经当事人一方之声请，而仲裁后之裁决，五日内声明异议，即不受仲裁之拘束，而能直接行动，政府无干涉之能力矣。

（三）十九年之劳资争议处理法，自颁布后，施行已将二年。但去年一二八上海战事突起，多数工厂被毁于炮火。而战后金融紧缩，一般工厂因困于资金不得已停产者有之，裁汰工人者有之减薪者有之，但大批工人顿告失业。因此联合一致，强制行动。劳资纠纷，日益严重。上海市政府职责所在努力调停，但因限于任意仲裁，故争议当事人可置裁决于不顾。如三友实业社劳资纠纷，延长至今尚未解决。资方不服仲裁，提起司法诉讼，行政机关无法执行。而一般劳工者，不堪其累矣。故上海市政府认十九年之劳资争议处理法，采用任意仲裁不适用于目前上海情形。一般资方狡猾异常，动辄不服裁决，提起司法诉讼，延宕时日，行政机关，无法调处。而劳方则又往往集合暴动，以罢工，怠工，或占据厂房为要挟，使政府处理为难。为避免此种困难起见，应恢复强制仲裁。提高行政机关之权力，以解决此日增月盛之劳资纠纷。此类提议由上海市长吴铁城提交政治会议转付立法院讨论。经联席会议详细讨论之结果，通过第三次修正案。此次修正劳资争议处理法采用强制仲裁制，其主要条文皆参照第一次劳资争议处理法，兹将要点分述如下[1]：

1. 劳资争议发生时，行政官署得不经当事者之声请，而召集调解委员会调节之。（第三条）

2. 争议事件调解无效，但案情重大，或延长一月以上者，虽无当事者之声请，亦提付仲裁。（第五条）

3. 争议当事人对仲裁委员会之裁决不得声明不服。

4. 行政官署每二年应令工人团体及雇主团体推定仲裁委员自二十四人至四十八人，开列各单送请核准。

5. 公用事业，雇主或工人不得因劳资争议而停业或罢工，其他劳资争议在调解期内或已付仲裁者，不得停业，或罢工，并不得开除工人。

6. 工人或工人团体不能有下列行动。一，封闭商店或工厂。二，擅取或毁损商店工厂之货物器具。三，强迫他人罢工。

7. 争议当事人不履行裁决者或不服制止者，得处以罚金或拘役。

以上为第三次劳资争议处理法内容之要点，其主体纯粹为强制仲裁制，而大部分条文均参照十七年之第一次劳资争议处理法，第三次修正案公布后，曾引起上海各大工厂，及囤货团体之反响。关于强制仲裁之研究及是否适用于我国各点，容后提出研究。

三、强制仲裁之研究

近代各国解决劳资纠纷之方法，种类繁杂，有采团体协约，有采调节制，有采仲裁制，而仲裁制又有任意仲裁与强制仲裁之别。吾国近年来曾先后三次颁布劳资争议处理法，或采强制仲裁，或采任意仲裁，而最近颁布之第三次修正案则采强制仲裁制。强制仲裁政府采用之理由及其优点，大约可汇述如下：

（一）关于公用事业之劳资争议事件发生后，不辛形势扩大，双方各走极端，工人甚而罢工为要挟，迁延时日，则一般市民，均受其影响，如电灯，电话，自来水，电车等为人民日常生活之所需。一旦发生劳资争议，社会秩序将蒙极大影响，故政府为维持公众利益起见应公平裁决，并强制执行，双方不得异议。

---

〔1〕 "下"原文作"左"，现据今日通常行文格式改正，下同。——校勘者注。

（二）近日上海一般之劳资纠纷，其事态之进展，往往有二种趋势；资方每以停产解雇为抵制劳工之手段，使劳工者无法逞其目的。虽行政机关努力调节亦不能移其歇业之目的。近如三友实业社工潮即系此种趋势。而劳方则往往不受行政机关调停仲裁而集合罢工，恃强暴行，或则占据厂屋，捣毁机器等之越轨行动，故以最近上海之劳资纠纷之严重性而论，行政机关运用任意行政机关确属困难。

（三）在此种特殊困难之情形下欲使双方不超过极端行动，而能接受行政官署之调解。根据市政府之意见，其先决问题必先树立政府处理劳资争议之权威，使政府有直接解决劳资争议之力量，庶足以消灭停产罢工等行动，斯则应采用强制仲裁制焉。

（四）第二次劳资争议处理法规定当事人对于仲裁裁决在五日内可提出异议。该项异议提出后，裁决即失其拘束能力，且当事人得提起司法诉讼，法院应依普通诉讼程序进行。则所谓仲裁，诚就毫无效力。且案经三审，迁延时日，在此劳资纠纷风起云涌之时，殊非妥法。

以上为强制仲裁之基本理由，亦最近市政府主张恢复强制仲裁所持之理由。但法律之良恶，每以其能否适合社会实际情形所断。以上述各点观之，强制仲裁虽能提高政府权力，以便于行政机关解决劳资纠纷，然则政府以强制执行办法解决劳资纠纷，是否为妥善之办法，或使当事者感到痛苦，则亦一亟待研究之问题。

四、强制仲裁是否适用于我国

吾国为农业国。在与欧美通商以前，闭关自守，人民勤于农事，衣食所需，除取之于农场物外，乃兼作小规模之手工业，以供给日常之所需。故其时无所谓工业制度，更无所谓劳资问题。自海通以还，维新之说盛行，清廷乃拨币筹设钢铁厂，造船所，纺织厂等此为吾国工业制度萌芽。迄欧战起，外币输入骤减，囤货工厂勃兴，于是纺织厂面粉厂等风起云涌，此如吾国民族资本之起始。迄至最近国民政府统一后，提高关税，以阻止外货倾销，且近年来金贵银贱，外汇飞涨，外货价格提高，故国货工厂趁机兴起。故年来上海工业渐时发达，雇佣工人亦日多，但劳资纠纷则因此亦日新月盛。去年沪战以后，工厂泰半被毁，经济恐慌日趋严重，一般工厂，无法维持而倒闭者比比皆是。虽能立足者亦皆勉强开工，但均缩小范围裁汰工人，结果大批工人失业，根据社会局统计，战前上海工人合计总数为二十八万五千一百七十八人，战后失业工人总数达二十四万零三百九十六人。在此特殊情形之下，立法院根据上海市政府之提议，修正劳资争议处理法，采用强制仲裁，但强制仲裁是否适用于我国，尚一问题，兹将我国社会之实际情况提出作为此问题之商讨：

（一）吾国工业基础未固，多数工厂皆资金竭蹶〔1〕，范围狭小。其生产方法多以手工为主，而参以少部分机械工作。其能与外货竞争于市场者，因吾国工资低廉，或本较轻，故欲以产品销于市场，尚赖劳资共同合作，方促维持工厂。然一旦工潮勃发，资方无力容纳，势将趁机停产歇业。虽停产歇业非其所愿，但事实如此则行政虽采用强制仲裁，强制执行，亦难如愿。

（二）吾国范围较大之工厂，外观虽似资金雄厚，但其实际则经济皆操于金融资本家，银行家之手。最近上海战后金融紧迫，一般工厂无法贷款，不得不缩小范围。如三友实业社即其一例。劳方虽一再要求恢复沪厂，而资方则以经济无力恢复为辞。双方坚持，不能解决。行政机关之调停仲裁毫无效力。如政府能借巨款救济囤货工厂，则该厂立即可恢复，否则虽强制执行亦属无效，故解决劳资纠纷应探察实际情形而谋妥善之调解办法，否则治标之强制仲裁反失政府威信也。

（三）吾国大工厂大都集中于都市，及通商口岸，而尤以上海为全国工业中心。然上海因有租界特别区之存在，吾国行政机关权力，每受阻碍。多数设立于租界之工厂发生劳资纠纷，租界捕房，以治安为名每出而干涉，前如英商公共汽车工潮，及大东大北电报公司工潮等皆因地处租界，无法处理。况多数均为外资所设资金雄厚，远胜国人之工厂。彼等以领事裁判权为护符，不受吾国劳资争议处理法之拘束。一遇劳资纠纷发生，立即开除工人，另雇新工，行政机关无法调解，则所谓强制仲裁之效力几等于零。而能施行者只限于设立华界之小数资金竭蹶之囤货工厂，其结果将更使华界无人愿设工厂，前途影响所及为上海市政建设之隐患。

五、结论

任意仲裁与强制仲裁虽各有其利弊。然任意仲裁含有柔性的，能使劳资

---

〔1〕 "竭蹶"，原指走路艰难，后用来形容经济困难。——校勘者注。

双方各以其困难之处提出，而加以融和沟通，故行政机关如能处理得宜，未始不能解决劳资纠纷。强制仲裁，以表面观之虽属直接简畅，然在吾国，产业尚未发达而外资勃兴之特殊情形以下，施行以后恐流弊百出。法律之颁行当以合乎实际情形为标准，否则推行困难，于整个社会影响甚大。况劳资纠纷为资本主义经济组织下必有之现象，而吾国最近劳资纠纷之日趋严重，劳资双方均有苦衷。政府处此情形之下，诚应因势利导，以求适宜之解决。今欲以强制仲裁之法令而消灭劳资纠纷恐无若何较优之结果也。

劳动立法之基础理论[*]

丘汉平^{**}

人生原来是平等的。因为社会的组织和境遇的不同，遂有贫富贵贱之分。到了极点的时候，竟造成极畸形的制度——在同一社会组织之下，有一部分的人专为人役使，过四足的动物的生活。在农业社会的组织下，这班人变成农奴；在初期工商业社会的组织下，这班人变成奴隶；在机械工业社会的组织下，这班人变成工奴——俗称劳动者。不管是农奴，奴隶，或是劳动者，他们的情形都是一样的。详细说来，他们都是被榨取被压迫的阶级，他们的生活都是牛马的生活，他们生命都是他人所有的。

说也奇怪，人类文化的历史说是有几千年，这种以人为兽的制度却支持到现在。而在全人类之中，役于人者却占最大多数。推索起来，真的有些令人投入五里雾了。

关于奴隶制度，自十九世纪中叶以后，已无立足的余地，一班稍有头脑的人，都幡然觉悟这个制度的应该推翻。到十九世纪末叶，我们已不再看见这古代式的奴隶制度了。可是变相的奴隶的制度又乘时而起。

---

* 本文原刊于《法学杂志》（第6卷）1933年第3期。

** 丘汉平（1903~1990年），福建海澄人。罗马法学家、法律史学家、商法学家、华侨问题专家。先后毕业于国立暨南大学和东吴大学，后赴美国留学，赴欧洲考察。从1931年起，出任国立暨南大学、东吴大学教授，创办华侨中学等多所中学以及省立福建大学，曾任福建省政府财政厅长，国民政府交通部官员。1948年，任立法院立法委员。1949年赴台湾，出任东吴大学校长。一生著作甚丰，出版有《国际汇兑与贸易》、《先秦法律思想》、《中国票据法论》、《罗马法》（上下下册）、《法学通论》、《华侨问题》、《历代刑法志》等。此外，还发表了《现代法律哲学之三大派别》、《宪法之根本问题》等众多论文。他在罗马法、法律史、商法（尤其是票据法）和华侨问题等领域，均有专深的研究。长期担任东吴大学法学院院刊《法学季刊》（后改为《法学杂志》）的主编，在他精心策划和组织下，该刊物成为国民时期水平最高、名声最响的法学刊物。由于邱汉平在法律学术上的出色表现，他被选为意大利皇家学院"罗马法"荣誉研究员，美国密苏里州斐托斐荣誉会员。

机械工业之发达，集千数百人至数十万人于一个管理之下，他们的生命和生活，都是仰仗资方的。因为市场的竞争，迫的资方不可不减轻成本；穷人无立锥地过多。劳力就没有什么金钱的价值。这两个要素的互相因果，就渐渐形成两个对峙相倚的阶级。所谓对峙就是一方是买力者，现在叫做资本家，一方是卖力者，现在叫做劳动者。他们的境遇和生活完全不相同。一是靠资本过活，一是靠劳力过活；一是统治阶级，一是被治阶级；一是有组织的力量，一是无组织的力量；一是无后顾之忧，一是有后顾之忧。要之，资本家是常站在优越的地位，可以操纵劳动者的生命和生活。在这种情形之下，当然劳动者是处于不利的地位。

情形虽然是这样，劳动者却也不是完全没有抵抗的力量。在资本缺乏的时代，资本家的机会和地位，当然比较劳动者好，等到资本的量在社会上慢慢充塞，同时资方内部又发生互相明争暗斗，不知不觉之中就给劳动者一个翻身的机会。资方因为要出品受欢迎，一定要"货良价贱"。货良价贱当然不出二个要件：第一是减轻成本，第二是增进技能。减轻成本有二条路：一是巨量生产，一是减低工资。巨量生产当然需要大量劳工。物以类聚，劳工既多，劳动者就不知不觉之中，发现自己的力量，这是对抗的起始点。减低工资也有二种方法：一是增加工作时间，一是减少报酬。前者的结果，在生产方面得不到利益，后者的结果，造成劳工愤怒的心理。资本家如欲保持其夙昔的权利和地位，就不惜和劳动者相周旋。劳动者如欲得到较好的待遇和惧怕失败以后偏受种种的苛待，就不得不沉痛的抗，遂演成劳资的纷乱惨剧，但是劳资两方并不根本是站在对峙的地位。他们的生存是相倚的，没有劳力，生产固不可能；没有资本，生产也发生极大的困难。诚然，资本家不应该攫取两方合作所获的利益，马克思派的学者称此曰剩余价值。但劳动者，却也不能完全站在被榨取的地位。因为这个制度的长此下去，必定发生人类极大的流血。要解决这个问题，——劳资的利润分配问题，向来有二种主张：其一，是煽惑劳动者起来反抗资本家，详细地说，就是用流血的方式。推翻现存的社会制度。其二，是奖励劳动者组织团体，改进其经济的待遇及政治的地位，详细地说，就是用立法的方式改良现存的社会制度，以促成劳资两方的合作。我们从整个社会的利益来看，当然后说比较近情合理。因为社会的成立，根本是出于互助。劳资两方的生存，非合作无以成就生产。打倒阶级的口号，只能释一时之愤，对于生产方面，是不能有所增进。在劳动者自身方面，亦是毫无利益。若是进一步如苏俄的根本推翻政制，名义上劳动者却是握到政权，但是实际上他们的生命和生活仍是操纵于少数人之手。与其生产及消费全被少数人主持，不若由劳资合作条件下共同过自由的生活。又有进者，改良社会的最好政策好比医生一样的。良医的药房是使病人得到最少的痛苦，同时可以使病人的身体不发生危险。社会制度的改良也是一样。所以从社会的整个利益来看，用立法的方式改进劳动者的待遇和地位，要算为上乘的方式。

近五十年来，各国深感劳动者痛苦之增多。在初时资本家仍恃政治权力尽压迫的能事，其后劳动者的团结力量日坚，足以制资本家于致命伤。同时因为政制易体，普选制度的推行，劳动者在经济上和政治上的地位，逐渐增进，慢慢与资本家成立对垒的力量。这种趋势就迫到资本家不得不承认劳动者的要求。所以自从十九世纪末叶以来，首先承认工人的权利，便是工会的组建，同盟罢工。罢工与契约神圣就发生了矛盾的现象。在个人自由主义之下，只问契约之成立是否为当事人之意思，至于当时双方的经济情形怎样，一概不问。罢工是破坏契约，为个人主义的法律所否认。不但如此，同盟罢工，依照法律的解释，实为扰乱公共秩序，及煽惑群众，应受刑法的制裁。劳动者，经过了几次肉搏和牺牲，始获到罢工的合法性。到今日，各国都已承认工人的罢工权。工人有此利器，就可与资本家立于同等的地位，不致全是束手无策了。因为罢工权的承认，工会的组建，遂日见巩固及重要。资本家则因工人有此权利，有时反受不平的压迫，劳资两方均蒙受巨大的无谓的损失，殊非得计。欲免除此危险，则劳动契约之改弦更张，实为紧要。工会既为工人的力量发源地，又是罢工的总枢纽，资本家与劳动者，所订的个别契约，其效力便等于零。团体协约，就应时而产生了。资本家只要与工人的团体订定劳工条件，就可减轻危险。在工人方面，因为由其团体主持的缘故，也不致处于孤立易于受欺的地位。劳资两方争议的调停，亦比较容易。这是从契约方面讲的。

工人不但要有适当的工资，还要有适当的待遇。如童工女工的限制，工作时间的限制，卫生设备，工作危险的避免，工人的保险，婚丧的费用，疾病死亡的抚恤，以及工人的教育等等，都慢慢见于立法。惟各国经济状况不一，劳动的立法也就不尽同。不过对于改进劳工阶级的生活，及减少劳资的冲突，这是各国所同的。我国在此工业萌芽的时代，倘能慎重处理，则将来劳资不致成为困难问题，不再蹈先进诸国的覆辙了。

劳动法与劳动团体[*]

刘朗泉

一

从法律的立场说，一部劳动法实在是"契约自由"原则之例外的规定。如果我们还是像十九世纪初叶的法学家一样，坚持契约自由的原则，一点也不肯通融，那么[1]，劳动法这种东西根本就不能存在，这因为劳动法上所规定的事情，都带点公法的意味，不承认劳动契约的订结可以完全听凭契约当事人自由决定其内容的。

为什么十九世纪初叶的法学家绝对相信契约自由的原则，到了一百年后的今天，便连初学法律的人也主张这原则应该有例外？这种思想上的变迁，我们知道，不是没有根据的。这原因，简单说起来，便是经济社会发生了变动。十九世纪初叶产业革命刚才发动，资本主义的生产方法方在推广，从事工场矿山的劳工数目远不及今日之多，所受生活上的苦痛，也不甚引起大家的注意，而劳工本身因团结之被视为犯罪而遭禁止，更无奔呼之力，所以一般戴假发打大领结的法学家们，从来就没有把眼光移到他们身上，仍然崇奉契约自由的铁律，绝对否认因保护那些下贱人们而有使千古定律破坏的可能。

可是到了十九世纪后半期，情形就渐渐的变了。到了二十世纪初叶，大家更一致的相信契约自由不是一条不变的法。它只有在相当的场合才是真理。这自然是受了资本主义生产方法急骤的进展，劳动人口的大量增加，以及劳

＊ 本文原刊于《法学杂志》（第 6 卷）1933 年第 3 期。
[1] "那么"原文作"那末"，现据今日通常用法改正。——校勘者注。

动者团结力量增进的影响。劳动者由产业上从属的地位一跃而与资本家分庭抗礼。就是最守旧的法律也只得和他送送秋波。

自然，现在各国（除了苏俄）的劳动法上，虽然有许多保护劳工利益的规定，但是充其量仍不过是所谓"社会政策"的立法，去真正为全体劳动民众谋幸福的法律还远得很。现在的劳动法，既然只是资本家对劳工让步的立法，当然不是劳动者自己的立法。所以在传统的契约自由的原则上讲，只能算作一个例外。这一点是研究劳动法的人应该认清楚的一点，也是征之过去劳动立法的历史无用讳言的一点。

二

劳动者与资本家间所缔结的劳动契约，所以要由国家以公力干涉保护，而不适用契约自由的原则，既是由于经济社会变动的结果，而有此需要；我们就应该进一步明了需要的真相以及保护的方法。

在资本主义制度下的社会上，生产手段（Means of Production）和生产者是不相连属的两个观念。拥有生产手段的人不是生产者。同样，生产者不是生产手段的主人。这因为产业革命之后，生产手段的进步和复杂，不是每个生产工人所能置备得起的。于是，拥有资本的人遂变为生产手段的唯一主人，生产者只得出卖其劳动力于资本家以获得生存。在这种情形之下，资本家之从事生产既只为了利润的目的。劳动的生产者当然只能在他们有利可图的限度内作工。不但当利润率低减的时候，或经济恐慌的时候，劳动者的工资须随之低减或甚至失业。即在平时，劳动者所得的工资，所受的待遇，也是非常低劣的。这无疑是因为资本家既以获利为怀，当然不愿意自己减少可得的利润，而与劳工以较优的工资和待遇。

这样，一方占有经济上绝对的优势，一方处于完全被支配的地位。当然说不上二者之间有所谓真正的自由。然而资本家的代言人，顽固的法学家们，还要不时以契约自由的原则来阻碍劳动立法，真不知是何居心。

明了了劳动保护确是有实际的需要，我们可以来讨论保护的方法。所谓劳动保护，无非将劳动契约中的劳动条件如工资、工时、工场设备等等，预先规定下来，不许有不利于劳动者的违背。但是怎样来规定这些劳动条件呢？我们从现今各国劳动法上，知道有两种方法：一是由国家以法律的形式规定下这些劳动条件，如我国的工厂法便是。二是由劳动团体与资本家订结团体协约，在协约内定下劳动条件，以为各个劳动者与资本家订结劳动契约时的根据。

这两种方法应该同时适用的。以法律来规定劳动条件，只能规定条件中之有一般的性质与重要的事项。若各地各产业各工厂的特别情形，就非一般的立法所能保护。所以团体协约的方法实在重要得很。它可以补救一般的立法所不能及的地方，各视现状的需要，为劳动者谋善良生活的保障。

三

劳动者的保护既大半须依赖团体协约，则运用团体协约的劳动团体当然有很重要的地位。但是，我们知道，劳动团体之获得合法的承认，不过近百年间事。在我们中国，则民三的治安警察法尚不许劳动工人有聚集之权。劳动团体在法律上地位的增进，是和劳动者势力的扩张互相为因的。

劳动团体运用劳动协约的方法，以与资本家妥协，订定劳动条件，只是它的效用的一方面。除此而外，劳动团体还有一个重要的效用，便是团体争议。劳动团体与资本家成立协约，原为一时之计，并不是愿意永久受这种协约的拘束。所以，当情势变迁了，以前所定下的劳动条件，当然就应该废弃无效，而另订新的更有利于劳动者的劳动条件。这时候，如果资本家不答应，怎么办呢？那就有需乎团体争议。

所谓团体争议原只是劳动争议中的一部分。因为劳资间的纠纷，不仅是劳动团体与资本家间可以发生，便是劳动者个人与资本家间也可以发生。不过，如果因为劳动条件而发生纠纷，则必须劳动者所组成的劳动团体出为争议的当事者，否则是不会有效果的。

劳动团体在争议中所运用的手段，最重要的要算罢工和怠工。这两种手段在从前也是犯罪的，直到如今，各国的法律虽大多已经承认它不犯罪，然而仍旧附有许多极苛细的限制的。劳动团体因为不满意从前所订定的劳动条件，或是因为新的有利于劳动者的要求，而与资本家不妥协时，就运用这种争议的手段，以达到最终的胜利。等到目的达到了，于是便再与资本家订结协约，以保障既得的权利，它这样由协约而争议，由争议而协约，决不能说故意要损害资本家，它的目的无非想在资本主义制度下，为劳动者稍谋生活上的改善而已。

四

　　这样，我们已经知道劳动团体在劳动法上地位的重要了。现在，还可以把劳动法的内容分一分类，看看劳动团体和劳动法的各个部分有什么关系。劳动法的分类，最普通的有六分法，便是：

1. 劳动契约法；

2. 劳动协约法；

3. 劳动组织法；

4. 劳动争议法；

5. 劳动保护法；

6. 劳动保险法。

　　这六类中的第六类劳动保险法，实在就是劳动保护法中的一部分，因为它在劳动立法史上有独特的发展，所以别为一类。劳动组织法就是关于劳动团体自身的规定。劳动协约法和劳动争议法则为劳动团体活动方式的规定。活动的结果，订定下劳动条件，就成为劳动保护法和劳动保险法。劳动者根据这种保护的规定去和资本家缔结劳动契约，才有劳动契约法。所以，这样看起来，一部劳动法其中任何部分差不多都是直接间接从劳动团体出发的。（这句话当然也有例外，例如劳动保护法中关于劳动条件的规定，也有直接由国家以法律为之，并不经过劳动团体之手的。）

　　劳动团体在劳动法上既有这样重要的地位，则将来劳动团体势力的扩展，与劳动立法无疑的有重大的影响。以往的历史告诉我们，劳动法的发达实基因于经济社会的变动，而经济社会变动的结果，劳动者势力增大，就是借劳动团体表现出来的。劳动团体在过去既然能够叫资本家让步，舍弃契约自由的原则，而为劳动立法的修订，将来在各国自然也会有一天出一部劳动者自己的更满意的法规来。

一九三三，元旦，于天津南开大学

论资本家自动的劳工"民治"[*]

马景行^{**}

改革的原因

世界上有两种改革的方法：一是武力解决的突进改革，一是和平解决的渐进改革。譬如美国的独立，法国的革命，俄国的阶级战争，德国的军阀推倒，这些都是借着武力机能成功的，这都是突进的改革。譬如英国的普及选权，妇女参政，印度的自治，芬兰的独立等等，这些都是和平解决的渐进改革。受治的一方面（其实治人与治于人的两阶级，也不是理所当然的，不过依着上古中古两时期的社会进化，为了社会的安宁，才生出此种副产物），已经觉悟了，向治人的一方面，索还当日被掠夺的权利，无奈治人的一方面，有时非常执拗，固执不让；恶感日深，一旦爆发，遂成为当日的法国政局，与今日的俄国政局。这遭儿很把第三者吓煞了。为要免除路易十六的结局，才有许多不三不四的立宪政体出来；为要免除赤卫军的待遇，才有什么叫做"国际劳工协会"，"规定工作钟点"，等等呼声出来。这些不过是治人的军阀，政阀，财阀，自作主张的让步，欲以减轻劳工方面的怨声底。什么改良呀，让步呀，仁政呀，优待呀，都是"非心服也"的，都是"不得已而为之"的！终南的捷径，与根本的改良，总不是一点儿羁縻的小惠，所能免掉的。我这篇"资本家自动的劳工民治"也应当作如是观！

（一）议院制度

资本家的议院制度，为黎巨约翰（John Leitch）所发明，有些人以为这便

---

* 本文原刊于《青年进步》1920 年第 35 期。

** 马景行，1920 年毕业于东吴大学法学院（第 3 届），获法学学士学位。

是"民治"的形式，便是工业的德谟克拉西[1]。The industrial democracy 究竟是否算得起一个德谟克拉西，全仗读者诸君仔细儿忖忖看？但是单论这个形同虚设的机关，无论如何不周到，总算是有胜于无；大凡过渡时代的物事，若能辨别此种地步，已经称得起"齐一变至于鲁"了！这个法子，讲出来，并没有什么稀奇[2]原来是仿美国的联邦宪法，照抄一遍罢了！公司里几个掌权的人物，组织一个执行干事部。却加上一个有声有色的头衔，叫做内阁；公司的总理，变为公司的内阁总理了。此外还有一个上议院——公司的上议院——以工头，与各组织的经理，高等司事做议员。上议院之下，即是下议院，下议院的议员规定若干名额，由全体员工选举。每星期开会一次。上院与下院各占一室。一切关于工人方面的争执，如工资，作工时间，放假日，出品之精粗多寡，卫生事业，工人辞却等问题，总要经上下两院，讨论通过，再经内阁宣布，才能发生效力。若是不以所通过的议案为然，内阁能行使却回原案之权。这样工人的要求经上院及内阁两层延搁，已成为强弩之末；虽将这些要求，一一批准，一一宣布，对于资本家的利益，也没有些微的妨碍了。然而这还叫做工业的德谟克拉西！

（二）红利办法

其法将公司的利益，除去开支，及股东年息，公积金而外，共得红利若干；再将此数分为百分：其五十分归资本家均摊；又五十分归各色工作的人均摊。取消昔日的薪金制度。这法较上法更为休戚相关，可以免掉种种不平之鸣。但有三项弊端：一若遇实业界的恐慌，资本家虽不能得着应得之利，还可以吃老本，那班劳工，终年劳碌，一无所得，如何是好；二平日不得多付一文钱，必等到每年分红的时候，才有点儿余润，多少还在不可知之数，所以若拿红利来骗工人，——一日不做，一日不食的工人，——真是拿西江之水来救枯鱼了；三资本家的手段太巧，股东的年息，重之七分，以为常例，余剩的红利，已是无多，又以一半与资本家，最后剩下的，方与工人，人类众多，得不偿失。这三弊都能致[3]工人与其妻子的死命。现在欲除第一弊，当规定如不能盈利[4]时，工人应得最低额之劳金若干；若遇公司破产，则

---

〔1〕 "德谟克拉西"英文"Democracy"的音译，即民主。——校勘者注。
〔2〕 "稀奇"原文作"希奇"，现据今日通常用法改正。——校勘者注。
〔3〕 "致"原文作"制"，现据今日通常用法改正。——校勘者注。
〔4〕 "盈利"原文作"赢利"，现据今日通常用法改正。——校勘者注。

以公司的产业，做劳金的优先抵押品。欲除第二弊，莫妙于每半月——如上海之大月底与小月底——盘账一次，如此则工人每半月可得红利一次，其法有两种利益：（一）可以使公司的股东，懂事，主任人员以及各部干事，随时警醒，偶然折本，亦不至于错到底；（二）工人出半月之力，即得半月之利，随做随得，无"大旱望云"之苦。欲除第三弊，当规定股本的年息，至多不得过二分，其余的盈余〔1〕，除正开销而外，都算为红利，以百分之五十，分给工人；如此可以免资本家无情的盘剥。但是这些方法断不是资本家所赞成的。

（三）强迫积金

还有一班资本家不赞成分红的办法，倒主张除薪金而外，加添养老金等等。他们的理由，是看来很充足的！一千名成丁的工人当中，有三百三十名左右，未到六十岁即死；有一百十五名到六十岁时，还能自己工作度日；但其中五百三十五名，已经去掉作工的能力，全靠亲友的经济上之扶助，才能度此残生。照此看来，真是社会的组织不良罪孽啊！所以有些资本家口口声声，为工人的利益起见，不得已而扣除工人的工资，存在公司内，以备他日养用老之。还美其名曰，强迫积金。工人自己不能积金，倒烦他们来干涉，此也未可厚非。但是工人自己少年时，不能用此金，到了老年时，向公司提取，已经失了做主人翁的架子了。况且十余年之后，保得住此公司不破产吗？若然，他的养老金，有什么着落？还有一个办法，即是每年以应分的红利，改为股票，换给工人：如是则工人可以一变为小股东。这法虽好，虽可以激发工人的爱公司之心。但是除非股票价值张贵之时，否则工人要此股票无从交换银钱。若是一人的产业全变作股票，自己又无管理公司之权，也是一个险事。总之比此种办法，都是"拿你的馒头塞你的嘴"的办法，在资本家一方面，也只算得慷他人之慨罢了。

结论

昔日之政治经济学，已经打破了。物贵金贱的标准，已经令人怀疑。勤俭致富的条律，也不合于五洲大同之世。又把资本原料，工人，算作工业的要素；其对于分配的一方面，丝毫没有公平的评判。现在经济的要素，即是

---

〔1〕"盈余"原文作"赢余"，现据今日通常用法改正。——校勘者注。

智与力。智的一方面，是工程师，管理员等。人力的一方面，是劳工一班人。旧资本是当日智与力的余润；新资本也不过是今日智与力的余润。同是为国效力，同是为人类的生存工作。工人今日所求的，不单单是仁政，不单单是优待与恤金。乃是礼貌上，资格上，身份〔1〕上，权力上的平等啊！资本家自动的工商业改良，还须注意到这一点。

---

〔1〕 "身份"原文作"身分"，现据今日通常用法改正。——校勘者注。

拟订厂规应行注意各点[*]

黄昌汉[**]

　　工厂如定有厂规，足使厂方优遇工人而工人忠诚服务厂方，两有遵守。就消极方面言，厂规可以消除劳资纠纷，可以惩处不良工人，使毋怠惰犯过，又可以防止厂方苛待工人；就积极方而言，厂规可以奖励善良工人，可以增高生产效率，又可以促进劳资合作。近来科学日益发达，生产工具日益精密，生产技术日益进步，生产条件日益繁复。工厂劳资双方，如无详尽明文之规定，则非惟纠纷迭起，问题产生，终至无法于此日新月异之科学时代同步迈进。

　　厂规之重要固如上述，然一般工厂于尝试拟定厂规时，常觉有无从着手之苦。其实拟定厂规，应遵照有关法令，参照同业习惯，依照工厂实际情形，将工厂待遇，工人服务各基本事项，分章分条，列为条例，以作拟定厂规所必须依据。工厂法及工厂法施行条例可适用于平时雇用工人不足三十人之小厂，另外，尚有上海市工人待遇通则及上海市工人服务通则，亦可作为拟定厂规蓝本，上海市劳资评论委员会历次委员会议所决议之与本市一般工厂有关之各项议案，亦为补充上项法令不足之单行法规。

　　其次，厂方所加入之同业公会与劳方所加入之产业工会，如订有团体协约者，或工厂与工人之间如单独签有笔录者，是项协约或笔录，亦为应拟定厂规之依据。至于其他事项，虽法令与协约未曾规定，而工厂多年习惯引用，劳资双方均能积久成习者，除征得双方同意外，亦得视为一种有效之准则。各业工厂情形不同，习惯互殊；即同业各产，亦有规模大小，设计新售，营

---

　　[*]　本文原刊于《社会月刊（上海1946）》（第3卷）1948年第1期。

　　[**]　黄昌汉，1943年毕业于东吴大学法学院（第26届），获法学学士学位。

业盛衰之别。因此各厂规定，自可各有特点，以适合各厂实际情形。试例言之：如橡胶业火柴业油材等工厂，其火灾危险性较大者，为预测安全起见，可规定凡工人在工厂内吸烟者，予以间革之成分；至于普通火灾危险较小之工厂，工人在工厂内吸烟者，可记大过或小过一次。又如某厂机器老式，电系陈旧，转轴传动带纵横交错，极易引起工人身体上之危险者，如工人有戏弄机器，拨弄发动开关或擅自移卸安全防护设备等情事时，其处分自可较普通安全设备良好之工厂为严属。又如装有锅炉之工厂，自应对于锅炉之使用，管理，检验等工作详细规定；至未装有锅炉之工厂，自属为此需要。又如若干规模较大工厂，按照以往习惯，工人年老退休时，另有给与退职金办法者，则拟定厂规时，自应仍行列人；至规模较小之工厂，向无给与退职金之习惯者，自可暂免规定。

按照工厂法第七十五条之规定，工厂规定之订定或变更须呈准主管官属并揭示之；所以工厂拟定厂规草本，应先呈送社会局核准备案后，再在厂公布施行，方为合法。

现在根据以上原则，草就下列大纲，虽不能说十全十美，但可以使各工厂草拟厂规时有所准则，再斟酌本厂实际情形予以伸缩，就可以成为理想的厂规。

一、总纲

总纲里面，规定工厂和工人均应遵守的厂规，凡经决定或约定试用的工人，在约定之试用期内，以及临时雇用工人，均要遵守。

二、服务

第二点是服务，工人对于工厂呈奉主管官署核准之规章，或临时揭贴之合法布告均应遵守，并且应该承受工厂管理人员之指挥和监督，同时凡有移调遣派，亦不得借故推诿。

工人在工作时间内，谨慎工作，以尽职责，但不得从事非厂务工作，如遇有工作上之困难，应立即报告工作人员核查，不得延误。倘因工作上之事故，互相发生争执，应即报告管理人员处理，不得私自争论。而工人更不得有损坏工厂名誉，在营业业务上，更不得泄露，至于工作技术，或机械构造各种秘密，尤不应任意泄露。

工人对于工厂一切原料，半制品，制成品，以及机器用具等，应加爱护，护节使用。不得任意动用非本人掌管之机械，工具或物料。同时，更不得利用工厂物料，机器，私做本人或购与他人之物件。尤不得携带运禁品，危险品，或不需要之物品进入工厂。如有携带物品出厂，须先经主管人员查明，签发门票，交门警核对放行。

女工家属，在开工后，送婴孩进厂哺乳者，应在本厂哺乳室内等候，一面由传达人，将该女工唤出，但进厂仅以抱送人为限。各部主管人员，对于分配工作及管理事务，均应秉公办理，如遇同人有功过时，均应据实报告工厂，查明奖惩。

三、工作时间

每日工作时间，由厂方自行规定，其上工放工时间，亦由工厂照季节时令等关系，随时规定公布通知，工人应准时到退，不得无故旷工，或迟到早退。工人于上工时，应将工摺亲自投入指定之工摺箱内。于鸣开工钟后，各工人均应随机工作，鸣放工钟后，始得停工，并应将工具收拾妥当，始可离开工作场所。倘在工作时间遇有亲友探访时，须经管理人员之许可，方得会晤，谈话不得超过规定时间，但工厂如遇有必要，除规定工作时间外，再照工厂法第十条之规定，延长工作时间，工友应准时工作，不得推诿。工厂管理员，应比其他同人先到，后退，照料启闭门户，察看所属部分内一切事宜。

四、请假

如因事或因病，不能到厂工作者，应填具请假单，亲向主管人员请假，但工人如换重病急症，或其他突然发生之事故，而不能亲自请假者，得由其家族或同事，当日向主管人员代为请假。在工作时间，如有要事出厂，须先请假，经核准后，方可离开，但下列事项，得先口头报告主管人员，先行出厂，回厂时，再补请假手续，手续如下：

（一）本人临时疾病有显著之证像者；

（二）本人直系亲属，临时发生重病，由家人来厂报告者；

（三）本人家中或贴隣发生火警者；

（四）其他紧急事故。

至于工人请假期满，而尚未毕事者，应预先向主管人员申请续假，经核准后，方为有效。如请假或续假时，正值工厂工作紧急，而请假单所开事项，工厂认为无请假或续假之必要者，得拒绝之，但婚丧疾病，不在此项。请假续假，未经核准，而不到厂工作者，作无故旷工论。

工人无故继续旷工至三日以上，或一个月之内，无故旷工之六日以上者，工厂得予开革，再如发现工人在请假期内，私自他厂工作，查有实据者，工厂亦得予以开革。

工人本身或直系亲属婚丧假期，规定如下，期内工资照给：

（一）本人婚嫁，得请假五天；

（二）子女之婚嫁，得请假二天；

（三）父母或配偶丧葬，得请假五天；

（四）祖父母之丧葬，得请假三天，如父母具亡，无人承办其丧葬时，得请假五天；

五、路途较远者，得另给路程假，由工厂斟酌核定之。

五、工资与待遇

工人工资 每月分两次发给，上半月定于十六日，下半月定于次月一日，如逢停工或休假，则提前或移后一天发给，工厂规定每星期日为例假，给假休息，工资照给，凡国定纪念日，亦放假一天，工资照给，其他假期如下：

（一）一月一日中华民国成立纪念日；

（二）三月二十九日革命先烈纪念日；

（三）五月一日劳动节；

（四）八月二十七日孔子诞辰；

（五）十月十日国庆纪念日；

（六）十一月十二日中山先生诞辰纪念日；

（七）三月八日为妇女节，工厂女工休假一天，工资照给；

（八）其他由国民政府区时指定。

如工人在厂继续工作，满一定期间者，应有特别休假，休假期内，工资照给，如工人不愿特别休假者，应加给该假期内之工资，其休假期日数，开列如下：

（一）在厂工作一年以上，未满三年者，每年七日；

（二）在厂工作三年以上，未满五年者，每年十日；

（三）在厂工作五年以上，未满十年者，每年十四日；

（四）在厂工作十年以上，其特殊休假期，每年加给日，其总数不得超过三十日。

工厂如依法延长工作时间时，其工资照平日每小时工资额加给三分之二，如系工人本身或直系亲属婚丧在规定假期内，亦工资照给，女工分娩前后，应停止工作，共八星期，其入厂工作六个月以上者，假期内工资照给，不足六个月者，减半发给，女工小产、怀孕、未满五个月者，应给假二星期，怀孕五个月以上者，应给假期四星期，其入厂工作六个月以上者，假期内工资照给，不足六个月者：减半发给。

工人因执行职务，而致伤病死亡时，其津贴及抚恤办法，做如下规定：

（一）对于因病暂时不能工作之工人，除担任其医疗费外，每日给以平均工资三分之二津贴，如经过六个月，尚未痊愈，其每日津贴得减至平均工资二分之一，但以一年为限；

（二）对于因伤病成为残疾之工人，永久失其全部或一部之工作能力者，给以残疾津贴，其津贴以残疾部分之轻重为标准，但至多不得超过三年之平均工资，至少不得低于一年之平均工资；

（三）对于死亡之工人，除给与丧葬费外，应给与其遗属抚恤费，及二年之平均工资。

前项平均工资之计算，以该工人在工厂最后三个月之平均工资为标准。

工人未经合法手续停工或怠工者，不论局部或全部其停工或怠工期内之工资，一律不给。

六、安全与卫生

厂内各部分之一切机器及锅炉，在使用前后，及使用时，应由各部分管理人及掌管工匠，随时注意检查，如遇有发生危险之可能者，应立即报告主管人员，从事修理，或更换构件，如情形紧急者，得先停止使用，再行报告。再如厂内一切安全设备，除应由各部管理员随时检查外，均须注意保护，不得擅自移动损坏，或疏忽闲置不用。至于各部分管理员，对于各该部建筑之安全，应随时留意，如觉有不甚安全之时，应即报告主管人员处理。

工厂各部分之出入要道，及太平门，太平梯等，应由各部管理员随时注意，务使通达无阻，不得堆砌任何货物，或附件。工人不得在厂内吸烟，如易于引火，或自然之物，亦应谨慎处置，各管理员并应随时注意查察。电力开关。电线火炉等，是否安全，防火器具是否充实，亦由管理人员应随时留意。

各部分主管人员，应于每日工作完毕后督率难役，将各工作部门详加检察，必要时，工厂员工应奉行安全训练，此系每个员工应该参加之义务，并须维持自己清洁，而协助人家清洁，更不得妨碍公众卫生。

七、雇用及解雇

新雇工人入厂工作，应先试用几星期，在试用期间，工厂如认为不合适，得随时辞退。试用期满，工厂认为合格者，方得正式雇用，发给工资，至于一经正式雇用后，应兑相当保证人，按照工厂规定格式填具保证书，如本厂认为须更换保证人时，应即另兑，不得推诿。倘不能继续工作，自行辞退时，应于一星期前，预告工厂，工厂有下列情形之一时，得呈报主管官属，经核准后解雇工人：

（一）本厂因不可抗力，局部歇业一个月以上时；

（二）工人对于其所承受之工作，不能胜任时；

（三）其规定之工作任务完结时。

工厂因不可抗力全部歇业时，得呈报主管官核准停厂，解雇全部工人。其被解雇工人，当按照当月份工资，及在厂工作年资比例，发给遣散费，其标准规定如下：

（一）在厂工作未满三个月者，发给遣散费半个月；

（二）在厂工作满三个月者，未达一年者，发给遣散费一个月；

（三）在厂工作满一年，未达二年者，发给遣散费一个半月；

（四）在厂工作满二年，未达三年者，发给遣散费二个月；

（五）在厂工作三年以上者，发给遣散费三个月。

至工厂因营业亏损，确无力维持，经主管官属调查确实者，其遣散费之标准，得呈请上海市劳资评断委员会酌予减少。

工人违背厂规，情节重大，而确有证据时，工厂得开革工人，不给遣散费，并呈报主管官属备案。如系自行辞退或解雇时，须将工习缴还，惟其保证书，须于退职两个月后发还，倘需要证明，工厂应给与工作证明书，但工人自行辞退，不预告工厂，或工人违背厂规被开革者，工厂可不予证明。

八、奖惩

奖励办法分左列四项：（1）记功；（2）记大功；（3）奖现金；（4）升级或加薪。

记功事项需有下列事实：

（一）平日工作勤勉，品行端正者；

（二）终年不迟到、不早退、不旷工、而病假，或事假合计不满十五天者；

（三）无碍于本人工作者，兼办他人事务，而有成效者；

（四）无碍于原有工作，兼任特别事务，而有成效者；

（五）调任非熟悉之工作，而成绩优良者；

（六）其他应行记功事项。

记大功事项，亦需有下列事实，方准行之，如：

（一）完成重要工作，而无延误者；

（二）矫正他人之错误，使工厂得免之损失者；

（三）办事成绩特别优越者；

（四）其他应行记大功事项。

奖现金者需备有下列条件：

（一）生产数量及品质超过标准者；

（二）生产品质合于标准，而数量超过标准者；

（三）生产数量合于标准，而品质超过标准者；

（四）生产数量及品质合于标准，而节省耗费者；

（五）其他应行奖现金事项。

至于升级或加薪事项，乃有如下证实：

（一）改进工作程序，或方法经工厂试验认为确有成效者；

（二）建设有利工厂之设创，经探纳施行者；

（三）出品特精，使本厂博得美誉或厚利者；

（四）遇有损害工厂情势，预先报告工厂因而消减或减轻者；

（五）工厂发生特别事故，英勇救护，或应负得宜者；

（六）其他情势，工厂认为应予以升级或加薪者。

以上记功或记大功者，除用以考核成绩外，如遇工厂移调职务或提升职位时，作为根据。

九、惩戒

惩戒办法，亦分四项：（1）警戒；（2）记过；（3）记大过；（4）开革。

关于警戒方面，如有下列情事，予以一次警戒满三次就以记过一次论。

（一）在工作时间，于人嬉笑间谈或擅离职守者，警戒一次；

（二）懒惰或疏忽工作；

（三）工作时间内瞌睡者；

（四）随意唾涕或其他有碍卫生之行为；

（五）在工作场所吃食零食者；

（六）浪费原料，或损坏货物，其价值虽甚廉者。

各工人有下列情事之一者，记过一次，（如满三次，就以记大过一次论）：

（一）在开工钟已响，而不工作，或放工钟未响，已作停工之准备者；

（二）工作时间，未经主管人员许可，私自出外，或料理私事；

（三）离开本人职守，或高声喧哗，致妨碍他人工作；

（四）在工作处所，争吵谩骂，不服主管人员之制止者；

（五）在工作处所，宿舍或厕所，不顾功德，损害公物，妨碍公众卫生，情节较重者；

（六）未经主管人员许可，擅自领人入厂者；

（七）浪费原料，损害货物，其价值较高者；

至于应记大过之事项，约有下列数点：

（一）在一个月之内，未经请假，旷工并记满三日者；

（二）不服管理人员之指挥和监督者；

（三）殴人未曾致伤者；

（四）如有以利用本厂原料，私做本人或赠与他人之物件，或用作牟利者；

（五）借故停工或怠工要挟者；

（六）撕毁工厂合法通告者；

（七）在厂吸烟初犯者；

（八）在工作场所，赌博饮酒者；

（九）男女职工在厂内取笑不经，有伤风纪之行为者；

（十）聚众吵闹，拨弄是非或唆人犯法者；

（十一）破坏厂誉，或营业查有实据者；

（十二）玩弄机器或擅自拆卸安全设备，未肇事故者；

（十三）携带包裹出厂，拒绝门警检查者；

（十四）浪费原料，或损坏公物，其价值甚巨者；

工人下列情事之一者，本厂得分别处分之：

（一）工作疏忽，出品低劣，经两次警戒，不遵改善者，得酌扣其工资；

（二）因工作不慎，误坏货物，其价值其巨时，除记大过外，得责令赔偿；

（三）故意损坏货物，查明有据者，除按前条处分并责令照价赔偿外，如犯至两次得开革之。

殴人至伤者，除记大过外，得赔偿医药费，并送法院办理。

各工人有下列情事之查有实据者，开革处分：

（一）在厂内殴人至重伤者；

（二）殴打管理人员者；

（三）偷换厂内一切公私金钱财物者；

（四）聚众捣乱工厂者；

（五）受刑事处分者；

（六）患花柳病，或其他传染疾病者；

（七）吸食鸦片烟，或其他毒品者；

（八）在工作时间内赌博者；

（九）在厂吸烟再犯者；

（十）不小心火烛，有肇事可能者；

（十一）携带违禁品，或危险品来厂者；

（十二）营私舞弊，或私受贿赂者；

（十三）在厂内男女工人，发生勾引诱惑等违法行为者；

（十四）泄漏营业上或技术上之秘密者；

（十五）在原料内故意掺入变质而致损坏出品者；

（十六）在工作时间，怠惰、疏忽、瞌睡，或擅离职守，以致机器损坏或肇过者；

（十七）本人不到厂工作，托人代投工习，或私自托人顶替者；

（十八）无故继续旷工至三日以上，或一个月之内，无故旷工至六日以上者；

（十九）向本厂请假，而在他厂工作，查有实据者；

（二十）在一年内以记过九次，或记大过三次者。

上项各款，除开革外，如有使工厂蒙受损失者，得责令照价赔偿，其有违法行为者，并送法院办理。收记过或记大过之处分之工人，遇有记功或记大功时，得功过抵消，遇有奖现金或升级加薪时，其记过部分亦得酌量情形抵消一部分，惟受开革处分者，不能提论功过之抵消。

最后厂规所未规定事项，概遵照现行劳工法令办理，如与续颁有关法令相抵触时，其抵触部分无效。

罢工声中谈雇佣*

彭学海

（一）罢工感冒症

话说上海滩头，近来发生一种急性感冒症，病名叫做"罢工"，特效药据说就是"加薪"。从前有人说过："女人被支配于月经，男人被支配于加薪。"语虽粗俗，不登大雅之堂；可是一针见血，颇具几分真理！

犹忆数月来，就为了这个"月薪"，多少男人在玩"罢工"的把戏，多少男人又被这把戏闹得手忙脚乱。起初是两租借的电车公共机车，一反往例，像发寒热似的，接二连三，一会儿罢工，一会儿又复工。当此时焉，拉黄包车的阿二阿三阿四，都准备发他妈的一笔小横财；而另一批靠"月薪"维持的朋友，原命定不准坐汽车，现在连得坐黄包车都没份儿，只好委屈两脚。继之各种商店，及某类职工，照样跟进，闹得满城风雨，连买东西还要带上三分运气。最后愈来愈有，甚至公共租借的巡捕也罢岗，可怜多少大商店，为它暂时关门，静默几百分钟。接着理发业又来一手，坐使娘儿们的头发，十足一星期不能与奶油电器发生关系，此恨真是绵绵无穷期。

社会对于这类不幸事件的[1]发生，原寄予相当同情，理由是生活程度日高，前订月薪率，实有提升的必要。况就经济学的立场讲，诚如 Gide 讲："资本家发售商品的时候，常常讲价，这是他们的权利；同样劳动者发售其劳动力这个商品的时候，而于讲价，当然也是他们的权利。"不过，话又得说回来，时值非常，劳资究应协调[2]。罢工是一种斗争，偶尔为之，固有不得

---

* 本文原刊于《文心》（第 3 卷）1941 年第 2 期。

〔1〕 "的"原文作"底"，现据今日通常用法改正，下同。——校勘者注。

〔2〕 "协调"原文作"调协"，现据今日通常用法改正。——校勘者注。

已的苦衷。至若常常排演，终遭非议。而公务员忘其自身地位，不先请求大众评断，一如普通劳资纠纷，置社会安宁于不顾，跟着来上一手。究非正常办法。

兄弟不是资本家，也不是劳动者，站在中立地位，认为[1]罢工在原则上是应同情的，而例外颇多可商榷处。须知是非好恶，原无绝对性，一切应就比较而言。内地有多少公务员和从业员，仍在酌量改进的状况下，埋头苦干，这种精神值得佩服的。他们认清了当前的艰苦局势，和自身的地位使命，勇往直前，在大时代中负起一部责任，足够做我们的榜样。因此，兄弟拟借这个机缘，介绍法律上的雇佣关系，俾劳资双方深切了解自身的地位，务使这个罢工感冒症，为社会安宁，及国家原气计，早占勿药[2]。

（二）雇佣的意义

雇佣是属于劳务之债。依现行民法规定，债可分为四种，第一种是关于财产移转之债，如买卖赠予等。第二种是关于财产用益之债，如租赁借贷等。第三种是关于信用之债，如合伙保证等。第四种就是关于劳务之债，除雇佣外，还包括委任居间承揽寄托行纪仓库出版运送营业和经理人代办商等等。

所谓雇佣，就是当事人约定，一方于一定或不一定之期限内，为他方服劳务，他方给付报酬的契约。此约服劳务之方，叫做受雇人，亦即劳方；约给报酬之方，叫做雇用人，亦即资方。

根据以上说明，我们可再分析其意义如下。第一，雇佣是契约，且为诺成契约，非要式契约。只须双方意思表示一致，即能成立，无须用何种方式。同时雇佣又为双务契约，有偿契约，要因契约，及债权契约。因此契约使一方负劳务之债务，一方负给报酬之债务，二债务为对待给付，且互为原因。第二，雇佣为当事人一方约服劳务之契约。所谓劳务，包括身体上精神上一切劳务而言。依从来立法例，有以体力上的劳务，得为雇佣契约标的，智力上的劳务，不得为此契约标的，完全是贱视劳力的恶习，为现行立法所不取。于此有须附带说明的，雇佣与承揽委任，似是而实非。雇佣是狭义的劳务的供给契约，乃单以供给劳务为标的，不问其结果如何，且须受雇用人指示，与承揽系以完成工作为标的，委任系以处理事务为标的，均须有其约定结果，

---

[1]　"认为"原文作"认"，现据今日通常用法改正。——校勘者注。
[2]　"早占勿药"指不用服药而病愈，祝人早日病愈之意。——校勘者注。

且得有独立之意思，两者固有根本不同之点在。第三，雇佣为当事人他方约给付报酬之契约。给付报酬，必自除约定。故初未约给报酬，而至后始负给与报酬之债务，则系学说上所谓报酬的赠与。惟约给报酬，不必限于明示，即默示亦可。民法特为保护劳务者，且明定如依情形非受报酬，即不服劳务者，视为允给报酬。至于报酬之种类，别无限制，通常固为金钱，亦有依社会政策，于特别法就特种雇佣只限于报酬金钱者；但在民法，则无此限制。报酬之数额，亦无限制，不问按时间，或按工作均可。民法关于报酬额给付之标准，订明未定报酬额者，按照价目表所定给付之。无价目表者，按照习惯给付。

（三）雇佣的效力

雇佣的效力，可分为雇用人的义务，和受雇人的义务两种，兹为清晰计，分别说明如下。

先说雇用人的义务，可分为三种。第一，非经受雇人同意，不得将其劳务请求权，让与第三人。若雇佣契约，多数着眼于当事人本身而缔结，设甲与乙订服其劳务之契约，其目的在于服乙之劳务，而非对于无论何人，皆可服此一定之劳务。第二，给付报酬之义务。雇用人须于何时给付报酬，视当事人间有无特约而定，有特约者须照约定期限给付报酬；无特约者，依习惯；其无特约亦无习惯者，依下列规定，即报酬分期计算者，应于每期届满时给付之。报酬非分期计算者，应于劳务完单时给付之。第三，受领劳务，不得迟延。如受领迟延，受雇人无补劳务之义务，仍得请求报酬。但亦非绝对例外，即受雇人因不服劳务所减省之费用，或转向他处服劳务所取得，或故意怠于取得之利益，雇用人得由报酬额内扣除之。

再讲受雇人的义务，亦有两种。第一，非经雇用人同意，不得使第三人代服劳务。理由是受雇人与雇用人间的关系，为专属的。在雇用人方面，既非经受雇人同意，不得将其劳务请求权，让与第三人，诚如上述。依照公平原则，受雇人非经雇用人同意，亦不得使第三人代服劳务。第二，保证其有特种技能。此限于受雇人明示或默示，保证其有特种技能者，如无此特种技能，雇用人得终止契约，系保护雇用人利益的一种规定。

（四）雇佣的消灭

雇佣既为债权契约，其效力之消灭，自应适用一般契约，及法律行为并一般债的规定。兹仅就特别原因，予以列举的说明。

第一种，是期满。雇佣定有期限者，其雇佣关系于期限届满时消灭。又当事人虽无明示或默示的约定，而依劳务的性质或目的，应有一定期限者，亦应于该期限届满时消灭。抑或有进者，雇佣虽定有期限，仍得依终止以使契约于期限届满前消灭。

第二种，是终止。雇佣未定期限，亦不能依劳务之性质或目的定其期限者，各当事人得随时终止契约；但有利于受雇人之习惯，从其习惯。再当事人之一方，遇有重大事由，其雇佣契约，从定有期限，仍得于期限届满前终止之。所谓重大事由，即一定事由发生，若仍使契约继续，就一般情形，应认为不适当或不公平之谓。又终止事由如系当事人一方之过失而生者，他方得向其请求损失赔偿。

第三种，是劳务之完毕，此虽无明文规定，但为当然之解释。

第四种，是受雇人的死亡，此虽无明文，原则上应解为效力消灭；惟有一例外，即劳务不必为专属的给付时，则可由其继承人继承其债务，以使原契约得存续。至雇用人之死亡，原则上不为雇佣消灭之原因，若给付报酬之债务，非专属性质，惟服劳务如依性质或当事人意思，只能向雇用人本人为之时，则其死亡，仍得为消灭之原因。又因雇用人死亡，则所适用之事业须行终止时，雇佣契约亦应终止。

工会法之演进[*]

孙晓楼

一、工会法之演进

工人之有组织工会权，非生而得之者，在十八世纪之时代，以个人主义为背境，以财产为对象之法律，其视工人不啻牛马走兽，实无人道之可言，工人苟欲集会，与雇主有所反抗，则视为洪水猛兽，不特法律所不许，亦为与情所不容。然则今日之所谓结社权，果何自得之？曰，得之自工人自身之奋斗。试观察各国工会法之发达，英国实开其先河，英国在十六世纪之时，工人因受大地主之蹂躏，贵族者之压迫，不团结实无以谋自卫，不团结实无以除苦痛，于是而有工会之动机，然中世纪之英国，在封建政治之下，贵族与大地主之跋扈，有法律为其屏范，有裁判官为其爪牙，有不健全之舆论为其阻碍，故工人欲谋结社，不得不与贵族大地主相奋斗，于是经一次之奋斗，演一次之惨剧，工会在法律上得一些地位，自十六世纪以至于现在，工会法得有今日之成绩者，非英国之劳动者之奋斗于前，美法劳动者努力于后，曷克臻此哉？德国名法学家耶林[1]（Jhering）氏谓"法律之目的在和平，达此和平之方法在战争，……世界之法律，莫不得之自奋斗"。余研究英国工会法，而益敬耶氏立言之中肯也。惟工会演进之原动力，系出乎职业工人维持雇佣条件之自卫，继而推行至产业工人为维持雇佣条件之自卫，再继而由雇佣条件之维持，进而谋雇用条件之改善，是则由自卫而达于进攻；然此种自卫进攻，其最初之活动，尚不出乎经济之范围矣，继而由经济之范围，进展

---

* 本文原刊于《法学杂志》（第 5 卷）1931 年第 2 期。

[1] "耶林"原文作"耶棱"，现据今日通常译法改正。——校勘者注。

之社会之范围；今且越出经济社会而达于政治范围矣。吾人观乎各国工会联合会之势力，与乎英俄工人党政治上之活动，即可明了今日工会问题之严重。日本永井亨氏谓："今日劳动结社之机能，其发挥不仅在职业或产业的一方面，实自经济方面以贯达至经济法律各方面，自阶级的机能，渐次推移而有进于社会机能之势。"是亦可知工会演进之步骤矣。就法律之观点，以研究工会地位之演进不出乎四时期：

一、工会禁止时期在此时期，法律上绝对禁止工人结社。工人既不能结社，则以其个人经济能力之薄弱，生计之迫切，其劳动力之出售，自不能与雇主处对等之地位，而作任何之要求，即有要求，亦终不免于屈服。故在此时期，无论资本家如何胁迫，如何残酷，唯唯然俯首帖耳，供其驱策而已，工人牛马之生活，以此时代为特显。

二、工会承认时期在此时期法律上承认工会之组织，然于工会运用之手段，则与以限制，如不准工会进行其团体协约罢工怠工等事。夫罢工怠工团体协约等手段，为工会重要之功能，今昔绝对禁止之，工会仍等于虚设，于工人无益也。

三、工会自由时期在此时期，法律上承认工会之身份，且承认其运用之手段，如团体协约同盟罢工怠业之手段，惟其工会之组织，尤须合乎一定之形式，与一定之手续，其手段之运用，亦必切乎事实之环境，与相当之条件，法律上皆予以相当之限制，而不使之过于滥用，以有害之治安，阻碍企业之发展，故名虽自由，实则尤在活动限制时期也。

四、工会放任时期在此时期，工会之身份与运用之手段，不受法律之拘束，一切皆任工人之自由，甚至法律不能限制工会，而工会可以左右法律。

英国

英国为工会之策源地，其于工会法之发展，实占最重要之地位，吾人取韦勃氏英国工会史以读之，即之英国工会之演进，可以数重要劳动法令代表之。一三四九年因英国鼠疫横流，劳动缺少，而有第一劳动法令，此法令完全为强迫工人工作而设，兹撷其要点如下[1]：

（1）凡六十岁以下之壮丁而无固定产业之收入以自给者不得不工作。

---

[1]　"下"原文作"左"，现据今日通常行文格式改正，下同。——校勘者注。

（2）做工速率之程度应遵社会之习惯。

（3）拒绝工作或不宣誓工作，则党被拘禁。

（4）工作而索取较习惯为高之工资者，下狱并处罚。

（5）毁约逃工者，则于罚谖下狱之外，当于额上刺字，以做其说谎。

如此残酷无人道之法律，亦可以想见劳动者在当时之苦痛。至一五六二年，因手艺工业之发达而有第二劳动法令，此法令与一三四九年者无大出入，惟增加每日十四小时之工作之规定，使劳动者在工作困惫之下，无心力以结社。一八〇〇年，因法国革命后自由平等等思想之激荡，为防止工人暗中集会与结社，而有第三劳动法令之结社法，其重要之点，有凡犯下列各款者，法官可酌处以三月之徒刑，因下列各款而罢工者罪加重：

（1）凡手艺工人及其他工人，为欲增加工资，或欲使他人增加工资而互相结社者。

（2）凡手艺工人及其他工人，为欲减少工作时间而有结社者。

（3）凡手艺工人及其他工人，为阻止雇主雇佣工人，或劝诱他工人拒绝工作，或拒绝与某工人一同工作者。

在此数重要法令之下，英国工会绝对不能存在，此为英国工会法进展之第一时期。自第三劳动法令后，英国因边沁（Bentham）氏之功利主义，与弗莱氏（Francis Plall）及罗伯特·欧文[1]（Robert Owen）等为救劳动者而以身作则，牺牲其莫大事业之影响，因之产生第四劳动法令，此法令要点如下：

（1）准许劳动者结社内，可以自定工资。

（2）准许劳动者结社内，可以自定工作时间。

（3）准许劳动者结社内，然不可罢工。

此法令承认工会之身份，并承认其一部分之活动，英国工会法从此脱离禁止时期，由承认时期而向自由时期以发展。法定团体，惟于其手段上，则加以相当之限制。又如一九〇一年一案，有罢工后雇主得向工会索取损失费之判决，皆足证明工会在第三时期之发展。至一九〇六年，有工会纠纷条例之颁布，使英国工会法又作进一步之进展，兹举其要点如下：

（1）工会不负侵权行为之责任。

（2）保障工会之基金。

---

〔1〕 "罗伯特·欧文"原文作"粤混"，现据今日通常用法改正。——校勘者注。

（3）因工会为合法罢工所受之损失，不得请求赔偿。

（4）工会会员，作和平欢勉他人罢工，不得认为非法。在罢工时有侵害他人贸易自由，或使他人毁约者，不得认为非法。

如此法令之颁布直使工会驾乎法令之上，其于一三四九年之法令一相比较，一宽一严，岂可以道里计哉。一九一三年工会在法律上复独得以工会基金作政治费之权。一九二二年后，工党得操纵政权者，已非一次，美儒阿尔勃斯惑氏谓英国工会法已进展至过盛时期，非过言也。故自一九〇六年后，英国工会长驱直进，由自由时期，而流至放任时期矣。然最近一九二九年，英国保守党执政，以工会之势，过于猖獗，乃后复修订成今日之新工会法，英国检察长荷格在议会中之提案，可以代表新工会法之原则：

（一）总同盟业是违法行焉，无论何人不得拒绝参加之，故而被罚。

（二）威吓亦是违法行焉，无论何人不得因胁迫而作违反己意的劳动。

（三）无论何人，非自己愿意不得因强制而供给政党的基金。

（四）凡有资格官吏，应竭力效力于国家。

自此新工会法颁布，赞成者认工会不可为少派所操纵，为顾全社会人民之福利起见，自应加以相当之限制。反对派皆认为此系阶级之敌对者行使政治的复仇之手段。总之，英国工会自一九二七年后，复由放任时期而回复至工会自由时期矣。

法国

法国资本主义之发展，虽较迟于英国，然其工会之进步因立于工团主义下，亦不亚于英国。法国在一七九一年时有沙普列法之颁布，此法令于禁止结社之外，复禁止劳动集合，与劳动条件之协议。此法令之颁布实基于法国革命宪法所渊源之人权宣言，与乎美国之独立宣言。此二宣言皆以保障保障第二阶级之有产市民为背景，以财产自由竞争为原则。迄乎一八〇三年之刑法，设劳工记事之制度，严格取缔结社。更至一八一〇年之拿破仑法典，于劳动者益加以刑律上之制裁，规定雇主及劳工之团结为犯罪。至一八四九年第二共和时代，虽于男子之普通选举权予以承认，而独未试行结社之解禁，不过对于雇主及劳工之结社法上，删去其取缔处罪之不平等待遇而已。故在一八六四年以前，吾人可认定法国之工会禁止时期。及至一八四六年后，吾人殆可以工会承认时期名之。时至一八八四年，有职工会法，于劳动者集会始完全免于犯罪之定，惟于第三条规定工会之目的，以有利于工业经济商业农业为限，此职工会法，曾与一九二零年修正，兹撷其修正后之要点列下：

（1）从事同一或同种之职业者，或从事附属特定生产品工场之职业者，有二十人以上，得不经政府之许可而任意组织工会或职业团体。（如第二条）

（2）凡设立职工会，不问定章及名义若何，须将担任管理指挥者之姓名呈报。（如第四条）

（3）职工会得与其他协会公司或企业等缔结契约，但此间于劳动者共同条件之契约或协约，党悉照法律规定之形式。（如第五条）

以上各点，吾人可知法国之工会，在法律上已由承认时期进至自由时期矣。

美国

美国工会法大部根基英国，因绳于美国建邦时之独立宣言，故一切立法，皆以自由平等不侵犯人民之权利为原则，所以关于侵害他人贸易自由契约自由之劳工组织认为有背国家之宪法，应绝对禁止之。惟英国对于雇佣条件，素由国家决定之，而美国则为斯蒂孟（Stimon）所谓"美国之雇佣条件国家从未决定"。故美国立法者，对于改善雇佣条件而组织之工会，素置之不问，因之美国工会法律，乃迍邅不进〔1〕，职工结社之法人身份，迟迟未得法律上之承认，在美国法律进化史上，实一不幸之事。即如一八九〇年之取缔托拉斯条例，此条例原为防阻企业之垄断市场而设，乃法院引此法令为禁止工人之结社，谓工人结社，即所以垄断工人之市场，而干涉他人之贸易自由。如一九〇八年如淡牛勃帽匠案件（Danbury Hatlers Case），最高法院竟有职工会在法律上对于雇主应负无限的赔偿责任之判决，工会经此判例之打击，益困守禁止时期而不进。自英国一九〇六年之劳动争议法令颁布之后，美国法家之思想，乃立刻变更其态度，由工会禁止之法律而趋于工会承认之法律，观念，如一九〇七年渥海州 Kealey v. Faulkner 一案菲列推事 Phillips J. 发工人之结合，与资本之集中有同一重要之性质之言论，又如一九〇八年 Iron Molders' Union v. Allis‑Chalurers Co. 一案，培哥法官（Baker J.）更详细说明工会不可不承认之理由，其他类似之判例，如雨后春笋，蜂拥而出，社会法理

---

〔1〕 "迍邅不进"指迟疑不进、欲进不进，有如行路很艰难的样子。——校勘者注。

学派之健将，如霍姆法官如卡独叔法官等，犹极力攻击禁止工会之判例。殆至一九一四年克荣发法令之颁布，乃正式承认工会之组织为合法，并承认和平之罢工为合法，如此则美国工会法，亦急起直追，而入于工会自由之时期矣。

德国

德意志在一八四五年有普国营业法，此普国营业法系绝对禁止劳工团结结社者。至一八六一年于蓬克森工业最盛区，竟首将禁止结社法取消，但于工会并未给与若何法律上之保护。至一八六九年普鲁士之俾斯麦，实施新经济政策中，为欲消除社会之疾苦，免启社会党之借口，而影响及乎德国之军力起见，因再颁布营业法以博人民之好感，此营业法乃正式承认结社之自由而仅处罚其暴行胁迫诋毁或同盟绝交之团结方法，此法短亦为日本所采取，可以形成德国工会法之脱离禁止时期，而入于承认时期之现象。至一八七八年，俾斯麦复有社会主义镇压法之颁布，在此镇压法之下，职工之组织，仍有增无减，此种职业工会在德国联邦有最长之历史与成绩。至一八九九年，有德国联邦营业法，如一五二条又明白规定发止关于同盟罢工之罚则，至一九〇八年复正式确认劳工团结权。迄乎大战以后，德国元气大丧，劳动运动虽处于极悲惨之境地，然劳动组织，因劳动生活之困难而激增。至一九一九之德国新宪法，复确保结社权，如为保护发展劳工条件，生计条件之结社自由，一切人与一切职业，皆得享有。无论何种约束或规定，有谋限制或妨害此自由者，皆认为违法。（一五九条）

俄国

旧俄国主义者之专制政府，对于劳工之组织，禁止甚严。在一八二一年，工人多慈善互助之组织，如疾病救济丧葬等等互助等事，然此皆不以工艺为基础，而政府检查甚严。至一八七四年之条例有在雇主与工人之间，惹起计纷或煽动同盟罢工者，除剥夺公权，没收货产，微役八日以外，尚须流往西比利亚之法规。惟压迫愈重，反抗愈强，政府严行重罚，仍不能组织劳动阶级势力之膨胀。一八七八年俄国境内之一切秘密工会结合为"北俄工会"，谋政治上之活动，俄政府目击劳动阶级势力之日涨，于是变易策略，颁布一八九七年之劳动法，形式上虽曰保护劳工，而暗中仍使军警防止，以罢工为目的之工人集会。至一九〇五年工人罢工示威，演成"血之礼拜日"之惨剧，如此形成俄国禁止工会之情状。俄皇深恐情势扩大，于一九〇六年制定结社法，规定除以提高委员会生活，改良劳动条件，增加生产率为目的，组织工会外，其他均在被禁之列，关于罢工资金及秘密结社等，更严格禁止，因此法令而解散之工会甚多，此又形成俄国之工会承认时期。然在一九〇七年俄政府更变本加厉，搜索工会事务所，禁止工会罢工，逮捕工会干事。一九一四年后，会俄国因参加欧战，物价胜贵，生计维艰，工人不堪饿馁，劳工运动，尤趋激烈，结社之不得逞，工人乃以打倒专制君主为共同目标。即造成一九一七年之革命。于专制政府推翻后，至一九一八年而成立苏维埃工人政府，制定劳动法规，其于工人组织之工会，乃处超然之地位，不特可以管理国家财产，并且可以管理国家生产，工会几有干涉一切之权力，而不受法律之制裁。于是苏俄工会由承认时期直跃至放任时期，因之实业日形凋敝矣，是盖由于俄国国皇压迫工会过甚之反动所致。至一九二二年，苏俄新经济政策实行，为欲限制工会过分之活动，而有一九二二年之新劳动法，其关于工会权力，仅及于保护工人之利益，其于国有企业之管理权，概由最高经济委员会所指派，工会乃退处于监察地位，苏俄资本制度，因之复活。永井亨氏谓："此法典亦不外乎列写所谓国家资本主义之新经济政策中之产物，劳动结社之机能，果能由此而发挥与否，尚为一大疑问，将来我国劳工结社谅必渐次脱离为苏维埃阶级国家之一机关之地位，而发挥其固有社会政策之机能，惟此时期之能否达到，尤须在俄国之政治及经济组织，已达减其独裁的阶级的特征，而至民主倾向而后可。"永井亨氏之观察，余亦深以为然，惟苏俄今日工会之组织，实复由放任时期而回复至自由时期矣。

日本

日本工会组织之动机，由于中日战争之结果，因中日战争之胜利，而日本工业大为发展，公司工厂纷纷设立，劳动人数激增，而有工会组织之需要。惟基于日本国宪所颁布一九一九年之治安警察法，公然组织劳工组织，而压迫劳工运动，日本工会之发展，因日趋于惨淡，惟暗中之活动，非常劳力。其于法令方面，因受专制政治之畏胁，竟迟迟不与工会以保障，于治安警察法，虽早有删除禁止团结方法之明文，然至一九二五年始有劳动组合法草案提出，兹揭其要点如左：

（1）得自由取得法人人格。（第四条）

（2）免纳所得税营业税登录税。（第六条）

（3）资本家不得以劳动者加入劳动组合之故，拒绝雇佣。（第十一）

（4）确定劳动协约之法律效力。（第十二条）

（5）违背劳动组合决议法令之时，地方法院得取消之。（第十五条）

（6）违背劳动组合规约法令之时，地方长官得命令其变更。（第十六十九条）

此草案之最大缺点，即未能将限制及禁止劳动运动之各种刑法法令宣告废止，载入案内，又未能将适法之同盟罢工不负何等法律上之责任明白规定。惟此法令在日本劳动法中，已比较为一完善之法令，而有促进日本工会由承认时期而入于自由时期之倾向。殆至一九二六年又颁布劳动争议调停法，规定调停争议之程序，在进行时若与争议无关之人，施行劝诱骗策以封闭工厂或同盟罢工者仍须科以刑法。惟此条例，仅限于该法所关于公益事业之劳动争议，就该法令大体上观察，其已承认劳动结社之地位无疑。然日本治安法令森严，政府每以扰乱之名义，而干涉工人之结社，一九二一年之法令，亦等于具文，此日本之不幸事也。故日本工会之进步，尚未入于自由时期而逡巡于承认时期而不进焉。

中国

我国工会之发达，较诸英法等国，固瞠乎其后，然其演进之步骤，则如同一辙，在旧工业制之下，工人所有之公所行会等组织，向取放任主义。历史上罢工问题固甚少发生，但大清律例有禁止把持行市之明文，又刑案汇览记道光甲午年某御史有参案以商家买空卖空是违法行为焉。至一九一三年民国肇造，新工业勃兴，劳动者种种问题，乃应时代而发生，于政府乃有治安警察条之产生，此条例绝对禁止人民结社，如"警察官吏对于房外集会，及公众运动游戏，或众人之聚集，认为有左列情形之一者，得限制禁止或解散之：有扰乱安宁秩序之虞者。有妨害善良风俗之虞者"。（第十五条）其尤为严酷辣者，如"警察官吏对于劳动者之聚集，认为有左列情形之一者得禁止之：一、同盟解雇之诱惑或煽动。二、同盟罢业之诱惑或煽动。三、强索报酬之诱惑或煽动。四、扰害安宁秩序之诱惑动。五、妨害善良风俗之诱惑动"。（第二十二条）

如此法令与日本一九一九年之治安警察法似同一辙，峻法如山，实可令人望之生畏，而使工人蛰伏于万重压迫下，而一无生气，实现成一工会绝对的禁止时期。逮至一九二三年，北京政府农商部有工会条例草案颁布，此草案虽未施诸实行，其于组织标准复至狭，于罢工之机能如团体协约等，尤未加承认，然此法令能以工会为法人开工会承认之新时期。亦为尚不有功于工会法之发展。至一九二四年国民党总理孙中山先生以大元帅名义，颁布工会条例凡二十一条，此条例之组织标准，不以职业为限。如：

"凡年在十六岁以上，同一职业或产业之脑力或体力之男女劳动者，家庭及公共机关之雇佣，学校教师职员，政府机关事务员，集合同一业务之人数在五十人以上者，得适用本法组织工会。"（第一条）

"工会为法人，工会会员私人之对外行焉，工会不负连带责任。"（第三条）

其最引人注意者，即于团体协约与罢工权之承认，于我国工会史上有极大之贡献，如：

"工会与雇主团体立对等之地位，于必要时，得开联席会议，计划增进工人之地位，及改良工作状况，讨论及解决之纠纷或冲突事件。"（第三条）

"工会在必要时，得根据委员会之多数决议，宣告罢工，但不得妨害公共秩序之安宁，或加危害于他人之生命财产。"（第一四条）

此条例在我国工会法上，比较的为一完善之法令，而亦为切实施行最久之法令。至于一九一六年北京政府农商部所颁布之农商部草案，组织标准之范围略加扩大外，其他与一九二九年而公布今日之工会法，同时将工会组织条例宣告废止。一九三〇年公布工会法施行细则。而劳动组织之法令，始渐次完备，惟工会法与工会条例最不同之处，即工会法上所谓工人之范围较狭于工会条例，如工会法规定"国家行政交通军事工业国营产业教育事业公用事业各机关职员及雇用员役，不得援用本法组织工会"。（第三条）

"第三条所列举各种事业之工人所组织之工会，无缔结权。"（第一六一条）

"第三条所列举各种事业之工人所组织工会不得宣言罢工。"（第二一二条）

工会法于协约权罢工权限止甚严，与工会条例亦有相形见绌，如工会法规定："劳资间之纠纷，非经过调解仲裁程序后，于会员大会以无记名投票，得全体委员三分之二以上之同意，不得宣言罢工，工会于罢工时，不得妨害公共秩序之安宁，及加害于雇主或他人之生命财产，工会不得要求超过标准工资之加薪，而宣言罢工第三条所列举各事业工人组织之工会，不得宣言罢工。"（第二三条）

如此条例之规定，则罢工几无施行之余地。于团体协约之缔结修改或废止，又非得官署之认可，不能进行。则于工会之自由，剥夺殆尽，殊可慨也。如工会法规定："团体协约之缔结修改或废止，但非经主管署之认可，不生效力。"（第一五条）

今日之工会法于组织工会罢工及团体协约外，又禁止工会阻止工人退会，以破坏其组织。如工会法规定"工会不得强迫工人入会及阻止其退会。"

且限止其经济，使之不能发展，如工会法规定："工会得向其会员征收会费，每人不得超过一元，经常会费不得超过该会员收入百分之二，特别基金临时募集金或股金，须呈经主管官署核准后，方得征收。"（第一七条）我国今日工会法之缺点固多，兹因限于篇幅，不详论之。惟就我国工会法演进之历程，自一九二三年北京农商部草案颁布后，我国工会法即由禁止时期进展至承认时期，终以政治之不稳定，社会之不安宁，劳动者之不奋斗，故我国工会法虽在一九二四年时，一度进展至自由时期，而终退守于第二时期而不进焉。

结论

就以上各国工会之活动范围以观，则其最初仅限于劳动者经济之改善，如增加工资也，减少工作间也。继则由经济之改善，而及乎社会之改良，而及乎社会之改良，如社会保险也，失业保险也，合作运动也。最后由社会之改善，而及乎政治之革命，如苏俄之劳农，英国之工党。日本学者永井亨氏言英法德之劳工结社，其活动范围额，不限于职业上产业上一隅，实随结社基础之稳固，规模之增大，而扩充其活动之范围，至于经济上政治上及社会上之各方面矣。旨在斯解。工会法之演进，与劳动结社有连带关系，吾人研究以上各国工会法之演进，就大体言，则十八世纪以前，为绝对的工会禁止时期。自十八世纪至十九世纪，为工会承认至工会自由时期。二十世纪以后为工会自由至工会放任时期。在此数百年中，工会在法律上之地位，其演进之所以如此之速者，不外有四种理由：

（一）产业革命之结果工会之产生，十八世纪产业革命之勃兴有以激进之。在十八世纪之时代，各国工商业骤见发达，资本主义下之工厂制度，工钱制度，工人迫于生计，乃形成被佣者之特殊阶级，不得不互相团结，以与雇主对抗，此工会法令乃应时代之需要而日形巩固与发达。

（二）劳动阶级之劳力劳动者之结社权，非天赋，乃经过长时期奋斗而得，余前已道及之。吾人研究各国劳工运动史，知劳动者为欲要求组织工会，致与国家军警冲夺而演成血案者，不胜枚举，而尤以英法俄诸国为特着，故于近三百年中之工会法之进步所以如此速者，不得不归功于劳动者自身奋斗。

（三）个人主义之衰落近代产业革命之动机，固由于个人主义之发展，在个人主义之下，其经济观念，以发展个人能力为基础，其法律思想以保障个人自由为原则，在个人主义之经济制度中在个人主义法律思想中团体末由活动，工会焉得发展？殆至十九世纪，此种个人主义之经济法律观念，因马克思（Marx）、孔德（Comte）等氏之学说，而日行衰落，于是团体之地位，乃日形巩固矣。

（四）社会主义之勃兴十九世纪时代，代个人主义而兴者，厥惟社会主义，社会主义之激进者，则主张以工会之地位操纵国家一切生产消耗之机能，提倡此派者如法国之工团主义与德国之科学主义者。社会主义之和缓者，主张以工会之地位，谋改善其劳动生活之道，不集中于阶级之争而专注意于经济之改良，如英之奥混主义。其侧重于社会法律思想之观点者，则如除孔德等氏外尚有法之狄骥与野蒙脱等氏及美之霍姆与庞德，等氏焉，因此数氏之影响，而工会立法之进步乃益见盛速。

基于以上之种种理由，故各国工会在法律上之地位，虽因政府环境之不同，实业状况之各异，不能站在同一在线以进展至自由时期，然无论如何，今日之工会，吾人欲使其回复至以前之完全禁止时期，事业上绝不可能，然为任期发展至放任时期，则又非将世界经济政治之各种制度根本改造，不能实行，此英俄等国之所以悬崖勒马，由放任时期再回复至自由时期也。

近代劳动立法之新趋势[*]

孙晓楼

　　吾人研究立法，当知立法之趋势，劳动立法，为近代最重要之立法，亦即社会立法中之主要立法，更不可不研究其倾向之所在。概自十八世纪产业革命发动于英国之后，世界各国之经济思想、社会状态，形成一极大转变贫富之阶级悬隔，劳资之冲突不免，困苦之劳动者，呻吟于血汗工制之下，度着其牛马之生活而不能自救，于是罢工也停业也激荡澎湃之工潮，如排山倒海而来，有非人力可以阻止者，于是一般思想较新之宗教家政治家、因有见于劳动者之苦痛也，谋立法以救济之，因有鉴于工潮之汹涌也，谋立法以防范之，而劳动立法尚矣，就劳动立法以往之历史言，在初激发于人道之恻隐，继则激发于工潮之汹涌。英国一八〇二年之徒弟条例，论者以之为开人道保工之先河，嗣后由童工保护之立法，进而至于女工保护之立法，由女工保护之立法，进而至于男工保护之立法，所谓工作时间之缩短也，工厂安全之设施也，最低工资标准之规定也，此即劳动立法偏于人道的保护者也，至于罢工停业之禁止，工会组织之核准，劳资仲裁之规定，此劳动立法之偏于防范者也；近代各国之劳动立法，有如雨后春笋，层见而迭出，其范围固各有广狭，进步复互有迟速，要皆有由慈善的立法，而入乎防范的立法之范围，更有由防范的立法，而进展至于另一境域者。兹揭引劳动立法新趋势之数端，以与读者共商榷之。

一、劳动立法之社会化

　　以往之法律，以权利为本位，现代之法律以社会为本位，既以社会为本

　　＊　本文原刊于《法学杂志》（第 6 卷）1933 年第 3 期。

位，自当以社会利益为依归，此日本法家穗积重远之所以以社会生活之规范，作法律之解释也，此近代一般社会法理学派之所以高呼法律宜社会化也，劳动立法，原系最富社会性之立法，自当更以适应社会之成分为制定之要件，乃以往之劳动立法，不过于保护资产者榨取劳动者之汗血范围下，以缓冲劳资间之冲夺而已，于劳动者根本疾痛之救治，皆不能有所计及，吾人固不能以完善之劳动立法称之。所谓完善之劳动立法，贵在能适应社会上之须要，而宜特别注意者有二点：

（1）注意社会经济。经济为维持社会组织之最大要素，手艺时代之经济情状与机械时代之经济情状固迥然不同，农业社会之经济情状，与工业社会之经济情状，复判若两途，生产过剩之社会经济情状，与生产不足之经济情状，尤不能无别，劳动立法，党视其情状之不同，而制定适合劳动者于某一社会经济状态中所最须要之立法。

（2）注意劳动生活。劳动立法，既为改善劳动但者之生活而设，则于劳动者之社会生活，如其衣食住行等种种问题，宜彻底了解其苦痛之所在，然后可施以法律上之规定。

以上二者，为法律社会化之所宜特别注意者。其他如社会上之习惯道德等，皆有注意之必要，总之，制定劳动立法，决不可过偏于理想，应于社会组织之要点相适合，是以近代英美法德等国，其于立法必附设一社会调查之机关。吾人参阅各国劳工局，于劳动者经济情形，生活状态，调查报告与统计之周详，实不能不令人敬叹。此其所以立法也艰，而其行法也易，法律之社会化之功效其在此乎？

二、劳动法之积极化

十八世纪产业革命以后，劳动者之生活，由家庭而至于工厂，其苦痛益形暴露，一般带宗教色彩之立法家，因不忍见其惨无人道之劳动生活，不得不谋及于法律之改善。故在初之所成立之劳动法规，要不外以慈善为本质，如工资之增加也，童工之限制也，女工之保护也，工作时间之缩短也，工资以外之额外津贴也，夜工之限制也。诸如此类，皆不出于一种带有消极性的慈善立法，此种慈善立法，于今日各国之慈善立法中，实占极重要之地位，在此惨无人道受万重压迫下之工人生活，吾人固不得不承认此种立法之重要。然于劳动者之自身得益几何，是否可藉此等之立法解决彼等之苦痛，尚属疑问。或曰，然则解决劳动者之苦痛，其将以现有之经济制度根本改造乎？余曰不善，有积极的劳动立法，足以使现在的经济制度，入于改善之道，其一部分方法，以为德法等国所采用者，则不外有四：

（1）注重劳动教育。以往之劳动者，因迫于生计，无受教育之机会，其所谓教育，皆为一般有产阶级所包办，有钱有智识，无钱无智识，无智识，只有从事于苦役之劳动，供人驱策，于是形成一特殊之阶级，而劳动者不贱则自贱矣。故今日最新之劳动立法，党注意于劳动教育，以抬高劳动者本身只地位。

（2）注意劳动合作。劳动阶级，因无资本以从事生产，固一切关于工艺实业商业皆为有资产者所操纵，于是劳动者之生产消费，不免受他人支配，而永沦于经济困顿之地位，倘能使劳动者互相集合，互相协作，以从事集体的生产，集体的消费，集体的储蓄，则集腋成裘，众擎易举，劳动者可以渐次脱离其无产阶级被压迫之地位，进而至于劳动者自己生产自己给养之地位，则劳动者之苦痛可以解除。

（3）注重劳动之参政。自各国实行待议制度后，所谓选举，类以资产智识作标准。劳动者既无资产又无智识，安得有参政之机会。于是劳动者于经济的压迫之外，重加以政治的压迫，故近代各国新宪法其于政权之取得，不再以智识资产作标准。如苏俄之政府，固完全为劳动者统治之政府，即其他各国之新宪法如德意志西班牙等，皆实施普通选举。我国第二次全国代表大会，亦有此议决案之通过，其用意亦在乎此。

（4）注重国家生产。在此国际商业竞争酷烈之时，各国劳动阶级，莫不注意于国家自身生产之发展，固近代之劳动立法，一方面固注意于劳动者之保育，一方面复用种种方法以养成其勤俭耐劳之习惯，以增加工作之效能，使国家之生产增加、工人之生计充裕。苏俄新劳动法，于工人有怠工者，必处以重罚之规定，其目的在使苏俄之劳动者，勇敢坚决，耐劳团结，以完成其五年之计划耳。此为生产方面所应注意者。

故今后之劳动立法，决非徒采消极的慈善政策可以了事，必也于慈善的政策之外，积极的从事劳动者自身智识之提高，经济的发展，政权之取得，必使劳动者之地位根本改造与提高，然后可以根本解决劳动者之苦痛，此劳动立法之所以日趋于积极化也。

三、劳动立法之法典化

法律之法典化，本为法律一般之趋势，是不特于大陆法系之国家为然，即素称不成文法之英美法系诸国家亦何莫不然。盖劳动立法，在初不过寥寥数则，逮至今日，人事日繁，劳资之纠纷日多，于是劳动立法之范围，渐次由狭而宽，由简单而严密，吾人以劳动立法之重要性而言，固当有劳动法典之编订，以法国为最早，于一九〇一年已完成其劳动法典之一部分。今则第四遍业已告竣，伟然巨帙，将与拿破仑法典并传不朽矣。一九二三年之苏俄劳动法典，为代表最新社会主义之法典，尤觉与众不同。德意志之新宪法，更规定国家须制定统一之劳动，特设劳动法编纂委员会，专从事于一统的劳动法之编纂，已完成者之劳动介绍失业保险等，皆于劳动法律上有特殊之贡献。其他国家如比利时土耳其等国复追踪法德等国以编订法典，即如英美法系崇尚判例法系之国家，以劳动法令之日见众多，汇集成一劳动法典之倾向。乃今之论者往往以劳动法典之恐侵入已成之法域，殊不知今日公私法律之分类方法，不过承袭传统法制之遗迹，此种传统法制之分类方法，其不能有绝对性者，已为一般学者所公认。若肢柱陈规而不知有以改良，则法律之进步失所期矣。

四、劳动立法之统一化

劳动立法一方固倾于社会化，他方复有趋于统一化之倾向。良以劳动问题，如失业罢工停业等问题之发生，往往因一地而影响及乎全国，往往以一种工人，而影响及于全体之工人。故劳动立法，决不能因其有社会化法典之形式，而认为满足，还当顾及此类工人与他类工人之关系，此地域工人与他地域工人之关系，而制定一统的劳动法规焉。如欧洲各国，在初于劳动者立法运动之外，复有使用人立法运动，两者并驾齐驱，作各别之发展者。逮至今日，则两者合于一流，以劳动者立法与使用人立法之同一被佣者之基础理论。编一统一的劳动法规，是劳动立法，非仅劳动者阶级一方面特有之运动，又非仅使用人阶级一方面特有之运动，实为各种合一的所谓彼佣者阶级全体之社会立法也。抑更有进者，所谓统一劳动立法之范围，有渐由国内统一化，而倾向至国际统一化者。自一九一九年在美京华盛顿开国际劳工大会后，先后已有十六次之会议，拟定国际各种各种重要劳动法规，是可以证明此后之劳动立法，不仅统一国内被佣者阶级之劳动立法为前提，亦将统一世界被佣者阶级之劳动立法焉。今日日内瓦国际劳工局工作之积极，组织之扩大，其分局将遍设于全球，尤见劳动立法之统一化之重要矣。

五、劳动手续法之简捷化

劳动者生计艰难，智识浅薄，为近代各国劳动者之普通征象。因劳动生计艰难，故对于劳动者伤害赔偿等诉讼之进行，不能稍有迟延。因劳动者资识薄弱，故对劳动诉讼之手续，有力求简单之必要。今日普通法院之诉讼，无论关于民事刑事，其诉讼之进行，类皆非常迟缓，一案之进行，每稽延至数年而不能确定，待米而炊之劳动者，于法院之诉讼手续既不能了解，又无钱以委托律师，于是不免为资产阶级之雇主所操纵，此普通法院之所以不适用于劳动诉讼也，此普通民刑诉讼手续法之所以不适用于劳动诉讼也。近代各国之立法于劳动诉讼之进行，虽有各种不同之方式，要皆主张与劳动者设立特别法院，或组织仲裁会以解决之，而其于诉讼手续之进行，又不外有左列各点之特质：

（1）结案神速。劳动者经济困破，其诉讼之进行，自不宜稽延。劳动法院受理诉讼案，在德国普通不过三月，在法国不过四月，近且有数日间即须结案者之规定。

（2）手续简单。为便利劳动者进行诉讼起见，其于诉讼之手续，复力求简单，近且以采取调解之方法者为多，不拘一定之形式，不必委托律师，可以随时进行诉讼。

（3）诉费豁免。法德等国之劳动法院，在初关于劳动之诉讼，尚须酌收诉费，藉以挹注法院之开支。今则劳动法院一切开支，均有政府负责，而诉费则类以豁免为原则。

（4）法官[1]自选。惟劳动者自身乃知自身之苦痛，普通法院之法官，其自身每立于资产阶级之地位，于劳资诉讼之审判，不免有偏颇之虞。是以近代各国之劳动法院之法官，或仲裁人员，以劳资两方自选者为多，此亦为便利诉讼之进行，有利于劳动者不少。美国劳动法学家阿尔勃斯惑氏曰，劳动者之赔偿宜普通而不宜分散，宜一定而不宜测度，宜迅速而不宜迟延，支

---

[1] "法官"原文作"推事"，现据今日通常用法改正，下同。——校勘者注。

付赔款时期数目，皆当确定。倘系分期付款者，尤当顾及受赔偿者之利益。吾国学者袁简齐，亦有以早结轻刑为审判之训。夫早结轻刑，与乎赔偿之能得诸迅速，于劳动者皆有切肤之关，此劳动诉讼法之倾向于便捷化也。

总之近代世界各国之劳动立法，无论其进步之缓急，其范围之广狭，于立法的形式方面，则由法令的各个的立法，进而至于整个的法典的立法，有各个的地域的立法，进而至于统一的国际的立法，就立法之精神言，则由理想的立法，进而至于社会的立法，由消极的立法，进而至于积极的立法，就诉讼之手续言，则由繁杂的手续，进而至于简捷的手续，此近代劳动立法之新趋势也。回顾我国立法诸公，因有鉴于劳动立法之重要，于立法院特设劳动法规委员会，以谋制定完善之劳动法规，意至善也。四五年来，计先后由国民政府公布工会法工会法施行法，工厂法，工厂法施行条例，团体协约法，劳资争议处理法及工厂检查法等数种，其于着手编订中者，复有劳工保险法，合作社法等，煌煌巨帙，诚开我国立法以来未有之新纪元，数年以后，必可使我国之劳动法规，成为统一的法典也。审核此已成之种种法规，其于精神上独以偏于理想者为多，独以带有消极的慈善性者为尤多，此我国已成劳动法规之所以迟迟难于切实施行乎？夫立法固希望其具有法律之形式，亦希望其具有法律之精神，盖法患其不能行，不患其不能成，欲其成而能行，则于形式之外，尤当注意其精神之所基，此吾人于劳动立法之所宜注意者也。

女子劳动保护法律之研究[*]

孙晓楼

女工者，乃保护年龄以上妇女劳动者，其已嫁未嫁皆可勿论，欧美女工，类以未嫁女为最多，既嫁女与寡妇亦不在少数，我国女工则寡妇似占少数，已嫁女更不易多见，而未嫁之少女实占其大多数焉。考女工发生之原因〔1〕，与童工不相上下，所谓工场工作之简单，劳动力之需要〔2〕，生活程度之提高，工资之低廉，管理之便当，教育之不普及，其可以为产生童工之原因者，皆可以为产生女工之原因。惟以余个人观察，近年男女平等之思想，尤为激动女工要求职业之特别原因。良以女子之职务，在往昔皆以处理家政为主体，所谓男子司外务女子作内助，此非习惯，不独我因如此，即欧美等国，亦何莫不然。惟自十九世纪以后，男女平等之思想甚嚣尘上，其男子所任之工作，女子均认为不应为男子所独占，故无论其为工艺教育商业，甚至政治活动，在在有女子参加之可能与要求，玉树最苦痛艰难之工厂劳动，亦无以拒绝女子之工作矣，且女子品性温和，工作忍耐其如纺织等工厂，尤为一般厂主所欢迎，于是女子劳动，日见其重要矣，惟女子生理上有构造与变态之不同，吾人常见其因劳动而终生下〔3〕列几点之危害：

一、妨害身体健康。女子身体赢弱，加以月经妊娠分娩之种种身体上之变态，其于身体上之抵抗力，与活动力较诸之普通之男工为弱，今若任女工操劳过度而不施与相当之休息与保护，其危害于身体之健康者不小。

二、增加家庭烦闷。家庭快乐为人类生存之要素，男子在外工作，辛苦

* 本文原刊于《女青年月刊》（第 13 卷）1934 年第 4 期。

〔1〕 "原因"原文作"源因"，现据今日通常用法改正。——校勘者注。

〔2〕 "需要"原文作"须要"，现据今日通常用法改正。——校勘者注。

〔3〕 "下"原文作"左"，现据今日通常行文格式改正，下同。——校勘者注。

一日，其唯一享乐排遣之处家庭，今若使夫妇男女同事在外工作，而消磨其岁月于强烈之机械声中，家事每无暇整理，则家庭沉闷，可以增加社会许多罪恶。

三、危害儿童康健。母体之强弱，足以影响即其他儿女，有强健之母亲，乃有强健之子女，今妇女在工场操作，于其自身之健康康因大有妨害，即于其子女复失所保育，其影响于儿女之健康者复不小，西人以儿童死亡率与妇女劳动有连带关系者，非过言也。

四、工资之低落。妇女之生活费用，每较男子为少，今因女子作工，而男子之工资标准亦因之下降，是由于妇女加入工厂工作后，工人人数激增，于是供过于求，而影响及乎劳动一般之价值，使工资低落，甚至影响及乎男工职业之得失，而增加社会上失业与自杀等恐慌。

五、子女之失教。家庭教育，乃社会之基础，幼年失教，则足以危害社会之现在与将来，今父母皆往工厂工作，则事实上尚有何余间而及乎家庭子女之教育，子女无善良家庭教育，即不能望其为善良之国民，社会上一切罪恶每因是而产生。

总之，女子劳动，其于人种之强弱，家庭之安乐，社会之治安，国家之盛衰，种种，皆有连带关系，吾人于妇女之工作，既因时代工业之须要，而不能勉强禁止，则吾人为人道计，为社会国家寄，不可不施以保护政策。兹将女子劳动于法律上所应行保护之各点分别以讨论之。

危险工作之禁止

因妇女身体上较弱，故对于危险工作，各国皆与以相当之限止，如一九一九年之因国际劳工会议案，有在带危险性之制铅工厂中，女工及十八岁以下童工除外；美国如渥海渥（Ohio）等十四州禁止饮酒会客店中雇用女工，此所以维持女工之风纪；俄国禁止妇女从事矿山地下工磨擦铸造工瓦斯洗刷铅铜汞锌银等矿屑工作，即铅版铸造铁工厂木料厂等工作，此外不论何地不准举移重十磅以上之工作物件；欧洲大部分之国家，不许妇女如硫酸铅工厂，是所以防女子之小产（Mis carriage）及流产（Still – birth）也，又禁止多烟灰（Fumes）蒸气煤汽之工业雇用女工，是所以保护女工之肺部而注意及其空气之呼吸；又如英法德奥意美等国皆禁女工之地下劳动，最近印度亦有同样之法令，荷兰卢森堡及美国纽约华盛顿等十七州，复规定不论地上地下凡矿山皆不许使用女工，是因在地下劳动，其于生命之危险，更甚于平地之工厂，故不得不有特别之规定，我国以往之劳动立法，如北京政府之暂行工厂通则即矿山待遇规则广东省工厂法草案皆无矿山禁用女工之规定，及之今日新工厂法产生，对于矿山女工之限制，尤未有详细规定，论者每引为遗憾，兹将其第七条所规定普通女工所不应从事之工作列举如下：

一、处理有爆炸性引火性或有毒质之物品。

二、有尘埃粉末或有毒气体散步场所之工作。

三、运转中机器或动力传导装置危险部分之扫除上油检查修理及卸皮带绳索等事。

四、高压电线之衔接。

五、已溶矿物或矿渣之处理。

六、锅炉之烧火。

七、其他有害风纪或有危险性之工作。

以上各点，其可以应用于童工保护者，皆得适用于女工之保护，违及本条各点之规定者，处一百元以上五百元以下罚金，（新工厂法第六十八条）惟厄瓜多尔[1]（Ecuador）在一九二九年一月一日施行之《女工保护法》有一切危险与不合卫生职业，不得雇用女工，如雇主在禁用女工之职业中雇用女工致发生危害及疾病时，雇主应自负全责，其规定更严于我国新工厂法之规定，尤足为我国所取法。

工作时间

女工既不能绝对禁止，则其于保护之方法内，对于工作之时间，不可以重加限止，女工工作时间缩短，不特增加男女间家庭之乐趣，与乎儿童前途之幸福，其于工厂工作之效率，亦能因之增加。美国福特工厂，于工作时间减少后，出品改善且增多之事实，足以证明此说之不谬，故美国大多数州规定石榴岁以上之女工，应受十小时工作法之裁制，惟于加利福尼亚（California）与俄勒冈[2]（Oregon）等州，其于电话局楼接线之女子，则每日以六小时为原则，其他如英德法希腊瑞士葡萄牙挪威等国，虽采用十小时工作时

---

［1］ "厄瓜多尔"原文作"厄瓜多"，现据今日通常用法改正，下同。——校勘者注。

［2］ "俄勒冈"原文作"渥利汞"，现据今日通常用法改正。——校勘者注。

间，惟如瑞典与丹麦之所谓十小时制，仅限于未满是伴随之女工；其他如俄则以十一时半为原则，意大利比利时芬兰则以十二时为原则，一九一九年华盛顿第一次国际劳动会议，复公布不论男女幼少，一律以八小时为原则；是可知世界男女工作时间之最普通者为每日八小时之规定。我国广东工厂法草案第七条，以成年工每日工作时间不得过八小时，北京政府暂行工厂通则以成年工每日工作除休息时间外，至多不得过十小时，最近国府工厂第八条谓。"成年工人每日实在工作时间以八小时为原则，如因地方情形或工作性质有必须延长工作时间者，得定至十小时。"本条之所谓成年工，固包含男女工人，夫女工身体较弱，似不应与男工相提并论，作同样之规定；应另设特别保护法令，将女工每日实在之工作时间缩短至六小时或七小时，如因地方情形或工作性质至多延长工作时间亦不得过九小时。较工厂法现在所规定者为稍为公允矣。

至于女子夜工，尤当绝对禁止，良以妇女而从事夜工，不特于妇女之健康有碍，且于社会风俗家庭幸福更有重大之影响，是以世界各国于女子夜工皆非常注意，如俄国法规，禁止女子在下午十时后六时前之工作；日本法规，禁止女子在十时或十一时后至五时前之工作；厄瓜多尔（Ecuador）女工保护法，禁止女子在七时后至六时前工作，惟于十八岁以上电话公司与戏院女工皆不在此例，他若委内瑞拉之工作时间法，又限止妇女在下午六时后至上午六时前之工作；美国纽汉斯费州对于纺织工厂之女工则禁止其于下午六时后至上午六时前工作，对于普通工厂则禁止其于下午十时后至上午六时前工作；我国工厂法草案，禁止妇女在下午六时后至上午六时前工作，新工厂法第十三条规定："女工不得在午后十时至翌晨六时之时间内工作"。

论者如陈达君则建议于本条之后附加"但某某工业在本法实行后三年以内，可以延长工作至午后十一时"之条款，其意盖在依现状中国之工业，苟立刻禁止妇女之夜工，每于某种工业如纺织等有极大影响，故建议以三年为变通时期。吴德培均复主以工厂法草案代新工厂法，而以妇女在下午十时后至下午六时前工作为失当，余于此点，则以陈君之建议颇合我国社会之现状，倘以工厂法草案之辩法，立刻施诸实行，于中国一般习用女工之纺织业，不免因之而受重大之打击，不知识者以为然否？

生产保护

分娩为女子最苦痛之事，亦为最重要之事，分娩之得失，小之及乎母体之健康，大之及乎母子之生命，故于女子分娩前后非有适当时间之休养不可，近代优生学者，皆主女子分娩前后应有相当之准备与休养，最忌者为长时期之工作，与过繁重之工作，是以各国工厂立法于女工工作时期自当特别注意而与以相当之规定也；例如俄国手工劳动之女工，产前产后皆准有八星期之休息，智力智力劳动之女工分娩前后准许六星期之休息，是因手工劳动于分娩之危险，较智力劳动为甚也；德国社会保险制度禁止妇女在产前二星期产后六星期内工作，由工厂给以工资之半数，他如瑞士、瑞典、挪威、罗马尼亚、捷克等国法规，均禁止产后六星期之工作；英、法、比、丹、西、葡、塞等国禁止产后四星期内工作；若日本工厂法施行规则，准许产后五星期或三星期之休息；厄瓜多尔女工保护法准许产前三星期之休息，于产后九个月内每工作三小时准许哺乳一次；荷兰法规不规定休息时间，惟规定妇女因分娩停工，厂方除给与工资全额以外，更酌给扶养费；西班牙、瑞士、挪威、荷兰、意、法等国，又规定分娩时间一日两次各三十分钟之休息，并不减少工资。一九一九年华盛顿第一次国际劳动会议，决议各国应准许产妇在产前六星期（医生证明本人愿意）产后六星期之休息，此十二星期内除工资照给外，须给以相当之扶助金，其金额以能扶养本人及婴孩之十分健全为限，此外并可受医生之免费诊疗或助产妇看护之权利，其于六星期后自哺婴儿之女工，得于工作时间中特别给与一日两次各三十分钟之休息，且于分娩前后停工期间，厂主不得解雇；美国大多数州如纽约（New york）与马萨诸塞[1]（Massachussts）等法规，类禁止产妇产前二星期产后四星期工作。就上列各国女工分娩前后停工期间比较以观，则其中保护产妇最厚者，如限于手工劳动之俄国法规之规定，生产前后竟各有八星期之休息；其次则当推第一次国际劳动会议之决议，及俄国对于智力劳动之规定，生产前后有六星期之休息，惟国际劳动会议之决议案，更有扶助金之供给，实属难能可贵；我国北京政府公布之矿工待遇规则及暂行工厂通则，规定女工在生产前后休息六星期，工资照给；广东省工厂法草案以女工在产前产后应各停止其工作四星期，除

---

[1]　"马萨诸塞"原文作"马塞吃失"，现据今日通常用法改正。——校勘者注。

工资照给外，并应给以一月工资之扶助金；又十六年广东省医院工人待遇条例，规定女工在产前二星期及产后四星期应各免其工作，工资照给。最近新工厂法第三十七条谓：

"女工分娩前后应停止工作共八星期，其入厂工作六个月以上者，假期内工资照给，不足六个月者，减半发给。"

是条与美国康纳克铁克州之规定相似，惟于扶助金之规定，尤付补如，殊应补设此条，良以女工所无恒产，在分娩时期徒赖工资之收入，每不足以维持其生计，故能如国际劳动会议之决定，而酌给扶养金，则更为妥善；倘能再如葡萄牙、法国、丹麦、意大利等国法规于若干女工以上之工厂，即须设哺乳所，或如俄国工厂中之建设育儿厂，更如厄瓜多国规定产后准许女工哺乳之时间，则保护立法更为周密矣。

工资问题

关于妇女之工资，应以与男子同一待遇为原则，良以男女工资平等，不特可以改善妇女之生活，益且可以维持男子工资之标准，使男子工资，不致过分低落；在往昔男女工资分配不均之时，男子工资，每超出于女子工资百分之六十以上，是不特我国如此，即欧美各国亦何莫不然；时至今日，同工同酬（Equal pay for equal work）之声，已甚嚣尘上，所谓同工者，犹不仅限与同量之工作，必有同等之量力。是以国际劳动立法第七条规定，同一价值之劳动，须给以同额之报酬，夫所谓同一价值之劳动，即须同等工作之外，后须注意及其工作之价值，就今日法英美等国实业上之经验言，女子工作之效力，未必逊于男子，不过因男女体力之不同，而于工作之性质上稍有出入耳；此以男女工作之价值而定其报酬，不可谓不当，然论者每以此为抨击男女同工同酬之理由，实未明男女工作能力之实情。我国新工厂法第二十四条有"男女作同等之工作而其效力相同者，应给同等之工资"。是我国男女同等工资之取得，必适合二种要件，即于同等工作之外，当再注意于同等之效力，与国际劳动利达守同一意旨。

制宪与劳动保护[*]

孙晓楼

法律之善否，其中心问题，在乎法律上之能否解决大多数人之苦痛，无论此法律之为刑法也，为民法也，为实体法也，为手续法也，其适用之效力，苟能维护或改善社会上大多数人之利益，即不得谓之恶法；其适用之效力若仅维护或改善社会上少数人之利益，即不得谓之善法；故法律之良否，当以其社会公共福利为依归；德法学者耶林[1]氏以法律之目的在于社会公众之福利，旨哉斯言。惟以往之立法者，因绳于传统法制之思想，认定保护个人利益为维持社会秩序之手段，其结果即造成今日社会上贫富阶级之悬殊，劳资冲突之激烈，盗贼杀掠事件之习闻，个人之利益未保社会之残杀以起，长此以往，人类前途生存之危机，实有不堪设想者。近代社会立法者，为欲挽此狂澜，故力倡以维护社会福利为保障个人利益之手段，而又以劳动阶级占社会之最多数而生活亦最苦痛，特提倡制定劳动特别法规，以为社会谋福利之先声焉。

惟言及劳动法规，其范围甚大，其渊源至多，在今日之法律中，其足为劳动法规之渊源者，有宪法，有命令，有自治法规，有商事习惯，有判例，有劳动问题之著作等等，皆足为劳动法规之重要材料，而其中最重要者，厥惟宪法，因宪法为一国之经典，无论何种法律，皆当以国宪为准绳，无论何种法律与国宪抵触者无效，论者每以宪法为一国之母法，而其他法律为子法；诚然，母法之不健全，其影响于子法，自不待言，然今之研究立法者，往往兢兢于子法之改善，而于母法则不加注意，是非所谓舍本而逐末者耶？夫宪

---

[*] 本文原刊于《国际劳工消息》（第 5 卷）1933 年第 2 期。

[1] "耶林"原文作"耶棱"，现据今日通常用法改正。——校勘者注。

法既为劳动法规之重要渊源，吾人欲求劳动法规之日见完善，其于宪法上之改善，更有及不容缓者，当此制宪之声甚嚣尘上，自吴经熊氏发表宪法草案初稿后，各界人氏之批评甚多，惟涉及劳动保护问题者甚少，兹草制宪与劳动保护一文，揭引各国新宪法中关于此问题之特点，以与学者共商榷之：

一、劳动法规之制定。劳动法规，既本诸宪法以产生，其于如何产生劳动法规之方法，各国新宪法中以德国新宪法之规定较为详明，查德国新宪法第七条第九款规定："劳动法保险法，劳工及佣工之保护法，职业介绍所法，应由中央联邦政府制定之"，惟其第十二条则复有"关于中央政府立法权，在联邦国家尚未行使时，各州得保留为己有，惟关于联邦独有之立法原则不适用之"之规定，又第一百五十七条规定，"劳工立法，于国家特别保护之下，联邦政府应编制统一之劳动法规"。据是以观，德国新宪法中，有中央联邦政府制定劳动法规之原则，然后可望德国劳动法规之统一，有各州政府根据原则参酌社会上习惯而制定之劳动法规，然后可望德国劳动法规之社会化；劳动法规为最富社会性之立法，吾人岂可以制定劳动法规之使命，完全托付于中央；德国新宪有此规定，实足为吾国取法，吾国虽非联邦政府之政府，然于此幅员广大之中国，欲中央政府立一法规而可以适用于全国者，事实上有所不能，此于劳动法规统一声中，吾人所宜注意者也。

二、劳动为社会之义务。劳动立法，是劳动关系之立法，劳动关系之观念，复因时代之不同而几经变迁，概括言之，则劳动关系实由债务之关系，而进展至身份之关系，而进展至社会的关系，是故以前劳动法学者之主张，在债务与身份关系之思潮中皆偏于消极的慈善之保护，而今则根据社会关系于慈善的保护劳动者外，复注意劳动者对于社会之贡献，此即于社会关系论中之所以有劳动之义务说也，如西班牙新宪法第四十六条有"一切劳工为社会之义务，应受法律之保护"之规定，苏俄新宪法第九条规定，"劳动为人人应有之义务"，又意大利工团主义之宪法第二条谓"劳工在一切的形式上智力的技术的或手工的，是对社会的本分，仅仅在此观点上，劳动者乃得政府之保护"，是可知近代之劳动立法，每以劳动者自身之努力，为劳动者要求保护之条件，既不许资本家坐享，亦不许劳动者偷惰，用以谋整个社会经济之发展，而增加国家之生产。最近吴经熊氏于其拟定之宪法草案初稿中，其第一百六十九条亦有"中华民国人民俱有不背正义与人道为精神上或体力上劳动之义务"，诚然，在我国国家经济濒于〔1〕破产之时，而国民性理复只知节流不知开源，只知俭约不知勤劳，能于宪法上有强迫劳动之规定，其于国家经济上之发展，实有无穷裨益焉。

三、劳动能力之保护。劳动能力之保护，为劳动立法者最初步之手段，亦为劳动阶级最重要之要求，惟将保护劳动之原则，制定于一国之大典者，当以二十世纪各国之新宪法始，最近各国新宪法中。如德国新宪法第一百五十七条规定，"工作之力，归联邦政府特别保护，联邦设定划一之工作法"；又第一百五十八条规定，"知识上之工作著作权发明权均享联邦之保护及扶助德意志科学技术美术之创造，即在国际条约亦受保护及尊崇"；希腊新宪法第二二十二条规定，"劳心与劳力的工作，国家任保护之责，而逐步求劳农阶级之精神的与物质的提高"；芬兰宪法第六条第二款规定，"国民工作，尤为国家所保护"；立陶宛宪法第一百零二条规定，"劳动为共和国之主要富源，国家应特别庇翼之"；最近西班牙新宪法第四十六条除于一切劳工为社会之义务应受法律保护规定外，复有社会法律应规定，"一，最低工资律，劳工保险，童年康健，意外失业，老废与死亡保险等问题，二，从事劳动之妇女及儿童尤于产妇保护问题，三，工作时间及最低工资及家庭最低收入等问题，四，有给付之年假问题，五，西班牙人在外国之劳工条件，六，合作社问题，七，完成生产之各要素在法律上经济上之关系，八，劳工参与事业之行政事务，及关于劳工幸福之其他事务问题"等，其于劳动保护，尤较其他各国为完备。此外如意大利宪法第二十三条对于劳动保护各款之规定，亦足供我国制宪之参考，因限于篇幅恕不详述。

四、劳动机会之均等。各国新宪法中，既有本劳动为社会义务之原则，于好游偷惰而不事工作者，予以相当之惩戒，于情固不可当，然若于有工作能力而无工作之机会，汲汲焉皇皇焉欲谋一啖饭地而不可得，以至沦为乞丐流氓或盗贼者或甚至自杀者，又所在皆是。此其咎不在个人，而在政府。故近代各国政府每以开发实业，建筑道路等以救济人民之失业，又于宪法上明定无业与失业者得向政府要求生活之权。如德国新宪法第一百六十三条第二项，有"凡德意志人应予以机会，使得由劳动而维持其生计"之规定，又第三项规定，"有求相当劳动机会而不得者，则为之筹划每人所需之生计，其详

---

〔1〕 "濒于"原文作"频于"，现据今日通常用法改正。——校勘者注。

以特别法律定之";西班牙宪法第四十六条,有"国家应确保劳工享受为适当生活之良善环境之规定";意大利工团主义宪法第二十一条第三项,有"设立介绍所"之规定第二十二条有"政府应调查与管理劳工有业无业之现象"。此类数字,是劳工与生产情形之指数,故近代各国新宪法,于劳工机会之均等方面,亦认为亟不容缓之重要政策,而于宪法上加以特别之注意。吴经熊氏之宪法草案初稿第一百七十条,亦有"有劳动能力非因怠惰或过失而失业者,政府应予以协助,使有适当之工作机会"之条文,此亦可谓该草案初稿中,一最有价值之条文,深盼立法院能于本条得正式通过也。

五、劳动结社之保护。人民有结社集会之自由,各国宪法上固早有规定,然于劳动阶级之结社,每为国家警权所剥夺或限制,故近代宪法,于人民结社机会之自由外,复特别有保护劳动结社之规定,借以防止警权之滥用与干涉,如德意志新宪法第一百五十九条,有"为保护发展劳工条件生计条件之结社自由,一切人民一切职业得享有之,一切约束或规定有图谋限制或妨害此自由者,均为违法"。此与其宪法第一百二十四条规定之所谓"凡德意志人关于不背于刑法志目的,有结社权利"之条文,大有不同。再如意大利新宪法第三条规定,"工会或工团的组织是自由的,但是只有经法律承认及受政府监督的工团,才有权代表所属雇主或劳工全体"等语。苏俄旧宪法第十五条规定,"为保持劳动者完全集会自由,所以各公民都许他自由集会及结社游行之权利,所有公共集会之所,以及电灯气管划归农工人自由处置"。其第十六条规定,"为保护劳动者结社的权利,所以苏俄共和国剥夺资产阶级的政权与财产,使他不至为工农结社自由的妨害,且对于工农的结社,与以精神上和物质上的援助"。此第十六条,虽不免激烈,然此实社会主义政体下应有之政策,总之,劳动结社,为提高劳动地位最重要之手段,劳动者生活之改善与维持,非赖此结社不能发展,回顾我国,宪法几经变更,其于人民集合结社,固日见其周密,然于劳动结社集会,犹未见有保护之明文,即于吴氏宪法草案中于此亦未有规定,此不得不引为最大缺憾耳。

夫吾人之所以乐有国家者,非乐其国家无事则要钱,国家有事则要命也;苟如是,无政府不犹愈于有政府乎?故夫政府者,人民谋生活之机关,法律者,政府为人民谋生活之标准,亦即人类共同生活之规范也。惟二十世纪以前之宪法,以保护个人自由为主的,故其于所有权之保障,契约自由之保障,继承自由之保障,兢兢焉皆惟恐其不周,而于饥寒交迫贫无立锥之劳动者,则漠然不加注意，于宪法上并未有只字规定其保护之原则，以致劳动者之生计，似受万重压迫而不克自拔，遂酿成今日社会上种种劳动之重大问题。今各国政府当局，欲挽此狂澜于是于一国大典之制定也，必规定劳动法规之制定方法，以便产生完善之法规，必以劳动为社会之义务，以防止劳动者之偷惰，必保护劳动者之能力，以增加其幸福，必与劳动者以均等之机会，使其有工可做，必保护劳动者之结社，使其有协约之地位；总之，今日之新宪法，当为社会大多数之贫弱者谋生计之维持与改善，决不可再如二十世纪以前之专为社会一部分之有产阶级谋幸福之保障与增加，此亦吾国于实施社会政策上应有之态度，而于制宪问题中所当特别注意者也。

工人安全问题*

陶爱成

工人共有六种危险，就是疾病、年老、死亡、残废、受伤和失业。此六种危险，都能使工人失去工资，以致一家老小无法谋生。工人虽也有预防的方法，如节欲卫生等，但是不过能够免除疾病及迟缓死亡。至于失业和受伤之权，不是操在工人的手中，所以总难避免。然而工人工作小心，的确也可减少受伤事情的发生。倘使国家和雇主方面也有相当的措置，那么受伤事情的发生，更可以减少。如现在的一切工业，矿务也在内，因为保护得力，横祸已经减少，而工人对于失业，还没有办法应付。

工人如果绝对的节俭，也未尝不能积聚少数的金额，以应付将来不测的需要，或者作为老年使得赡养费。但是他们辛辛苦苦的积储，究竟能够得到多少呢？如果工人自己组织互助的团体，但是也没有能力对于久病或年老的工人，予以津贴，如其向来所得工资的数目。

虽有保险公司，保死亡受伤等险，但是保费很大，工人没有能力取保险。而且这种公司的创设，也并非以工界为目的的。虽中等阶级，保险的也不多。至于最足致工人于死地的失业，直到今天，还没有一般的失业保险。

总之，工人自己是没有完全能力来防备危险的。因此不得不求助他人。而唯一的求助者，厥为雇主和国家。

（一）雇主当负责工人受伤和失业的责任。照现行工业制度，工人好比机器。雇主对于其他机器，每年总有折旧计算，那么对于工人，也当拟一部分款项，作为工人的折旧。其次，雇主也应当调节生产量，以免生产过多，物价跌落，间接地使工人失业。他如普通的疾病、年老、死亡、雇主也不可以

＊ 本文原刊于《共信》（第 1 卷）1937 年第 10 期。

说全不负责。在不卫生的工业中，工人的疾病因之加多加重，且年老和死亡，也比平常人来得快。这也不一定指不卫生的工业，就是其他一般的工业，工人多少也受到同样的结果。所以雇主担任抚恤的一部，也不可以说不公平。

（二）国家也应该负责任。因为今日的社会，是利害相共，责任相连的社会。如果一阶级贫，则富的也不能安逸。且生产所得为社会各阶级所共享。那么生产的负担，尤其是失业，社会也应该负担一部分的责任，并且失业的过失大都是在于社会，而不在于工人。如果国家为工人不幸的事件上想法，那么国家尽可以强逼工人和雇主互相组织一调剂机关，作强逼的保险。

今将各种不幸的事件再分别讨论：

（一）疾病。统计起来，每个工人每年平均疾病的日子，不过七天或八天。所以担任每人每年一星期间疾病上的损失和医药上的费用，并不是工人大家组成互助社后所做不到的。因此私人自办的这种互助机关很见成效。如法国的互保团，英国的友谊摄，内中各分子捐助的款项很小。在法国此种团体给团员的费用时医药费，如工资一半的补助金，丧葬费，孤儿寡妇的津贴。并且也有以三分之一给团员作为养老金的。他的收入除常损外，还有名誉团员的捐款，国家和地方政府的辅助。遗产、赠与及发行彩票等的收入。

（二）受伤。因为工作而受伤，其结果也和疾病一样，就是失业。如果肢体残缺，那么将变为终身失业。而受伤和疾病不同的地方，就是在于雇主责任的轻重方面。盖疾病除因不卫生的工作所致之外，雇主可以说不负责任。如果受伤就不是这样，因为工人在工厂内服务而受伤，是常有的事情，雇主应将受伤后的赔偿费，划归工厂生产原价中的一部分，所以雇主不能全不负责。如果工人是有意自伤，那么雇主当然尽可不负责任。

如果雇主能负担赔偿后，工人就可不必忧虑。但雇主常保"付出赔偿"险。德国法律强迫雇主保此"付出赔偿"险。法国则任雇主自由。但法国雇主每和同业组织雇主友谊社，来担任这项工作。或者向国家残废局保险。有许多大工厂自设保险部。多数小雇主则爱惜保险费，宁可出事后再想他法赔偿。如果无力赔偿，那么工人岂不要吃亏吗？因此国家于工厂的执照加税百分之二，于商店执照加税百分之半，作为保险。

（三）年老。年老无能力工作，以致无安妥的归宿，在社会上常常可以看到的。有的在老年时没有储蓄，自己又无法谋生，只能求助于贫民收容所，或待子女来养他。这种情形，在工人方面看起来，最为可怕。人没有远虑而不去准备老年所需，固然可以责备。但若能够顾到老年，也必定要量其能力。譬如某工人每年的收入有两千元，现在要积一笔款项，它的利息要抵他每年收入的一半，那么至少需要二万二千元，每年储蓄五百元三十年才够。然而他没有这种力量。若储蓄本身年老用的每日一元的年金，每年也须四十元。如果没有到期而死亡，则后辈无所依靠。所以在实际上看来，工人自己是没有能力来准备他老年时所需的费用。

法国国会曾于一九一〇年经过许多的辩论，表决四月五的的法律，采用德国养老法律的要点。一、强迫工人捐资保险，雇主从工资当中扣除工人应出的保险费。二、雇主和工人出相同数目的捐额。三、国家贴补养老金。四、养老金的数目，依所付捐款次数而定，到六十岁方可享受。

（四）残废。就是完全不能工作。其原因为不治的病，肢体受伤，衰老，或在生下来就是聋、哑、盲、跛、呆、疯、生下来就是残废，姑置不论。而由于疾病和受伤以致残废的，不论老幼工人，都有机会得到，并且难能预防。如果遇到这种危险，那么不但自己无法谋生，且一家大小，也因此而受累。故残废比年老更来得可怕。并且残废的工人，年龄不一定高，所以能活的日子也比较长，而照顾他们的负担，也因此而加重。幸亏在工业上成为残废的工人，为数不多，所以国家对于残废工人，在保险上的支出，数目也可不大。

（五）早死。这是最危险的事件，因为一家谋生的人早死，那么家人只可流为贫民。若在生前保寿险，那么保险费很大，友谊社和国家，都没有能力来负担。倘若再使保险的赔偿数目，能够等于工人的收入数目，以养活一家大小，那么在活的时候，至少要捐其收入的六分之一，作为保费。这样大的数目，中等阶级的人们，也不能胜任。若因工作受伤而死，雇主当负全责，其赔偿数目与工资的百分比，当视受赡养者与死亡的亲疏关系和人数来决定。在英国和美国保寿险的团体很多，但赔偿的数目很小，不能抵偿死者生前由劳力所能得到的数目，仅能作为暂时的救济。

（六）失业。此为常有的事件，工人被辞退，而难觅新职业，就此失业。辞退原因，如季节变化，营业清淡，经融恐慌，生产过剩，销路停顿，或火灾、破产、闭歇、雇主死亡等。救济方法，不外下列二种：

一、立有特种机关，专门担任寻觅位置的工作。在法国的私立荐人机关，课觅事者以注册费，但惟利是图。政府在一九〇四年三月十四日，许地方自治团体，有收买或解散此项机关之权。英国此种机关，成绩比较良好。德国雇主间组织很坚固，多数雇主组织联合会，强迫其会员雇用在雇主所办工人觅事登记所登记的工人。此外尚有一种制度，即由雇主与工人合组荐人所。此种组织，数目也很多，成绩也很好。

二、失业保险。此种制度，工人能得到如其所失工资的全部或一部的赔偿金。但是这种保险，办理起来，很是困难。不特因失业之多，且难能分别不因本人过失的失业，及因懒惰自弃的失业。所以至今尚没有完全的失业保险机关。瑞士和德国的自治团体曾经试行过，而效果不好。如果再有国家来供给没有工作者的津贴，那么工人的失业，一定要更加多了。

总之，工人安全问题，很属重要，尤其是在我国。因为我国的工业，向受资本上的限制，对此项问题，极不注意。虽现在已有相当的进步，但甚不能和所愿望的相符合。兹当全国统一，社会安宁的时候，希望全国人士，对此问题，细加注意，而为劳苦的工人造福。

二六（1937 年），四，一○

团体保寿和劳工*

姚福园**

　　投保寿险能使身家性命得到很稳固的保障，这几乎是人人都知道的了。可是得到这种保障，当然非有相当的代价不行，这在经济能力比较优裕的人，还不觉得困难，但在贫困些的人就成问题了。劳工中间虽也有比较境况好些的，但贫困的人是无疑地居其大多数，我想他们未尝不知道保寿的好处，未尝不想享受他的保障，可是吃饭也尚且常常要感到困难，哪里〔1〕有闲钱来保寿呢！保险公司的职责本来是服务社会的，他们看到这种情形，为着体恤他们的境遇起见，于是想出这种团体保寿的方法，可以拿少数的代价换到优厚的保障。这样一来，劳工也都有享到保寿的好处的资格了！团体保寿原系比较后起的一种事业，但在工商业先进各国，发展却极为迅速。我国工商业比较落后，所以采用他的团体尚属少数。平心而论，他的好处的确有不能磨灭的地方，而生存于二十世纪的劳工们，实在不该轻易放过他，凭着这个动机，我于是拉杂写成这么一篇，算是一点极微细的贡献，为着容易明了起见，我把他分列成下面数节：

　　一、保寿公司与团体之间：这里所谓团体，乃指一个公司或一家工厂的整个团体，包括雇主和劳工而说的。保寿公司为奖励团体保寿起见，订有种种优待办法，现在把重要的几种约略分举如下：

　　甲、年期多寡的选择。分十年，十五年，或二十年三种。这三种年期，可自由选择并无限制，不过最高年龄不能超过五十五岁，或六十岁罢了。有

---

　　* 本文原刊于《机联会刊》1934 年总第 106 期。

　　** 姚福园，1933 年毕业于东吴大学法学院（第 16 届），获法学学士学位。

　　〔1〕"哪里"原文作"那里"，现据今日通常用法改正。——校勘者注。

些团体不选定多少年数，直率地把所有劳工，一律保到五十五岁或六十岁期满为限。那种办法在寿险公司，也一样乐于承保的。

乙、身故赔款。凡是劳工们，加入团体保寿之后，不幸在保寿期内，中途身故，那么[1]保险公司一经查明属实，立即如数赔偿，务使他的家属方面，不但对于丧葬费，有个着落，就是对于生活费，及子女教育费，也有充分[2]的辅助，不必煞费苦心，再行筹划。总而言之，对于一家的生计上，总给他一个很稳固的保障。

丙、满期还款。假如被保寿人，在上面所说年限满了的时候或是到了五十五岁或六十岁的时候，还是活着，那么保寿公司也把所保的寿险金额，如数给他，这样虽是年老无力，不能赚钱，但是对于老来生活，也尽可不必担心了。

丁、无需验体。照个人保寿的办法，不问何人，在承保以前，皆要体验身体，如果体质不健全，就拒绝不保，所以总有人很想享受保险的保障，往往因为身体不合格，不能如愿以偿。但是团体保寿，就不同了，只要整个团体来保，并且人数在百人以上的话，保寿公司对于检验身体一件事，就有免除掉的可能；或加以简单的检验就行了。

戊、保费低廉。团体保寿的保费比着任何个人保寿的保费，来得便宜，这也无非一方面顾念劳工们收入较薄，没有多大经济能力来负担高额的保费故予以体恤；一方面因多数人同时投保，在公司方面省些费用，故就把所省的费用来减保费。关于计算保费和保额的标准分为两种：一种是拿一定保额做标准，例如保额为五百元，保费该多少？一千元，该付保费多少？完全看所保数额的多少来决定保费的多寡。一种是拿保费单位做标准，例如每月付保费一元，可以得多少保额？每月付二元可以得多少保额？那是由于所付保费的多少，来决定保额的多少。这两种方法，也都可自由选择的。至于所缴的保费，大概以劳资双方各半负担的办法最为公允，但亦可参酌情形由各个团体自己决定变通的办法。

己、新进职工的便利。如果一个团体已经保了寿险了，以后又有新职工进来，将怎样办呢？那只要这个新职工，做了三个月的事，在团体方面，就

---

[1] "那么"原文作"那末"，现据今日通常用法改正，下同。——校勘者注。

[2] "充分"原文作"充份"，现据今日通常用法改正。——校勘者注。

可以通知加入保寿，手续极为便利。

庚、中途离职职工的优待。在已经投保团体寿险的职工，如果中途离去他的职务，那么怎么样呢？这个时候，在团体方面，当然要跟着把他名字除掉，结果离职的职工，当然又没有保障了，但是保寿公司为表示优待起见，又特地地规定，如果他加入团体保寿已经满三年的话，那么他可以由个人出费继续保下去，其所有保费，仍照团体保寿的保费，其他条件也是一样的。如果他不能够或是不愿意继续保下去，他更可以估兑现款，就是把他名下的保单，缴还公司，再有公司把从前所收保费中除去危险费及公司营业费用后，有一部分，叫做准备金的，拨出给他。

二、团体保寿的好处：他的好处很多，可以分为两方面讲。

（1）就劳工方面讲：劳工方面如果加入团体保寿有下面几种好处：

（甲）身心安泰工作进步。劳工们既经保了寿险，那是他生活上已有了很巩固的保障，年老了，既不必担心，不幸身故了，身后事情又不必忧虑，种种问题，既经解决，当然可以把许多烦恼，给他一个"百弗关"，那么心境方面毫无打扰，毫无挂念，自可用全副精神，专心一致，做他的工作。在这种情形之下，他的工作，一面可以减少错处，一面因为引起服务的兴趣，可以时时打算怎样求其完善周到，怎样求其简便省时，这样一来，服务成绩定可优良，不但不会受到训斥或其他难堪的处分，而且还可以受着奖励呢？

（乙）养成储蓄精神。职工既经加入团体保寿，他为要保持他的保障，非继续缴费不可。这些金钱很奇怪，如果不把他用来缴费保费，那也一定会不知去向，所谓"陆续不见钿"，惟有投保寿险由保险公司把他的保费替他积蓄起来，期内身故可以得到赔款；期满生存，又可以得满期还款，这样本来要不知去向的东西，一旦会变成很大的整数，岂非无形之中，即已养成储蓄的精神吗？

（2）就雇主方面讲：团体保寿对于雇主的好处，更多了，姑把他重要几点，说明如下：

（甲）鼓励职工忠实服务。团体保寿，可以作为加薪及分红以外的一种慈惠，使得劳工们感激雇主厚遇，益发忠心做事，以为报答。我们还记得在英国统计表上会经显明地表示出许多大工厂，自从实行八小时制以后，出货比前增多，而且来得好，我想团体保寿，也一定有一定有同样的效果哩！

（乙）增加双方感情。在手工业时代，雇主和雇员，都在一起做事，双方休戚相关，立即成对立关系，双方感情毫无，劳工方面，平时抱着"做一日和尚撞一日钟"的态度，等到有点儿不满意，立即掀起风潮。在雇主方面，平时存着你拿劳力来换我金钱的观念，等到有点儿不满意，就找个借口把他停去。两方面的立场，是这样的险恶，就其实际，两方都没有好处。团体保寿，就是雇主表示体恤职工的好方法，换句话说，就是增进感情的好办法。一经采用，定能使劳工发生好感。可不再轻易发生纠纷，就是有了，也可容易解决。照保险公司报告说，经采用团体保寿后的各职业团体，很少发生纠纷，就是个很好的证据。因为俗话说"人心肉做"，你拿好心待人；人家当然也有好报给你。这样一来，就合乎化干戈为玉帛那就话，结果就是两受其益，而雇主方面花的保费很小，但他所得的好处，却不知大上几倍，这是多么够上算的一件事呢！

（丙）可以减少意外负担。在眼光比较大的雇主，现在虽有于职工身故时给付恤金的办法，但是这种恤金，数目很小，在职工，既属无济于事，而在雇主每年究竟要付多少，不能预定，亦颇不便。至于团体保寿，因为保费有一定的数额，每年都可预计，即使发生意外情形，也因为有保险公司负责，雇主方面，尽可以不发生恐慌：要是不投保团体寿险，那么在平时，似乎或者可以省些钱，沾些小便宜，但是等到一发生意外事件，那就糟了，赔上所有的小便宜既不够，势必贴上一大笔血本，懊悔也来不及，惟有徒呼负负罢了。

此外能使雇主有确定的预算，不致因为意外事件增重负担，而超出预算，牵动全局，也未尝不是团体保寿的好处啊！

上面把团体保寿和劳工的话，讲了一大堆，有些人不免因此疑惑，好像只是劳工才需团体保寿，这种观念，实在是错了。因为保险公司订定这种办法原为服务全社会，根本不限定哪一种职业，为的是随便哪一种职业，终不免含些职业病，何况俗语所说"天有不测风云，人有旦夕祸福"，即使没有什么危险发生但是身故的难关，终逃不掉，而且在一个团体里面，每个月要死多少，又绝对不能控制他的，所以团体保寿是任何职业团体都应采用，原不限于劳工，不过因为劳工所遭身后萧条的苦况实在较多，而自保的力量也太薄弱，因此不能不认他为比较的最急切需要罢了。

德国新劳工法[*]

张企泰[**]

德国新劳动法，于今春正月二十日颁布，五月一日实行。我们欲了解新法的特点，自得先一述劳资关系历史的演变[1]。

在罗马时代劳工地位低微，雇佣一个工人，和租借一头牛或一头马或一件物品一样。租物，在承租人方面，尽量利用其物，在出租人方面，接受承租人当付的租金。在工人雇佣，也是一方出佣金，一方输劳役，完全是一种租借的关系，债法的关系。

以后自由主义昌盛，罗马法中的劳工契约的观念，依旧有其存在余地。两人间发生劳工关系，比如一方出佣金。一方提供劳役，仍是根据其需要，作一种利益的交换，绝对自由。所以法国民法中以劳工契约置于债编中。德国法律亦是如此。营业法的第 105 条规定："企业者与雇佣人之间的关系，除法律有限定者以外，两方自由约定。"其约定当然以两方私人利益为出发点。

但在自由制度之下，劳资利益恰巧相反。故时有争执，工人势力薄弱，缔约之时，反无所谓自由。以后劳工结合，资方也可以结合。相应成团体劳工法，社会上也发生两种阶级，列正以对。各国法律十九世纪中末叶，向后承认此种团体组织。一切工作条件遂不由个人而以团体协约方式订定。然而劳资的关系，始终是利益的关系，自由债法规定。

国社党崛起，在政策方面，标榜公利先于私益，在制度方面，倡言领袖原则。从前自由主义及团体劳工法，都不能存在。理由：

---

[*] 本文原刊于《东方杂志》（第 31 卷）1934 年第 24 期。

[**] 张企泰，曾任东吴大学法律系教授。

[1] "演变"原文作"沿变"，现据今日通常用法改正。——校勘者注。

一、从前制度不是为全体福利，而是专顾一个人或一个阶级的利益，于是包含冲突争议的机会。

二、团体劳工法造成劳资均全，与领袖制度不相融合。

三、团体劳工法中职工会同业会。处于主要地位，而此种不记名的团体，常缺少负责人的行为，与领袖制度相违背。

四、职工会及同业会等私人会的团体，成独立的机关。他所订结的团体协约，有实施效力。此与国社党国家权力领导的观念发生冲突。

所以今春希氏政府所颁布的新劳工法，其根本原则就在：

一、重公利先于私益，消灭阶级斗争。

二、以个别营业为劳工组织的单位。

三、贯彻领袖制度。

四、改变以前劳资关系利益的观念。而为人的或道义的观念。

五、提倡劳工为一种社会的荣誉。

六、国家权力加重。

今请分别详论之：

（一）公利先于私益的原则，在国社党政纲第二十四条中已经规定。其末节所谓"木党相信我国久长健强。须自整理内部起，而内政之设施，当一本公利先于私益之原则"。新劳工法第一条即云："营业之企业者与工佣，共同工作，乃营业之发展，以致国家人民于福利。"希特勒[1]在他的奋斗一书中，也会说过："劳工当明白国家经济的隆盛，亦是工人自己的幸福。在雇主方面亦当认清劳工的幸福及满足。乃经济盛大的存在及发展的条件。国社党的劳工雇主，是全体人民幸福的促进者及保护者。"所以在国社党德国中的劳资，目的利益完全相同，既如此，既无所谓阶级，更无所谓斗争，阶级斗争自然消灭。

（二）国社党以个别营业为新劳资关系表现的中心。在以前自由主义关系下，劳资关系，一言以蔽之，在利益的冲突及调解。所以其表现的中心在代表劳资利益的职工会及同业会等。此种团体，在国社党的德国，无立锥之地，去年五月一日劳工节，那时希氏执政还不满四月，即令封闭解散各工会，另组德国劳工前线熔冶劳资于一炉。

---

〔1〕 "希特勒"原文作"希德勒"，现据今日通常用法改正，下同。——校勘者注。

照国社党所讲的劳资关系，不是一种物资的，一方给钱，一方做工，而是道义的，劳资两方，互输忠诚，工人的做工不是主要任务，而是其对于雇主负忠诚义务的结果。雇主保养工人，也是因为他对工人有负有忠诚的义务。这一变，把劳资变成人的关系，在营业中雇主与工人接触较密，自为表现此种新观念最适宜的场所。此所以在新劳工法中，个别营业特为重要，至于再高一层的组织，新法犹未规定。

（三）国社党的德国，仍是统权的国家，换言之，乃是独裁的而非民主的国家。在这种国家中，所有一切组织，其与公共生活有关系者，亦自须一律采取这种制度。从前如职工会等组织，乃是根基于民主原则之上，于今德国为不相宜。

现在德国政府的组织，政权集中于一人之身。希特勒素来有领袖之号。故领袖之名亦由此起，在个别营业中领袖者为企业者，其余工佣，稍曰随从，此领袖和随从的名称，且为新法明文规定（见新法第一条）。以前雇主称，工佣称。全表示物资的关系，今以领袖和随从名，是所以表达劳资间道义的关系。

领袖的职权，在处理营业中新劳工法所规定的一切事物。如此拟定营业内部章程（须该营业工佣达二十人之多），周顾随从的幸福（经济健康及其他方面）。新法第二条云："一营业之领袖，对于随从，在本法规定中，决断一切营业中之事物。"他的决断，可本一己之意思为之，毋须事先得他人的同意。

所谓营业内部章程，其内容各条，有的是必须的，如每日工作之始终，工薪给付之时期与办法；有的看该企业情形而有必要的，如包工办法，罚金办法及数额，特种解约理由等；其余可以随便的，如工薪数额之规定，及灾祸防免的措施。关于章程的效力：假如雇主与工佣间个别契约中，有违反的规定，除有特利于工佣者外，一概作为无效；而章程中的规定，发生当然效力。随从方面，对于领袖有尽忠的义务。

领袖之旁，又有所谓信任人者。新法第五条称："照例一营业，其工佣至少有二十人者，随从可推举信任人，在领袖之左右，咨询一切。此信任人与领袖，合成信任委员会，处于领袖领导之下。"此种信任人，数自二千名至十名不等，视营业之大小而定。虽由随从所推举，但并非是随从的代表。信任人仅是领袖与随从间信任的中间人。

领袖与信任人合并，成所谓信任委员会（见上五条），领袖为其主席。此会的任务，并非在决议营业中的事物而是在坚强营业同人间的信任（见新法第六条）。尤其关于下列事件，信任委员会可以表现他的工作（同见上条）。

（1）关于工作的改善，普通工作条件尤其是营业章程的订立及贯行，营业保护方策的改良，及营业同人之联络结合等，与以咨询。

（2）谋营业中争执事件的调停。

（3）于罚金数额办法，表示其意见。

此处不免有人发疑问：企业者做领袖，领袖可以独断独行，在工佣方面只有尽忠服务，这岂不是置劳方于委屈的地位，任资方随意压迫，领袖的职权固然不小，但是：

（1）他只能在新劳工法规定的范围内施行，所以他的职权不是漫无限制的。

（2）他的措施，同时不能违反他种法令。

（3）他责任亦重，有权处即有责任，这是必然的道理。营业方面发生事故，为他一人是问。

（4）假使发生滥用的弊病，不恪尽其对于国家及工人所负的义务，如无理欺压等情，可受荣誉法庭的惩罚。

明乎上述四点，可见领袖制度决不会像我们想象的可发生专横之弊。

（四）劳资间造成其人的关系。这一点我们上面已经数番论述。营业最终目的既然为谋国家福利，劳资的合作，犹之暂时之士官，一方命令保护之责，一方服从尽勤勉操作之义务。两方各以诚相对，所以全是人的关系从前罗马法及今各民法中的劳工契约观念，以相互给付为要素，（比如中国民法第四八二条称："雇佣者，谓当事人约定，一方于一定或不定期限内为他服务，他方给付报酬之契约。"）全被推翻。

（五）劳工是一种社会的荣誉。国社党的劳工为对国家的一种服务，本无怪乎以之为荣誉。最近德国有所谓劳工服役者，规定成年人须强迫作相当时期之劳役。可见希氏政府视劳役与以前军役相等，不可以为低贱的活动，劳工一字，不但专指劳力或厂场田野中之工作，所有劳心或在办公室中之工作，也包括在内。

劳工既然是社会的荣誉，作工的人，也应当抱一种荣誉的态度。新法第三十五条规定："营业同人，须认真履行其在营业中所负义务。其于此项义务之履行，负全部责任。他并且应当从他的行为表现值得他人尊重。这种尊重由于其在营业中的地位而来。他尤其需在始终认清他的责任中，以全部精力，为营业供役，为团体谋福利。"假使雇主工佣，违反上面的原则，乃是不名誉的行为，要受国家处分。新劳工法规定，荣誉法庭的设立。他的职权，在因劳工信托人（政府方面监督指挥的人员）的控告，判决违反者不荣誉，予以惩罚。破坏社会荣誉的事端，有下列几种（见新法三十六条）：

（1）营业之领袖，滥用其职权，恶意利用随从工作精力（比如不合法的加多工作钟点）或损害随从的荣誉。

（2）随从恶意破坏工作和平。

（3）营业同人，具轻浮态度，屡以微小事件诉告于劳工信托人处，或坚强抗拒信托人的傅训。

（4）信任委员会之委员，因其地位而获得营业方面的秘密，泄露于人。

荣誉法庭所加惩罚可分（见新法第三十八条）：

（1）警告。

（2）责佣。

（3）罚金（可达一万马克）。

（4）剥夺其领袖或信任人之地位。

（5）遣开破坏荣誉之人，使离现今工作场地。

（六）国家权力加重。国家乃代表全体人民福利，所以国家于劳工情形，可以顾问干涉，其权利亦自较扩大。国家权力之执行者，为劳工部长及劳工信托人。劳工部长于劳工信托人有监督之权，并授予训令，但不能代而行使职权。

所谓劳工信托人乃是政府人员，全国共十三人，每人管辖一经济区域。他的任务是在监督新劳工法根本原则的切贯施行，以维持劳工和平（见新法第十九条）。其职权（同见上条）在：

（1）监视信任委员会之成立及工作，解决有关委员会职权的争执事宜，并可任命或辞退信任人。

（2）监督营业章程的实施，并视其是否有违法令。在营业章程拟定之时，若信任委员会有共义而诉告，则信托人可行裁断。

（3）协助荣誉法庭，其地位犹之普通法院的检察官。

（4）颁布工作条件大纲，以备各营业订立章程时或订立个别劳工契约时所根据。并颁布工作条件条例（见新法第三十二条）。其颁布全视该经济品迫切需要而定。工作条件条例，性质等于法令，超乎营业章程之上，涉及所有关于劳工契约内容的事端，其效力亦如营业章程。假使劳工契约，无特利于工佣的规定，则该条例当做为两造同意的约定，自然发生效力。

在此处我们可以特别注意的，即以前工作条件，由劳资两方以团体协约方式自由议定。此种团体协约，是属于私法的，是劳资两方利益冲突调解的结果，现在新劳工法发团体协约，而准可劳工信托人规定工作条件，并予此种工作条件条例以法令的效力，国家干涉劳工关系，其权利之大，在这一点上，可谓表现得最明白的了。

根据上述几种原则，劳工和平可以永久维持。在此和平中，雇主工佣国家的利益，面面顾到。劳资的关系，除由契约所产生的纯粹法律问题的争执，尚须交劳工法院判断外，更无所用其调解和仲裁。劳工法历史上沿革，至此可谓换一新方向。此新劳工法地位之重要，自不待言。上述几种原则我们也极表赞同。鉴于现今中国情形，尤觉有介绍提倡的必要。但此新劳工法年纪还轻，终究将来能贯彻到何种地步，我们还不能预料。将来新法实施的方法及结果，都是同样有兴味而重要的问题，我们还得深切的加以注意。

国际劳工组织[*]

张慰慈[**]

瑞士日内瓦地方有两个国际性质的机关，一个是国际联盟会，一个是国际劳工组织。国际联盟会的目的在于和解国际间的争执，维持世界的和平。国际劳工组织是根据于国际联盟的计划而设立的。上次欧战发生的原因虽则是很复杂的，但经济的，工业的和商业的原因确为欧战的原因之一种，是大多数人民所承认的。所以在巴黎和会时候，各国代表均有一种根本相同的观念，就是，以后如想维持各国社会方面的和平，非预先主持社会方面的公道不可。因此，凡尔赛条约之内就有一部分（第十三节）规定解决劳工问题的办法。国际劳工组织就是解决国际劳工问题的机关，其所根据的原则有两种：第一，国际间工商业方面的竞争往往是战争的原因，为免除此种弊病起见，各国在工业方面非得有一种国际间的合作不可；第二，此种国际间的合作又非根据于各该国政府，资本和劳工三方面的和衷共济不可。凡国际联盟会的会员国就是国际劳工组织的会员国。国际劳工组织每年又召集一次国际劳工会议，规定种种关于劳工方面的公约草案，改革各国劳工状况，并增加各国工人的幸福。所以国际劳工组织所执行的职务就是国际联盟会职务的一部分，只因关于劳工方面的职务特别的重要，所以另行设立一种特别机关，专任办理这一部分事务。国际劳工组织虽则是根据于国际联盟会而发生的，虽则与国际联盟会有密切的关系，但其种种设备，用人行政及组织，都是独立的。

国际劳工组织是凡尔赛条约所设立的，其职务及一切详细情形也均规定

＊　本文原刊于《东方杂志》（第23卷）1926年第1期。

＊＊　张慰慈（1890～1976年），字祖训，江苏吴江人。早年留学美国，哲学博士。曾任北京大学、法政大学、东吴大学法学院、中国公学政治学教授，安徽大学图书馆长等职，中国政治学的开拓者，北京大学最早的政治学教授，后任南京中国政治学会干事。

在条约内第十三节。凡尔赛条约又把劳工立法的根本原则明确规定并声明，"凡国际联盟会的会员国须承受下列的九条根本原则：第一，劳工不能作为商品之一种。第二，凡雇主和被雇者，为达到法律所规定的目的起见，均有自由集会的权利。第三，凡被雇者的工资须足够维持各该国及当时所谓合理的生活程度。第四，每日八个钟头或每星期四十八个钟头工作时间作为一种标准，凡未达到此种标准者须以此为立法的目的。第五，工人每星期至少休工二十四小时，并须以星期日为休息日。第六，禁止童工，并须规定种种方法，使幼年工人不致因工作而妨害学业及生理方面的发育。第七，男女工人，如做同样价值的工作，须得相同的工资。第八，各国关于劳工状况所规定的法律须注意于所有合法居住在国内的工人得经济方面的平等待遇。第九，为执行保护工人得一切法律和规定起见，各国须采用一种工厂检查制度，并须使妇女也得参与检查事务。"

这是凡尔赛条约所规定的关于劳工立法的标准，所以国际劳工组织和国际劳工会议的目的就想设法使这九条根本原则能在世界各国完全实行。

提高了各处工人的生活程度，增进了他们的幸福，国际间商务竞争方面的种种弊病大都可以免去了。但想达到这个目的，非得有一种国际的公约不可。因为现今各国商业竞争这样的剧烈，那一国肯自动的减少工人的工作时间，使他们的工业出产品因之减少，他们在国际市场上的势力也因之而减少呢？至于各国的资本家，那更靠不住了。他们大多数都是自私自利的人，他们开工厂的目的在于赚钱，并不是做慈善事业。他们日常对于工人的一举一动都想出最低度的工资，得到最高度的工作。并且多数国家，多数人民的眼光又是很浅近的，他们只晓得目前的小利益，顾不到以后的重大影响。所以如想免除工业制度的弊病，维持社会的安定，非有一种有条约势力的公约，强迫各国一致的遵守不可。照凡尔赛条约第四百零五条所规定，国际劳工组织每年召集一次国际劳工会议，议决种种"公约草案"（Draft Convention）及提议（Recommendation）。各会员国至迟须于十八个月之内把此种公约草案及提议交付各该国的立法或别种机关决定去取。但对于那种采用联邦制度的国家，如美国，加拿大，澳洲等国，另有别种办法，因为在这许多联邦国家，凡关于劳工立法的事务往往不在联邦政府的职权范围之内，依照各该国联邦宪法的规定，各邦政府仅可以自由办理。当初在巴黎和会时候，曾有人主张采用一种较为完善的办法，使国际劳工会议变成一种国际的议会，凡一切的议决案均能立即在各会员国发生效力。只因当时各国代表均不愿意设立这样一种的机关，束缚本国政府的立法职权，所以末了还是采用了那英国代表所提议的办法，就是现今的制度，国际劳工会议的一切议决不能立即在各会员国发生效力，各该国还能自由的采用或否决。

这种手续，除了那时间的限制之外，差不多和欧战以前那种国际会议相像。但国际劳工会议的组织却与从前的国际会议大不相同了。在从前的时候，只有政府能参与国际间的会议，并且各国的代表必须严格地遵守本国政府的调令，双方如有互相让步的地方亦须得到那参与各国一致的同意，方能发生实际上的效力。现今的国际劳工会议差不多从根本上打破从前国际间的惯例。在国际劳工会议中，各会员国各派代表四人，其中只有二人是政府的代表，其余二人须由各政府得到了各该国内最能代表资本和劳工两种团体的同意而选派的。这其中的原因当然是显明的。现今各国的劳工问题自然与各种资本和劳工团体有极重大的极密切的关系。国际劳工会议既是讨论国际劳工问题的机关，哪能不使资本和劳工团体的代表加入呢？但资本和劳工的代表加入后，各国的代表团决不能有全体一致的表示，又加以资本和劳工团体处于极端相反的地位，更不能有相同的态度。因此，在国际劳工会议中，一国的代表均能自由发言，自由投票。全体一致的表决万万不能有了，所以国际劳工会议能以到会代表之过半数票决定一切普通事务，就是对于下列的五种重要事务，也只须三分之二的多数同意票，即能议决：

（一）各会员国的代表和专门顾问的证书须由大会审查，如有三分之二的到会代表投票表决，认定某代表或某专门顾问并未依照条约所规定委派时，大会就能否认该代表或该专门顾问。

（二）国际劳工会议须在国际联盟会的地点（日内瓦）开会，或由上次大会以三分之二的多数票数投票表决，择定其他地点开会。

（三）如有某政府反对下次会议的议题，该项议题非经大会到会代表三分之二的多数票投票赞成，即不能列入议事日程。到会代表三分之二的多数票数投票表决赞成讨论某项问题，该项问题即须列入下次大会的议事日程。

（四）大会对于各项议题，如已决定采用，各该项议题是否采取公约草案或提议的形式，亦须由大会以三分之二的多数票数投票表决。

（五）关于国际劳工组织的根本法律，即凡尔赛条约中的一部，到会代表的三分之二能提出修改案，如能得各理事所代表的国家及其余四分之三的会员国批准后，即能成立。

还有一层关于大会中投票的方法，也得约略说一说。当初在巴黎和会中，各国代表的意见很不一致。最重要的问题就是各国政府应当有一票表决权或两票表决权。从劳工方面着想，各国政府如有两票表决权，劳工的地位就不能占胜利了；又加以资本代表往往和政府采取同样的态度，所以在大会之中，劳工的投票权只有一票，同时反对劳工方面的却有三票投票权。但从那一方面着想，政府代表未必一定和资本代表合作，政府代表有时候也能和劳工代表合作的；并且在这样的制度之下，劳工代表往往能得到一国或两国政府代表的帮助，抵抗任何那一种的提议。还有一层，除非多数政府承认那大会所通过的公约草案，该项草案亦很难批准的。以后几次大会的经验都能证实此项观念。

国际劳工会议的一切议决案在各会员国不能立即发生效力。各国政府代表及其余的代表均能随各人自己的意思，自由投票；政府代表大概都得到本国政府的训示，但他们对于各议案的赞成或反对，与他们所代表的政府不能发生任何的影响。各国政府代表在大会之中对于一件议决案无论怎样的投票，他们政府对于该项议决案还能自由行动，可以批准该议决案，也能不采用该议决案。各会员国政府对于此项议决案之义务只是在于一定时期之内，最多是十八个月，须将大会所通过的议决案交付立法机关，由该机关决定去取而已。各会员国政府如果已把大会所通过的公约草案或提议于法定的时期之内正式交付立法机关讨论，该国的义务已尽，国际劳工组织和其余各会员国对于该国的行动均不能有任何的抗议。但各会员国如已正式批准大会所通过的公约草案或提议，而在事实上并不能确实履行其所规定得条件，那么，资本和劳工各团体，其他各会员国，国际劳工组织的理事会都能提出抗议。此项抗议如果是由劳工或资本团体所提出的，国际劳工组织的理事会即须转知被告的政府，并请其声明那不履行的理由。如于一定时期之内，被告政府没有满意的答复，国际劳工组织的理事会即能公布此项事实。此项抗议如果是由其他各会员国或理事会所提出的，那么，除了上述的手续之外，理事会还能呈请国际联盟的秘书长委派一个审查委员会，查问那不履行的理由。

审查委员会的职务在于查问双方所争论的问题，将其审查的结果报告国际劳工组织，并提议对付那被告国家的方法。审查委员会的报告及提议如果不为那有关系的各国政府所赞同，那么，该案就须移交国际联盟的永久法庭判决，此种判决即为最后的判决。还有一层，各会员国对于大会所通过的公约草案或提议如果没有在法定时期之内提交立法机关讨论，其他各会员国也能将此项事实提交国际联盟的永久法庭。所以国际劳工会议的一切议决案虽不能立即发生效力，却是一种国际公意的表示。凡一切公约草案或提议通过以后，各会员国虽不采用，也得承认该项议决案，至于他们政府代表在大会中是否赞成或反对是毫不相关的事。所以就在那种不愿意服从多数所议定的劳工立法标准的国家，那一种国际的公共意见也能多少发生一些影响。

依照凡尔赛条约所规定，第一次国际劳工会议是于一九一九年十月在美国华盛顿举行的。当时因为美国政府未曾批准和平条约，威尔逊总统又在大病的时候，所以开会的情形实非常困难。又加以美国工业方面的种种风潮，更使资本、劳工和政府三方面不能和衷共济。这种种的困难情形当然是很大的。虽然如此，这第一次的国际劳工会议的成绩却是很好的。参与此会的国家共三十九个，出席的代表共一百二十三个，其中七十三个是代表政府的，二十五个资本代表和二十五个劳工代表。此外还有一百五十个专门顾问，其中又有很多的妇女充当此职。会期计一个月，到了散会的时候，大家总觉得这次会议并不是白开的。第一次国际劳工会议一共通过了六个公约草案及六个提议，都得到了那法定的三分之二多数同意票，并且其中有许多还是全体一致通过的。

第一次国际劳工会议所通过的公约草案是：

（一）关于每日八个钟头和每星期四十八个钟头工作的原则；

（二）关于工人失业的补救问题；

（三）关于在生产前后的妇女工作问题；

（四）关于妇女在夜间的工作问题；

（五）关于童工最低限度的年龄；

（六）关于幼年工人在夜间的工作问题。

第一次国际劳工会议所通过的提议是：

（一）关于公家设立的劳工介绍所；

（二）关于外国工人的待遇问题；

（三）关于防止炭疽的问题；

（四）关于防止女工和童工方面所发生的铅毒问题；

（五）关于设立政府的卫生处；

（六）关于禁止火柴厂中用白磷制造火柴问题。

第一次会议的结果总算有极大的成绩。在会场上，各方面的争论当然是很多的，特别是资本和劳工两方面的争执，但政府代表往往出来做一个中间人，调和他们的意见，规定一种能够实行的办法。华盛顿会议又把国际劳工组织设立完备，举定了那管理国际劳工组织的理事部。理事共二十四人，其中十二人是各国政府委派的，资本和劳工各派六人。代表政府的十二个理事中又有八个须代表工业最重要的国家。各国对于"那一国是工业最重要的国家"的问题如果发生了争执，须由国际联盟的理事部决定。华盛顿会议议决下列各国为工业最重要的国家：即比利时，法国，英国，意大利，日本，德国，瑞士和丹麦。美国还没有加入国际联盟，所以也没有加入国际劳工组织。除了这八个工业最重要的国家各派一人充当理事之外，其余各会员国只有四国有代表在理事部之中，这四国是由国际劳工会议会在大会之中选定的。第一次会议所选定的是西班牙，加拿大，波兰和南美洲的阿根廷四国。所以在理事会之中，一半的理事是代表政府的，四分之一是代表资本的，四分之一是代表劳工的。代表政府的理事又分做两种，其中八个是代表八个工业最重要的国家，其余五个五十余个会员国只有四国能各派一个代表充当理事。政府代表选举理事的手续和资本劳工选举理事的手续又有一个不同的地方：就是，政府代表所选定的是国家，不是个人，国家选定后，再由被举得国家选派各该国的代表，充当理事；但劳工和资本代表所举的不是国家，却是个人。

理事的任期是三年。理事部初次成立后，即派定法国社会党的一个首领，屠麦（Albert Thomas），充当国际劳工局局长。他是一个能力极大的人，在欧战时候，曾经做过法国内阁中的阁员。国际劳工局就于一九二〇年的正月在伦敦成立。国际劳工局的职务有两种：一方面是预备国际劳工会议的议事日程和其他与劳工会议有关系的事务；一方面是研究那种关于国际劳工的种种问题和事实。国际劳工局成立后第一种正月职务是预备召集第二次会议。这次会议是在意大利的日诺亚（Genoa）举行的，其所讨论的都是关于航海工人的事务。

第二次国际劳工会议所通过的公约草案是：

（一）关于航海幼年工人得年岁问题；

（二）关于航海工人遇险后的赔偿问题；

（三）关于航海工人得雇用问题。

第二次国际劳工会议所通过的提议是：

（一）关于渔业工人的工作时间问题；

（二）关于内河水手的工作时间问题；

（三）关于编制航海工人的法典问题；

（四）关于水手的失业保险问题。

从一九二○年起，国际劳工会议每年在瑞士的日内瓦开年会一次。从每次所议决的公约草约和提议，我们就可以看出这国际劳工会议的性质，所以今将列年的议决案列举于下。

第三次国际劳工会议所议决的公约草案是：

（一）关于农工的集合问题；

（二）关于农业方面的工人赔偿问题；

（三）关于农业方面工人年岁最低限度问题；

（四）关于油漆工作中所用的白铅问题；

（五）关于海轮上的伙夫和舵工的年岁最低限度问题；

（六）关于幼年水手的身体检查问题；

（七）关于工业方面星期休息问题。

第三次国际劳工会议所通过的提议是：

（一）关于农业方面的职工教育问题；

（二）关于农业方面防止失业问题；

（三）关于农业方面的社会保险问题；

（四）关于农业方面幼年工人的夜工问题；

（五）关于农业方面女工的夜工问题；

（六）关于农业方面女工生产前后的保障问题；

（七）关于农工的生活状况问题；

（八）关于商业方面星期休息问题。

第四次国际劳工会议除了修改国际劳工组织的根本法律之外，还通过一种提议，就是关于调查各处移民问题。第五次国际劳工会议也只通过一种提议，就是关于工厂检查问题。中国政府总算依照这第五次会议的决议，今年春天由农商部提出工厂检查法，通过国务会议，并又在农商部内设立了几个工厂检查的官。

第六次国际劳工会议议决了一种提议，就是关于工人空间时间的利用问题。此外，又议定了三种公约草案，但最后的表决须等到第七次会议举行。

（一）关于工人遇险赔偿，中外工人同等待遇问题；

（二）关于玻璃工厂每星期停工二十四小时问题；

（三）关于面包房的夜工问题。

今年第七次会议，除了表决上列的三个问题之外，理事部又提出工人赔偿问题。这次会议通过了二个问题，但把那玻璃厂停工问题否决了。

以上所述只是列年会议所讨论的问题。每次会议总有一个主要问题，如第一次是每天八个钟头和每星期四十八个钟头工作问题，第二次是航海工人问题，第三次是农工问题，第四次是移民问题，第五次是工厂检查问题等。但这国际劳工会议只是国际劳工组织的一部分，只是各国代表对于国际劳工事务发表意见的机关。国际劳工组织的永久机关是国际劳工局。

国际劳工局在伦敦成立后，过了六个月，就在第二次日诺亚会议闭会后，即迁移到日内瓦。现今的国际劳工局约有三百多个职员，都是局长所委派的。在职员之中，各国的人都有，中国新近也有了一个小小的试署二等秘书在内。除了预备国际劳工会议的议事日程之外，国际劳工局还须收集及分配关于劳工方面的材料，刊行英法文的杂志，报告和书籍，每日出一张日刊，每星期出一种周报，每月还有一种月报；此外还须执行那国际争执所已经判定的条件，与国际劳工会议所委托的一切事件。凡各会员国与国际劳工局长所有一切往来的文件须由各该国在理事部中的代表或别种专设机关转达。中国政府向来没有代表在理事部中，所以中国政府也在瑞士设立一个叫做"国际劳工事务处"，派了一个驻瑞士使馆的秘书充当处长，算是中国政府与国际劳工局间传递消息的中间人。

国际劳工局的常年经费是由国际联盟的经费中拨付出来的，每年约计七百万瑞士金法郎（约合中国银圆三百多万元）。国际劳工局的经费约占国际联盟的经费的三分之一，中国政府每年对于国际联盟的捐助约六十来万元，所以这三百多万元的国际劳工局经费之中，中国也捐二十来万元。中国政府尽了这样的义务，同时却不能得任何的利益。

吾国今后救济失业政策之检讨[*]

何海晏[**]

失业问题之严重，怒潮汹涌各国同受威胁。吾国于七七事变以前，由于农村崩溃，农村离村，日多一日。据中央农业实验所及立法院主计处一九三二年之统计，三年中各地农民离村之数，竟达一千三百余万之众，言之得毋惊人！而吾国工业化之程度，除纺织工业尚具规模外，其他工业因困于资本，果能机械化者殊少，大多仍置于旧式之生产方法。加之列强经济之侵略，商品之倾销，本国工厂商号能支持不倒者，已属难能，其能吸收由农村移出之巨额人口，实为无可有之事。如此，中国失业问题之严重，已为不可否认之事实。自七七战事迄今，已逾两战，战区之广，损失之重，可谓大矣。据专家之估计，二年战事造成无家可归之人民已有四五千万之多！处此战事期中，此种问题固不能谓特别重要，即需首先付之解决。然战事无论久暂，总有终了之一日，关乎英国战后失业保险，论者间称之为革命保险，（Insurance against revolution）其意盖谓英国若无失业保险，则大战后时局混乱，英国终不免沦于革命。如此则今日为之检讨，不能谓其非宜也。

一、救济方策之概说

失业救济方策，自社会政策及劳动立法上观察，大别之，要不外职业介绍，职业授予与金钱救济三法而已。职业介绍为求人者与求职者间之一种媒介行为。其机关有为私人组织者，有为国家组织者。欧战终止后各国编遣军士，失业者顿增，多赖职业介绍机关以执行其应付之策略。职业授予，各国

---

*　本文原刊于《社会科学月刊》（第 1 卷）1939 年第 3 期。

**　何海晏，1935 年毕业于东吴大学法学院（第 18 届），获法学学士学位。

已广行者，如河道之修瀹〔1〕，公路之建设，衙署之营造，耕地之整理，荒山之开垦，边地之移民，森林之采伐，新矿之开掘。其他如工厂或公共事业工作人员之增延，公共营造物及桥梁之修缮，均为推行职业授予之方法。计每事或数事中，总可收容百数十万巨量之失业工人，效力至大。英美德法意日诸国，早经施行。然此法只可供失业者工作之调剂，仍不足以令未失业者心灵之安定。盖仅于失业时使获得生活之支持，是其所长；但就业以后，难得求精神之安定，乃其所短。故欲使两者所长兼而有之，莫如金钱救济方法。近代各国实行之失业保险，解雇津贴，失业扶助等属之，其中尤以失业保险办法最为完善。其优点为（一）危险分散，（二）劳工出资，（三）不论如何窘乏，而在一定失业期间能确保一定之收入。因此对于劳工德性之维持，生活之安定，一国产业能率之增进诸美点，均足以充分发挥其职能也。

二、欧美日本施行之方略

英国战后编遣军士，失业者骤增，政府乃颁有失业安抚费计划，为一种临时救济。国库负担颇重，而执行尤感繁琐，于是将职业介绍机关添设各区分辨事处，于查放安抚费外，兼任职业介绍工作。一九一九年中全国计有职业介绍所三百九十二处，分办事处一千零十九处，失业登记者自七万三千五百人增至一百十一万九千人，其范围之广可以概见。

失业保险，英国最为盛行，而历史亦至悠远，自一九二〇年公布失业保险以来，至今十余年间，立法工作，经过三千余次之改正，则其重视此制可知。以前保险利益未能普及，适用于被佣者之范围其狭，近则除农业及家庭工作之佣工外，凡在工作契约或学徒契约（不受酬者除外）下佣工者，均有加入之义务及权利之享受，又适用该法之年龄，初定十六，继定十五，至最近更减低至十四岁。自一九三四年新法施行以来，少年男女，加入日多，计少年三十五万人以上。少女二十七万人以上。但虽年届十四，而有下列情形之一者，则无受保之义务。即（一）非依自身勤劳而获得二十五镑年金或其他收入者；（二）常受人扶助而得维持生计者；（三）常籍雇工以外收入供生活者；（四）证明每年工作不及十八周以上及非从事于被保险之佣工者。凡此均无加入失业保险之义务。

---

〔1〕 "瀹"指疏导，意指疏通水道，使水流通畅。——校勘者注。

　　凡尔赛合约告成，朝夕之间，美国举国情形大异。战前问题为如何招致工人，战后问题为如何找寻职业；战后倍难于前。其时各地方均纷纷自设介绍所，为退伍军人及退职劳工重返故业之运动，政府莫之能禁。中央工作介绍事务所之战时任务已毕，一度置之闲散。因之国内职业介绍事业缺乏联络，直至一九三三年组织才告统一，州市畸形之发展亦告矫正，工作效率提高，规模广大，成效颇著。

　　美国参战期间较短，然自一九二九年世界大恐慌以来，失业之群，无虑千万，例如一九三〇年失业人数达五百万，一九三一年末为九百万人，一九三二年超过一千万人，一九三三年复激增至一千三百余万人，饥饿之群，势如潮涌。如无有效之救济制度，安足以应付严重之事态。所以朝野人士痛感过去仅偏于一方的失业扶助金制度，受职的失业救济，难进运用之妙，乃自一九三三年起，各州纷提强制失业保险法案，于州会，讨论强制失业保险立法。惜以种种关系，直至翌年（一九三四年）七月只见威斯康辛一州率先施行而已。其他各地失业者，虽当此严重局面，可谓尚无何等法律保障。此外有价值者，为现任总统罗斯福于一九三五年八月十四署名完成之社会安全法（Social Security Act），实开美国社会立法之新纪元。

　　罗氏就任之日，正当失业之情态最严重最紧迫之时，故首颁产业复兴政策继颁社会安全法，冀回复其繁荣而消灭失业之危机。试就复兴政策中失业对策观之：如（一）依复兴政策制定最低工资；最长工作时间，推进劳工之购买力，并以吸收失业劳工；（二）支出巨额经费，兴办急救及公共事业，以直接收容失业劳工；（三）依前二者，若增加劳工购买力，必使产业复兴，间接地使产业雇佣力扩大等，三要点。自此对策推行以来，失业者日渐减少，未尝不收若干效果。至于失业保险，则规定于社会安全法中，该部分明定一九三六年一月一日施行，由联邦政府置社会安全局掌管一切事宜。关于社会保险定有原则数项：（一）除社会保险开办费外，其财源非来自租税乃出自自营机关之自给；（二）社会保险，除养老保险外，各州得依据政府标准案一任其自行管理；（三）基金及准备金由联邦政府财政部统制之。

　　德国自希特勒执政以后，社会政策发生巨变，消灭国内失业者为对内政策之一，其所操方策可就：（一）创立劳动服务团；（二）第一次失业缓和法；（三）第二次失业缓和法觇之。

　　德国建立劳动服务团制度，系希特勒执政前白鲁宁内阁时代颁布之法律，其主要任务，为失业救济——纠合失业者于一定场所，给予工作，供应廉价之衣食。以公法团体、教会、慈善机关、移民会、青年团、教育会、军队等为办理之主体，以联邦职业介绍所，失业保险局任指挥及命令之责。加入服务团者，由政府紧急基金中一日补助两马克。希特勒执政后更将此方针强化而扩大之，其意盖不独使劳动服务团仅为失业救济机关，更进而成为国家社会主义的训育养成所也。

第一第二次失业缓和法系一九三三年六月及九月制定，其要点为增加劳动机会。减轻租税，奖励结婚等。因欲增加劳动机会，故付财政总长以十亿马克劳动国库证券。办理公共团体听舍，修缮公共营造物桥梁，农村移住工事，川河沼水，土木事业等振兴扩展事业之特权。又如职业介绍所失业保险局长官之训令规定：凡家累重而年事长之失业者，其就职得予优先之特权，二十五岁以下失业之劳工及使用人则吸收于农林业工作、尤为失业救济之特色。

日本所行之失业对策，仅及于职业介绍，受职事业及受产失业方面，而金钱的生活保障之失业保险，可谓绝无仅有。职业介绍机关已由国家统制，受中央职业介绍事务局之指挥及监督。在地方有地方事务局，地方事务局之下又设介绍所若干，深入各村镇地方。以一九三三年之统计，公立者有四百八十二所，私立者仅有三十六所，从事于职业介绍工作者达两千余人。所谓受职事业曾兴办各种新事业，以收容巨量失业劳工或知识阶级。关于受产事业，自一九二四年起，凡六大都市各季失业救济事业，均由国库补助办理。失业保险之在日本虽无国家办理者，但在私人团体或市政府方面尚有大阪劳动共济会之失业保险，此制即凡向大阪市立职业介绍所求职者，得任意加入为被保人，又东京神户名古屋等共济会中，亦有同样办法，无如规模极小，数处共计数千人耳。

三、吾国应采之步骤

救济失业方策既如上述，大别可分为职业介绍，职业授予及金钱救济三法。今试就吾国国情由各方面讨论之。

职业介绍事业在中国素未为社会所在意，故改进亦鲜。各城市颇多有所谓"荐头行"或"佣工介绍所"者，皆以营利为目的，而经营职业介绍事业者也。其渊源已久，所介绍之职业皆佣工厮养之俦，乡村人民不堪自给，则奔竞于此，故社会劳工供应亦赖此为枢纽。

以职业介绍为公益事业办理而有成效者，在国内当以上海职业指导所嚆矢[1]。该所成立于民国十六年[2]。其主要工作为指导择业，升学及介绍职业，颇得社会之信任。此外教育团体如中国寰球学生会，宗教团体如中华基督教青年会等机关，亦均有职业介绍所之组织。

组织较为完密，范围及于全国者，乃政府于二十三年十月设立之全国学术工作咨询处，所以谋知识分子[3]供求上之调剂。以职业介绍言，固与日本中央职业介绍事务局附设之智识阶级工作介绍所同其作用，然以咨询处本身之性质言，在各国中皆为创见者。二十四年八月间国民政府曾公布职业介绍法，是为职业介绍立法之始。该法参考各国成规，特许公共机关团体设立介绍所，并于介绍业加以严密约束，未始非美备精赅。独惜该法对于地方政府无强制性；若省市县政府不为设置，政府殊无鼓励之方；而可以实施有效者，亦惟对于经营介绍者之取缔部分[4]而已。

综上所述，吾国对于完备之职业介绍机关，可谓尚付阙如。欲应付严重紧迫之局势。非扩大或另设机关不为功。如全国学术工作咨询处，非惟偏于智识分子之介绍，抑且地方县市并无分所。以中国幅员之广，失业之众，极应设一中央职业介绍所，于全国省市县政府设置分所数百处，不分智识分子，或肌肉劳工，皆需为之登记及介绍职业。对于千余万离村之农民，如何使之归乡，是否须才德国之禁止农民转业办法促其归乡，类皆重要问题。解决此种问题，非赖多数职业介绍所为之登记不可。故职业介绍法之对于地方政府无强制性一点，极应修改者也。

至于职业授予一点，即前述兴办各种新事业是也。吾国近数年来对于建设事业，固无日不在孟晋中，卒因困于经济，难能如愿以偿，所解决之失业群众，亦只小部分而已。经过此次浩劫以后，需兴办之各种修缮建设工作，更是不胜其数，例如公路、桥梁、街市、衙署、公共建筑物之修缮及建设，耕地之整理，荒山之开垦，新矿之开掘，森林之采伐，边地之移民，等等，

---

〔1〕"嚆矢"指响箭，因发射时声先于箭而到，故常用以比喻事物的开端，犹言先声。——校勘者注。

〔2〕"民国十六年"即公元1927年。——校勘者注。

〔3〕"知识分子"原文作"智识分子"，现据今日通常用法改正。——校勘者注。

〔4〕"部分"原文作"部份"，现据今日通常用法改正。——校勘者注。

于数千万无家可归之人民及失业之劳工，不无相当补救。关于此点，美国复兴政策中之具体方案可资参考。然而英国失业问题权威但维逊（R. C. Davison）对英国之受职救济事业，有峻烈之批评，认识办理此种事业以来，每日最高失业收容人数在一，二百万人中，仅消纳十三万人，故断定此法不堪济事。查此法最大之缺点，如：（一）技术上与人事上调节之不易；（二）选择事业种类之范围狭小；（三）在如救济工事十分兴旺时，又易招致国内劳工以外之外国桥工侵入攫夺；（四）破费多量之经费等四点，最当力加研究以资救济也。金钱救济方法，即解雇津贴，失业扶助，失业保险等是也。前二种为一时权宜之办法，远不如失业保险制度之完善。即以解雇津贴，失业扶助而论，吾国政府既乏一定之规律，社会亦无依据之准则，一任雇主之慈悲，私人之交宜，为津贴为扶助。其效力之微弱可以想见。政府困于财政，亦未曾举办任何救济。至于失业保险制度，在美日尚属初创，姑毋论吾国矣。比较各国规制之长短，英制较为稳健，德制则为猛进，德国自一九二七年七月以来，兼施强制保险制度，已获不少成绩：故英德各有其未可限量之希望。美制成立较迟；况依罗总统社会保险立法第一原则所定之财源自给制，因乏国家助力，易使失业保险流于脆弱，成为无力制度。吾国今后社会情态之严重，非迎头赶上，不能彻底解决其困难，故于失业问题，英德之对策及立法例不无他山之助也。

中国农民的出路[*]

富　均[**]

（一）中国农村社会之崩溃

四千年来以农立国的中国，在事实上告诉我们她的农村社会已是崩溃了！试看民国十八年[1]陕甘豫湘等十四省，莫不有灾荒的发生！尤其是西北哀鸿遍野，民不聊生，饿死及自杀者不可胜数。据时事新报的报告全国灾民共有五千六百五十余万人之多。我们在把全国认为最富庶的浙江来论，浙东尚有二十余万的灾民，而浙西呢？虽然比较上好一些，然而农民所食也不过是粗菜淡饭，所衣的是败絮老布，所居的是茅屋数椽，甚至浙东有许多农民，不堪维持生活，政府把他们移到东北去，浙江尚且如此，其他各省也不言可喻矣！去年的水灾，更是可怕，使政府陷于不可收拾的状态中。

现在再看外国的米麦的输入，日增一日，这更可表示出中国的农村社会一天衰落一天，试想以农立国的中国，自己反不能养活自己，而要仰给于外人，言之痛心。爰列表于下，以证明之：

年份	输出数量	输入数量
民国九年	八四二一〇〇〇	五〇〇〇
十年	五一九四〇〇〇	八一〇〇〇
十一年	一一五一〇〇〇	八七二〇〇〇

---

[*]　本文原刊于《秀州钟》1932 年第 11 期。

[**]　富均，1939 年毕业于东吴大学法学院（第 22 届），获法学学士学位。

[1]　本文作者使用民国纪年，民国元年为公元 1912 年，依此为基点与公元纪年相换算。因此，"民国十八年"即公元 1929 年。下文不再标注。——校勘者注。

续表

年份	输出数量	输入数量
十二年	六四〇〇〇〇	二五九五〇〇〇
十三年	一四〇〇〇〇	五一四五〇〇〇
十四年	二〇七〇〇〇	七〇〇〇〇〇

（单位担）   （以上为米麦输入表）

现在外米的输入，更使我们惊讶，爰列表如下：

年份	担数	价额
民国九年	一一五一〇〇〇	五三六二〇〇〇
十年	一〇六二九〇〇〇	四一二二一〇〇〇
十一年	一九一五六〇〇〇	七九一八七五〇〇
十二年	二二四三五〇〇〇	九八一九八〇〇
十三年	二二一九八〇〇〇	六三一四九〇〇〇
十四年	一二六三五〇〇〇	六一〇四一〇〇〇
十五年	一八七二〇七七七	八九九三五八二九
十六年	二一〇九一六九二	一〇七三二二八一二
十七年	一二五六七九〇四	六五〇四七七二三
十八年		
十九年（半年）	一二五一三五六五	八三〇一八五六一一

由此看来，中国的粮食的恐慌已达于极点的了！中国粮食之所以恐慌，实因我们农村社会的崩溃之故。以上种种事实业，足以证明中国的农村社会崩溃！

现在我们再看看中国农村社会崩溃的原因：据海关的报告，中国入超日增一日，而入超的增加，大多加重负担于农民身上，因为中国以农民占大多数，所以入口的舶来品大多买给农民。试看过去的农民用煤油点灯，而现在是用美孚油的了，他们从前是用土地做衣服，而现在是用洋布了，凡此种种，足以证明帝国主义者侵略到农民身上，而农民也因之日贫一日，民国成立迄今，干戈扰壤，军阀专政，而内乱的费用，又要加在农民身上，所以使得他们的田赋在不知不觉中又加重了许多负担，同时在战区中的农民，更有家破人亡的危险！再者，中国的农民以自耕农占百分之七十，他们所耕的田大概十亩至三十亩，自耕农受了高利贷的剥削，同时佃农也受了地主的剥削；因之，他们非但没有积蓄，反而欠了许多债，同时根据土地渐减公例，土地的收成每年减少，结果使他们陷于穷困的状态中而被支配阶级榨取，到榨取得不能榨取的时候，他们的田地也破产了，自身也能漂泊他乡，在生活程度一日高一日的中国：他们在万不得已的时候，只能自寻出路。

（二）几条错误的路

佃农和自耕农在经济受到了帝国主义的舶来品的侵略；在政治上受到军阀的横征暴敛，加之连年内乱，使有许多农民有田没处耕；在社会上收到高利贷的压迫，同时中国的农村教育又不发达，所以养成了他们许多恶劣的惯习，而耕种养殖依然不用科学方法，唉！占全国百分之八十以上农民，处此环境中，他们还能生存么？他们还能养老教幼儿么？当然是不可能，若要靠他微弱的力量去寻找[1]也是不可能的，他们所以找到路是错误的，是暂时的，是危险的。爰分述于下：

第一，到大都市去——现在各个大城市的人口，都是日增一日，这多量的人口增加，大半是由乡间来的，因为都市的工业日益发达，农民既不能在乡间谋生，他们就到都市中作工去，现在再看上海近年的人口统计：一九二三年计一七〇〇〇〇人，一九二八年计二七一七四二三人，一九三〇年计二九五四四八五人由上面的统计看来，都市人口的增加，足以证明农村人口的衰落。我们现在再看江浙 X 东乡三百七十七村的农民离村人口的详情：在这三七七个小小的村庄中，人口总数是四六六八九人而离村的人有八六四〇人，由都市和农村的人口比较，更可证明中国的农村崩溃，同时他们的出路是做工去。但中国的工业幼稚，质品比不上外国，况且中国的关税又是"门户开放"，所以欧美日本货充满了中国的市场，而中国的自身的工业反而处在危险中，因之他们也常有失业的危机。

第二，当兵去——连年内乱，弄得他们无田可耕，无家可归，又没有胆量去做强盗，他们的吃饭题又不是不能解决，所以只能当兵去，但当兵既有

---

[1]　"寻找"原文作"找寻"，现据今日通常用法改正。——校勘者注。

生命危险，又不能得到充分的饷银，同时使崩溃了的农村，更没有希望去改革他，所以这一条路根本是错误的。

第三，做土匪——农民既没有自植其身的希望，他们与其坐而待毙，不如铤而走险，如在浙江平湖东乡，有许多农民在暗中都是做强盗，但他们虽是做强盗，还有原谅的可能，因为在他们吃饭问题未解决之先，无论犯什么天大的法的事都敢做，管子说："仓廪实而知礼节"，所以他们做盗匪，我们不能归罪于他们，只能归罪于杀人不见血的资本主义和中国政治制度的不良，当然他们所走的也是错路。

（三）殖边与改良农村教育

由上看来，中国的农村的确陷于不可收拾的地步，若是我们要挽救崩溃的农村，只有积极的增加改良农村教育，消极的殖民边疆，两者同时进行，则使中国可减少许多恐怖现象，同时在现在看来，泛世界都有重大之失业问题，若是我们不设法殖边，恐怕列强也要"取而代之"况且我们殖民边境，同时可以附带解决我国的失业问题，爰将殖边的可能，方田法和殖边的需要分述于后：

第一，殖边的需要——中国的边疆已陷于迫切的地步了！试看满洲：她的土地的沃美，甲于全国，她有大的森林大的矿产，因之日俄垂涎，日本在南满取得铁路权，开矿权，居留权，所以日本的侨民也日增一日，而中国徒负统治的虚名，自一九一八惨案发生以后，中国的版图也是变色了！残缺了！虽然我们不承认东三省是日本和伪国所有，但事实上已是不然的了！满洲是这样，我们再看看别的边疆的情形：蒙古新疆为日俄国所操纵，西藏为英人所注目，云南贵州为法人所虎视，中法的界限，到现在还没有确定，试看边疆是多么危险呀！我们若移民以充实边疆，则中国的边疆，将化为乌有的了！

第二，殖边的可能——我国土地广大，而人口分配不均，所以未开垦的荒地很多，据近人估计我国的田圃，森林，荒地等的面积，约如

全国面积	三四九六六〇〇〇方里
田圃面积	一九〇一八〇〇方里
森林面积	六六一八〇方里
荒地面积	一五七二一〇〇方里

据上表看来我国荒地面积，竟有一百五十万里之多，则可证明中国未开发的农村尚有许多，孙本文说："我们知道中国有荒地八万四千余万亩，而东三省新疆一带占七万九千余万"。所以我们要开垦，要开新村，大可以到边疆去，既然他们荒地多，则人口密度也必定因之而稀，所以在边疆可容纳大量的人口，况且我国百分之九三的人口居于本部十八省，仅有百分之七的人口居于边疆，若以面积而论，十八省仅占全国三分之一，而边疆反占三分之二，所以我们需要殖边，将没有田耕的农民移到边疆，以免他们去做土匪，去当兵。

第三，殖边的方法——有许多人以为殖边是不可能，因为像江浙水乡之人如何可以到沙漠中过生活么？其实不然，我们若是要移民，应当有计划的有步骤的，不是像前年浙江省政府把几百个浙东佃农，立刻送到黑龙江去，他们事先没有调查，没有准备，而人民的强弱也没有选择，当然不能使他们安舒，所以结果，仍旧送归本乡，当然像这样移民方法是必定失败的。我们今后移民的方法，当然不是这样简单，在未移民之先，当现有考察团先往边疆考察其温度是否适合本部的人民，其土地的生产力能否供给他们所需，可耕的荒地有多少，都要一一的考察。考察之后，若是适合本部人民移居，则第一当对于老弱残废者及品行恶劣者皆应有相当的限制，第二移民的时候凡医生教育也当随之而往。所以我们若是要移民，文化也应当移到边疆去，则仍可造成文化荟萃的之边疆，若是边疆文化程度增高，则列强若要侵略我国的边疆也要感到棘手。我们现在更看边疆的地理和气候：在满洲方面，辽宁的气候很和暖，秦皇岛一带终年不封港，且该处土地沃美，大豆的出产占全世界十分之八，气候很适合南方人的移居；惟黑吉一带，气候较寒，然陕甘齐鲁的人民也可移到那边去，所可惜的就是锦绣河山，已非我有；至于新疆蒙古是我国的高原，且有大戈壁沙漠横断其间，所以空气干燥，沙风激烈，然而也有人说空气干燥，能使人健康，湿空气反足妨害我人卫生，所以卫生上看，近海部反不如内陆部（可参阅张其昀人生地理），且蒙古为世界三大牧场之一；新疆迪化[1]伊犁一带气候温和，与江浙相仿；西藏是世界所公布的秘密园，但在雅鲁藏布江一带，土地平坦，气候温和，牲畜繁复，可惜这许多好地方，没有人去开发他，让他为外人侵略，让他荒芜，岂不可惜么？

---

〔1〕 "迪化"，新疆维吾尔自治区乌鲁木齐市的旧称。——校勘者注。

所以我们要到边疆去！

同时我们一方面殖边，另一方面还要注重到乡村教育，中国教育制度的改良，到现在已有三十年左右，而乡村教育却是挂了一块空招牌，虽然像晏杨初陶行知一班人也极力改革中国的乡村，但也只有少数人如此而已！我们今后是要改良中国的农村教育：第一，要注重农业教育，把科学的方法灌输入他们的头脑中。第二，要改革他们平日吃酒吸烟赌博的恶习惯，使他们努力于工作，是他们得到正当的娱乐。

中国已是处在迫切的地步了！社会的现象满布着恐怖，满布着混乱！在大都市中道义沦亡，"尔欺我虞"的事也数者不奇，其原因由于资本主义者的侵略的军阀的专政，使我国农村大起恐怖，若长此以往，我国将有亡国的危险，所以我国当设法移民，同时改良农村教育，把科学的方法输入他们头脑中，这才是中国人的出路，才是中国农民的出路。

战时田赋兼用收获课税法之我见[*]

丘汉平

我国抗战已历三十余月，就战事全局而论敌我均已达到经济重于军事之阶段。就内地各省而论，现时横亘于吾人目前者有二大问题，其一为食粮之如何统制调剂，以解决民食；其二为政府如何充裕税收，以便举办生产事业。举二者之性质而论，亦均为经济之问题。然言经济问题之解决，头绪万端，且涉及于社会之各部门。兹所欲提出者，仅为主张战时田赋兼用收获课税法，以解决民食及充裕税收之意见。请简陈之：

一、兼用收获课税法之必要

年来物价之高涨，已造成空前之记录，然回顾上次欧战之教训，则知参战各国人民生活最艰难之时，要非战争时期。而为战事甫告结束后之一二年之时期，是则内地各省之民食问题，不独目前亟须解决，即战事一旦结束，民食一问题亦应早为筹措，预谋调剂之方。再以各省之税收而论，物价暴腾，而税收不能与物价同比例增课，其结果则政府难欲从事生产建设，亦格于经费之缺乏，不能尽量推进。究其原因所在，乃由于税收为货币，不能与物价之高率飞腾作同比例加征，是其税收方法实有改征实物之必要。故无论为调剂民食或增欲税收计，均有实行收获课税法，从事实物之征收之必要。

二、收获课税法之意义

收获课税法者，谓以土地总收获为标准，就总收获中征收若干分，作为赋税之方法。过去如我国古代之什一税，清代之糟粮，南米等，均其实例。

---

* 本文原刊于《改进》（第 3 卷）1940 年第 7 期。

内地各省为农业区，若能兼用收获课税法，推行既便，收效亦宏。

三、实行收获课税法应注意之要点

按实行收获课税法之目的，应在不增加农民负担之原则下完成增加税收及统制食粮。故论其课征之对象，应先着重于米粮方面。论其实行之区域，应先自各产米县份起始。盖地域既有一定范围，则储藏米粮之仓库可集中于少数县份，不致普设全省，而增加困难。

四、收获课税率之计算

按税收之是否合理，与是否增加人民之负担，均视确定税率之是否适当为转移。兹根据适当，简单与不增加负担之三原则，拟定税率之计算方法：其法既以民国二十七二十八〔1〕两年产米各县之土地，按其等级，先估定每亩之米粮产量，再依当时平均市价拆成国币，是为每亩产量之价值，复将各该年每亩所纳田赋额，与每亩产量之价值比例设算农民各该年中应以每亩所得之若干成缴纳于政府。求得各该成数以后，加以平均，得一平均成数，此项平均成数，即为实行收获课税法时用以计算应行缴纳若干米粮之税率。兹举例以示明之：

假定民国二十七年邵武二等二则田每亩全年产米四担，当时米价为每担四元，则每亩产量之价值为十六元。假定二十七年之田赋为一元，则二十七年邵武县二等二则田农民每亩缴纳于政府者为其收获十六分之一，再假定民国二十八年邵武二等二则田每亩产米四担，每担为十二元，则每亩产量之价值为四十八元。假定二十八年田赋为二元，则二十八年农民每亩缴纳于政府者为其收获二十四分之一，再以二十七年二十八年两年所求得之缴纳成数加以平均，即得一平均成数为四十八分之五（5/48）（以下简称课税率）。此平均成数即表示某地农民于某一期间内以其土地收获贡献于政府之成数，亦即本文用以确定产粮县份农民实施收获课税法后之课税率。例如本年度邵武二等二则田假定每亩产米四百八十斤。依上述纳税率计算之，本年度邵武二等二则田应缴纳于政府者为百米五十斤。

按采取此项计算方法以规定纳税率之理由有二：

---

〔1〕 "民国二十七二十八"即公元 1938、1939 年。——校勘者注。

（一）二十七年二十八年为过去最近之两年，依该两年之田赋计算课税率，足以表示此项课税率乃一仍农民原来之负担，并未因实行收获课税法而予以额外之加重。

（二）二十七二十八为过去最近之两年，其米谷市价及田赋最易调查，便于计算。

五、不愿以米粮纳税者仍许其折现完纳

尚有农民不愿以米粮纳税，则亦许其以课税率折算其应纳之米粮之数量，再以完纳田赋时之市价折成法币完纳之。例如假定前述之农民不愿缴纳百米五十斤，并假定其时米价为每担十四元，则该农民亦得以七元换算完纳之。以目前情形而论，米价甚高，农民依此项办法折价纳税，其金额当然较往年所缴田赋之全额为高，但实际上农民所纳之数量与从前同，况政府实施收获课税法之初意，原在收集米粮，允许农民折价纳税，不过为变通办法，以为少数缴纳米粮诚有不便者之补救，自应增加其金额以示限制。

六、实行收获课税之理由

（一）便利统制

过去实行统制米粮，未收宏效者，一由于机构之不健全，一亦由于欠缺控制物产之实力与方法。实行收获课税法即可将一省物质置于政府控制之下为有效彻底之统制。政府执此大量米谷妥加运用，自不虞粮食匮乏，及奸商之操纵。足食足兵，需系于此。

（二）充裕税收

现时物价飞涨，而税收增加甚微。影响所及，对于一般建设之推进，至感困难。实行收获课税法之后，可以将课征物资变价运用于生产建设之途，使其再从事于生产，以适应战时及战后之民生需要。

（三）不增加农民负担

按实行收获课税法，表面上观之，虽以增加民众负担。倘细予推究，则与重赋病民者迥不相同。盖本文所倡之收获课税法，其税率之计算，系根据农民以往由其收益中缴纳政府之数量为标准，以比例计算之，未为额外之增加。且战时一般人民均受物质上涨之影响，独有从事于收租度日之地主及直接生产之农民，不特未受影响，反大获其利。盖地主坐享其利，乃不劳而获。

至于自耕农民其所费劳力肥料与往年等，但其出产则因粮食上涨，而忽收巨〔1〕利。此种利益并非增加劳力之收获，而纯为战事造成之机会。政府对于意外之收入应以收获课税之方法而转移于政府，其非增重农民之负担，理至显然。彼极端资本主义之国家如英国，现已通过法令，停止人民平日宪法上之种种自由，人民之生命及财产均置于政府管辖支配之下；对于战时利得，则规定百分之百归政府。今我国困难之严重独甚于英，曷可因少数人民之利益而危及全民族之存亡耶？

七、收获课税法之扩充运用

收获课税法运用于产米之区，则对于米粮之统制，裨助至大，吾人为彻底统制物资计，亦可将同一方法加以扩充运用，诚以各地物产不同，则实行实物课征之标的物，亦应因地而异。其为产茶之区，自得指定以茶叶为缴纳之标的物，其为产糖之地则以糖为标的物，倘同一县份有树种大宗出产，则就该数种出产各定一纳税率以为科纳之标准，如此，则收获课税法推及于全国，不特各项土产均可由政府统制运用，即各地之征税方法归于一致，亦免赋税轻重不匀之弊。

按实物课征，原为我国旧行之法。迨清季改以银圆折算，推其原因，非谓实物课征方法本身之欠善，究其动机，乃满清政府欲以改折之方式一转变间隐匿其加重赋税行迹。观于清末苏省之漕粮最初踌躇犹豫不即改折者，即可想见。盖国家需要米谷等实物较货币为甚，非为贪图省事或变相加征者，决不轻于改折也。现时法令虽规定货币缴纳，然自实行统制物资，加强抗战立场言之，田赋改行收获课税法，实亦有其必要。事关抗战大计，爰草本文以与明达之士共研究焉。（待）

---

〔1〕 "巨"原文作"钜"，现据今日通常用法改正。——校勘者注。

对于农地改革法案之检讨[*]

郭　卫^{**}

我国自古以农立国。黄帝之世，即有井田之制，经土设井，立步制亩，使八家为井，井开四道，而分八宅，凿井于中，是为井田之始。商代因古制以六百三十亩之地画为九区。区七十亩，中为公田，其外八家各授一区，使各助耕公田，不再课私田之税。周制以方九百里之地为一里，画为九亩，区各百亩，中为公田，八家各投一区，助耕公田，亦不复税其私田，是耕者有其田来远矣。自井田之制废，田之所有权乃别有所属，耕者不必有其田，有田者不必自耕。数千年来，富者田连阡陌，贫者每无立锥，贫富不均，酿成后世之反响，所谓不患贫而患不均，先哲已先我言之矣。中山先生早倡耕者有其田之说，其意不过希望农民各能达到自有其田之地步，尚未指明所有农地悉为耕者所有，即共产主义之分配土地，亦仅将农地平均分配于国人，并未专以自耕者为限。兹见立委萧铮等所提出于立法院之农地改革法案，其第二条云，全国农地自本办法公布之日起，一律归自为耕作之农民所有。第三条云，现为自耕之农户，其所有之农地面积，以不超过维持一家八口生活必需之范围为限。诚如所云，则非自耕者固不得有农地，且自公布改革法之日起，农地一律为自耕之农民所有。换言之，即所有全国农地全由自耕农分配之，从算术方式计之，即系以全国农民除全国农地，农民少则每人所得分受之地多，农民多，则每人所得分受之地少。似无何种限制，而又云每一农户

　＊　本文原刊于《中华法学杂志》（复刊第 7 卷）1948 年第 7 期。

　＊＊　郭卫（1892～1958 年），又名郭元觉，湖南常宁人，著名法学家，毕业于北洋大学法科，获哥伦比亚大学法学博士。曾任大理院推事，位及司法部秘书长。1925 年与友人共创上海政法大学，并兼任包括东吴大学法学院在内的多所大学教授。与友人创办上海法学编译社，出任社长，编译了许多外国法学著作，并于 1931 年在上海创办《现代法学》期刊，为民国法律作了许多奠基工作。

其所有之农地面积，不得超过维持一家八口之生活必需之范围，即系以自耕农自食为限。不得于自食范围之外多所分受。假设全国农地为万亩，自耕农户为白户，而每户只需五十亩即足以生活，则全国农民只能耕作五千亩，且只限耕作五千亩，其余五千亩，不但无人耕作，且不许其多所耕作，只得任其荒废。其不自耕作之人，将无谷可食，势非从国外购米食用不可，结果如何，恐非立法当时所能逆料。

草案第六条以下对于农地承受人补偿地价方法，不得超过约定地租额之七倍，分十四年清偿，较之土地法规定之给付最长期不超过五年之土地债券。为有利于农民，且除完纳赋税外不得有任何以土地为对象之捐派。又遇凶年歉收，经县政府之核准，得缓缴当年地价之全部或一部，其保护农民尤为周密。依此标准，假定每亩约定租额为谷二石，七倍计为十四石，分十四年缴付，则每年仅为谷一石。以其应缴之其余一石作为完纳赋税之用尚有余裕，直等于十四年内照减租额（不超过正产物千分之三百七十五）缴纳租谷。至十四年后等于无偿取得该地所有权，所虑者为遭受巨额捐派及遇凶年歉收。草案既对于捐派及歉收立有补救办法，则承受人高枕无忧矣，此不失为渐进主义。

同时对于萧案所发生反响，有立委孔庚等所另提确定农业政策将生产问题与土地问题同时解决案。其要点有五，办法有二，试分别言之。（1）原案第一点谓民生主义中平均地权一言。所谓平均者，系指国民全体而言，非指国民一部分而言。中山先生仅言耕者有其田，未言不耕者不应有其田云云。此点与余所释中山先生之意相合，盖先生之意在希望耕者有其田，其无田而承耕他人之田者，希望渐有承购其田之能力，即计口授田，授而不自耕者，亦可转让于人。而另为有益于民生之其他生产工作，不必责全国人民以耕作为事也，否则，必耕而后有食，织而后有衣。殊背有无相通之意，与各尽所能各取所需之理论更超过之矣。（2）原案第二点谓使农业革新者，必须使生产组织化、科学化、机械化、工业化。若竟以扶持自耕农为国策，以二五减租三一减租为妙计，岂不令人齿冷云云。此点似属题外之语，盖本案在使自耕农如何有田，乃系农地改革方案，而非农业改革政策也。（3）原案第三点谓赞成土地国有，废除私有土地制度，实为今日改革土地说者之谬论。因中国土地分散，大地主绝少，社会上一般教育职员及其他不耕而食人员，往往将父母妻子留在家中吃老米饭。不过计口授田，亦应有分配，不可不有妥善之策耳。（4）第四点为中国传统系耕读传家，大部分皆以农为生计，必欲夺其田，是民生主义变成民死主义云云。按所谓耕读传家，似与不耕而食租者有别。所谓耕者，当系指自耕或自己雇人而耕。即土地法第六条所谓经营耕作者亦包括在内，即雇人自耕之意。若指为民死主义，似嫌立论过傲。（5）原案第五点谓废止私有土地将泯灭中国解甲归田之善良风俗，无复有陶渊明之归去来辞及王维等描写田园风景之诗矣云云。按所谓解甲归田，当系指自为耕作或雇人耕作而言，绝非解甲食租之意。即陶渊明之归去来辞，既为田园将无胡不归，可知其归后则田园方不至荒芜其田也。至所提办法二种，一为采取限田制，不以每人所得亩数计算，而以每人应得收获量计算。二为办合作农场，凡出土地或劳力者，皆为农场产员，使无地主佃农雇农之别。利益之分配则以百分计算之，前者足以限制大地主，后者足为主佃之调和方法，殊有采取之价值。惟合作农场中之地主，亦应有相当限制，否则仍不能达到第一办法之目的也。

附志：倾承本志主编之嘱，为本志撰稿，因适值西湖新宅落成，迁徙布置及酬应来游亲友甚忙，而发稿之期已过，只得就偶感所及。聊缀数行以塞责，尚乞读者谅之。

平均地权与土地法[*]

何海晏

一、土地公有之论据与学说

土地正如水和空气，为人类生存所必需，如无土地，吾人之"住"、"行"就无从寄托。水和空气，原是取之不尽，用之不竭。若说土地一物，偏不能自由使用，此点殊不能认为正当。土地又为吾人生产工具之一，若于土地不能自由使用，则劳动与资本即不能为有效之行使。故欲为有效之行使，非具有土地使用权不可。而土地所有权却操之于极少数人手中，大多数人中之无立足地者，不在少数。于此吾人不禁感觉极大之矛盾；吾人出生以后，虽已具有生存权利，而同时却又须保有土地上之权利，否则所谓生存权利一节，殆将陷于危险之境地矣。吾人既有生活之权利，即是吾人既能主张生存权，同时对于土地之权利，亦不得不主张人人平等。换言之，对于土地之权利，如能成为人人平等，则自然的生存权，亦能确保无碍。

自经济方面观察，土地可谓非劳动之产物。土地为自然所创造，大体上并未施以任何人力，故土地不能为某特定人所私有。倘若土地非为自然所创造，而为人力——劳力——所制造，则抹杀个人之努力，而对于土地主张平等权利，即属毫无意义矣。盖关于人类劳动之产物，必须予劳动者以某种特权，不能任意将其占有也。土地原非人力劳动所创造，虽有建筑住宅，施以劳动而置水沟者，有使田地肥沃而改良灌溉者，此种设施的劳动，因为人类之努力，自当对于尽力之某特定人承认其相当特权。惟创造土地之自然力，比之此种设施的劳力强过多多，是故认定一切人类对于土地，皆有同等权利，

---

　　* 本文原刊于《社会科学月刊》1939 年第 1 期。

决非不正当之主张。[1] 即约翰·密尔[2] 亦曾言及：对于经营改良土地之人，虽在便宜上得承认其土地之私有。然在土地私有者非为改良土地者时，在经济学上便不能为其辩护所有权。

土地私有为现在多数政治经济社会等学者所反对，自不待言。所可讨论者，乃私有制改革之方法，以及达到公有制应采之步骤如何耳。用和平方法以发展生产为条件，将土地之使用加以相当之限制，使其有土地私有制渐渐演进至土地公有制，还是用激烈之手段，将土地无价没收为国有？关于此点，西洋学者学说纷纭，莫衷一是，较其为著名者，可大别为三派：[3]

（甲）地主课税主义之土地制度改良派

此派反对由土地所生之地租作为私有，因地租易为不劳而获之利益，且为土地私有制之弊害，故应将其收归公有。对于土地私有制，则不主张立即废除，而以课税之手段，将土地本身所生之利益，收归社会国家所有，使土地私有制名存而实忘。约翰米尔（John S. Mill 1806 ~ 1873）与亨利乔治（Henry george 1839 ~ 1893）[4] 等为此派之著名代表。乔治在其所著之进化与贫穷一书内云："财富增进，而贫穷日烈，生产率提高，而工资压低，究其因，乃一切财富之渊源，及一切劳动之范围（即土地）被垄断而已……故吾人必须促进公有土地制，代替私有土地制。"彼等之主张，乃以课税法使土地私有制逐渐消灭。

（乙）农业社会主义之土地制度改革派

此派认为土地私有为贫富不均之根源应将一切土地收归国有。以佃耕之形式租与佃农，而为佃农所占有，换言之即在土地国有制之下建设自耕农的佃农制，使一切人民皆能使用其应有之土地。故名虽土地国有，实则国家仅取得土地所有权之处分权，而人民对于土地之使用收益，仍具有永佃权。此派之著名代表为哥森（H. H. Gossen 1810 ~ 1850）及华拉斯（A. R. Wallace 1823 ~ 1913）[5] 等等。

---

[1] 参阅安部矶雄著《土地公有论》（张知本译）二四至二六页。

[2] "约翰·密尔"原文作"约翰米尔"，现据今日通常用法改正。——校勘者注。

[3] 参阅聂国青著《中国土地问题之史的发展》一三一至一三四页。

[4] H. W. Laidler, *History of Socialist Thought*, pp. 224 ~ 226, 224 ~ 225.

[5] ibid., pp. 222 ~ 224.

（丙）社会主义之土地制度改革派

此派主张不仅土地所有权及土地上一切利益应归国有或社会所有，即其他一切生产工具，亦应收归国有或社会所有。质言之，此派主张废止一切私有制，而首应废止者为土地所有权。此派代表为：斯宾士（Thornas Speuce 1750～1814）及马克思[1]（Karl Marx 1818～1883）[2]等等。马克思之农业政策可见于《共产党宣言》之中：

1. 废弃土地权，将地租充为国费。

2. 以共同之计划，开垦及改良土地。

3. 编设产业（尤其是农业军）。

4. 连结农工业之经营，逐渐的出去都会和农村之区别。

二、平均地权之理论

平均地权是一种土地政策，为中山先生所首创，用作解决中国土地问题之基本原则。至于平均地权理论之真谛，乃并非以政府之力量，将土地强制没收。而平均分配于农民之意。系用和平之方法，以发展生产为条件，将土地之使用加以相当之限制，使其由土地私有制渐渐演进为土地国有制，以达耕者有其田，及人民共享土地所生一切利益之目的。[3]其理论乃贯彻中国历史上以往之事实，及现在之情形，再加以国外各种土地学说及各国土地政策而自成一有系统的平均地权学说。中山先生对于土地私有制固不满意，即于苏俄所行土地国有所采之手段亦不赞同，其步骤乃以缓进之方法，废除土地私有权为目的。目前则维持原来之土地私有制，而加以数种限制：

（一）确定地价。确定地价之方法，乃先由地主照价陈报，政府得照地价收税，照地价收买。"地主如果以多报少，他一定怕政府要照价收买。吃地价的亏。如果可以以少报多，他又怕政府要照价抽税，吃重税的亏。在利害双方面互相比较，他一定不情愿多报，也不情愿少报，要定一个折中的价值，把实在的市价报告到政府。地主既呈报折中的市价，那么[4]政府和地主自

---

〔1〕 "马克思"原文作"马克斯"，现据今日通常用法改正，下同。——校勘者注。

〔2〕 ibid. , pp. 92～93, 149.

〔3〕 平均地权一语，学者有以仅对市地而言，见方显廷编《中国经济研究》二九二页；有于农地亦适用此语，见王相秦著《平均地权之理论与实施》，载《东方杂志》第三十四卷第十三号。

〔4〕 "那么"原文作"那末"，现据今日通常用法改正。——校勘者注。

然是两不吃亏。"[1]

（二）照价抽税或收买照价抽税，即按照地主所报之地价抽以地价税。其税率为采用累进制，并以土地之价格为抽税之尺度：如地价较高，则所抽之税亦较多；如地价较低，其税亦较少。因同一面积之土地由沃壤与瘠地之分，更有乡地与市地之别。照地价抽税，原则上至为公允。照价收买，即国家得以按照地主所报之地价，于必要时可将其土地照价收买。惟当视地主所报之价格，国家之财力以及社会之需要而定。

（三）增值归公。"地价定了之后，我们更有一种法律的规定，这种规定是什么呢？就是从定价那年以后，那亩地皮的价格再行高涨，各国都要另行加税。但我们的办法，就是要以后所加之价，完全归为公有；因为地价高涨，是由于社会改良，和工商业进步。……推进到进步和改良的功劳，还是众人的力量经营而来的，所以由这种改良和进步之后所涨高的地价，应该归大众，不应归私人所有。……这种把以后涨高的地价归众人公有的办法，才是国民党所主张的平均地权，才是民生主义。"[2]按其办法，即用征收土地增值税方式，将其所涨之价，完全收归公有。其实行土地增值税之效果：一方得以免除地主不劳而获之收入，一方国家，即以征收土地之增值税与地价税用作购买土地，以期渐次增加国有土地，或补助无地之农民，使其取得土地。皆征税方法以收平均财富之效果。

（四）征荒地税。土地既为吾人寄托之所，则土地高度之利用，亦为吾人任务之一。故凡荒地皆应开垦利用。中山先生于其地方自治实行法中，关于荒地征税办法：主张对于吾人纳税之荒地，均当由国家收管开垦；其已纳税而不耕种之荒地，则课以值百抽十荒地税，征至开耕完竣为止，如三年后仍不开耕，则当充公，由国家开垦之。

（五）实行限田制度。限田制度即限制私人所有之土地，不得超过政府法定限度以外。土地之私有，虽不采取激烈步骤，立时将其取消，但亦不能任其自由发展，而不稍加限制。此在中国国民党民国十二年[3]一月一日之宣言中，曾有提及。其办法，即由国家规定土地法，土地使用法。及地价税法，

---

[1] 民生主义第二讲。

[2] 同上。

[3] "民国十二年"，即公元 1923 年。——校勘者注。

在一定期间之后私人土地之所有权,不得超过法定之限度。

(六)设立土地银行。限田制度不过系消极方面使大地主无由发生,在积极方面政府尚须收买土地,并廉价售予农民,同时对于既无土地,又无力自购之贫农,亦须设法资助,使其获得土地以便耕种,因此政府为便利农民资本之调动计,故不得不有土地银行之设立。平时即由该行贷款与农民,使一般无地者得以置地自耕。如遇农民因购置土地,而缺乏资金,及周转不灵时,则土地银行负有救济之责。由此可知土地银行实为一调剂农村金融之信用机关。[1]

由上述数项办法观察政府用缓进而平和之方法,可以达到人民共享土地所生一切利益,以及耕者有其田之目的。进入该阶段时,吾人生计中最重要之土地问题,已获合理解决,则民生问题可谓解决大半矣。

三、土地法中平均地权之原则

国民政府成立以来,即根据中山先生遗教及国民党政纲制定土地法,于民国十九年六月公布,至二十四年四月复公布土地法施行法。土地法及土地法施行法,于二十五年三月一日一起实施。我国之土地政策,于是大定。土地法分总则,土地登记,土地使用,土地税及土地征收五编,共三百九十七条。兹择其与平均地权有关各点,略加讨论。

我国土地法所规定之地价有二种:(甲)申报地价;(乙)估定地价。由土地所有权人依法声请登记之地价为申报地价;反之,由地政机关依法估计所得之地价为估定地价。(土地法第二三八条),估定地价是以估计时前五年之市价为准,视地价情形相近者,先划分为若干地价区。(第二三九条)再在同一地价区内,参照其最近市价或申报地价或参照其最近市价及申报地价为总平均计算。则得标准地价。(第二五四条)

土地法所定地价税不以土地面积之大小,而以土地种类之不同为分等之依据,殊为合理。市改良地之地价税率为估定地价额千分之十至千分之二十。市未改良地为千分之十五至千分之三十岁。市荒地为千分之三十至千分之一百。乡改良地为千分之十。乡未改良地为千分之十二至千分之十五。乡荒地为千分之十五至千分之一百。(第二九一条至二九六条)此项税率按照三〇三

---

〔1〕 Ely and Morebouse, *Elements of I. and Economics*, pp. 217~223,王相秦著上引论文。

条之规定，得"一因地方财政之需要，二因社会经济之需要，由地方政府依法定程序为增减之处置"。

土地增值税乃照土地增值之实数计算，于土地所有权移转，或于十五年届满，土地所有权无移转时征收之（第二八六条）如土地所有权之移转为绝卖者，其增值税则向出卖人征收之；移转为遗产继承或无偿赐予或法院判决者，其增值税系那个继承人或受赠人或因判决而取得所有权人征收之。（第二八八条）其税制是采用累进制，并为分级征收。其对土地增值超过原地价之土地，所征收之土地增值税为百分之二十至百分之一百，计超过原值百分之五十以内者，征收百分之二十。超过百分之五十者，征收其百分之四十。超过百分之一百者，征收其百分之六十。超过百分之两百者，征收其百分之八十。超过百分之三百者，完全征收。（第三〇九条）关于土地之增值，中山先生本来主张完全没收，在实际上不易即行。故土地法采取折中办法，而行累进征收。惟该法专依土地增值之百分率计算，征收土地增值税，学者中有主张未妥者。例如小农数百元之土地，因增值超过原地价数额百分之三百时，其超过部分完全征收；而大投机家数十万元之土地，增值超过原地价数额百分之五十时，其超过部分只征收其百分之四十。但小农不劳而获者惟数百元而已，而投机家则达数十万元之多。故以百分率计算外并须以所得绝对数联合计算。[1] 不宁为是，在土地增值之百分率及增值绝对数以外，兼应顾虑增值时间之久暂，如同一价值之土地，甲地在二年以内，增值一倍，乙地在十年以内，方始增值一倍，则对于甲地征税自应较乙地为重。[2] 由此观之，土地增值税率累进税率至少须向三方面累进：（甲）土地增值对于原价之百分率：土地增值不过原价百分之五十者轻，超过原价百分之一百者重。（乙）土地增值之绝对数：土地增值仅一千元者轻；达一万元重。（丙）土地增值所经过之期间：在一年以内增值一倍者重；在十年以内增值一倍轻。如此土地增值税之累进税率，方兼顾各种情形，而合于租税公平之原则。

土地法对于耕田之规定，可从两方面观察，积极方面，奖励荒地之承垦，以增加耕地之面积，消极方面，限制大地主之收益，籍令出售其所有权于佃

---

〔1〕 德国土地改革运动家 Adolf Damchke 曾作对吾国土地法之批评及管见一文，该文由萧铮译出载《东方杂志》第二十八卷第十号。

〔2〕 参阅朱契著《中国租税问题》第一三六页。

农。我国荒田面积尚无可靠之统计，据已有调查之估计，则为量甚巨。美国农业经济专家倍克式致谓我国可耕地中四分之三，尚未开辟。故土地法，土地使用编封对于荒田使用，尤多注意。该法规定公有土地之荒地适合耕作使用者，除政府保留或指定为他种使用外，应由地政机关于一定期间内勘测完竣，分割地段，编为垦荒区。（第一八八条）垦荒区内之地段由地方政府定期招垦。（第一八九条）承垦人自垦竣之日起无偿取得其土地耕作权（第一九六条）但已取得之土地，于取得之后五年起，应缴纳正产物收获总额百分之十五以内之地租。（第一九八条）荒地须有大规模之组织始能开垦者，地政机关仅准代垦人承领。（第一九九条）

消极的促进耕者有其田之办法，为以减租加税及限田等重要迫使大地主放弃土地所有权。此外，则限制地主之撤重要，迫使大地主放弃土地所有权。此外，则限制地主之撤佃权等，以求达到保护佃农之目的。对于减租方面，土地法之规定为：地租不得超过耕地正常物收获总额千分之三百七十五，约定地租超过千分之三百七十五者，应减为千分之三百七十五，不及千分之三百七十五者，依其约定。（第一七七条）此即国民党代表大会所定之二五减租办法，而已为浙苏豫鄂皖诸省所采行。何谓二五减租即地租由业佃各分其半，而复于业主所得之一半中，减除百分之二五，结果即为地租之千分三七五。

用加税方法促使放弃地权者，及以不在地主为对象。因不在地主对于土地之投资，志在谋利，不若久居乡间而与农民为伍之地主，尚能稍尽指导农耕技术及流通农业金融之责。法律对于不在地主，取缔因亦特严。我国土地法对于不在地主之规定为：（一）土地所有权人及家属离开其土地所在地之市县继续满三年者；（二）共有土地，其共有人全体离开其土地所在地之市县，继续满一年者；（三）营业组合所有土地，其组合其土地所在地之市县，停止营业继续满一年者。（第三二九条）不在地主之土地，除改良物外，得由主管地政机关按其应纳地价税率递年增高之；以该土地应纳之税率一倍为限。（第三三一条）其土地增值税则按照应缴税额加倍征收之，以其增值之实际数额为限。（第三三二条）为便利不在地主之佃农购田计，土地法有下列之规定：本法施行后，同一承租人继续耕作十年以上之耕地，其出租人为不在地主时，承租人得依法请求征收其耕地。（第一七五条）

限田本为我国古制，亦曾盛行于大战以后之东欧今土地法亦有限田之规定：地方政府对于私有土地，经中央地政机关之核定，得斟酌（一）地方需要，（二）土地种类，（三）土地性质，分别限制个人或团体所有土地面积之最高额。（第十四条）主管地权机关且得规定办法，限令于一定期间内将额外土地分割出卖。不依规定分划出卖者，该管地方政府得依本法征收之。（第十五条）

限制地主撤佃权，亦为保护佃农办法之一。土地法第一八〇条关于撤佃之限制规定颇详：依不定期限租用耕地之契约，仅得于下列情形之一时终止之。（一）承租人死亡而无继承人时。（二）承租人抛弃其耕作权利时。（三）出租人收回自耕时。（四）耕地依法变更其使用时。（五）违反民法第四三二条（承租人应以善良管理人之注意，保管租赁物。租赁物有生产力者，并应保持其生产力。承租人违反前项义务致租赁物毁损减失者，负损害赔偿责任。但依约定之方法，或依物之性质而定之方法为使用收益，致有变更或毁损者。不在此限）。及第四六二条第二项（耕作地之租赁，附有农具等之清单时，清单所载之附属物，如因可归责于承租人之事由而消失者，由出租人负补充之责任。）之规定时。（六）违反第一七四条之规定时，（承租人从经出租人之承诺，仍不得将耕地全部或一部转租于他人）。（七）地租积欠至二年之总额时。且土地法第一七三条规定：出租人出卖耕地时，承租人依同样条件，有优先承买之权。于承租人亦有相当助力。

综上所述，平均地权之理论可谓全部溶化于土地法之中。土地法名义上虽以见诸施行，而成效如何，则尚难预测。据土地法第二十四条规定：未经依法为地籍测量之土地，不得为所有权之登记。所有权既不准登记，则平均地权之中心主张，照价缴税及增值归公，自亦无从实施矣。按地籍测量，耗时费财，决非一时可得办竣。依南昌航测经验，作全国测量之估计，欲将全国一千一百万公里航测完毕，假定飞机一百架同时作业，须历时三十年之久，需费约二十二万万元之巨，方能藏事〔1〕。故平均地权政策必待测量完毕以后方能实施，实觉缓不济急。学者中有主张依各省经济情况之不同，而定是否即须付之测量。〔2〕如经济落后或困难之省份，不妨先办正式所有权登记，如各省办理之土地陈报，发给土地管业执照是。经济较佳之省份，则可按照

---

〔1〕 "藏"指完成、解决，藏事指事情已办完。——校勘者注。

〔2〕 参阅方显廷著《整理地籍刍议》，董号著《中国土地整理之鸟瞰》，俱载方编《中国经济研究》。

中央土地法积极实行，至于市地即应实行正式测量，因市地价值昂贵，范围亦小，办理测量比较容易。正式测量地土地陈报，两者虽有治本治源之分，而实际则相辅为用，土地陈报之效果，可作为将来正式测量之依据。财力不足之省份，不应坐待经费有办法后，举办正式测量，而任令人民负担长此不均，故举办陈报实为当务之急。

土地制度比较论*

李文杰

一、土地问题之重要

孙中山先生昔在广州讲演民生主义，认定"社会主义的范围是研究社会经济和人类生活的问题，就是研究人民生计问题"，而民生问题之内容，包括衣，食，住，行四事。此四者之原料，如制衣之棉麻，做饭之米面，造屋之木石，砌路之铁土，无一不产自土地。胡汉民先生某一次在南京中央党部举行纪念周，报告土地法内容时，曾言："天生人，天养人，是一句靠不住的话，应改为地生人，地养人"，诚的论也！

土地为组成国家三要件之一，从经济学言，土地与劳力资本三者，又为生产之原始的要素。土地之所以为生产的要素者，因有下〔1〕列四种贡献之故：

（一）载力土地能供给一定的地点与人及其他动物，为生产行为上所必不可缺乏的根据也。

（二）工力土地能给予人以凭借俾得利用种种自然力如风力，水力，太阳之光力及热力也。

（三）养力土地含有种种原质，为一般植物生长所不可缺乏的滋养料也。田地有瘠壤膏原之分，即以养力之是否丰富为其决定的条件。

（四）产力地面下含有种种矿质。如煤，铁，石油等，供人类之采掘使用也。

综上所述，土地对于社会经济即人民生计的贡献，极为伟大，古时人口

＊　本文原刊于《绸缪月刊》（第 1 卷）1935 年第 10 期。
〔1〕　"下"原文作"左"，现据今日通常行文格式改正，下同。——校勘者注。

稀少，沃壤无垠，在狩猎时代，人民依山林以穴居，至渔牧时代，则逐水草而转徙，及人稼穑时代民智渐开，居有所定，然土地之占有与使用，仍及自由，任何人可随意选择膏腴之田野而播种，故衡定土地，价值之观念，由不存在。至人口渐滋，衣食住行之所需，胥取之于地，渐至供不应求，而经济学上之"自然地租"于以发生。据李嘉图[1]氏言：地租之起因，实为（一）土壤之优劣，（二）地位之便否，（三）人口之增加，（四）收获的渐减之四者，例如某一人群，初履新地，因人少田多，必先择其最沃美者（上田）耕之。迨生齿日繁，最上之田，均已有主，无田之人不能耕次等之田（次田）。假设上田之收获，仅足供耕者自食，则次田之耕者，势必不足自给；但人口增加的级数，终于粮食增加的级数不能相投，故粮食之价格，必与日俱贵。粮食腾贵，则耕次田者亦能自养，而耕上田者，除自养外，更有盈余，此比较的盈余，除所费原料及劳工的代价外，即为经济学上的自然地租。且土地上以天然的限制，土壤与地位，均非人力所能完全移变增损，向外伸展，势不可能，反之，即欲就固有土地，施以改良，亦以农业上"报酬递减公例"之限制，虽劳力与资本加多，报酬亦复不能加倍。故前述加增之自然地租，纯然为人口增加之结果，地主实未偿多有劳费。此就田地而言，再就宅地言之，例如城市之中，某甲有地一亩，初买之时，价仅千一元，十年而后，涨至九千元，此八千元之盈余[2]，其原因为城市经济繁荣，人口激增，该土地之效用，因比较而增加，非其本身之价值有所增进：是以地主坐享该项盈余，实为不劳而获。此种不劳而获之地租，近代各国政府，在社会主义的信仰下，均持征以重税，或收归社会公有之议，其目标原在伸张公道；但另有一派学者，如 Garey 及 Bagtiat 根本否认李嘉图氏之自然地租的学说。谓土地乃因每岁增投巨额资本及劳力。施以开垦，图其改良，于是始适于耕稼，始富有生产力，而地租于是乎起；故地租亦为对于个人资本与劳力之报酬，外此不应再有所谓基本于土地自然生产力的地租也。李氏之为"平均地权说""土地单税说"及"土地国有制度"之根据；其反对学说，则为主张土地应绝对私有者之所宗也。

土地对于民生之关系，其重要已如前述，审究近代各国所行之土地政策，

---

〔1〕 "李嘉图"原文作"理加图"，现据今日通常用法改正，下同。——校勘者注。

〔2〕 "盈余"原文作"赢余"，现据今日通常用法改正，下同。——校勘者注。

有绝不相容之两意义焉；即"土地公有"与"土地私有"之二说，本文先就土地问题之重要加以阐述，次就土地公有与土地私有两制度，一比较其利弊焉。

二、土地公有制度概说

本文所称土地公有，实质上即土地国有，不包括凡未经人民依法取得所有权及私有土地所有权已经消灭之公有土地而言。（土地法第十二条）故土地公有制度云者，全国土地完全归国家所有，私人不复享有土地所有权，但由国家参酌人民需要，为土地之分配，而人民于同等情形之下，有享有土地利益之平等权利之谓也。持此论者，以李嘉图氏之自然地租为唯一之依据，其立论略曰：生产要素虽不仅土地，然以土地为最有力之要素，并为最为显著之独占财，其价值则随人口与资本之增加，而自然加增。此加增之价值，除必要之原料及劳工之代价外，全然成为自然地租。地主于其发生毫无贡献[1]，而安然独占，在资本主与劳动者，虽亦因人口增加及资本增加，而有自然之进步，然因竞争激烈，所得或转减少，惟地主之所得，有增无减，其势焰日益盛大，今日社会贫富日益不均，胥原于此。欲图改良，应严禁止土地私有，以土地之所有权归之国家，俾全国人民，均有平等沐享土地增值之利益。夫土地本为自然界之物，化私有为公有，正所以恢复旧观也。若以此说与"土地单税论"比较，则土地单一税论者，主张将一切租税全行废止，独留地税一项，次第提高，使与地租全额相等为止，则地主关于关于土地增值不当利得，均归国家或地方之手。地税既不超过地租，则不夺地主改良土地所可得之增值，与其改良土地无碍。即人为增加之价值之价值归地主个人，自然增加之价值归社会。然此说终以单纯的自然地租虽得一公平之标准，用以评定，于实行时窒碍甚多，故主张土地公有制度者，认为与其探行土地单税制，反不若土地公有之直截了当也。

吾人审查中世纪及古代之土地制度，中外各国，均会为土地公有之实行。如中国之"井田制度"及古代希腊之财产制度是，即在现行私有制度之下，尚散见其遗迹。嗣以人口增加，物质文明日趋发达；工商业之组织益加严密，中世纪之封建制度渐呈崩溃，资本制度乃应运而兴。于是土地私有制度在资本主义势力保障之下，益显露其与社会利益不相容之点，遂使人民呻吟于经

---

[1]　"贡献"原文作"供献"，现据今日通常用法改正。——校勘者注。

济压迫之下，至于无可容忍，乃酿成社会革命之巨变。各国贤达为改弦易辙之图，再从事土地公有之提倡与运动。百余年来，此种理论，充溢于各国社会之间。尤以欧洲社会为甚。其所持之理论，与主张探用之手段，在学者间如李嘉图氏（Richardo）、詹姆斯·密尔[1]氏（James Mill）、圣西门氏（Saint Simon）、约翰·斯图亚特·密尔[2]氏（John Stuart Mill）、可辛氏（Gossen）、瓦尔拉斯[3]氏（Walras）、劳里亚氏（Aohille Loria）等主张虽互有异同，而对于土地利益应由人民共享之一点，几于群趋一致也。

以上为关于土地公有制度之理论，至此制度近年来之实施情形，可以苏俄革命成功后之实况说明之。苏俄之革命成功后，对于全国土地，一律宣布为国家财产，以之分配于农民，为耕作之用，从前之享有土地及其所有权者，因之完全丧失其地主资格，且不得受任何之补偿。此种激烈手段，将向来之社会制度与经济组织，根本推翻，实行以来，历时已十余年，然仍在实验期中，得失如何，未能为最后之判断，然土地不能无肥瘠，断难平均分派，因此势必发划分之争执。胡汉民先生在中央举行纪念周报告土地法内容时，会称："他们（俄人）说：土地官司确是打不清，所以我们自一九二四年到现在，专设土地法一部，解决为分土地而起的纠纷。"亦可见土地公有制度下实际困难之一斑也。除俄国外，捷克斯拉夫、罗马尼亚等国对于从前大地主享有之巨额土地，于其超出相当限度，认为与社会利益发生冲突，乃施行有偿土地征政办法，将被征收之土地，分配于农民工作，于土地公有制度下不将土地私有制度全然废止，盖亦折衷办法。其他欧洲各国，于战后为土地之整理，其办法略有异同，不过举其一二耳。

三、土地私有制度之概说

土地私有制度有广狭二义。狭义之土地私有，指土地所有权为绝对的对世权，即土地所有人不受任何方面之干涉，于其所有之土地上，可以无限制的行使其使用，收益及处分之权利也，此为古代封建制度之遗风，因当时地主握有统治权，可以畅所欲为，故对于本身之权利，保护极为周至。"土地为

---

[1] "詹姆斯·密尔"原文作"密尔詹姆"，现据今日通常用法改正。——校勘者注。
[2] "约翰·斯图亚特·密尔"原文作"密尔约翰"，现据今日通常用法改正。——校勘者注。
[3] "瓦尔拉斯"原文作"华尔拉斯"，现据今日通常用法改正。——校勘者注。

神圣不可侵犯之物",为当时厘定土地政策之原则,拿破仑法典对此有严格的规定。试再就英美对于不动产侵权行为之法例加以探讨,可以推知。考英美法例,不得他人同意,侵入他人不动产者,不论系否故意,有无过失,均难逃罪责,至被侵入土地所有人究被损害与否,在所不问。譬如某甲开枪击飞鸟,若误伤行人,不能证明其有过失,不成立伤人罪;但枪弹穿过他人土地,则为不动产侵权行为。又如人对于自己之过失或故意行为,方始负责,而在不动产侵权行为,人之家畜或仆役,尚无故侵入他人之土地,则主人亦不能辞其责任。再就伤人罪言,击断他人腿骨,其处罚不过监禁;而放火焚烧他人屋宇,应处死刑。在当时法律下,人身价值不如不动产,亦可见古代对于土地私有制度保护周至之一斑也。

以上为狭义的土地私有政策之理论,今日社会主义之学说,弥漫全球,各国对于土地私有制度虽少有更张者,然大多数均已采取社会化的立法精神,使私人享有土地所有权,不应与社会利益及国家之公共政策相抵触。换言之,即在公益范围内,国家对于私人享有土地,得制定法令,予以相当之干涉或限制焉。例如我国民法第七百六十五条,对于一般所有权之规定曰:"所有人于法令限制之范围内,得自由使用处分其所有物,并排除他人之干涉。"(法国民法第五四四条,意国民法四三六条。日本民法第二〇六条,德国民法第九〇三条,澳国民法第三五四条,瑞士民法第六四一条,均有相同规定。)我国土地法于第七条规定:"中华民国领域内之土地,属于中华民国国民全体,其经人民依法取得所有权者,为私有土地,但附着于土地之矿,不因取得土地所有权而受影响。"虽明白规定我国系采取土地私有制度,但于第八条列举可通运之河道等八项,应归公有,不得为私有;于第十四条及十五条,规定私有土地最高额之限制;第十六条及第十七条,规定私有土地移转之限制。又我国民法七七三条,对于不动产所有权之规定曰:"不动产所有权,除法令有限制外,于其行使利益之范围内,及于土地之上下;如他人之干涉,无碍其所有权之行使者,不得排除之"。而后乃于七百七十四条至八百条,列举相邻权对于土地所有人之限制,法益所在,亦所以保护公众之利益也。本文所论之土地私有制度,自愿以广义的即社会主义化的私有制度为范围,盖狭义的绝对的土地私有制度,早已成为历史上之陈迹矣。

四、土地公有土地私有两制度利弊比较论

土地私有制度为近世大多数国家采用之制度，土地公有制度，其学理上的根据较为合理，两者之间，孰得孰失？为研究土地问题者聚讼之集中点。晚近社会主义者，以土地为人类生活之根本，其问题为民生问题之关键，对于解决手段之采择，尤有趋重于公有制度之倾向。然在多数工商业发达之国家，仍受资本主义之思想势力所支配，自不免发生最大之阻力。于是公有私有两种思想与势力之冲突，近百年来，为之继续不断，甚有酿成大骚动，至演出革命流血之惨剧者。兹先举土地公有制度利益如下：

（一）泯灭地主阶级，使土地利益，由耕者直接享受也。在私有土地制度下，坐拥肥沃田地，已不能耕，于是招致佃农，代为耕作，从若干穷苦劳农之血汗代价，榨取丰盈之报酬，以供挥霍。至于贫无立椎之真正农民，设不投降于大地主之势力下，势将无法谋生。无论何国，农民占全国人口之极大多数，亦为感受经济痛苦最深之一大阶级，浸假使全国土地归之公有，再由国家计口授耕者以田，使其自耕自食，实解除农民痛苦之根本办法也。

（二）土地之自然增值可由社会全体享受之也。此为持土地公有论者之中心思想，已于土地问题之重要节内加以阐明，并于土地公有制度概说节内加以引证，兹不再赘。

（三）可以大规模的科学化的方法，改良土地，使土地之效用尽量发挥，并免除一切不合经济原则的消费也。

孙中山先生于民生主义第三讲内会言："我们对于农业生产，除了上说之农民解放问题之外，还有七个增加生产的方法要研究：第一是机器问题，第二是肥料问题，第三是换种问题，第四是除害问题，第五是制造问题，第六是运送问题第七是防灾问题。"关于上述七种问题，在土地私有制度下，虽可由各地主就其所有土地上，为种种设施与改良，并以国家之力量予以规划协助，然实际上究难收密切合作运营经济之功。若土地全归国有，则国家可以统制一切，农业方面效能必大增加，而城市土地，亦可在政府当局之支配下，为适当之使用也。

至于土地公有制度之缺点，除在土地公有制概说节内所述之土地划分所起之纠葛，无法解决外，尚有可得而言者以下试略述之：

（一）无偿没收私有土地，有伤公道也。土地公有论者，以究土地之性质，乃天产之共有物，故理应无偿收归国有。惟此说对于土地之原始取得者

而为适用，尚属可行，但今世之土地所有人，孰非出极大之代价，以取得土地，盖今日之土地，绝非自由财，而为经济财也。准是言之，私人之于土地，既由有偿而来，国家以激烈之手段，无偿略取之，迹近暴举，于法律上，社会上，道德上，均不能不谓为一大罪恶也。

（二）有偿收买私有土地，在财政上不可能也。知无偿攫取之非计，乃不得不仿铁路国有之例，将全国土地尽数收买。然收买亦谈何容易，首先需要巨额之款项，以为收买之资金，而此项资金之筹措，募集公债而外，别无他途。姑无论如此巨额之公债，必难应募满额，即幸而成功，公债价格必致跌落，利率势必暴增，财政上已不胜其困苦。加以全国土地之管理与整顿，在在需款，结局不至财政上之收支不相偿，而自陷于破产之境者，几希矣！

（三）因利己心不存在，土地之改良必无望也。财产私有制度，为策动私人之利己心之惟一动力。浸假土地全归国有，土地私有权全然消灭，则因自利心之薄弱，徒长堕风，必不能如今日地主对于土地之热心改良。征诸现代情状，凡私有之土地，收获必丰，其上所附着之改良物，如房屋等，亦必能尽量发挥效能，而公有土地，终以贤能政府不易多觏，常呈荒芜状态其明证也。夫土地公有与土地私有，既为相对的制度，则土地公有制度之利，即私有制度之弊，土地公有制度之弊，即土地私有制度之利。故本节对于土地私有制度之利弊，不再列举矣。

五、结论

夫土地公有制度之利弊参半，前节已略有论述；其学理上之根据不易磨灭，惟实行时必多纠纷，亦无可讳言，且一切胥有待于贤能之政府肩负责任，尤为一难能之事实无已。于社会化的私有制度下，以谋土地问题之解决。此孙中山先生"平均地权说"之所由起也。吴尚鹰先生之言曰："我党之平均地权政策，其用意为使一般人民有享用土地利益之平等权利，并无撤销私有土地制度之主张，而中山先生对于平均地权之方法所诏示于吾人者，为按照地价征税与耕者有其田两大端。"至于在土地私有制度之下一方避免土地为少数人所垄断，他方使一般人民有享用土地利益之平等权利。民国十九年[1]六月三十日公布之土地法，俱已有妥善之规定，兹不再为详论矣。

---

　　[1]　"民国十九年"即为公元 1930 年。——校勘者注。

限制私有土地面积办法之商榷[*]

李之屏[**]

（一）我国限田政策之实迹

我国自商鞅废井田开阡陌以后，因人民可以自由买卖土地，于是产生土地私有之制度，以致地权分配，逐渐失其平衡，有汉以来，限田之议，史不绝书。董仲舒曾有言曰："古井田法虽难猝行，宜少近古，限民名田，以瞻不足，塞兼并之路。"议论虽高远，但未为武帝所采用，至哀帝时，土地兼并之风盛行，当时师丹辅政，建议限田。遂下诏曰："诸侯王列侯公主吏二千石，及豪富民，多畜奴婢，田宅亡限，与民争利，百姓失职，重困不足，其议限制。"丞相孔光大司空何武奏请："诸侯王列侯皆名田国中，列侯在长安，公主名田县道，及关内侯吏民名田，皆勿过三十顷，诸侯王奴婢二百人，列侯公主百人，关内侯吏民卅人，期尽三年，犯者没入官。"自此议起田宅奴婢之债，大为减低，时外戚丁傅用事，董贤佞幸，均感不便，卒寝不行。宋代苏洵、谢方叔及元世祖时赵详麟等，虽倡限田之议，但均为权、贵豪右所反对，致末由实现，故我国限田政策之议论虽多，而成效实鲜也。

（二）东欧各国限田政策之成效

第一次大战后，东欧各国，因创设自耕农场，曾采行限田政策，但各国所规定之土地面积最高额，并不一致。如立陶宛之最高额，为八十至一百五十公顷，而自耕农场则为十至廿公顷，捷克为二百五十公顷，而新分配者，分割为六至十公顷，特殊地区，得多至十五公顷，波兰以一百八十公顷为限，而新分配者则为四十五公顷，东欧各国采行限田政策，收效颇大，盖诸国土

---

* 本文原刊于《地政通讯》1947 年第 23 期。

** 李之屏，1932 年毕业于东吴大学法学院（第 15 届），获法学学士学位。

地，大都为异族之豪强所兼并，战后诸国新兴民族意义甚炽，尤其一般农民对于土地所有权之欲望，非常殷切，洎至政府制定限田法令，并征收地主超额土地，以供创设自耕农场之用时，昔日之地主，均噤若寒蝉，故推行顺利，况各国幅员狭小，土地异常集中，而每一地主，拥有土地之面积均甚广大，易于稽考，故虽放宽最高额之限度，收效乃极显著。

（三）新旧土地法关于限田政策之规定

我国旧土地法，关于限田之规定，颇为扼要，第十四条规定："地方政府，对私有土地，得斟酌左列情形，分别限制个人或团体所有土地面积之最高额，但应经中央地政机关之核定：一地方需要、二土地种类、三土地性质。"又第十五条规定："私有土地，受前条规定限制时，由主管地政机关规定办法，限令于一定期间内，将额外土地，划分出卖，不依前条规定划分出卖者，该管地方政府得依本法征收之。"是此项规定，固不失为限制兼并之一法，然欲单独用以实现耕者有其田之政策，则未能也。中国地政学会，于民国二十三年[1]十一月，向立法院及土地委员会，提出修改土地法意见书，关于土地税制问题一项，甚至主张取消以上二条，而单独采行累进地价税制，借收限制兼并之效，盖采用累进税制，使地多者，纳税欲重，终至等于地租，于地主无利而有损，寓限制兼并于日常征税之中，其资本较多，才能较高，或因其他原因，能经营较多之土地，而收较多利益，则不难负担较高之税，实无害其经营，待税率累进至甚重时，则其地已甚多，为纯粹之大地主矣，虽多征之，而不为虐。

中国地政学会，所提修改土地法意见，大部分为立法院所采择，不过旧土地法上，关于限制私有土地面积最高额之条文，仍分别列入修正土地法第二十八条及第二十九条，且于第二十九条增列："前项征收之补偿地价，得斟酌情形，搭给土地证券"一款旧土地法虽有限制最高额之规定，各地方政府，未有一地实行，但自修正土地法公布施行后，广西及甘肃省政府，均经拟定限制办法，报经本部核定分别实施在案追怀往迹殊堪欣庆！此次全国地政检讨会议察哈尔及辽宁省政府，均有限制私有土地面积最高额之提案，业经大会通过，及本部采纳，并已分函各省（市）政府请予依法规定，报候本部核

---

〔1〕"民国二十三年"即公元 1934 年。——校勘者注。

定值兹广西甘肃以外其他各省（市）政府拟定限制办法之初，愿贡刍荛〔1〕，藉供参考。

（四）限田政策在土地政策上所占之地位

限田政策，在整个土地政策上，所占的地位如何？此殊值得研讨者也，夫我国土地政策之主要方法，为照价征税，而新土地法所征地价税之税率，凡超过累进起点地价时，依照第一百七十条所定之方法，征收累进税除可免土地之荒废，并奖励人工之进步外，实寓有限制兼并之至意存焉。若限制土地面积，在实行上，亦颇为繁琐，如何为最合经营之面积，亦难一概而论，其关系甚为复杂，举凡气候之不一，地形之高下，灌溉之便否，土地之肥瘠，交通之难易，市场之供求，物价之低昂，资本之多寡，农具之良窳，耕作之制度，作物之种类，经营之才能，习性之勤惰，家庭之人口等，在足以影响之。倘如东欧诸国，全国一律，宽为之限，或易实行，如在我国，限制过宽，则等于无限制，稍严则又有若干地区妨害农业之经营，致不能地尽其利，人尽其才，故与其采用此种政策，不如尽量推行地价税制，以收限制兼并之效。故吴氏尚鹰曰："土地法之所以有限田规定者，盖为防止私人占有过大面积之土地起见，而有此明显之规定，防止土地垄断之法，本以照价征税为最有效之手段，可不必采用如此直接办法祇以中央政治会议所决定之土地法原则，关于地价税之征收，采渐进主义，从最低税率办起，其征收实数，与所谓土地之经济的地代数额，相差尚远，在此低税率之施行期内，恐于土地投机等弊，不能为有效之防止，故于征收地税之外，仍为此直接限制办法之规定，俾地方政府，于必要时，可藉此利器为低廉税率之救济。"土地政策之主要方法，既为照价征税，而限田政策，不过在地税未普遍实施，或行之而未收效前，一种限制兼并过甚之办法，在执行之初，颇难周密，藉令行之有效，亦仅在整个土地政策上，占副从之地位，不足称主干，况我国大地主甚少，而地权分配，大率较均哉？

（五）自耕农与地主所有土地面积之限度

我国各地之农村人口甚密，肥沃之土地，大半系地主所有，因地租甚高，农村之正产物几全归其所得，佃农终岁勤劳，不得一饱。故佃农之生活，陷

---

〔1〕 "刍荛"指割草打柴的人，作者的谦辞，认为自己的说法很浅陋的谦虚说法。——校勘者注。

于极端穷困，政府为安定佃农之生活及保障其权益计，彻底之办法，惟有实行耕者有其田之政策，顾我国人口之估计，姑以四万万五千万为准，据万国鼎先生之推算，如以已耕地十五万万亩分配之，则每人摊得三亩余，五口之家，平均每户摊得十六亩余，农民占总人口数四分之三强，若以农民分配耕地，每户可达廿亩，而农家实际所耕之面积，据土地委员会于十六省调查一百五十余万户之所得，平均不足十六亩，又据金陵大学于廿二省调查一万六千所农场所得，平均约廿二亩，而我国农民管有自耕之田地者，复据金陵大学调查之结果，占百分之五十四，小麦地带四分之三以上之农民，皆系自耕农，但水稻地带自耕农，只占有百分之三十八，夫以十六亩之二十二亩之土地收益，维持一家五口之生活，已极穷困，况其中尚有百分之四十六，系耕种他人之地乎？地租既高，故佃农生活异常困苦，惟地主则不然，地主大都为非自耕者，为贯彻耕者有其田之政策起见，凡非自任耕作之地主，本不应准许取得土地，纵令许可，而每户面积之最高额亦只能比照农家获得十六亩至二十二亩之土地，其故由于地主既不能自任耕作，应依其才能，选择其他职业，而将土地有价移转于耕者之手，固不必全赖土地收益为生也。

（六）限制私有土地面积办法之内容

（1）个人或团体私有土地面积之限度。地主所有耕地面积之最高额，依作者之意，充其量，不得超过自耕农户之所有，然推行之初，宽为之限，较易收效，最近广西省政府规定私有耕地，如系水田，每户不得超过上等五十市亩，或中等七十五市亩，或下等一百市亩，但其户之人口，超过十人者，每超过一人，得增加上等五市亩，或中等七市亩半，或下等十市亩，如系旱地，则比照上中下三等水田数额，增加一倍，如水田旱地兼有者，应比例计算之，凡水田每亩产谷五百市斤以上者为上等，产谷三百市斤以上者为中等，产谷不满三百市斤者为下等。此种限制，若与农家所得耕地二十二市亩比较，故相差颇巨，但以限度内田地之纯收益，维持地主一家十口之生活，如包括婚丧嫁娶，教育医药娱乐等费用在内，仅足维持最低生活之水准，故衡情度理，自应采用，况甘肃省政府对于一等各则地，亦规定以五十市亩为限，此与广西省政府之规定，不谋而合，足见此项数字，颇适合各地之实情殊值得普遍推行者也，其他如宅地最高面积，不得超过十市亩，与办事业用地，视其事业规模之大小核定其限额，社团寺庙田地，视其性质，比照宅地最高额之限制又如村地牧地池塘等，须视实际情形而定未可概论也。

（2）超额土地出卖之期限。私有土地超过规定之限度者，其超额部分，依法应令地主于一定期间内，划分出卖，所谓一定期间，究为若干？依作者之意，自限制办法公布施行之日起，最长不得超过一年，盖限期愈促，迫使地主划分出卖之形势愈急，终自竞相出售，而各种田地之价格，必为减低，远稽汉代尚且如此，况值兹各省（市）政府积极办理地籍整理时间，地主田亩，易于稽考，无从隐匿，而逾限不卖者，复受政府依法征收，并搭配土地债券之限制乎？故地主出卖超额土地之期限，最长不得超过一年。

（3）补偿超额土地地价之年限。地主于限期内出卖超额耕地时，其雇农或该耕地之佃农，依同样条件，有有限承购权，雇农或佃农不欲承买，然后及于本村之佃农及自耕农，其地价则由承买人商得出卖人同意，以现金或农产物分八年至十五年清偿之，盖限田政策之效果，如东欧各国之例，除限制兼并外，实具有扶植自耕农之作用，而我国农民中尚有百分之四十六，需要土地，但均穷困，今使其有购买地主超额土地分八年至十五年清偿地价之机会，自必爱惜地力，勤于操作，则尽量节衣缩食以期清偿每年应付之地价，否则清偿之期限太短，农民势必无力负担，地主在经济上或稍有裨益，但耕者有其田之政策，末由实现，故清偿之期限，应规定为八年至十五年。

（4）土地征收与土地债券之搭配。地主逾期不将超额土地划分出卖时，该管县（市）政府，应即依法征收，配给自耕农所有，并搭配实务土地债券，分八年至十五年清偿之至搭配若干？应依地主超额土地之亩数，采取累进方法补偿之，换言之，凡在累进起点亩数以内者，全部发给现金，其超过者，则按累进方法，搭配债券，其地愈多者，所得债券亦愈夥，终至全部地价，大部均为债券，其故由于实物债券，不受币值波动之影响，可以保持田地出卖时之价格，应为地主所接受，又如政府征收地主超额之面积，过于广大，国库之支出，必极庞大，难于负担，为兼并顾计故采累进方法搭配债券，并分期清偿，俾稍纾财政之急，而超额土地较少者，其经济能力，大率薄弱，故发给现金，以视体恤，若超额过甚者，原系巨富，虽大部搭配土地债券，仍无碍于日常生活也。

土地问题与土地税[*]

丘汉平

土地问题，说起来和每一个人都有极密切关系，同时亦可以说是一切经济问题的主要重心，因一切经济价值之产生都不能脱离土地的关系。国父在三民主义里面对于土地问题已经说得很多，而其内容的要点，有的地方颇赞同美国经济学者亨利·乔治〔1〕的主张，亨氏认为现行的各种税制都不大公平，惟有土地课税是最合理的。土地不应该属于私人所有，一般的观念，把土地看做私有的东西，这是根本错误的。土地应该课以重税，其他的东西则可无需抽税。中山先生对这土地问题的见解受着亨氏的影响特多，他更进一步的提出平均地权的具体办法，打算彻底〔2〕解决中国的土地问题，拔出经济上产生不平现象的最大病根。我们过去一般执政的人和经济学者往往对于一些皮毛的问题，讨论很热烈，而对于土地问题反熟视无睹，随其自然。这完全是舍本逐末的。美国自第一次世界大战到第二次大战这一阶段里面，一般经济学者对于这个问题异常注意，发表的主张很多，因为经济问题不能合理解决，人类战争的内在原因即永远没有消灭，土地问题既为经济问题之重心，自需首先找出合理的办法，否则，危机潜伏，随时均有溃决之可能。

我们晓得，土地问题，自从人类有历史以来就有这个问题。基于人群社会的进化，与经济关系之日就复杂，问题亦渐麻烦起来。土地的分配不均，社会上发生贫富悬殊的现象，于是经济上吃亏的人，就想运用种种的方法来推翻现状，故纠纷时起，始终不能长期的相安无事。本来原始的时代，土地

＊　本文原刊于《经济家》（新编第 2 卷）1948 年第 2～3 期。
〔1〕 "亨利·乔治"原文作"亨利佐治"，现据今日通常用法改正。——校勘者注。
〔2〕 "彻底"原文作"澈底"，现据今日通常用法改正。——校勘者注。

为社会所公有；谁使用这一块的土地，谁就是这一块土地的主人，没有其他的俄人从中把持。其后人类生活逐渐有了组织，土地的分配进入部落或宗族公有的时期，土地的使用限于宗族或部落以内的人，一代一代的流传下去。我国到了秦朝的时候，废封建为郡县，阡陌大开，打破部落或宗族公有的状况，土地私有制度逐渐发达起来。其实我国在封建时期，诸侯公卿均为社会上的大地主。算不到公平分配，封建制度废除之后，因各个人的机会不同，国家又没有定出适当的方法来管理土地，流传到了今日，土地的分配已离人民共享的原则甚远，社会上发生了经济不平的现象。

人类生活的问题，当然不止一个土地问题，但生活的需要几无一不与土地发生关系，假使没有土地，即根本没有一切日用的物质，科学无论如何进步，亦仅能改造土地产生出来的东西，不能无中生有，凭空变化出来。故农业生产原料，地下掘出的矿产，供给工业制造各种东西，他们是相需以相成的。工业发达如英国，需要加拿大，澳洲，印度，各地供给原料。无条件投降的日本，过去有了台湾，东北的原料，才能够成为东方的强国。故武力稍有办法的国家，无不以拓展土地为充实国力之唯一法门。土地的重要性就可想而知了。苏联的革命，就是由土地问题刺激出来的。中国的国民革命亦以解决土地问题列在民生主义的两大原则里面。如不能解决土地问题，一切的社会问题将永无解决之望。

土地问题可以分做两方面的看法：一为土地的本身问题，一为如何解决土地的纠纷，使人类社会对于土地的利益达到共同享受合理分配的目的。经济活动演变到了今日，除苏联以外，各国的政治家和经济学者，对于土地问题的观点，约略如下。

（一）认为土地问题应该要征重税的。

（二）应课征增值税，或其增加的价值，除由私人的劳力资本造成以外，全部归诸社会。

（三）社会国家需要的时候可以征用征购。

以上三点，各方面提出的处理办法技术上虽有不同，思想趋向是差不多的，这亦可以看出现代经济的思潮都集中到这一个问题了。现英美诸国对于土地的问题，已依据上述的观点逐步实施改革的办法。我国在立法方面亦经根据民生主义的理想定下许多的法案。美国经济学者对于这个问题的理论，认为人类百分之九十的财富都是从土地产生出来的，就是说社会上百分之九十的人所得的利益，都是受着土地之赐不劳而获的。土地征税过轻，而对于其他以劳力所得的利益征税过重，这是不合理的。再从土地的价值而言，同有土地的人也生出许多不平。例如纽约的曼哈丹小岛，从前的价值仅以二十四块美金收买的，现时增达六十亿倍，约一千数百亿美元。一百多年以来，价值增至六十亿倍，并不是什么私人的力量造成的，其主要的原因约有三点：

（一）地点特殊，交通方便，天然的条件异常优越。这好比我们的上海，地点适为南北交通的中心，又为长江出口要冲，所以别的地点都不能与之相比。

（二）人口密集，工商业发达，许多的人需要在这个地方需要土地来休养生息。

（三）纽约为世界的第一大都会，一切的设备应有尽有，日新月异，吸引力特大，因亦增高土地的价值。

这三个因素，都不是土地所有人花费的力量或本钱造成的，是社会的环境和市政的建设造成的。论理土地社会增加的价值应为社会所有，不应归诸私人，这种的地方虽课以重税，似不为苛。因这些利益本来是大众的，不应该由私人享受。目前的情形则是与他们的见解相反。土地所缴的赋税甚轻，让许多土地所有人坐享土地方面的非分所得，而另一部分的人则以土地的利益分配不均，而为他们的经济奴隶。同时对于其他部分以劳力工作所得的利益课税反重，这是一种最不公平的制度。如所得税，出版税，出厂税，利得税等皆是。无论任何工作者乃至商人，他们所得的利益总是以自己的劳力工作换来的，不是不劳而获的。假定有人于此，走到他人所没有走过的地方，发现一块土地，这块土地由他使用则可，而谓块土地的一切利益完全为其私人所有，似乎说不过去。故即土地契据，亦仅为获得土地使用权之凭证，所谓买卖土地，无非使用权的转移而已。土地非私人的东西，别的东西私人可以私有，亦可以移动，土地在事实则不能私有，亦不能移动。土地私有制度的存在，可以说是最不合理的，流弊之多，罄竹难书，亦可以说是有史以来经济制度的一种病态。土地问题所生的弊病，大多数国家还没有拿出适当的方法来一劳永逸的解决。欧美诸国，地主仍到处皆有，地主与租佃之间形成两个利害不同的阶级，自己的土地由自己利用的人则仍为少数，地主不花一点劳力，坐享土地的利益农民劳作所获，有的且剥削过半，而一切地价的增涨又为地主的好处。遂造成了经济主人与经济奴隶的界限，经济斗争的危机就埋伏在里面，机会到来，马上演出种种不幸的惨剧。中山先生在几十年前就看到这一点，他所提出的民生主义，即以解决土地问题为主要目的，同时亦为解决土地问题之不变法则，使我们的今后不会发生因土地问题而流血。中山先生的办法是很简单易行的：

（一）是实行土地报价抽税，地价由地主自己申报，政府即照他们所报的地价来抽税，如果他们报价太少，政府可以照价收买，报价过多，赋税甚重，又不合算，这一来他们不情愿多报亦不敢少报，一定要根据实际的价值报告政府。

（二）价值确定之后，那块土地的价值如再增高，完全归为公有，比方目前所报的价值为一万元，过十年八年之后，因社会环境改善的影响增到一百万元，所增之九十九万元完全为社会所有。政府在土地方面有了大宗的收入，一切的费用就无需向一般普通的人民抽取各种的杂税。目前一般普通人民的负担太重，生活过苦，政府的赋税制度不公道实为最大的原因。至于农民方面，则采耕者有其田的办法，英国学者的新理论是（耕者有其田）对于农民的权利有一种鼓励和保障，让农民自己可以多得收成，最后要使能够耕种的人均有田可耕。

中山先生的办法虽极简单，但任何经济学者的理想实不能在这个原则之外找出更妥当的办法。我国现已准备结束训政，转入宪政时期，实行三民主义的经济建设，造成安乐富强之中华民国，那么土地问题必须赶快依据中山先生的原则拟定详细计划，付诸实施。建国的最后目的乃在领导全国人民改善生活方法。如果与人民生活永远不能分开之土地问题，没有想法改革，我们的建国工作，将遭遇空前的危机。依据事实的实验民生主义所提出的土地改革的办法都是可以行得通的，绝非高调空谈。许多事例皆证明，中山先生的原则是没有错误的，无需再向其他方面去找。目前，我们有些地方已经开始试行土地公有的办法，如青岛收复以后，实行市地公有，土地的收入可供整个市府的开支。苏北的收复区亦在推行新的土地政策，本省亦有市地公有的拟议，不过现实还没有实行。本省土地税的收入实微乎其微，土地所有人占了很大的便宜。我们要解决财政问题，开拓这个合理的税源，事实上也是很有需要的。

同时整理土地的目的，不仅为解决土地的分配问题，改善政府的税制，并有提高土地使用价值的作用。收重税，如果无人纳税，即认为无主的土地

收回。这一来人民对于土地一定会想办法加以利用

　　不过整理土地工作是很繁重的，以中国幅度之广，人口之兴，或需采用逐步实施的办法比较稳妥一点。我们在过渡期实行二五减租即是一个消极例子。二五减租办法，即减少地主的收益，一般劳作辛苦的农民可以多得一点东西，改善其生活，是地主觉得没有什么好处，逐渐放弃他们的土地移转到农民身上。到了相当时期，政府应发行土地证券，帮助农民收买土地。政府实施二五减租，亦可以说是实行中山先生的土地全部政策之前奏。因中国的经济基础过差，益以频年战乱之后，元气大伤，不能适用激烈的方法。我想土地的问题能解决，则全国百分之八十以上的农民就没有什么经济不平，社会的安宁即可获得一个有利的保障了。

　　中国自井田制度废除以后，两千年之间对于土地问题始终没有一个新的改革。英美为极端资本主义的国家，他们的经济措施已经逐步走向社会主义的途径，但他们并不赞同共产主义的斗争方式，土地的问题亦是这样，我们经济落后，此时实施改革用力比他们容易。中山先生在三民主义里面亦说："我们要解决这个问题，便应趁现在的时候，如果等到工商业发达以后，更是没有方法可以解决。"我们实不应放弃这个时期，以后自讨麻烦。

　　基上所述，我们就可以明白土地的重要性，这个问题能够解决，民生问题已解决过半了。过去土地问题之所以成为问题，就是因为政府没有想法管理，赋税不公道，地权不平均，土地的利益受人独占，要消除这个现象，土地的征税不妨较其他的税率为重，同时并注意劳而获与不劳而获的差异加以伸缩。劳而获的利益仍应归诸私人，不劳而获的利益，完全归诸社会。如农民的生产品，这是劳而获者，土地的增值，则为不劳而获。如加施肥料而使耕地价值增加，这是劳而获者的，归自出力者。本来不劳而获是最可耻的事，故美国比较有些学识的人均耻于接受遗产，往往把私人的遗产遗赠社会公益机关。同时遗产税亦征得很重。中国则未尝有此良好的习惯，而以接受遗产为荣耀为幸运。现有的赋税，到了目前，仍是以财政为目的，未顾及整个经济问题。例如某种的东西，政府明明晓得这是无益于人的，但美其名曰"寓禁于征"，其实何尝有限期禁绝的决心。殊不知赋税是否合理，对人民经济之发展实大有关系。政府应运用良好的税制以调节人民经济之盈虚，防制经济活动所发生之一切弊病。不应该右手旁观，听其自然，或助长不合理现象之发展。这是最重要的原则已成英美财政学者的新理论。近来一般经济学者的思想多半加重土地税率。

整个的欧洲因人口密集，一切经济上或国际上的纠纷，把他剖开一看，几无一不与土地问题有关。今日盟国在欧洲所遭遇的困难，就是如何解决各地方的吃饭问题，——土地问题。中国这个问题亦排在前面了，不过情形尚未及欧洲那样严重。我们要赶快下手医治，修改土地制度，在目前实有迫切的需要。

我们再进一步来说，土地问题之在中国，并不以解决土地的分配问题为已足，同时并要设法积极发挥土地的效用，增进其生产力量，然后整个国民生活的水准才能提高改善。

中山先生亦会提出增加生产的七个方法要求大家加以研究。中国农民的耕种方法仍与几百年前无异，没有点滴的改良。一个农夫耕种十亩八亩的田地已经很费力了。故仅解决土地的使用权问题，而农业的生产量并不进步，亦不能改善其经济状况。而在产业发达之国家，他们利用现代的科学方法，一个农夫可以耕种十百倍以上的田地，且同样的一块土地，生产量亦比我们良好得多了。生产主义的苏联，他们则采集体农场的办法，集中耕种一个农场，生产出来的东西亦系集中分配。资本主义的美国，各个农场采用公司的组织，发行股票，这种股票什么人都可以购买。此外私人自耕的田地，亦均采用新的科学方法。所以他们的农业生产情形来得好，生活程度和工商各业相差不太远。农民同样的有汽车坐，有舒适的房子住，有牛马机器，一个家庭劳作，可以养活一家的人尚有余裕，子女亦可以享受高等的教育，我们的农民实不可与之同日可语。故即将中国之农地完全分配好了，如不能改进其生产技术，则农村的贫穷如故，消费问题之未能解决亦如故。因为我们的生产量是没有两样的。根据经济的理论，生产消费分配三者互有连带的关系。生产的数量能够适应消费的需要，才有办法讲分配，同时要有高度的技术与严密社会组织才行。如果生产不够，就没有所谓合理的分配。比方有一百人于此；每天每人要吃一市斤米，如其生产量仅为五十斤，分配的数量减低一半，否则，就是强者吃得饱，弱者只好挨饿。中国今日谈分配，就是如此情形。又如福州的人口约为三十五万人，如男女老幼，平均每天各吃一斤，一月的消费量当达七万市石。但福州的消费量就没有达到这个标准，因有一部分的人就没有办法吃一斤。故必生产的能力有办法，才能够实施强度的配给制度。英国就是这样，他们每人所需的面包、鸡蛋、牛乳、糖油、肉类，国家一一计算好了，总有这些东西供应，因此英国遇到战争紧急的时候，交通发生影响，接济不及，他们的分配发生问题，情形闹得很严重。我们目前如亦仿照英国方法，就没有这许多的东西，故非增加生产，掌握充分的物质，农村经济和国民生活当不会好转的。平均地权或耕者有其田，仅能解决土地的分配和所有权问题，尚需更进一步的改进生产技术、利用现代的科学方法，增加生产的量，整个的民生才可以改观。

福建省本年度预备在各县市先选择一二乡镇试办保农业合作社。会与农民谈保农业合作社生产合作社之任务，农民亦认为这种农村的合作组织是很需要的。合作社向地主租田地分配各社员去耕种，这种办法与集体农场又略有不同，集体农场是许多人共同耕种一块田地，我们则由各人自己耕种其分配之田地。这一来无非要使更够耕种的人有田可耕，不受地主的压迫。同时实行二五减租的办法，由合作社代缴，使地主无从施展手段压迫佃户，农业贷款亦由合作社分配，帮助他们解决资金问题。凡自耕农及佃农都可以加入为合作社社员，不能耕种的人就没有资格参加，这样做法农民的痛苦当可减轻不少。现在拟于少数地区试办有点成绩以后再逐渐推广到全省各地。这虽然不是解决土地问题的整个办法，但不能不说是一部分农民的福音。

末后本人尚有一些附带的感想，过去一般经济界的眼光多注重于工商业方面，尤其金融机关对于农村的问题往往不感到多大的兴趣，银行的业务是浮动的投机的，大家角逐于工商经济市场里面以猎取目前的利益，用于农村方面的资金，为数较少。不知农业为我国国民经济之骨干，农村经济没有办法，其他方面的经济情形亦不易单独发展，即能发展，亦仅解决小部分的问题而已，我们不要舍本逐末，忘记了更大的任务，大家要放远眼光，赶快移转我们的经营动向才是。

团体协约之比较研究[*]

王宠惠[**]

　　通常法律上所称劳动契约，系就一雇主与一工人间契约言之。但工人与雇主，其经济状况相去甚远，工人常立于不利益之地位。为救济此种弊端起见，团体协约于以发生。此项协约不由个人间订立，而由工人团体之代表与雇主团体之代表或雇主订立。如是则工人方面之力量增加[1]，不至完全受雇主支配，于是方有平等契约之可言。团体协约之订立，多数发生于同盟罢工之后。若国际间之休战条约然，亦有为预防同盟罢工及调解或仲裁劳资纷争起见而订立者。

　　在工业发达之现代国家，团体协约日益重要。就大工厂中之劳动契约言，个别契约实不能谓其有商订之完全自由。因双方当事人地位相去甚远，工人为饥寒所迫，不能与雇主议价。在雇主方面，雇用工人甚多，若必与每一工人订立个别契约，磋商条件。亦将不胜其烦。故对于同一工厂同一种类之工人，往往须先规定同样的工作条件。惟此种条件，非由于工人与雇主协商而成立，往往由雇主一方面之意思所订立。就小工厂之劳动契约言，双方当事人之经济地位，虽相差不如大工厂之甚，得自由议定工作条件，但在实际上亦有一定限制。在工人方面，因有多数工人竞争，若要求过度，即有他工人取其地位而代之。在雇主方面，若所付工资较其他雇主为高，其出产品之成本，即不免加重，于工业竞争上，必多不利。故双方之自由意思，无形中仍

---

　　[*]　本文原刊于《法学季刊（南京）》（第 1 卷）1931 年第 2 期。

　　[**]　王宠惠（1881～1958 年），字亮畴，广东东莞人，近现代中国法学的奠基者之一；曾任中华国民政府外交部长、代总理、国务总理。他是民国时期著名法学家、政治家、外交家，曾参与起草《联合国宪章》。

　　[1]　"增加"原文作"加增"，现据今日通常译法改正。——校勘者注。

有限制。团体协约，即观察工人及雇主两方面之竞争状况，确定工作条件，使成为工业上一种标准，对于同业之人发生效力。如是则工人入厂工作时，即有所依据，可免许多无谓之争论也。

在工人方面，大多数视团体协约之制度为有利益，因工资及其他工作条件，得赖以确定。而在雇主方面，对于此制度，则有表示赞同者，有表示不赞同者。其不赞同之理由，得分为两类。第一，对于此项协约制度之本身，认为不妥。以为工厂主人应有规定工作条件之权利，若工人不满意，尽可去而之他。一有团体协约，即受许多拘束。第二，则劳工职业联合会，虽与雇主方面订约，但不能与雇主以相当担保。盖许多劳工职业联合会中，仅有少数工人加入，大多数工人仍可不遵守团体协约中之条件。且会中资产甚微，若不履行协约，无从为强制执行。故工人不履行契约，往往无法制裁。雇主不履行契约，即受相当制裁。如是则团体协约且成为一种不平等之契约，此雇主方面不赞成团体协约所持之理由也。

但不论劳资两方面之意见若何，团体协约日益发达，则为不可否认之事实。在工业繁盛之国家，具有蒸蒸日上之势。兹将各国对于此种协约所采之主义，分为三类，依次述之如下[1]。

第一，适用普通法主义。即不以特殊法律规定团体协约，但以一般的法律以解决之。

第二，任意主义。即对于团体协约有法律明文规定，但有任意的性质，即不参加该协约者，并不强制其受协约拘束。

第三，强制主义。即协约经过一定手续成立后，未参加协约之人，亦受该协约之拘束。

适用普通法主义

对于团体协约，纯从普通法，而不以特殊法律规定者，可以英国为代表。英国对于该项协约，无明文规定，故适用一般的法律。但事实上则团体协约之在英国，较他国尤为发达。据劳动部公报（Labourgsazette）所载之统计，一九二七年中劳资纷争案件，由团体协约解决者，占百分之九三·七。英国团体协约之发达，于此可见。自数十年来，绸缎业，建筑业，五金业，纺织

---

[1]　"下"原文作"左"，现据今日通常行文格式改正，下同。——校勘者注。

业，矿业，印刷业者，俱实行团体协约制度。其中最早者，首推建筑业。一八六六年三月三十一日伍尔弗汉普顿[1]（Wolvrehampton）建筑业公断及和解会议章程中，许多条款，实含有团体协约性质。该章程第五条规定工作情形及支付工资方法，第六条规定给你工作时间，第七条规定工作时间外工作之报酬。此可谓团体协约之嚆矢[2]，嗣后工人团体及雇主团体之间协约遂陆续增多。

英国团体协约之内容，得分为三部分。一曰最要条款，即关于工资及工作时间之条款。二曰次要条款，即关于劳动契约中之其他事项。例如契约有效时间，工厂中之卫生及安全，工作不良之制裁等是。三曰附加条款，该项条款含有限制性质。例如一八九五年六月十七日曼彻斯特[3]（Manchester）及索尔福德[4]（Salford）地方制造石粉业雇主团体及工人团体议决之章程中，其第十条规定，除制造石粉工人外，其他工人不许执行制造石粉之工作。

英国团体协约之所以发达，盖由于职业联合会（Trade union）之众多。但近年来，造船工人及铁路工人，仍不免发生罢工风潮。于是又发生两种新走向，一为惠特利[5]委员会（Whitley committee），一为工业和平运动（Movement of Industrial Relations）。一九一六年二月，英政府组织一委员会，以惠特利氏为委员长，担任改良劳资关系及工人生活状况。该委员会作成报告书多种，并劝告各项工。组成全国委员会。其中委员，工人与雇主各占其半。兹将该项委员会与团体协约有关系之两种职务，述之如下。（一）规定工作普通原则。工资等项俱包括其中。（二）规定劳资纷争之解决方法。以预防同盟罢工及工厂封锁（Lock out）。故在实际上言之，即允许该项委员会订立团体协约。自一九一九年以来，七十三种工业，业已组成淮脱莱委员会。工人之参加者，达三百万人。该项委员会，确定工资方法，大体上分为三等，一伦敦，二大城，三小城。因在此三种城市中，其生活程度相去甚远故也。

一九二六年矿业总罢工后，关于工业和平一层，引起全国注意。故英政

---

[1] "伍尔弗汉普顿"原文作"华佛亨东"，现据今日通常译法改正。——校勘者注。

[2] "嚆矢"指响箭，因发射时声先于箭而到，故常用以比喻事物的开端，犹言先声。——校勘者注。

[3] "曼彻斯特"原文作"曼却斯特"，现据今日通常用法改正。——校勘者注。

[4] "索尔福德"原文作"萨尔浮特"，现据今日通常译法改正。——校勘者注。

[5] "惠特利"原文作"淮脱莱"，现据今日通常译法改正，下同。——校勘者注。

府曾派调查委员会赴美实地考察，并作成许多报告书。一九二七年三月，由蒙特（Moud）氏发起工业和平讨论会。一九二八年一月十二日，更由蒙特氏发起召集工业和平会议，并组织劳资混合委员会，以解决工业关系上各项问题。上述工业和平运动，虽尚未有具体结果，但将来对于团体协约，必有巨大影响也。

英国以外，如美国，加拿大等国，团体协约事实上早经实行，但皆不以明文规定，故具为属于适用普通法主义者。（参考 Ragnaud, *Le Colleot Collectif etrangar*, 1929）

任意主义

任意主义与前项主义不同，而以法律规定团体协约，但其适用范围，有一定限制。不强制协约当事团体以外之人，受协约之拘束。兹就法国关于团体协约一九一九年三月二十五日之法律所规定，析为三点，述之如下，以见其大概。

第一，团体协约之有效条件团体协约之有效条件，得分为内容与形式述之。就内容言，凡职业联合会或其他团体之代表，欲为全体会员或团员订立团体协约，须为该会或该团体章程上允许其订立该项协约者，或有该会或该团体之特别决议者，或由全体会员或团体各与以书面的特别授权证书者，否则须有该会或该团体之特别决议，批准上述协约，方能发生效力。至关于团体协约之标的，法国法律，仅设一概括的规定。

关于形式方面，团体协约须以书面为之，否则无效。又须存交缮本一份于订立契约地之劳资公断会秘书处备案，如无劳资公断会，自存交于初级法院书记室之日起，发生效力。此外得将缮本一份，存交于该项协约适用地之劳资公断会秘书处或初级法院之书记室。但此种存交，为任意的而非强制的。团体协约所以须存交上述机关者，欲使一般人知悉协约之内容故也。此种公示手续，其利益有三。（一）例如某工人为职业联合会会员，对于联合会所订之协约，若不知其内容，即可随时查阅。（二）第三人欲加入该项协约时，亦得随时查阅。（三）该项协约造成一种职业上习惯，团体协约当事人与第三人订立劳动契约时，若无相反之规定，推定为适用团体协约上之条款。

第二，团体协约之适用范围团体协约之适用范围，得分为人与地言之。关于地之适用范围，若协约上无特别规定者，则在接受该项协约缮本之劳资公断会或初级法院之管辖区域内，俱适用之。上述公断会或法院，即为订立契约地之公断会或法院。如欲在其他区域内适用者，须有契约当事人之同意，当事人得制定不论在何地方，或在特定区域，或在特定工厂，适用该项协约。

关于人之适用范围，得分为原始受团体协约之约束者及嗣后加入团体协约者。原始受团体协约之拘束者，即（一）工人即雇主之签订团体协约者，及与签订人以书面的授权证书使之签订协议者。（二）协约以团体为当事人签订协约时，为该团体团员，实际上即为职业联合会会员。而于上述存交协约缮本后八日内，未曾向该团体辞退，及在同一期限内，未曾向存放协议缮本之秘书处或书记室通知者，或未曾向管辖其劳动契约事件之劳资公断会秘书处或初期法院书记室通知者，若因结束同盟罢工或工厂封锁而订立之团体协约，上述期限，减为三日。订约后加入团体协约者，即（一）职业联合会或雇主未曾为团体协约之当事人，由协约当事人之统一而参加于该项协约者，并应将该项参加及协约当事人之统一，通知接受协约缮本之秘书处或书记室。（二）特别团体在订约后参加团体协约，其团员不于上述期限及条件内向该团体辞退者。（三）存放协约后加入协约当事人之团体而成为其团员者。

第三，违反团体协约之制裁如有违反团体协约之情形者，得对于违反协约之个人或团体，提起诉讼。该项诉讼，得分为个人的诉讼及职业联合会的诉讼。所谓个人的诉讼，即由个人提起诉讼之意。例如雇主与工人皆受团体协约之拘束，若雇主不给付协约上规定之工资，则工人得向之提起诉讼。职业联合会的诉讼，得分为两种，或为职业联合会本身而提起者，或为其会员而提起者。依法国之规定，职业联合会为其会员之诉讼上法定代理人，为会员提起诉讼，不必取得会员之明示的同意，只须该会员不表示反对足矣，且该会员得为诉讼参加人。

属于任意主义者，除法国外，有瑞士，荷兰[1]，比利时，芬兰，罗马尼亚，捷克，瑞典，波兰，智利，日本，葡萄牙及希腊诸国。而我国新近公布之团体协约法，亦与此主义为近，当于下文另详之。

强制主义

对于团体协约之规定采用强制主义者，可以德国为代表。德国规定团体

---

[1]　"荷兰"原文作"和兰"，现据今日通常译法改正。——校勘者注。

协约之法律，为一九一八年十二月二十三日，一九二〇年五月三十一日之命令，一九二三年一月二十三日，一九二八年二月十八日之法律，及一九二八年三月一日之命令。兹将其大概情形，述之如下。

第一，团体协约之形式团体协约应以书面为之，一份应存交公立佣工介绍所，另一份存交国立佣工介绍所，并须将协约记载于公立劳工事务所特别簿册上。不论何人，得查阅记载团体协约之簿册。

第二，团体协约之适用范围若在工人团体与雇主或雇主团体间，以团体协约规定工作之条件者，个别的劳动契约与团体协约不同之部分[1]无效。但团体协约上有特别许可者，或不同之部分于工人工资上有利益而又不为团体协约所禁止者，该不同之部分，仍能发生效力。个别的劳动契约上无效部分，以团体协约上之条款替代之。

德国公立劳工事务所，得宣告团体协约在该契约适用地域内，对于一般人发生强制的效力。即雇主或双方非团体协约之当事人，自宣告强制效力后，如欲订立劳动契约，亦须受强制的团体协约之拘束。宣告强制效力之程序，即团体协约之当事人或雇主团体或工人团体之申请，该项申请之公布，事实之调查，及劳工事务所之决议是也。强制的团体协约，须登记于团体协约簿册上，注明其适用地域及开始发生强制效力之日期。

第三，违反团体协约之制裁受团体协约拘束之人，有违反协约上之规定者，其对方得向之要求损害赔偿。

属于强制主义者，德国以外，有瑞士国之日内瓦州，挪威[2]，奥国，苏俄，墨西哥，意大利[3]及西班牙诸国。上列诸国，亦得由特定机关宣告在特定区域内发生强制的效力。惟宣告强制效力之机关，各国不同。如奥国由劳资和解事务所宣告，意大利由职业联合总事务所宣告是也。

工资最低限度问题

以上为三种主义之大略情形，但不论用何种主义，而对于工资最低限度问题，皆已发生一种特别的团体协约。工资最低限度之运动，发生于澳洲，

---

〔1〕 "部分"原文作"部份"，现据今日通常译法改正，下同。——校勘者注。

〔2〕 "挪威"原文作"那威"，现据今日通常译法改正，下同。——校勘者注。

〔3〕 "意大利"原文作"义大利"，现据今日通常译法改正。——校勘者注。

一九〇九年为英国所采用，嗣后及推行于多数国。其具体办法，或由中央机关定之，如英国是，或由地方机关定之，如法国是。英国一九〇九年十月二十日法律，规定设立工资委员会（Trade Boards）以规定下列四种工业之工资最低限度为职务。即链条，花边，衣服及匣子是。一九一八年八月八日法律。许以特别命令（Special order）将前述法律适用于他项工业，至一九二七年，四十种工业受工资委员会制度之支配，工人约在一百二十五万人以上，雇主约在十四万七千人以上。接受工资委员会制度支配之工业，大都为工业组织不甚完备者，彼等既无讨论薪金之完善机关，故由工资委员会以补足之。

上述英国制度，有下列三特点。（一）每一种工业有一中央机关，即工资委员会。（二）工资委员会会员，由劳工部长任命，其人数雇主及工人各半，并有中立委员，其人数在工人及雇主委员总数二分之一以下。（三）其职务在规定工资最低限度，至超过限度之工资，不受限制。且置有监察员，专事调查各工业中是否有违反最低限度情事。

奥国、捷克、美国、加拿大及德国之制度，与英国略同。

由地方机关规定工资最低限度者，以法国一九一五年七月十日之法律为模范。该项法律以保护家庭工作之女工为主要目的。此等女子与在大工厂中之工人不同，以其无工业联合会保护其利益故也。上述法律，适用于一切在家庭中为帽、鞋、花边、人造花、笔头、步、绣花及其他衣服工作之女工，嗣后更推行于其他工作。

最低限度工资由劳工参议会（Conseils Consulatif du travail）决定之，如无劳工参议会者，由工资委员会（Comites de Salaires）及职业鉴定委员会（Comites Professionnals d'expertise）为之。工资委员会设立于每省省城中，以规定家庭女工工资最低限度为职务。职业鉴定委员会鉴定各项工作应有之时间，例如工资委员会规定每八小时工作之工资最低限度为若干，即折合计算，以定女工应得之工资。

挪威、墨西哥、阿根廷、智利诸国，亦由地方机关决定工资最低限度，法国略同。

我国团体协约法与各国之比较

我国民政府之立法，一本三民主义之精神，基于社会协动之关系，以谋大多数人之福利。对于缔约双方之地位，尤务求其平。故认工会有缔结团体协约之权，而有团体协约之公布，（十九年〔1〕十月二十八日公布施行日期未定）该约内容，折衷上述第二（即任意）第三（即强制）种主义，并参酌国情，以求归于至当。其内容要点，略述如下。

第一，团体协约之形式　关于形式方面，我团体协约法规定，须以书面为之。（第一条）并须由当事人双方或一方，呈请主管官署认可。如主管官署发现协约条款中有违背法令，或与雇主事业之进行不相容，或与工人从来生活标准之维持不相容者，应删除或修改之。（第四条）其严格殆过于上述法德二国法律所规定，而与一九二二年公布之苏俄新劳动法，差相近似。惟苏俄法规，偏于劳动者方面之保护，仅规定协约条款中由较现行劳动法规所定之条件更为苛刻而不利于受雇人者，劳动部对于该部分有宣告无效之权。（原法第二十一条）而我团体协约法，则对于雇主与工人双方之利益，兼筹并顾，可谓折衷办法也。

第二，团体协约之适用范围　关于适用范围，我团体协约法规定，凡为团体协约当事人之雇主，及属于团体协约当事团体之雇主及工人无论于团体协约订立时或订立后加入该团体者，均为协约之关系人，应遵守协约所定之劳动条件。（第十四条）而对于协约当事团体以为之人，则并不强其同受拘束，盖系采用上述第二种（即任意）主义。至于团体协约所定劳动条件，当然为该协约所属雇主及工人间所订劳动契约之内容，如劳动契约有异于该协约所订之劳动条件者，除为协约所容许或专为工人之利益而变更者外，其相异之部分无效，而须以团体协约之规定代之。（第十六条）此则纯为增多团体协约之效力起见，为他国法律所同具者也。（参看瑞士一九一一年三月三十日法律第一百二十三条，法国一九一九年三月二十五日法律第三十一条第十七项，德国一九二三年一月二十三日法律第一条，苏俄一九二二年十月三十日法律第二十八条。）

第三，违反团体协约之制裁　关于制裁问题，我团体协约法明定对于违反协约之规定者，无论其为团体或个人，为本团体之团员或他团体之团员，协约之当事团体均得以团体名义请求损害赔偿。（第二十一条）又协约之当事团体，但须团员本人不表示反对，得为其提起协约上之一切诉讼，而无须特别委任。（第二十二条）盖亦与上述法国法律所规定为近也。

---

〔1〕　"十九年"即公元1930年。——校勘者注。

以上所述，为我国劳动协约法内容之梗概。至于工资最低限度问题，依我国工厂法第二十条规定，（应以各厂所在地之工人生活为标准）盖取因地制宜之主义，而饶有张弛之余地者也。

结论

团体协约之用意，在减免劳资双方之纷争。试由雇主方面观之，有此协约，则工资支出之数可以预定，经营上不安之现象可以减除，加盟者愈多，则妄改劳动条件而谋不正之竞争者愈寡，条件愈完全，则劳动契约之缔结愈简易。习之既久，一若无此协约，则事业不能经营者，其有利于雇主可想而见。即就劳动者方面观之，团体协约成立，则工人对于劳动条件有主张之权利，雇主不能任意压制工人，工人亦不能随市况变化而即为增加工资之运动。而雇佣者之间，得以维持确实并有利之劳动条件于长期。总之团体协约除去个别的争斗，俾雇主及工人不能利用他人之纷争，乘间以罔利。而雇主劳工两阶级，赖协约之存在，可以省去无数纠纷，即一旦发生争议，亦有调解或仲裁之办法。然则团体协约者，虽未必能齐社会永久之和平，顾其避免[1]乱难无序之斗争，使雇佣关系上增其安定之程序，夫固毫无疑义也。

以上所述，盖视团体协约为社会和平之工具，此乃历来之观念。谓近年来又发生一种新观念，视团体协约为劳动者攻击资本家之工具。使此种观念日渐弥漫，则雇主方面对于团体协约制度，必设法破坏。故自今以往，如第一观念占优势时，团体协约必日益发达。反之如第二观念占优势时，则于团体协约制度，必多不利。惟据近年团体协约之进步及立法方面之扶助观之，其前途大有方兴未艾之势也。

---

〔1〕"避免"原文作"免避"，现据今日通常用法改正。——校勘者注。

同业公会组织之研究 *

薛光前 **

一、绪言

吾国鄙夷商贾，自古已然。汉高祖令贾人不得衣丝乘车，复重租税以困之。孝惠高后时，虽弛商贾之律，然市井之子孙，不得仕宦为吏。痛抑末利，相习成风。数千年来，于兹贱商政策支配之下，商人奉"在商言商"为天经地义，视人民问政为非法。反视欧洲各国商人势力之伟大，足以左右国家之商业政策，而影响于全国国民经济者，诚不可同日而语。惟自昔舟车交通，商贾往来贸易远方，异地聚处，本人类乐群观念，渐次结合团体，是为公所会馆之滥觞。其初仅为乡谊上之联络，酿〔1〕资建筑馆舍，以供祭祀及同乡会集之所。或创办公益善举事业，如停寄棺柩，施以医药及开设义塾等。继则基于营业上之共同利害关系，会集讨论。或公订规约，以资相互维系。盖由公益团体性质，进而及于商业关系。至工商同业公会之名称，则始于民国七年颁布之工商同业公会规则。于是年四月二十七日由北京农商部公布，并拟定施行办法若干条，于民国十二年十三年先后分别修正。至民国十六年，国民政府奠都金陵，因商会存废问题，各业公会亦同时受有影响。而公会之改组为商民协会分会者，所在多有。嗣工商部在沪召集工商法规讨论委员会，方委员椒伯提议修改工商同业公会条例，由部呈送中央政治会议审查，于十八年二月二十七日议决工商同业公会条例原则。一、在同一区域内经营各种

---

* 本文原刊于《商业月报》（第 13 卷）1933 年第 9、10 期。

** 薛光前，1933 年毕业于东吴大学法学院（第 16 届），获法学学士学位。

〔1〕"酿"指凑钱喝酒，泛指凑钱、集资。——校勘者注。

正当工商业之公司行号，由七家以上之发起，在该区域内得设立一同业公会。二、同业公会于设立时，应拟定章程，呈请主管机关备案。三、同业之公司行号，皆得为本业公会会员。四、同业公会采取委员制，并就委员中互选常务委员。五、同业公会应受省或特别市政府及工商部之监督，遇必要时得解散之。上项原则议决后，复由立法院议决工商同业公会法十五条，于十八年八月十七日奉国府公布施行。并于十九年一月七日由工商部公布施行细则，以为同业公会组织之准绳。盖采吾国固有之公所会馆制度精神，由同业公司行号成立公会。复由同业公会合组各地商会。公会实为商会之基本组织，前者为栋宇之任，后者为构成之厦。故欲求商人力量之集中，固有赖于商会之组织健全。而商会之组织健全，须俟同业公会之组织健全而后可。爰将平日揣摩所得，作此研究，聊供商业团体之参考而为促进同业公会组织之一助云尔。

二、同业公会组织之重要性

今人治经济学者，莫不谓中国经济组织，已不合于现代潮流。然犹欲追踪欧美诸国，蹈袭过时的资本主义，在势已不可能。试观近年国内企业机关之焦头烂额，即可知今后欲图集合私人之力量，从事大规模之生产事业，断无希望。而世界大势所迫，又非集中资本，无以应付经济竞争。于是国家统制经济政策之采取，成为必然之趋向。虽然，统制经济之实施，系经济政策之一种变更，为政治的经济的问题，而非单纯的经济问题。其结果犹多系于国家政治之设施。但如何引进经济生活于正轨，得与国家政策收通力合作相辅而行之效，此实为站于国民经济前线之商人的当前职责。然欲如何统一精神？达此鹄的，非健全商人自身的同业公会组织不为功。有甫自日本考察商业归来者曰，日本工商业完全于国家管理之下。无论何种工商业，均有联合会之组织。自一·二八沪战后，鉴于国际情势之恶劣，与内部经济之恐慌，认定今后日人命运之寄托，不在武力而在经济。国家非加紧统制不可。因以规定联合会一切设施，须依照政府所颁规则而行。同时更有出口商联合会之组织，以同业力量统计市场需要，限制生产数量，价格务求一致，成本力谋减轻，并以政府为后盾。实行倾销政策。所以日货能行销各处，犹如水银泻地，无孔不入云云。足征吾人历次抵货运动之失效，实缘于日本商业之整个有如细胞的机械的组织，其力量实非仅仅诉诸一时情感冲动的爱国心者，所能抵制。抵货运动犹为统制经济政策中发展国民经济之一端耳，他若经济不平等的改革，经济不景气的打开，一般失业者的救济，病态产业的整理等问题均须运用组织力量，以达最后目的。是则举一反三，吾人可知同业公会组织之重要性矣。

三、同业公会组织之程序

同业公会之组织手续，虽不若何复杂，惟在孜孜营利毫无团体经验之商人，对于组织之进行，莫不视若长途。兹将组织程序，撮要述之如次，并附以图表说明及组织时各项应用文件之式样，备为参考。

简要程序：

（一）发起组织同业公会，须有同业七家以上之连署。

（二）由连署之同业，推举代表备具理由书（格式附后）及发起人履历表（式样附后）正副各一份，向市党部申请发给许可证书。

（三）同业公会接到市党部许可证书后，即就发起人中推举筹备员五人至十五人组织筹备会。

（四）筹备会应将筹备员履历单（式样附后）分别呈请市党部市社会局市商会备案（备案呈交格式附后），并经市党部核定名称后，刊刻筹备会图记，其式样以营造尺一寸五分见方为度，四边各二分。文曰，《上海市某业同业公会筹备会图记》，文字用篆文，并将启用日期及印鉴呈报备案。

（五）筹备会经奉备案后，应即进行组织。其手续如下。甲、置备入会志愿书及委托书（式样附后）。乙、征求同业入会。丙、拟定章程草案（式样附后），并造具会员名册，呈送市党部市社会局市商会审核（会员名册呈送市党部者，册纸向市党部具领，呈送市商会者，向市商会购领）。丁、章程草案及会员名册经奉核准后，即向市商会购置选票。戊、筹备期间，以筹备会备案后四十日为限。

（六）同业公会俟上项手续完竣后，应定期召集会员大会，举行成立（开会秩序单附后），并须于期前五日呈请市党部市社会局市商会派员指导。

（七）同业公会成立后，其应行各项手续如下。甲、填具职员一览表（向市党部领取），并声叙章程草案及会员名册中变更之处，呈报市党部审核。经认为健全后，即批令为之证明。乙、将选举结果呈报市社会局备案。丙、将通过之章程，执委履历单（向市商会领取），选举票存根，会员资本总额，呈报市商会审核，并依法推派代表加入商会，照会费标准（向市商会索阅）缴纳会费后，由市商会发给会员证书，正式成为商会会员。丁、向市社会局领取立案表格，依式填具后，连同章程二份，及市党部证明组织健全之批令，商会会员证书，申请立案。经审核无讹后，由社会局颁给图记，是谓同业公会组织之完成。

图表说明

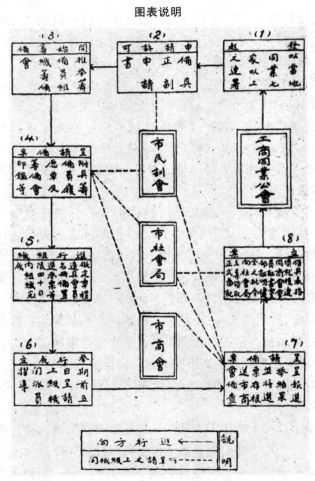

兹求上述组织程序之更能明了起见，将每项步骤，绘成图表如上。

同业公会组织时各项文件表册，大都由法令规定，不能随意变更。如有自出心裁，一意孤行，终必动辄得咎，进行难以顺利。兹特拟定格式如下[1]，以便组织同业公会者之查考。

呈请许可理由书格式

呈为发起组织上海市××业同业公会。仰祈

鉴该许可以利进行事。窃××等以经营××为业务。全市同业达××家左右，向无团体之组织，殊难维系同业之福利。兹特遵章发起组织上海市××业同业公会。理合检同发起人履历表二纸，备文呈请。仰祈

钧会迅予派员调查合法许可证书，以利进行，至为德便。谨呈

上海特别市党部执行委员会

计呈送发起人履历表二纸

上海市××业同业公会发起人（签名）

（盖章）

发起人履历表格式

上海市××业同业公会发起人履历表

商号名称	代表人姓名	年龄	籍贯	是否党员	略历	商号地址	商号盖章处

呈请备案格式

呈为呈报推定筹备员。仰祈

鉴核备案事，窃属会业于×月××日经呈奉

钧会 市党部 核发第××号许可证书在案，兹于×月××日开第×次发起人会议。当推定×××……等为筹备员。除分呈外。理合检同筹备员履历表一纸，备文呈报。仰祈

鉴核备案，至为德便。谨呈

---

[1] "下"原文作"左"，现据今日通常行文格式改正，下同。——校勘者注。

计呈送筹备员履历表一纸

（会印）

筹备员履历表格式

上海市××业同业公会筹备员履历表　会址

姓名	年龄	籍贯	略历	代表商号	通讯地址

入会志愿书格式

委托书格式

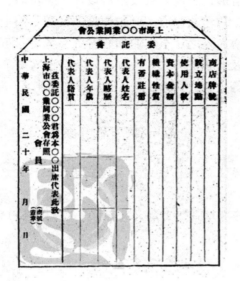

成立大会秩序单格式

章程通则

团体之立，赖于章程之维系者至大。同业公会之章程，有普遍之共同性，少特殊事项之规定。市商会商务科之主事者，为便利各公会之草定章程起见，特拟定章程通则一种，俾资适用。该通则计八章，凡二十五条。其中第九条，第十条，第十三条，第十五条，第十九条，第二十条，除第十三条，应于固定数字内酌量本业情形，决定人数及不需设监察委员者，可将监察委员三人至七人数字删去外，均与法令有关，未便擅予变更。第七条除除名外，尚有其他处分方法者得增加入之。至本业如有特殊事务者，可于会务一章内增删之。又第十四条"及监察委员之""均为"及第十八条第二项"上项会议监察委员均得列席"等数字，如未设监察委员者均须删之。通则全文如下：

第一章 总 纲

第一条 本会系上海市区域内××同业所组织，定名曰上海市××业同业公会。

第二条 本会事务所设于上海××路××里××号门牌。

第二章 会 员

第三条 凡上海市区域内经营××业之商店，依照本会章程，遵守本会纪律，履行本会决议案者，皆应为本会会员。但须下列入会手续。一、填写入会志愿书。二、缴纳入会费。

第四条 会员应享之权利。一、选举及被选举权。二、提出议案及表决权。三、本会章所载各项事务之利益。

第五条 会员应尽之义务。一、遵守本会章及议决案并呈准备案之业规。二、担任本会推举或指派之职务。三、应本会之咨询及调查。四、按时缴纳会费。五、准时出席会议。六、不侵害他人营业。七、不兼营不正当营业。

第六条 凡会员有不遵第五条义务之一者，轻则予以警告，次则停止其应享有之权利，重则除名出会。

第七条 入会会员如欲请求出会者，须备具理由书，经会员大会过半数之通过，方得出会。

第八条 入会会员如出会或被除名时，其所缴会费，概不退还。

第三章 组 织

第九条 本会以公司行号为本位，每一公司行号得派会员代表一人至二人，以经理人或主体人为限。但其最近一年间平均店员人数每超过十人时，应增派代表一人，由各该公司行号店员互推之，但至多不得逾三人。有下列情形之一者，不得为代表。一、褫夺公权者。二、有反革命行为经法庭判决者。三、受破产之宣告尚未复权者。四、无行为能力者。

第十条　本会会员委派代表时，须给以委托书，并通知公会。改派时亦同。

第十一条　本会受上海特别市党部之指导，市社会局之监督。

第十二条　本会为上海市商会之会员。

第四章　职　员

第十三条　本会由会员代表大会就会员代表中，选举执行委员七人至十五人，监察委员三人至七人。由执行委员互选常务委员三人或五人，就常务委员中选任一人为主席，均为名誉职。

第十四条　本会执行委员及监察委员之任期均为四年，每二年改选半数，应改选者不得连任。惟第一次改选时，由抽签法定之。委员人数如为奇数，留任者之人数，得较改选多一人，以后交替改选。

第十五条　委员如有下列各款情事之一者，得开会员代表大会，公决令其解职。一、旷废职务遇事推诿者。二、于职务上违背法令，营私舞弊，或有其他重大之不正当行为者，或由主管机关令其退职者。三、因有不得已事故，请求辞职者。四、发生第九条各款情事之一者。

第十六条　本会得因事务之繁简，酌设总务、财务、调查等科，或设置分组委员会推举专职委员，以专责成，并得雇用办事员。

第五章　会　务

第十七条　本会应办之事务如下：一、关于同业之调查研究改良整顿及建设事项。二、关于兴办同业教育及其监督公益事项。三、关于会员与非会员间争议经会员请求之调解事项。四、关于同业劳资间争执之调解事项。五、关于党政机关及商会委办事项。六、关于会员营业必要时之维持事项。七、关于会员营业上之矫正事项。八、关于请求政府免除杂税事项。

第六章　会　议

第十八条　本会会议，分下列三项：一、会员大会每年开会一次，由执行委员会召集之。但执行委员会认为必要时，或经会员十分之一以上之请求得临时召集之。二、执行委员会每两星期开会一次，由常务委员会召集之。但遇紧要事项得临时召集之，上项会议监察委员均得列席。三、常务委员会，每星期开会一次。

第十九条　本会会员大会之决议，须以会员代表过半数之出席，出席代表过半数之同意行之。出席代表不满过半数者，得行假决议，将其结果通告各代表，于一星期后两星期内，重行召集会员大会，以出席代表过半数之同意，对假决议行其决议。

第二十条　下列各款事项之决议，以会员代表三分之二以上之出席，出席代表三分之二以上之同意行假决议，将其结果通告各代表，于一星期后两星期内，重行召集会员大会，以出席代表三分之二以上之同意，对假决议行其决议。一、变更章程。二、会员或会员代表之除名。三、委员之退职。

第七章　经　济

第二十一条　本会以下各项收入为经济：一、会员入会费。二、会员月费或年费。三、特捐。四、公会基金。

第二十二条　本会如遇特别事故须筹备特捐时，须经会员大会之决议。如会员大会不及召集时，经执行委员会议出席委员三分之二以上之通过举行，但仍须提交下届会员大会追认之。并备具理由书呈准市社会局备案后，方得开募。

第八章　附　则

第二十三条　本会办事细则另订之。

第二十四条　本会章程之修改，须经会员大会之决议，并呈请上海市社会局核准备案，始生效力。

第二十五条 本章程经会员大会通过，并呈请上海市社会局核准备案后施行。

四、本市同业公会之概况

本市同业公会据市商会会员名册所载，约近二百之数，然其中由市党部许可，经社会局颁给图记准许立案而合法组织者尚不及半数。其中惟以银行业、钱业、航业、绸缎业、棉布业、保险业、米号业、丝光棉织业、糖业、木业、典当业、南货业、北货业、卷烟厂业、书业、纸业、旅业、电机丝织厂业、蛋厂业、彩印业、杂粮油饼业、豆米行业、烟兑业、酱园业、矿灰厂业、海味杂货业、呢绒业、洋装茶叶业、面粉厂业、冰鲜鱼行业、五金业。铁业、呢绒工厂业、茶叶业、针织业、百货商店业、酱油号业、裘业、飞花业、猪行业、绍酒业、砖灰行业、水果地货行业、沙船号业、内河轮船业、证券业、衣庄业、华商皂业、煤业、西颜料业、军装业、蛋业、油漆木器业、地货业、押店业、肠业、化妆品业、新药业等，以历史、经济、人才关系，组织较为健全，其余大多仅能维持会务，作消极的应付而已。至若绣业、报税业、旧花业、料瓶业、画套业、花板椅业、箓笋业、绸绫染坊业、西式木器业、古玩业、钢锉业、雪茄烟厂业、轧毛业、镜木作业等，虽犹有刊于市商会会员名册者，或已会务停顿，无形能散，或未依法改进，无法律根据，自不能与一般同业公会相提并论。据调查年来同业公会之组织，于发起时，因各人感于自身利益，无不深切自觉有团结之必要，故成立之会，每每兴高采烈，气象万千，希望无穷，似颇有为。为曾几何时，昙花一现，或有未及完成组织已告中辍，或正式成立未久内部迭次纠纷，能以一贯精神善始善终而组织健全者，不多之见。是吾人对于如何健全同业公会之组织，岂一无研究之余地哉。

五、如何健全同业公会之组织

本市同业公会组织之未能尽如人意，既如上述，顾如何能健全同业公会之组织，可于与公会有关各方，试伸管见，抛砖引玉，尚有待指正也。

（一）同业公会。自身方面天下事惟自救乃能自助，欲求同业公会之组织健全，惟自身知所努力，方克有济。兹于法规、经济、人才三点，以述同业公会自身努力之方向。

（甲）争法规之执行。同业公会以同业公司行号为组织之基本，但工商同业公会法第七条对于公司行号之加入同业公会，系取自由主义，以"得"字为任意规定，以至同业每抱观望态度，徘徊不前。分子既多分散，组织自难健全，指挥既不统一，力量焉能集中。欲其运用团体机能，以谋工商之发展，戛乎其难。且同业公会之组织，在于增进公共之福利，及矫正营业上之弊害，是以凡属同业，必须加入公会，然后群策群力，庶其有效。今若采放任主义，而无强制入会办法，则已入会者，凡有义务，如拟募国家公债，赈恤灾黎，抵货运动，以及其他法令所定义务，无不共同负责，而未入会者转得置身事外。至于法令应有之利益保障，与未入会者初无轩轾，反观已入会者，须受法令暨会章及议决案之拘束，而未入会者无此束缚。相形之下，已入会者每以出会为便利，其欲求同业公会之不瓦解，诚为事实所不许。上海市商会及各业公会鉴于强制入会为公会组织之命脉所系，一致据理力争，结果将法文中"得"字改为"应"字，由自由而变为强制性质，虽然，法文之改订如此，而事实上公司行号之不加入同业公会者，犹比比皆是。因法文无制裁之规定，缺乏强制执行之效力，以致法文成法文，事实为事实。而同业之观望不入会者，与法文未改订前，初无二致。自为巩固公会基础，健全团体组织计，唯有再接再厉，继续努力，以争法规之切实执行，不使徒向虚文，然后同业强制入会之本旨，方能全部贯彻也。

（乙）图经济之充实。经济为万事之母，公会组织，何独不然。考本市同业公会之情形，其组织不健全者，大都属于新兴后起经济不足之公会，其由往昔公所会馆改组而成立者，因历史较久，经济雄厚，泰半根深蒂固，组织健全。时欲立公会之基础，充实经济，实为要图。公会之经济，以会员会费之收入为唯一来源。普通公会遇有会员欠缴会费情形，因非商会及党政机关之职权所能及，每以法人资格，处债权人之地位，谋法律上之救济，适用督促程序，请求法院发给支付命令。虽然，督促程序较之普通程序起诉，可以节省时间劳力及费用，易收实行权利之效果，但债务人对支付命令于法定时期得提出合法之异议，纵使债务人不如是，而经法院宣示假执行，亦得在宣示假执行之裁定送达后十五日内提出异议，不能即时执行。如是辗转时日，手续亦不为简。且公会之组织，原载谋整个同业之团结，似此动辄以诉讼相绳，既非吾国人情之道，更非团体前途之福。为今之计，一方负公会之责者，应具牺牲精神，忠诚为团体服务，使会员发生信仰。则征收会费，自较容易。

同时会费之数目标准及缴付办法，尤须有缜密之规定，数目应以会员资本或营业额为标准，较为公允。缴付办法或按月按季按半年按年征收，或随时于营业上抽捐，均可依本业之情形，作适当之规定。惟以余观察所得，抽捐方法实较按期缴付为优。因吾国商人经商营业。眼光短小，锱铢必计，且对团体观念不深，欲其按期缴付一笔会费，如公会对其无若何显著之利益即认为不当之开支而难之。至抽捐方法，每日抽数极微，且可转嫁之于主顾，较为轻而易举。本市公会中有委托上下家关系之商号代为抽扣者，因间接有强制性质，其成效更著，深望同业公会之主事者，对此有以深切之考虑也。

（丙）谋人才之集中。忆余任职市商会，代表出席指导同业公会成立会时每有言曰，公会之组织犹若汽船，而公会之执监委员，则为汽船之驾驶者。汽船之能乘长风，破万浪，到达彼岸，驾驶者之功不可没。而公会之欲健全组织，达到增进公会福利发展工商业之目的，亦惟执监委员是赖。盖同业公会之最高权力机关，固为会员代表大会，但会员代表大会除临时会外，每年仅举行一次，于大会闭会期间，一切会务进行，均由执监委员完全负责。执监委员对公会所负责任既若是重大，则人才问题，宜如何加以郑重之甄选。普通同业公会开成立大会选举执监委员时，每以私人情谊之疏密，或营业规模之大小，为唯一取舍之标准，对于工人才能智识，绝少考虑，此实为过去公会所以陷于组织不健全之主因。惩前毖后，对于公会之执监委员人选。应以具有：一、冷静的头脑，二、牺牲的精神，三、服务的观念，四、高尚的道德等为入选要件。然后人才集中，庶可言事无勿举矣。

（二）党部方面。依照中央所颁人民团体组织方案，同业公会自发起以至成立期间，应受当地最高党部之指导。本市同业公会之得有今日成绩，不可谓非本市党部指导之功。惟即以本市而论，目下同业公会之组织，犹未能尽合客观之理想。例如染业一项，分组有哔洋印漂布染坊业、灰色染坊业、纱线袜染业、绸绫染业等同业公会，米粮业亦分组有米号业、经售米粮业、杂粮零售业、杂粮号业、杂粮油饼业、豆米行业等同业公会，此核与工商同业公会法规定同一种类之商业于同一区域仅得设立一公会之本旨，似不尽相合。且事实上一业分类组织，于团体运用方面，颇多窒碍[1]。而横的方面，尤多纠纷。以视绸缎业之集合各帮别而统一组织绸缎同业公会后运用之得力，

---

[1] "窒碍"指障碍、阻碍。——校勘者注。

机能之发挥，足为有力之反证。虽然，以商业种类之繁多，各方情形之复杂，党部对于核准公会发起组织手续，在前固已尽缜密之能事，然为集思广益计，不妨与商会取合作方式。即于一公会发起组织之时，将审查之责，付诸商会，党部以商会审查报告，再为应否核准许可之最后决定。诚能如是商会得有驾轻就熟之便，党部可收事半功倍之效，此固属事之两得，要亦健全公会组织之一法也。

（三）主管官署方面。同业公会于成立后，则受主管官署之监督，在上海即为市社会局，查同业公会之执监委员，是否奉公守法，是否忠力努力于本职。固有待于会员之随时检举，而主管官署之严密监督，实为必要。过去在主管官署，虽推行监督之名，但大都为事后之处决，甚少事前之督查。为防患未然及引导公会于健全途径计，深望主管官署之能发挥其固有之监督权力，则其有裨于公会之前途者多矣。

（四）商会方面。商会以同业公会为基本组织，商会之组织，既建筑于同业公会之上，则其与同业公会之关系，何等密切。故商会对于同业未有组织者，如何唤其组织；已组织而不健全者，如何使其健全；已健全者，如何持之永久健全，须时时加以研究，刻刻为之注意。否则下层组织涣散，商会形同虚设，又何能实践其全市商业代表之地位。此外如建设规模恢宏之商业图书馆，以增加商人智识；创设专门化之商业学校，以培养商业人才；发行有力之刊物，树立商界舆论等等，皆为间接促进同业公会健全组织之急务，而不可加以忽视者也。

六、同业公会法施行细则修正问题

查修正之同业公会法施行细则第十条，"本法第七条之会员代表，每一公司行号，得派代表一人至二人，以经理或主体人为限。其最近一年间平均店员人数，每超过十人时。应增派代表一人，由各公司行号之店员互推之，但至多不得逾三人。"寻译法文，流弊所及，将使同业公会之组织，根本为之动摇。盖以本市之商业繁盛，店员人数，恒在三四十人以上，如依修正法令之规定，则同业公会组织之成分，将为三与二之比，终必成为雇员运用之团体，与同业公会组织之原意根本消失。按中央执行委员会第一二四三七号训令解释同业公会与店员之关系有云，同业公会为员东调协之团体，其目的在增进同业之公共福利，而非为任何个人或一部分人谋一己之利益。虽职员工会之组织，亦有相当之历史，几纯为店员之集团。但此项制度，已不适用于训政时期之需要，今后若任许其存在。则同业公会与职工会难免形成对峙之局，亦即各以其团体斗争之工具。揆之训政时期民训要旨，显有违背云云。中央以店员为辅佐商业主体人经营商业，在商法上为商业使用人，其性质与店东同属商人，应与店东混合组织同业公会。故修正之同业公会法施行细则第十条，予店员以会员代表资格保障其利益，原则上自无置议之理由。惟同业公会既为员东协调之团体，自不应有以多数操纵少数之组织，形成一部分人自谋利益之工具。同业公会法施行细则第十条之应修正为店员至多不得逾二人，以示机会均等。揆诸实在情形，殊属必要。此攸关同业公会前途之兴替，深望各商业团体三注意之。

七、结论

吾国积弱之源，不专在外人侵略，而在自身漫无组织。九一八事变以后，日人在国际间，宣传谓中国为一无组织之国家，当为奇大侮辱。惟如何能刷新自强，要在人人能刻苦奋斗，始终勿懈，国家前途，庶其得救。而奋斗之最先步骤，即为自拔于无组织之状态，而跻于有组织之境地。有组织然后有办法，有办法然后可实践。余深切希望同业公会能以富仁不让之精神，为各界先导也。

同业业规问题[*]

薛光前

一、业规之意义

业规者，一业向所沿用之习惯，发生有法律上之效力，以不背公共秩序及善良风俗为条件者也。兹请申述之。

（一）一业向所沿用之习惯。吾国商事上之买卖，素以"信义"为交易之基础，初无特定之法律，加以绳缚。现行一切商事法令，咸自开关通商口岸以后，逐渐颁布。所谓业规，即基于信义交易构成买卖上一切行为，所积沿而成之习惯也。

（二）发生有法律上之效力。查民法总则第一条内载，法律所未规定者依习惯，无习惯者依法理。业规系商事习惯之一种，于法令之外，自有补充之效力。论其性质及价值，与英美诸国通称之不成文法，难分轩轾。

（三）以不背公共秩序及善良风俗为条件。业规以与法律上有相当之效力，其含有强制之性质，自无质疑。惟业规之形成，发端不一。故亦良莠难齐，故须以不背公共秩序及善良风俗，为实行之条件。否则，漫无限制，危害社会福利，至为巨大也。

二、业规遵守问题

同业业规，在昔并无若何具文之规定，迨同业中临时发生争执，对簿公庭时，始行援引适用。自南京国民政府成立，由立法院颁行工商同业公会法以后，同业业规，方由各业公会自为整饬，以息营业上无端之纷嚎。惟当时

---

[*] 本文原刊于《商业月报》（第 11 卷）1931 年第 9 期。

适用之范围，只限于入会之会员，对于未入会之同业，不能强其遵守。是故业规之实施，殊感困惑。即各业公会，以同业之不能一体遵守，组织渐见松弛，力量渐行涣散，亦颇有崩溃瓦解之虞。爰于民十九年市商会举行第一次会员代表大会时，由各业分会联名提出，凡同业公会呈准立案之行规，应视为官应对于该业将订规则，未入会同业，亦应一律遵守。当经一致决议，呈请行政院示遵。行政院据呈后，饬交前工商部核议。该部于呈复文中云，同业行规（即现称之业规），并非法律，无强制之可言，而各业所定之行规，又往往含有垄断性质，或违反善良习惯之处，在主管官署，对于各业情形，容有不明，难经予以备案，仍难保其必无流弊。此种不良之行规，以法律通则言之，即诉诸法庭，亦难予以保护。何得迫令同业，一律遵守。故若不问行规之内容，凡经官厅核准，无论已未入会，均须遵守，非将于事无济，反足惹起纠纷。来呈所称，未入会同业，均应一律遵守行规等情，实有未合。至主管官厅，对于各业所定之行规，仍应参照善良之商事习惯，详加审核，以期减少纠纷，强合核议呈复等语。考其立论，与各业公会之主张，极端相反，惟各业公会鉴于业规为自身之命脉所系，苟不呈准官厅，一律遵守，势必使公会瓦解。爰举理由，重请核议，并联络各地商会，一致力争。至此同业业规之遵守，遂成一极大之问题矣。

三、各业力争业规之经过

各业公会自悉前工商部对于未入会同业，遵守业规之呈请，批驳以后，即于十九年十月二十七日，召集各业代表大会，决议组织各业同业公会维护行业委员会，推定郑澄清、骆清华、叶家兴、孙善成、袁鸿钧、毛春圃、程桂初、葛良卿、庄梅堂、孙鸣岐等为委员，负责力争。首即议定理由四大端，函请市商会，转请主管官厅重行核议。兹摘录其理由如下[1]：

（一）关于法律方面。查同业公会法第二条内载，同业公会以维持增进同业之公共福利，及矫正营业之弊害等语。然增进公益，必有其增进之办法；矫正弊害，必有其矫正之工具。此办法与工具者伊何。即所谓行规是也。如部复所云，则根本上不认有行规之存在矣。所谓增进公益，矫正弊害，将何所凭以实施。公会既不能为同业增进利害，矫正弊害，同业何贵有此公会。

---

[1] "下"原文作"左"，现据今日通常行文格式改正。——校勘者注。

故根本上不认行规之存在，即不啻根本不认公会之存在。所谓事实有必至理有固然者也，且各业行规，即各业之成文习惯，于商事法令以外，有补充之效力，并不背公共秩序。此关于法律方面，同业行规并无抵触者也。

（二）关于垄断方面。同业行规，既经一业多数人拟定，当然为全体同业着想。况与议者，俱系身历其境之专家，利害关系，了如指掌。其制定之条文，既限于一业利益范围之内，则对于他业，当然无垄断之可言。其在本业范围以内，则一经议决，即为革除垄断之唯一利器。果如部复所云，则行规等于虚设，其资力雄厚者，正可违反公意，一手把持包揽，使资力薄弱之多数同业，无以立足。是部令不认行规之存在，其结果转致助成一二野心营业家之垄断。

（三）关于官厅方面。主管官厅，处于监督地位，对于各业行规，呈请备案，主管官厅。为行使其职权起见，当然详加审核，决不致贸然从事。部复所谓容有未明，似太出于臆度。果如所云，则部令对于主管官厅之行驶监督权，几乎完全抱一种怀疑态度。凡商会法、工商同业公会法、公司法、所赋予各主管官厅之种种监督权，不几于胥同虚设耶。以一念之揣测，文字之抑捺，而使官厅监督权，几误认为无足轻重，未免失态。

（四）关于法庭方面。同业公会，具有法人人格，得为权利义务之主体。行规为一业公意所寄托，亦即一业习惯之表现。即就本市司法官厅之事实而言，关于商事诉讼，大率咨询各业商业惯例，以为判断之衡。此种情形，详考历来商会案件，数见不鲜。部复所谓，诉诸法庭，亦难予以保护，是一方使同业失其信赖行规之观念，而一方又使法庭破坏其商人惯例之手续，不啻将公会组织，根本加以消灭也。

时距全国工商会议开幕，为期迫近。本市社会局，对于行规问题，亦定有办法三项，向全国工商会议提出。该维护行规委员会，特拟具代电二通。一致全国工商会议出席会员王延松先生，请求力争。一致全国工商会议秘书处，请代提出复议。经王延松先生社会局潘公展局长，在会议中毅力争持，结果通过原则，送交工商部采择施行，该会诸人，鉴于事实上甚感迫切，而四中全会，复有农矿工商两部之决议，深恐辗转延误，痛苦益甚，故于同年十一月十八日复推郑澄清、骆清华、孙鸣岐、袁鸿钧等，代表晋京，分向国民政府及工商部请愿，结果尚属圆满。返沪时，顺道并向镇江苏州两商会，请为一致力争。代表抵沪后，即于十二月三日，开第二次各业代表大会，到会代表，极形踊跃，会场空气，亦十分紧张。当由大会名义，急电张市长转陈蒋主席，设法维持，并决议在行规未予批准以前，对于政府机关委办事项，暂停接受，盖亦有所不得已者也。旋适工商部次长穆藕初氏，因事来沪，各业均以对于行规之批驳，适在穆氏任次长期内，群请谒愿，但亦未得要领。迨十二月二十五日，始有行政院第三七三号批令，核准公会立案之行规，无论已未加入公会，均须一律遵守。各业维护行规委员会，以目的已达，使命终了，于二十年一月八日，宣告结束。业规遵守问题，经此一番力争结果，暂能告一段落。

四、业规之将来

业规遵守问题，经行政院批令解决后，自表面上视之，似无其他问题，但细究之，前途尚有二大荆棘在，曰业规之审核，与业规之执行。前者须一方顾全固有之善良习惯，一方复应注意社会人民之生计。庶致流弊，无从发生。后者应属行政处分，仰归司法受理，尤须明白确定。否则徒凭白纸黑字，形同虚设也。本市社会局为主管工商业团体之官署，于业规问题，曾煞费心思。而对兹审核与执行两点，尤考虑再三。若无适当之办法，现各业公会送往呈请备案之业规，不下三十有余，但迄今尚未有奉批示者，良以此也，最近该局订定业规纲要十四条，呈奉市府核准，作为各业业规之标准。兹录其纲要如次，以供参考焉。

上海市同业公会业规纲要

第一条　各同业公会于必要时，得拟定各该业业规。

第二条　业规须呈经社会局核准备案后，始生效力。

第三条　各同业公会非经呈准立案，无呈请审核业规之权利。

第四条　拟定业规，以不妨社会人民生计为原则。

第五条　业规内容，分为（一）总则，（二）定价，（三）营业，（四）职工，（五）处罚，（六）附则等章。遇必要时，得斟酌情形增减之。

第六条　业规内得订定非会员一律遵守。

第七条　业规内不得有强制同业入会之规定。

第八条　关于价格之规定，及变更事项，除由合法之交易所及同业市场所定之市价外，应由公会核议呈准社会局，通告各同业遵守之。

第九条　关于同业减价，及类似减价事项，则于业规内规定办法。但对于特殊情形，而不得之削价出售者，亦应规定补救办法。

第十条　业规内不得有绝对限制同业生产之规定。

第十一条　业规内不得有丈尺限制，或类似丈尺限制等规定。

第十二条　业规内得规定同业雇用伙友之办法。但不得与各项劳工法规，有所抵触。

第十三条　业规内得规定同业违背业规之处罚方法，惟仍须逐案呈请社会局核断，不得擅行执行。

第十四条　业规内应载明，如有于事实上发生窒碍〔1〕，社会局饬令修改时，应遵照办理。

五、对于业规之我见

夫业规之应慎为审核，前固详论之矣。按业规审核之权，操诸官署，自无疑义。惟主管官署，对于普通商情，容能明晰，欲求历来之商事习惯，恐难周知。故对于业规之审核，即使无挂一漏万之处，难免有矫枉过正之虞。不若先由上海市商会，邀集专家，遴选熟员，担负审议之责，以减隔阂之弊。至最后准核之权，仍属操于官署。事之两宜，莫得于此。爰就管见，根据市社会局所颁业规纲要十四条，拟定同业公会业规通则，以作各业业规之蓝本示尔。

同业公会业规通则

第一章　总　纲

第一条　本业规由上海市×××业同业公会订立之。

第二条　本业规以维持增进同业之公共福利，及矫正营业之弊害为宗旨。

第三条　凡在上海市区域内经营同业者，无论会员与非会员，须一律遵守之。

---

〔1〕 "窒碍"指妨碍、阻碍。——校勘者注。

第二章　定　价

第四条　同业价目，列举规定如次。

第五条　凡同业中有放盘减价，及其他折售事宜，须于三日前书面陈报公会核准举行。

第六条　同业货品，名目繁多，不胜枚举。或已例举规定，以主要原料成本之增减，由公会随时议定价目单，呈请主管官署核准，并送请市商会备案后，通告同业遵照。如事出临时及急迫者，备案手续，于事后三日内补行之。

第三章　营　业

第七条　凡在上海市区域内发起经营同业者，依下列各项办理之。

第八条　凡同业中有变更营业范围者，依下列各项办理之。

第九条　同业营业时，应遵守以下各点。

第四章　职　工

第十条　同业不得私挖雇伙工友。

第十一条　同业中雇伙，曾以营私舞弊，经公会认为情节重大者，通告全体后，其他同业，不得录用之。

第五章　处　罚

第十二条　凡同业中有违背上项各条规定，调查属实者，由公会呈请主管官署，按酌情形，处以相当之罚金及制裁。

第六章　附　则

第十三条　本业规经会员大会通过后，函送市商会审核，转呈主管官署核准后，公布施行。

  第十四条 本业规之修改，经会员大会之决议后，仍依照第十三条之手续办理，始生效力。

  第十五条 本业规如有于事实上发生窒碍，经主管官署饬令修改时，应遵照办理之。

  上〔1〕通则计六章十五条，其中第一章、第二章第六条、第六章，均与法令有关，未便擅自变更。内处罚一章，可根拟原则，约定罚定数目。其他各章，由各业参照习惯与事实，自由分项规定。至本业如有特殊情形，可于营业一章内规定之。

---

  〔1〕"上"原文作"右"，现据今日通常行文格式改正。——校勘者注。

儿童的法律保障[*]

陈文藻

在一个细雨濛濛的晚上，我从外面还到宝山路底的寓中去，突然在路旁看见一堆男女正在那里观看什么，于是我也被好奇心所驱使，挤在里面张望。原来是一个刚出生的孩子抛弃在路旁，身上的余血未干，而这可怜的小灵魂似乎已经受不起这样的摧残溘然消灭了。这一幕小小的悲剧使我得到深深的印象，孩子们在中国的社会里，处境还是何等地不幸啊！并不是因此一幕便下了一个过速的结论，实际上，无论在什么地方，僮婢〔1〕的凶殴，幼儿的摧残，是司空见惯，不足为奇的，在热闹的街头——尤其是天寒日暮之际，也可以看见人们挑着孩子出卖，裸着孩子行乞，这固然是经济状况困乏使然，但是一般人们的漠视无赌，也正见同情心的缺乏了。

在我国，一向是老人的社会，在冷酷的家族制度下，孩子们的幸福是素来忽视的。可是文化驱着我们，渐渐地趋入理智之路，使我们觉悟，将来的社会是孩子们的社会，一切的设施和计划都要以儿童的幸福为前提。在教育和社会事业上如此，在法律方面也是这样。

（一）儿童未出生前之保障

世界各国，在法理上，对于儿童，在尚未出生以前，已经施以保护，所以堕胎罪在各国刑法上差不多都有这样的规定。我国最新刑法（十七年三月十日〔2〕国民政府公布同年九月一日施行）第三百〇四条规定怀胎妇女服药或以他法堕胎者处一年以下有期徒刑，拘役或三百元以下罚金，儿童虽未出

　＊　本文原刊于《女青年》（第9卷）1930年第10期。

〔1〕　"僮婢"指仆役。——校勘者注。

〔2〕　此文作者使用民国纪年，"十七年三月十日"即公元1928年3月10日。——校勘者注。

生，而其生命则一无故戕贼，同为国家所不许的。这种法律，行之稍久，对于堕胎之风也能渐收防制的效果。

（二）儿童未出生后之保障

依我国向来的旧观念而论，似乎遗弃或残杀私生子是不足为奇的。所以在路旁，可以见到腥血未干的弃孩，在溪边的杨树上往往挂着私生子的残骸（江浙一带风俗常把私生子挂在溪边杨树上，不知是何意义）。法律为防止这种残酷的行为计，所以在最新刑法上特意另条规定：第二百八十七条母于生产时，或甫生产后杀其私生子者，处六月以上五年以下有期徒刑。从前未婚母亲的杀死私生子，一般人认为当然的事情，现在既为法律所严禁，那么〔1〕至少有一部分的儿童得以因此免死吧！

在出生之后，父母不愿赡养，忍心遗弃，毫无自救能力的儿童，也不能生存的，因此在法律上又规定一种遗弃罪，以惩残忍自私，不负责任的父母。我国新刑法第三百零九条也有这样的规定：遗弃毫无自救力之人者，处一年以下有期徒刑，拘役或三百元以下罚金。这里所谓无自救力之人者当然不是单指儿童而言，老弱病人也包括在内，可是最重要的还是儿童的扶养。对于儿童的责任，不但是简单的扶养，使之生存而已，同时还须尽教育保护之责，这样，他们长大起来，始能自图生活，适应社会，不至落伍为害于社会。所以在法律上对于负责者不但不许他们遗弃，还责成他们尽保育之责，刑法三百十条规定云：对于无自救力之人，依法令或契约应扶助养育保护而遗弃之，或不为其生存所必要之扶助养育保护者，处六月以上五年以下有期徒刑。

以上把儿童出生前和出生后的法令保障大略说过，现在且谈谈关系童工的保障。

（三）童工之保障

童年时代应受相当的教育和适宜的训练，所以从原则上说，他们是不应该工作的。然而经济制度迫着他们不能不投入工业的漩涡，不能不辗转辛苦于烟突煤炉之旁，谋几分的工资，图勉强的温饱，这种现象，在现在这样的经济状态下，似乎是免不了的。为了他们目前的福利计，法律上就不得不明白规定，以保障一般工作的儿童。

---

〔1〕"那么"原文作"那末"，现据今日通常用法改正，下同。——校勘者注。

1. 关系童工年龄的规定

上面已经说过，原则上说来，儿童是不应从事于工作的。但是无数的孩子，因为贫困的压迫，饥寒的驱使，不得不在可怜的同年，就从事于工作，所以在孩童的工作年龄方面不得不加以限制。依各国的一般立法而论，大都禁止极幼的儿童从事工作，因为他们的体力孱弱，发育未成，过度的劳动，实足以危及生命的。我国工厂法亦有这样的规定："凡未满十四岁之男女，工厂不得雇佣为工人。"在丝厂或纱厂里，我们往往看见八九岁的小孩子，就在那里辛苦地工作，一方面过度劳动，一方面备受凌虐，这种情形，我们须得注意，依现在的工厂法而论，是违法的。

2. 关系工作的规定

儿童发育未成，体力孱弱，粗重的工作是不能胜任的。勉强工作，实足损害健康，减短寿命，所以各国法律大都不许儿童做粗重的工作。我国工厂法亦有这样的规定："童工只准从事轻便工作。"有了这样的规定，才可以使一般贪小的雇主不敢利用儿童，无知的父母不至骗使儿童做他们力不胜任的工作而损害其身体。

3. 关系危险事业之规定

世界各国为保障童工计，多禁止他们从事于危险事业的工作，因为这种工作，对于儿童的生命健康都有危害的。我国工厂法亦有同样的规定：——童工及女工不得从事左列各种工作：a. 处理有爆裂性，引火性，或有毒质之物品。b. 有尘埃粉末，或有毒气体散布场所之工作。c. 运转中机器或动力传导装置，危险部分之扫除，上油，检查，修理及上卸皮带绳索等等。高压电线之衔接。已溶物质或矿滓之处理。锅炉之烧火。其他有害风纪或有危险性之工作。

4. 关系工作时间之规定

上面已经说过，儿童的精神不足，体力孱弱，他们的工作决不能与成人相提并论的。法律为保护童工计，对于工作时间方面亦有规定，我国工厂法云："童工每日之工作时间，不得超过八小时。""童工不得在午后七时至翌晨六时之间内工作。"前者所以规定最长工作时间，后者所以禁止童工从事于夜工，在他们健康和生活上加以相当的保障。

5. 关系工资之规定

童工制度之产生一方面固由于工作者之困乏，一方面也出于雇主的利用。

同样的工作，儿童与成年的工资常相差一倍，因此，资本家往往乐于雇佣童工，以期多获盈余。有许多地方，童工的工资是这样的低微，甚至于不足以供一饱，使他们终朝辛勤，而还免不了饥饿。这样的弊端，是应当防制的，所以有几个国家，对于童工的工资常规定最低的限度，以免雇主方面过量的剥削。

6. 关系补习教育之规定

童年正是受教育的好时期，把它完全虚费在体力劳动上，是十分可惜的。因此法律为补救计，大都有补习教育之规定，责成雇主在雇佣期间，授与相当的补习教育。这种补习教育大都每星期规定若干时间，或设夜校施行之。我国工厂法规定云："工厂对于童工及学徒应使受补习教育，并负担其费用之全都，其补习教育之时间，每星期至少必须有十小时。"

7. 对于学徒之保障

学徒为我国现在仅有的制度，欧美各国，商业进步，这种习惯早已成为过去了。我国工厂法对于学徒们，特设另条规定，为之保障。未满十四岁之男女，不得为学徒。学徒之时间与童工同。学徒于习艺期间之膳宿医药费，均由工厂担负之，并于每月酌给相当之零用。

实际上说来，我国的学徒制，简直是一种定期的奴隶制，师傅对于学徒往往凌虐利用，无所不用其极，所以他们在法律上的保障是很需要的。

（四）对于儿童性欲罪及贩卖诱拐之保障

儿童知识未开，体力薄弱，在性的行为上往往易受成人暴力的威迫或狡猾的诱惑。法律为保障儿童计，对于儿童的性欲罪，特别加重处罚。我国刑法——第二百四十条第二项奸淫未满十六岁之女子以强奸论。第二百四十一条对于未满十六岁之男女为猥亵行为者，处五年以下有期徒刑。第二百四十三条第三四项师傅对于未满二十岁之学徒，及官立公立私立病院或救济之职员对于收容之人奸淫者，加重处罚。

贩卖儿童在从前专制时代是相习成风的。到现在还免不了这样残酷的现象。为保障儿童的人权计，刑法有这样的规定：第三百十三条使人为奴隶者，处一年以上七年以下有期徒刑。第二百五十七条和诱略诱[1]未满十二岁之男女脱离享有亲权之人监护人或保佐人者处六月以上五年以下有期徒刑，意

---

〔1〕"略诱"，法律名词，谓胁迫或拐骗妇女儿童。——校勘者注。

图营利或意图使被诱人为猥亵之行为或奸淫而犯前项之罪者，处一年以上七年以下有期徒刑，得并科一千元以下之罚金。

（五）儿童犯罪之救济

最后，我们要谈谈儿童犯罪之救济。儿童的智识未充，意志薄弱，他们的陷于犯罪，不是出于模仿，就是由于错误，应负责任的是社会和家长，并不是儿童自身。因此，法律的处分儿童犯与成人犯不同。我国刑法有这样的规定：第三十条未满十三岁者之行为不罚，但因其情节，得施以感化教育或令其监护人保佐人缴纳相当之保证金，于一年以上三年以下之时间内监督其品行，十三岁以上未满十六岁之行为得减轻本刑二分之一，但减轻本刑者得因其情节施以感化教育……

本条所以这样规定，因为儿童的一般知识程度大都没有达到成人的同等程度，所以犯罪之后，不应置之监狱，使染恶习，而应置之感化场所，施以相当的感化教育。文明国家多有感化院之设，其中组织，类似家庭，以四五人或五六人为一家，视若父子兄弟，训以德育上的道义，输以智育上的技能，并课以体育上的劳动，以活泼其精神，陶冶其德性，经过这样良好的训练，就渐渐地能够趋入改善之路。我国刑法上虽有这样的规定，但所谓感化场所，则尚付阙如[1]，为儿童的保障计，是急需建设的。

关系儿童犯罪的审讯，法制比较完善的国家，另有儿童法庭之设。其目的亦在保障儿童的利益。儿童法庭的诉讼程序和设备和一般的法院不同，兹举其特点如下：1. 隔离讯问使儿童犯罪的情形不至暴露[2]于众前。2. 非正式程序使儿童不至有自觉被罚受罪之不良印象。3. 隔别拘禁于感化场所使儿童不至染犯罪者之恶习。4. 详细记录调查其社会，历史的背景，施以相当的感化。5. 心理的体格的测验调查其心理的及病理的缺陷而加以治疗[3]。6. 监护及保证制使监护人和保证人负责监督其品行。

儿童法院的设备，实是以减少儿童的犯罪率，铲除儿童犯罪之病根，对于一般孩子们是关系很大的。吾国目前，尚无此种法庭，中华慈幼协济会正在竭力提倡，我们深期司法当局能采纳施行。

---

〔1〕 "阙如"原文作"缺如"，现据今日通常用法改正。——校勘者注。

〔2〕 "暴露"原文作"曝露"，现据今日通常用法改正。——校勘者注。

〔3〕 "治疗"原文作"疗治"，现据今日通常用法改正。——校勘者注。

　　以上把现代儿童的法律保障略加综述一下，内容是很浅陋的，疏漏的地方，当然也很不少。在作者，深深地感到，将来的儿童，总能够达到较美好的地位，较幸福的生活，亦要有识的人们能加以提倡，施以努力。保障儿童，就是保障将来的国民，保障将来的国民，就是把我们的邦国筑在一个更坚固的基础上，这样的工作是何等地伟大，这样的事情〔1〕又当怎样地努力啊！

---

　　〔1〕 "事情" 原文作 "事工"，现据今日通常用法改正。——校勘者注。

我国现行各法关于儿童条文一览[*]

姚绍宣^{**}

今年是儿童年，有中央政府以命令规定，自本年八月一日起始。儿童问题包括在政治范围内，其重要可想而知。但除了明令举行儿童年外，尚无任何儿童法规之颁布。在意大利国，有儿童法律，儿童法院，儿童感化院等等，我国则尚付缺如。然我国立法诸公对于儿童，固已早为重视；在现行各法中，凡与儿童有关系者，均有明文规定。兹就所知各条，详列于后，稍加解释，想亦为爱护儿童者所乐闻也。

（一）

约法第五章，国民教育第五十条：已达学龄之儿童，应一律受义务教育，其详以法律定之。

按约法即临时宪法，为我国之最高法，规定人民之权利义务等。今既规定儿童应受义务教育，即谓在任何经济状况之下，儿童应当享受教育，此乃国家授予儿童特有之权利。儿童之应受教育，尽人皆知，今约法有明文规定，凡我从事儿童幸福运动者，以及为现代父母者，诚不可不知也。

（二）

民法第二章，人第一节，自然人第六条：人之权利能力，始于出生，终

---

* 本文原刊于《现代父母》（第3卷）1935年第10期。

** 姚绍宣，1926年毕业于东吴大学法学院（第9届），获法学学士学位。

于死亡。

第七条：胎儿以将来非死产者为限；关于其个人利益之保护，视为既已出生。

第十三条：未满七岁之未成年人，无行为能力；满七岁以上之未成年人，有限制行为能力。

按民法乃私法，为人民之保障。第六条规定人之权利能力，自出生时即开始享有。普通人往往误以承认有权利，有能力，小儿受大人之支配，毫无限制，实属不当。今民法载明儿童有权利，有能力，不仅在儿童时，即在胎儿时亦有之。如第七条之规定，不能预定胎儿为死产者，其个人利益已受法律之保障。然立法者恐儿童行使权利能力，受成人之欺，又规定如第十三条，未满七岁者，无行为能力，恐成年人利用其无知识，而取得伊之行为表示，强夺儿童权利，故有此条限之。但儿童之权利，不因此条受丝毫之损失。及儿童稍长，应予以行为能力。第十三条下半段云，满七岁以上之未成年人，有限制行为能力。此节解释，应顾及儿童权利，以免长不得自由，同时仍防御受欺，加以限制。民法保护儿童，可谓周至矣。

第七十七条：限制行为能力人为意思表示及受意思表示，应得法定代理人之允许；但纯获法律上利益，或依其年龄及身份，日常生活所必须者，不在此限。

按此条亦为保护儿童之法律。虽在未成年，已满七岁有限制行为能力，可以有表示，无论向内或向外之意思。稳妥方法，应得法定代理人之允许。所谓法定代理人，如父母兄长及监护人等。如有一种之事，为法律之利益，法定代理人不得擅自做主，有损及儿童之权利。譬如儿童为一富商之子，应为小店主，不能强使为奴仆。儿童以店主自称，法定代理人允许与否，不成问题。又如富人之子少孤，其代理人为叔或伯，若不给伊相当生活费，按伊家境，应用汽车出外，在家应有丰食等等，儿童表示需要，虽法定代理人不允许，旁人亦可供给，向法定代理人索账可也。

第一〇八四条：父母对于未成年人之子女，有保护及教养之权利义务。

第一〇八五条：父母得于必要范围内，惩戒其子女。

第一〇九〇条：父母滥用其对于子女之权利时，其最近尊亲或亲属会议，得纠正之。纠正无效，得请求法院，宣告停止其权利之全部或一部。

综上三条规定，父母对于儿童，应负法律上之责任，不容自由处分，较我国旧时观念，大有不同。我国旧时代人物，将天、地、君、亲、师列为同等，而同时，对于儿童有无限之权威，使儿童负无限之服从。保护，教养，惩戒等事，往往任意，不加思索，习为当然，儿童苦矣！提倡儿童幸福者，可依上列条文，救济被压迫之儿童也。

（三）

刑法第三十条：未满十三岁人之行为不罚；但因其情节，得施以感化教育，或令其监护人保佐人缴纳相当之保证金，于一年以上，三年以下之期间内，监督其品行。

儿童犯罪在所不免，不能与成年人并论，故有此条之规定。然感化教育，实为万分重要，查国内尚无儿童感化之机关，殊为憾事；若责令其监护人监督其品行，而监护人能否胜任，又属疑问？作者私意，在儿童法院未成立前，儿童感化院应先设立。以资救济。

第二八七条：母于生产时，或甫生产后，杀其私生子者，处六月以上，五年以下有期徒刑。

私生子乃最不幸者。彼未婚而为父母者，为保全颜面并解除将来责任计，每不惜杀其私生子，殊为可恨。在昔时尚不为罪；今法律对于儿童一视同仁，私生子在法律上亦受保护矣。

再我国习俗，父母因迷信，将婚生子亦杀之。如因屡次子女夭亡。遂决定将现生儿女杀之，以谓再生可免夭亡。按现行刑法，亦构成杀人罪。又有迷信习惯，如子女夭亡，将其尸体肢解折割，或如此其他残忍之行为，谓如此可免再生小孩夭亡。按现行刑法，又构成损坏尸体罪。此种迷信，急因破除，况在法律上有明文处罚，为父母者更因戒绝也。

第三一三条：使人为奴隶者，处一年以上，七年以下有期徒刑。

我国习俗，供用僮仆女婢，视为当然；儿童因此受苦者，不知若干。今刑法上所谓供人为奴隶，包括蓄婢，养奴等；昔日之擅作威福，任意虐待儿童者，当知所警戒矣。

以上所列，为现代约法、民法、刑法各条文有关系于儿童者；其他法典，容俟有暇，当再举列之，以就政于读者之前也。

中国应早日制定童工法[*]

姚绍宣

近代科学进步，实业发达，工场林立，工人众多，同时，乃有男女童工之产生。因分工之制度及机械之灵便，儿童颇有从事工作之可能，而年幼者工资较贱，资本家为利益计，遂大事招收童工。在工人家属方面，因工资微薄不能维持家内生活，今使儿童加入生产，颇能补家用之不足，故亦深愿其儿女多多从事于作工。由上二因，童工之数目遂与日俱增了，而问题亦随之而起。我国现行劳工法规中，对于童工固亦有各项之规定，自表面观之，童工与成年工人并列，在法律上同受保障，可谓毫无歧视；但从实际上研究，童工与成年人大有分别，不可并语，劳工法对于成年工人颇为适用，但对于童工则不能保护周全，因童工之需要，童工之身体，童工之智力等，在皆与成人不同，故为保障童工之安全计，中国应早日制定并颁布童工单行法。至童工法之优点，为能独立规定各项，面面顾到，故具有伟大之价值。我国既已颁布劳工各法规，而对于童工法尚付缺如，殊为遗憾。在此儿童年中，吾人为多数生产的童工着想，不可不促成此一伟举也。

兹查现行工厂法上，仅有童工之名目，与女工并列，试举列于下：工厂法第五条：凡未满十四岁的男女，工厂不得雇用为工厂工人。第六条：男女工人在十四岁以上，未满十六岁者为童工，只准从事轻便工作。第十一条：童工每日工作时间，不得超过八小时。第十二条，女工不得在午后七时至翌晨六时之时间内工作。第二十五条第八项：如雇用义务教育未毕业时之童工，应记载其就学方法。由上列各条观之，工厂法对于童工仅有总则之列举，似嫌过简。故中国有早日制定与颁布童工法之必要也。

---

* 本文原刊于《现代父母》（第 4 卷）1936 年第 3 期。

以著者之愚见，童工法应注意于下列各点：（一）童工与旧日之徒弟有别，查徒弟与师父有家族的情感关系，同样生活，同样工作，在一块吃饭，同一社会阶级，期满可充师父，但童工则无上述各种关系，全为换取金钱而来，故童工法中，不可以童工与徒弟并列也。（二）童工法对于童工夜工等，须有详细之规定。八小时之劳动，尚适于成人，至于童工，则仍应减少劳工时间。又如危险工作，在成人尚可勉予从事，而童工因智力与体力之不足，则应绝对避免之。（三）童工法中，应该规定童工之教育设备，因童工在义务教育期间，有应受教育之特权，工厂中应附设学校，不收学费与书费，使童工可受相当之教育。再次，为医室之设备，童工有病，应立即受诊治，概不取费。

上文已言及童工法之重要，及所应注意各点，试再自消极方面以言，童工如无特别保障，将产生何种恶果：（一）弱种试观现在一般童工，大多面黄肌瘦，极度疲倦，再加工厂设备不全，勉强做工，忍苦受饿，未壮先老，身心衰颓，曷胜浩叹。（二）愚民现行法中，既无童工教育之规定，而工厂主人又当然不问童工之有无教育，于是此辈童工长大时，率成为无教育之群，而形成愚民，岂不可惧！（三）犯罪据近代法学专家之研究，多数犯罪者，皆系当年曾为童工之人，是可知吾人若不设法改良童工之生活，则犯罪者之数目，必将日益增加。（四）死亡童工因不能享受卫生之设备，故其死亡率较普通家庭儿童为特高，民族前途，岂不至危！

本年为儿童年，著者因感觉中国有早日制定童工法之必要，故不揣谫陋〔1〕，发表了上面这一点小小的意见。尚希本刊读者诸君，不吝赐教为幸！

---

〔1〕 "谫陋"，浅薄之意。——校勘者注。

东吴法学先贤文录编辑人员名单

总主编：
胡玉鸿

各分卷主编：
法理学卷：孙莉
法律史卷：方潇
宪法学、行政法学卷：上官丕亮、黄学贤
民事法学卷：方新军、胡亚球
刑事法学卷：李晓明、张成敏
商法、经济法、社会法学卷：李中原、朱谦、沈同仙
国际法学卷：陈立虎
司法制度、法学教育卷：胡玉鸿、庞凌

录入人员名单

魏 琪	邢凌波	殷凯凯	吴思齐	马健博	张昊鹏	倪文琦	陈 萍
梁艳茹	安子靖	张基晨	施嫣然	袁小瑛	戚小乐	陈康嘉	臧 成
苏 峰	王 杏	许瑞超	张盼盼	刘鑫建	刘文丽	安 冉	张秀林
陈雯婷	蒋 超	钱 佳	张 琦	崔皓然	陈钰炅	惠康莉	唐奥平
马 敏	徐湘云	赵 琪	吕森凤	孙蓓蕾	姜 瑛	胡寒雨	张 尧
阴宇真	王晓宇	李婉楠	卢 怡	柳一舟	丁 楚	孙 浩	宋 鸽
李臣锋							

校勘人员名单

魏 琪	邢凌波	殷凯凯	吴思齐	倪文琦	张昊鹏	张盼盼	金徐珩
陈雯婷	钱 佳	蒋 超	崔皓然	陈钰炅	唐奥平	徐湘云	赵 琪
吕森凤	姜 瑛	张 尧	卢 怡	丁 楚	王春雷	韩进飞	孙 浩
宋 鸽	刘冰捷	杨丽霞	李臣锋